# FIGURES D'INSTITUTEURS KANAK
# FAMILLE, ÉCOLE, COUTUME

Cet ouvrage est publié avec le concours
de la Maison de la Nouvelle-Calédonie à Paris.

Visitez notre site : **www.karthala.com**
Paiement sécurisé


ISBN : 978-2-8111-1659-0

**Pierre Clanché**

# Figures d'instituteurs kanak
# Famille, école, coutume

## Journaux ethnographiques (1994-2007)

*Préface d'Alban Bensa*

**Éditions KARTHALA**
**22-24, bd Arago**
**75013 Paris**

**Mémoire et actualité du Pacifique**

**KARAPAA**

Collection dirigée par Alban Bensa

Sociétés et États du Pacifique jouent de leurs héritages anthropologiques et historiques pour constituer des mondes originaux. Cette collection accueille des études de sciences sociales de première main qui montrent comment et en quoi les populations de l'Océanie d'aujourd'hui puisent en elles-mêmes et dans leurs interrelations les ressources de leur destin.

*Karapaa*, la pirogue double qui permit le peuplement de l'Océanie, figure ce long travail d'accomplissement de soi dont les travaux ici publiés sont les témoins.

À la mémoire de Camille Méréatu

« Caa Bwëé il faut que tu continues,
que tu écrives encore plus en détail. »

PRÉFACE

# L'école et la tribu

## Pédagogies contrariées en pays kanak (Nouvelle-Calédonie)

Rien de tel que le scalpel de l'observation ethnographique pour renouveler les questions parfois les plus rebattues comme celles soulevées par la relation des Kanak à l'enseignement venu de France. Le regard rapproché de Pierre Clanché nous y engage en restituant des faits, sans concession aux idéologies auxquelles ce sujet ouvre en général des boulevards de bons (ou de mauvais) sentiments.

Pierre Clanché a partagé par intermittence mais dans la longue durée (entre 1994 et 2007) le quotidien d'un couple d'instituteurs kanak, de leurs enfants et aussi d'une partie de leurs élèves. L'enjeu scientifique de cette démarche est de comparer les modes de transmission habituels au sein de l'espace social kanak avec ceux mis en œuvre dans leurs classes (de la maternelle au CM2) par des enseignants kanak. Ces derniers se doivent en effet d'inculquer le programme scolaire français à des enfants majoritairement originaires du même village et parlant la même langue océanienne qu'eux (le *paicî*). En se tenant concrètement à la croisée de deux exigences, celle des savoirs et savoir-faire qui façonnent les hommes et les femmes kanak dans leur espace de résidence et celle qu'impose l'Éducation nationale française depuis Jules Ferry, Pierre Clanché nous plonge dans une réalité sociale, éducative et politique déconcertante, parfois sidérante même, en tout cas méconnue des spécialistes des problèmes de l'enseignement en Nouvelle-Calédonie[1].

1. M. Salaün, *Décoloniser l'école, Hawai'i, Nouvelle-Calédonie. Expériences contemporaines*, Rennes, Presses universitaires de Rennes, 2013.

De surcroît émerge de la lecture de cet ouvrage une description au fil des jours de faits et gestes de quelques Kanak vivant dans un village (appelé là-bas « tribu ») situé à une dizaine de kilomètres de la petite ville de Koné, sur la côte ouest de la Grande Terre. Les allers et retours journaliers entre la tribu de Tiaoué et l'école de l'Immaculée Conception à Koné où enseignent les hôtes de Pierre Clanché, les réunions préparatoires aux événements de la vie (mariage, deuils, réceptions), les visites rendues aux membres du clan, qu'ils habitent dans la tribu ou demeurent au loin sur la côte ouest et aussi sur la côte est, les mises au point du matériel musical transporté sur les lieux des festivités, les virées jusqu'à Nouméa dans l'appartement loué par Séraphin pour tous les membres du lignage qui peuvent y passer ou en avoir besoin plus longtemps, l'achat d'un tracteur, la mise en valeur d'un nouveau terrain, bref la succession des activités observables dans cette famille kanak, attestent d'une sorte de dispersion de l'existence quotidienne, le tout dans un grand désordre (accumulation d'objets en marche ou cassés, changement incessant des fonctions attribuées aux espaces – « nomadisme domestique » note Pierre Clanché). Tout laisse penser, à l'écoute des résidents du lieu, que ce dédain du monde matériel rangé, entretenu, organisé, est l'indice d'une résistance et d'une affirmation. Résistance à l'ordre matériel, voire matérialiste, que la colonisation a voulu imposer au nom du développement. Affirmation d'une cohérence sociale et politique, celle d'un entre-soi intériorisé qui privilégie les relations entre les personnes, les gestes et les paroles qui les lient les unes aux autres en un être ensemble kanak, certes poreux mais quand même particulier. Les notations de Pierre Clanché, les détails de la vie quotidienne qu'il nous livre au fil des circonstances permettent de toucher du doigt cette force sociale qui fait implicitement barrage aux normes que les Européens voudraient imposer souvent de bonne foi aux Kanak (« pour leur bien... ») mais souvent hélas au détriment des façons de voir et de faire de ces derniers, question politique s'il en est.

Grâce à ce journal de terrain, nous sommes avec l'auteur au cœur des interactions qu'il tisse ou le plus souvent dans lesquelles il se trouve pris malgré lui. Nous sommes aussi et surtout avec la lumineuse Marie-Camille dont la bienveillante lucidité, la capacité d'accueil et d'affection baignent tout le livre, avec Téâ Séraphin son mari, homme attachant et complexe, habité par une réflexion tendue, parfois fulgurante mais maîtrisée, sur l'art d'enseigner, d'innover, de créer (en particulier dans le domaine musical) et, incidemment, sur les relations entre religion chrétienne et pratiques sociales kanak (appelées globalement « coutume »). Nous sommes aussi avec des enfants kanak qui tâtonnent entre l'apprentissage du français, du calcul, de l'histoire-géographie et de ce à quoi la vie en tribu les prépare : maîtriser les codes de parenté, la toponymie, l'histoire des clans, le jeu des relations avec les Blancs qui restent, à quelques rares exceptions près, étrangers aux pratiques ordinaires des Kanak[2].

Pierre Clanché explique moins qu'il n'observe, questionne, note ou enregistre. Le va-et-vient constant entre la description d'une situation, les commentaires de Marie-Camille ou de Séraphin, puis la retranscription d'entretiens plus approfondis avec ce dernier ou avec son oncle maternel Atéa Antoine Goromido (1928-2001)[3] évaluent peu à peu l'emprise de la tribu sur l'école dans tous les domaines de l'enseignement, même des mathématiques. L'intersection des deux ensembles – partiellement et par moments ouverts l'un à l'autre (l'école, la tribu) – retient l'attention de Pierre Clanché parce que c'est là que se confrontent les attitudes des Kanak et celles des enseignants et autres pédagogues non kanak, là que se nouent aussi tous les malentendus, entre les élèves et leur maître, et aussi entre l'enquêteur et les instituteurs ou institutrices kanak.

Ainsi, par exemple, en classe, à la question « qu'est-ce qu'un mur qui sépare deux voisins ? », une élève répondra en recopiant le dictionnaire *Larousse* : « un mur mitoyen. Ouvrage de maçonnerie qui sert à faire les côtés d'une maison, à supporter les terrassements, à enclore un espace ou à le diviser ». Une autre tranchera autrement : « un mur qui regarde la rivière » ; parce que son proche voisin dans la tribu demeure de l'autre côté de la rivière. La première a « bon » sans avoir compris, la seconde « faux » mais elle a compris.

Ce livre fourmille de cas comparables, brièvement ou longtemps commentés, où l'on voit les jeunes de l'école de l'Immaculée Conception tantôt faire leur « métier d'élève », parfois jusqu'à la caricature. Quand les injonctions scolaires exportées de France leur sont opaques ils ne peuvent y répondre que par déduction logique mais hors sujet : un village du Moyen Âge est ainsi, pour une élève, « un village qui augmente » (d'un âge moyen, celui de l'adolescence). Tantôt en osant puiser dans leur expérience kanak et donc en contextualisant radicalement leurs réponses, ce qui est à la fois plus exact factuellement mais difficile à traduire dans le langage de la généralité que veut promouvoir l'enseignement officiel. La réflexion de Téâ Séraphin porte précisément sur cette difficulté. Il propose de trouver « l'astuce » qui peut permettre sans appliquer la règle de la

---

2. A. Bensa, K. Y. Goromoedo, A. Muckle, *Les sanglots de l'aigle pêcheur. Nouvelle-Calédonie : la Guerre kanak de 1917*, Toulouse, Anacharsis, 2015.
3. A. Bensa et A. A. Goromido, *Histoire d'une chefferie kanak. Le pays de Koohnê (Nouvelle-Calédonie)*, Paris, Karthala, 2005.

trouver en acte dans l'exemple. Il s'efforce ainsi d'expliquer cette translation entre le faire et le dire, entre la pratique et sa forme logique au fil d'entretiens passionnants avec le professeur Clanché, devenu son frère et ami et appelé dans sa famille d'accueil Caa Bwëé.

Par exemple, explique Séraphin Méréatu, en une remarque très wittgensteinienne : « S'arrêter au STOP : d'abord on s'arrête, on fait, puis la règle vient » ou bien, plus loin : « Tu ne donnes pas des modèles tout faits parce qu'il n'y a pas de modèles tout faits dans la vie. » L'idée centrale de ce primat de l'expérience est de partir de ce qui motive l'élève pour, peu à peu, lui faire ressaisir dans des schémas plus abstraits ce qu'il a vécu : « Je prends l'intérêt de l'autre [...] j'essaie de partir de sa motivation, de son truc à lui. » L'instituteur kanak rejoint ainsi, sans le savoir, les réflexions pédagogiques alternatives développées en Occident en rupture avec les pratiques institutionnelles officielles (Célestin Freinet[4], Ivan Ilitch, Rudolf Steiner, par exemple) et à la lumière de ce livre on comprend mieux les tentatives des Écoles populaires kanak[5] pour ancrer la transmission scolaire dans l'expérience linguistique et sociale particulière des tribus. Pierre Clanché explore à sa manière cette voie en suggérant aux trois enseignants qu'il interroge que la relation du maître à ses élèves puiserait dans les formes de vie kanak pour se construire. Et le professeur bordelais de faire de cette idée le leitmotiv de son livre. Parfois cette idée est repoussée, mais à d'autres moments, avec Atéa Antoine Goromido notamment, le transfert semble fonctionner : si l'instituteur laisse l'enfant raccorder les deux bouts de ce qu'il sait, il lui permet de comprendre par lui-même, c'est-à-dire vraiment ; c'est là aussi la façon kanak de raisonner et de transmettre les récits fondateurs, chacun ayant un bout de l'histoire mais devant la rattacher à d'autres bouts pour trouver le sens général, la règle.

Pierre Clanché cherche donc des passerelles et identifie aussi des fossés entre le raisonnement ordinaire à l'œuvre dans la vie relationnelle des Kanak d'aujourd'hui et les modalités d'argumentation qu'impose l'école française exportée jusqu'en Kanaky-Nouvelle-Calédonie. Dans l'ordre segmentaire kanak, la place de l'autre est toujours à redéfinir dès lors que ses appartenances sont multiples. Quand plusieurs personnes sont ensemble, il faut en permanence ajuster sa position aux situations en tendant vers un idéal sans cesse rappelé dans cet ouvrage, celui de l'équi-

---

4. P. Clanché, *Anthropologie de l'écriture et pédagogie Freinet*, Caen, Presses universitaires de Caen, 2010.
5. Issues du soulèvement kanak qui secoua toute la Nouvelle-Calédonie de 1984 à 1988, ces écoles s'essayèrent à une rupture radicale avec « l'école coloniale ». Voir M. Salaün, *Décoloniser l'école...*, *op. cit.*

libre. Rien n'échappe à cette exigence au sein de ce que Pierre Clanché désigne justement comme un « contrat coutumier ». En rupture avec ce souci d'équilibre, le « contrat didactique », celui qui lie le maître à l'élève, place, au cœur de la relation pédagogique institutionnalisée par l'école à la française, la transmission d'un savoir en soi, sans finalités sociales ou même pratiques explicites. Au terme de ce travail pédagogique, l'élève devrait prendre le savoir du maître et ainsi ne plus avoir à lui obéir. Mais l'apprentissage et l'égalisation des statuts qu'elle suppose *in fine*, d'une part entrent en contradiction avec les hiérarchies instituées qui font le monde kanak, d'autre part sont profondément biaisés par l'autorité politique coloniale qui lézarde toutes les relations humaines. L'expression « école coloniale » constitue un véritable oxymore en ce que la domination coloniale traverse et pollue tout le système scolaire. Pierre Clanché se heurte à cette violente contradiction : quand les élèves se réfèrent à l'ordre coutumier, ils sont hors sujet ; quand ils se plient aux injonctions de l'école, ils ne sont plus eux-mêmes, mais seulement des colonisés[6]. Dès lors, ils paniquent et répondent à côté. Ce qui fait dire à un instituteur kanak de Lifou, après le passage d'un inspecteur : « Si je fais l'école comme un Kanak, on m'engueule. Si je fais l'école comme un Européen, on dit : il est con. »

Séraphin Méréatu, Pierre Clanché et quelques autres enseignants cherchent à combler cette faille en imaginant des conversions possibles entre la coutume et l'école. Mais la brûlure coloniale intériorisée par les Kanak rend très difficile cet effort de traduction entre les impératifs coutumiers et les injonctions scolaires. L'un des grands mérites de ce livre est de ne pas se voiler la face. Certes il existe des passerelles mais elles ne pourraient être lancées entre la tribu et l'école que dans un contexte politique décolonisé en profondeur. Nous n'en sommes pas encore là.

Dans la mesure où sont restituées des portions entières d'entretiens on touche là, c'est certain, au noyau dur de la communication entre personnes n'ayant pas le même bagage socioculturel et aux fréquents quiproquos qu'elle implique, dès lors qu'il s'agit d'apprécier des situations, d'établir des connexions entre diverses attitudes pédagogiques ou bien de cerner des catégories aux contours nets, parce que c'est toujours le contexte qui décide du sens des mots. Ils ne signifient pas en eux-mêmes, comme le voudrait la logique graphique, bien mise en évidence par Jack Goody[7].

6. A. Memmi, *Portrait du colonisé*, précédé du *Portrait du colonisateur*, Paris, Payot, 1957.

7. J. Goody, *La raison graphique ou la domestication de la pensée sauvage*, Paris, Éditions de Minuit, 1979.

L'exploration de cet entre-deux où chacun voit midi à sa porte sans pleinement comprendre ce que l'autre dit à propos, par exemple, de la distinction entre des mots comme *wii* (écrire plutôt en recopiant) et *tii* (écrire plutôt en s'exprimant personnellement), de la différence entre savoir (*tämägööri*) et comprendre-entendre (*têrê*), administre une leçon d'humilité à celles et ceux qui se lancent dans ce type d'entretien. À ce titre, ce livre peut aussi être lu comme une sorte de manuel de l'enquête de terrain en Nouvelle-Calédonie kanak, enquête respectueuse de la complexité des énoncés kanak en situation.

La plupart du temps, inspecteurs de l'éducation, enseignants métropolitains fraîchement nommés ou enquêteurs pressés, surmontent leur angoisse communicationnelle en donnant les réponses à leurs propres questions, au besoin en s'appuyant sur la vulgate culturaliste : le Kanak *est* comme ceci ou comme cela et nécessairement *ailleurs*, dans l'exotisme absolu. Le présent livre rompt totalement avec ces poncifs, comme Téâ Séraphin s'en félicite après avoir lu un des articles de Pierre Clanché : « C'est bien, parce que tu ne généralises pas. » Tout est là en effet. La généralisation sert souvent en sciences sociales à masquer une incompréhension, et aux institutions d'État à écraser les particularismes.

Pierre Clanché fait comprendre combien l'univers académique, autoritaire, reste déconnecté des réalités de la tribu et pèse sur les élèves kanak en les repoussant aux marges de l'espace scolaire conventionnel. Si dans le primaire le recouvrement partiel de l'école par la tribu peut encore assurer une continuité rassurante, une convivialité kanak au service de l'apprentissage d'un programme indispensable pour entrer dans le monde blanc, la rupture sociale et pédagogique avec ce modèle soft est totale dans la suite du cursus scolaire : « Le collège est totalement ouvert. On ne voit personne et on ne peut se dérober au regard. La vraie rupture c'est le collège public. La culture kanak n'a aucune prise dessus. Sur l'ensemble des professeurs du collège de Koné, deux seulement étaient kanak, et encore maîtres auxiliaires. »

Pour résorber l'écart qui le sépare de ses interlocuteurs, Pierre Clanché a choisi le chemin le plus sûr mais aussi le plus long, celui de l'insertion progressive dans le milieu d'accueil en laissant ses hôtes peu à peu l'éduquer. Cette condition *sine qua non* de l'ethnographie de fond apprend à devenir un peu kanak au terme d'un processus décrit et analysé par Clanché, et parfois par d'autres ethnographes refusant comme lui d'être enfermés dans le piège de la culture quand celle-ci est identifiée à une totalité close sur elle-même[8]. Et la vie de notre auteur s'en trouve modi-

8. M. Capo, « Apprendre en semblable ? Ethnographie intersubjective de la transmission du savoir généalogique à Bayes (Nouvelle-Calédonie) », à paraître ;

fiée en ce qu'elle est ponctuée par les étapes de cette acquisition d'un « chez lui », là-bas à Tiaoué, chez Séraphin et Marie-Camille. Pierre partage avec ses hôtes la passion du scolaire et ne cesse d'approfondir cette complicité jusqu'à devenir aussi leur collègue. Cet apprentissage progressif fait de ce livre un approfondissement en spirale où chacun perd de soi et prend de l'autre, jusqu'à parfois parler d'une même voix.

La dynamique profonde de cet ouvrage à la fois personnel et savant est celle de cet engagement affectif et intellectuel fort mais progressif vis-à-vis de personnalités kanak impliquées, comme l'auteur, mais autrement, dans l'élucidation de pratiques scolaires. La solitude du chercheur et, en retour, sa quête d'un lieu vrai où poser sa carcasse en toute confiance suppose de multiples déconvenues. Il faut d'abord comprendre que ses véritables collègues en recherche et en pédagogie ne sont pas du tout ceux qu'on croit : pas les profs récemment arrivés de France et qui disent « je sais tout », pas les sentencieux experts envoyés de métropole cachés derrière quelques convictions simples. Il convient ensuite pour Pierre Clanché de dégager pour ses investigations dans la durée et pour lui-même un espace de complicité domestique où il pourrait vivre pleinement une expérience de savoir magnifique mais aussi tourmentée, malgré l'apaisement que lui procure l'écoute dans sa voiture à haute dose de musique classique. Comme dans une œuvre musicale, ce livre est habité par des scansions, des retours, tout au long d'une progression dramatique qui n'est autre que celle de la vie, du vieillissement et de l'horizon de la mort. L'enquête de terrain exacerbe les sentiments, les transferts et, à rebours, la déliaison des identifications. Et Clanché de jouer en sourdine le requiem de nos illusions de chercheur. Certes on avance, discerne, éclaire, mais ce qui reste à connaître est toujours plus vaste que ce que l'on sait, et ce chez-soi kanak qui a rendu possible ces compréhensions entre fatalement en concurrence avec son chez-soi en France, au moment du retour au bercail en Gironde et en Charente sur le « tertre d'origine ». Les hôtes kanak de Pierre l'ont bien compris en l'appelant « La Charente ». On n'échappe jamais à son origine, même si l'expérience de terrain reformule les liens qu'on entretient avec elle. La sonate existentielle composée dans ce livre par Pierre Clanché en hommage aux Kanak instituteurs, institutrices ou élèves ne peut pas être oubliée.

Alban BENSA

M. Naepels, *Ethnographie, pragmatique, histoire. Un parcours de recherche à Houaïlou Nouvelle-Calédonie*, Paris, Publications de la Sorbonne, 2011 ; A. Bensa, « Père de Pwädé. Retour sur une ethnologie au long cours », *in* D. Fassin et A. Bensa (dir.), *Les politiques de l'enquête. Épreuves ethnographiques*, Paris, La Découverte, 2008, p. 333-353.

# Avant-propos

Ce sont les circonstances fortuites de la carrière qui m'ont amené à effectuer en 1986 un premier séjour en Nouvelle-Calédonie, en l'occurrence la participation de l'Université à la formation des maîtres, conséquence de la création d'un feu « DEUG instituteurs ». J'ai d'abord effectué deux « missions » à l'École normale d'instituteurs de Nouméa où je donnais des cours de psychologie et pédagogie à de futurs maîtres très majoritairement calédoniens de souche (les *Caldoches*) ou venus de France passer un concours réputé à tort ou à raison moins sélectif (les *Métro*). Les instituteurs mélanésiens étaient, eux, formés à l'ENEP, École normale de l'enseignement privé. L'administration de l'ENEP avait bien demandé que ses stagiaires puissent profiter de la bonne parole des universitaires bordelais. Ce qui leur avait été refusé au nom d'un laïcisme perverti, tout le monde sachant – sauf moi – que l'école publique était alors majoritairement celle des Blancs et l'école privée, catholique ou protestante, majoritairement celle des Kanak !

C'est à cette occasion que j'ai rencontré et me suis lié d'amitié avec Jacques Celle, conseiller pédagogique spécialisé dans l'enfance inadaptée. Jacques Celle a été mon premier chemin coutumier et, sans lui, pas une des lignes de ce livre n'aurait été écrite. Il avait l'expérience des écoles de brousse[1] et la pratique de la Pédagogie institutionnelle issue du mouvement Freinet auquel j'avais jusque-là consacré mes activités de recherche. C'est lui qui m'a fait lire d'autorité, dès le premier jour, Haudricourt, Bensa et Sahlins[2]. C'est avec lui que j'ai effectué un premier séjour dans la tribu de Hnatchaom (Lifou) en 1987.

1. Est appelé *brousse* tout ce qui n'est pas Nouméa et sa banlieue. C'est ce terme qui sera utilisé dans le courant du présent livre.
2. A. G. Haudricourt, « Nature et culture dans la civilisation de l'igname : l'origine des clones et des clans », *L'Homme*, 1964, vol. 4/1, p. 93-104. Ce texte extraordinaire est disponible dans son intégralité sur internet sur le site de la revue. A. Bensa, J.-C. Rivierre, *Les chemins de l'alliance. L'organisation sociale et ses représen-*

Est-il la peine de signaler que le directeur de l'École normale ne voyait pas l'utilité ou plutôt considérait d'un mauvais œil le fait que je m'intéresse aux écoles de brousse fréquentées par les Mélanésiens (c'était le terme soft alors employé) ? Il faut dire également que j'avais rendu visite à J.M. Kholer, sociologue marxiste pur et dur, chercheur à l'ORSTOM et auteur de *L'école inégale*[3], réquisitoire implacable du système de reproduction de la domination coloniale que constituait l'école. Ce dernier ne voyait pas, lui non plus, et pour d'autres raisons, l'utilité d'aller dans les écoles de brousse pour voir de l'intérieur comment cette inégalité se construisait...

Le climat politique était alors tendu : 1987, boycott actif d'un référendum sur l'accès à l'indépendance ; 1988, drame d'Ouvéa, suivi des accords Matignon-Oudinot. À cette occasion, Jacques Celle rencontre les membres de la Commission de conciliation initiée par Michel Rocard et dirigée par Christian Blanc, il présente notre manière de voir et nos projets. Il est bien reçu, et nous voilà dotés de crédits substantiels, hélas laissés à la discrétion d'un vice-recteur peu scrupuleux quant à leur utilisation... Néanmoins, ce qui restait m'a permis d'effectuer quelques séjours d'observation, dont l'épicentre était le Centre de développement pédagogique de Touho, dont l'histoire reste à écrire. Ce centre, dirigé par Jacques Celle et inauguré en 1989 par J.-M. Tjibaou quelques semaines avant son assassinat, avait pour mission de préparer au Brevet supérieur et à l'obtention du CEAP les instituteurs de brousse peu ou pas diplômés, et donc non titulaires depuis de longues années, à la merci du bon vouloir d'inspecteurs qui se comportaient quelquefois comme des petits chefs.

Ensemble, nous avons écrit un texte intitulé « Observations d'enfants mélanésiens de 4 à 8 ans en situation d'interaction familiale et scolaire[4] ». D'emblée, nous rejetions l'hypothèse culturaliste simple, selon laquelle la raison principale de l'échec des enfants mélanésiens serait la conséquence d'un ensemble de décalages entre les attitudes et les savoir-faire appris dans le milieu familial, et les attitudes et les savoir-faire attendus dans le milieu scolaire, servant de prérequis à l'accès au savoir. Quel que soit le milieu culturel, social et économique, l'école instaure une rupture dans les modes de vie de l'enfant (habitudes, façons de se comporter avec les

---

*tations en Nouvelle-Calédonie (Région de Touho – aire linguistique cèmuhî)*, Paris, SELAF, 1982. M. Sahlins, *Âge de pierre, âge d'abondance. Économie des sociétés primitives*, Paris, Gallimard, 1976.

3. J. M. Kohler, L. Wacquant, *L'école inégale : éléments pour une sociologie de l'école en Nouvelle-Calédonie*, Nouméa, ORSTOM, 1985.

4. J. Celle, P. Clanché, « Observations d'enfants mélanésiens de 4 à 8 ans en situation d'interaction familiale et scolaire », Nouméa, *ITFM*, 1989, 37 p.

adultes, avec les autres enfants, se déplacer, prendre la parole, entreprendre et interrompre une activité, etc.). Il y a donc toujours et partout une nécessaire adaptation de l'enfant à la situation scolaire. Il fallait affiner l'hypothèse. Influencés par la lecture de J. Searle, interprétation post-Wittgensteinienne de l'interprétation des règles (règles constitutives *vs* règles normatives), relations entre attentes explicites et attentes implicites[5], nous formulions alors l'hypothèse d'une rupture dans la gestion des implicitations : « À l'inverse du milieu scolaire dans lequel on dit ce qu'il faut faire ou ne pas faire sans dire explicitement comment (le comment étant ce que l'enfant doit finalement découvrir), le milieu mélanésien serait un milieu dans lequel on montre aux enfants ce qu'ils doivent faire en le faisant, sans leur dire explicitement qu'ils doivent le faire et quand ils doivent le faire. » Après une trentaine d'années, cette explication est de celles qui, de mon point de vue, tiennent encore le coup.

Nous avions classé nos observations suivant quatre axes : 1. Gestion du temps ; 2. Modalités de communication verbale en situation d'apprentissage ; 3. Relation entre la consigne et la tâche, évaluation de la tâche ; 4. Gestualité.

Ce sont les observations ayant trait à la gestion du temps (domestique et scolaire) qui ont été les plus fécondes. Ce que nous avions constaté, sans concertation préalable, c'est le continuum fluide et l'organisation tuilée des actions des enfants depuis le repas du soir jusqu'à l'entrée en classe. À Lifou, du moins à cette époque, toute la famille dormait dans la grande case, nous avec. Nous avons été marqués par la façon dont les enfants se couchaient très paisiblement sans que l'ordre leur en soit donné, que l'endormissement se faisait par petits sommes interrompus par des chuchotements, des petits jeux avec des brindilles ; *idem* pour le réveil tout aussi spontané (au sens étymologique du terme) ; quand un enfant était complètement réveillé il sortait doucement de la case pour aller boire son bol de Milo. Faisant la comparaison avec les mêmes moments dans les familles occidentales, faits d'ordres plus ou moins suivis, de contraintes horaires, sonneries, bousculades, l'idée nous est alors venue d'une opposition :

Enfants mélanésiens : temps analogique, tuilé

*vs*

Enfants européens : temps digital, séquentiel

---

5. J. Searle, *Les actes de langage*, Paris, Hermann, 1976 ; *Sens et expression*, Paris, Seuil, 1983, spécialement le chapitre intitulé « Le sens littéral ».

Qu'allait-il ensuite se passer lorsque, traversant la petite brousse qui séparait la maison de la route, les enfants rentreraient dans la cour de l'école juste de l'autre côté ? « On pouvait s'attendre, avec l'entrée dans le temps scolaire, à une rupture à laquelle les enfants auraient des difficultés à s'adapter. Les observations nous ont montré que la rupture est loin d'être aussi nette que prévu et que la succession des activités scolaires aurait plutôt tendance à s'adapter bon gré mal gré aux modes de gestion préalablement décrits. [...] d'une certaine manière on peut dire que l'enfant organise ses activités scolaires de la même manière qu'il gère ses activités en milieu familial. »

Nous sommes parvenus à la conclusion suivante : « Pour dire les choses de manière un peu brutale et schématique, il semblerait que, au lieu que ce soit les enfants qui s'adaptent à la situation scolaire, ce sont les enseignants qui s'adaptent, malgré eux, à cette temporalité extrêmement fluide, indéterminée et lente. »

Les séjours qui suivirent dans la région de Touho ont été pour moi très instructifs. Avec Jacques Celle, nous avons visité des écoles, discuté interminablement dans cette période pré post coloniale, avec ces Calédoniens ou Européens de passage, souvent de bonne volonté, mais qui croyaient savoir ce qu'il faut faire sans s'être donné la peine d'aller y voir de près dans les classes et les tribus. Jacques a même essayé avec des enseignants volontaires mais pas formés, à la recherche de mener des petites expérimentations sur la gestion du temps...

Ce qui manquait dans ma quête d'explicitation du lien école/tribu, c'était la continuité vie de la tribu – vie de l'école, dont j'avais fait l'expérience princeps à Lifou. Alban Bensa, ami de longue date de Jacques Celle, avait lu avec un intérêt bienveillant ce que nous avions écrit. C'est lui qui m'a recommandé auprès des membres d'une famille dont il était lui-même allié, et obtenu le financement de la CORDET qui m'a permis d'effectuer les premiers séjours dans les conditions que je n'osais espérer.

Entre 1994 et 2007, j'ai donc effectué douze séjours, jamais très longs, dans la même tribu, la même famille, la même école, avec quelques excursions dont certaines seront rapportées.

Quatorze années se sont écoulées entre le premier et l'ultime journal, lui-même rédigé il y aura bientôt six ans. En quatorze années, bien des choses ont changé. En 94, il y avait quatre voitures à Tiaoué, les chiens de Séraphin reconnaissaient le bruit du moteur de ma petite *Opel Corsa* de location un quart d'heure avant que j'arrive. J'étais le seul Blanc à dormir chez un membre de la tribu. En 2007, il y avait plus de vingt voitures ; des Européens avaient loué des maisons à l'entrée de la tribu.

Voici à peu près quelle était ma méthode. Prise de notes quotidienne, à la volante, sur des fiches bristol 12,5 x 7,5 cm dont j'avais toujours un petit paquet dans les poches et que je sortais à tout propos sans jamais me cacher. Écrire tout ce que je voyais, entendais, pensais sur le moment, filtrer le moins possible, sans me poser de questions sur ce à quoi cela pourrait bien servir. Dans les salles de classe, je me servais d'un cahier format écolier à la forte reliure. La première fois que je me rendais dans une classe, après avoir salué et remercié, je me tenais quelques minutes devant le tableau face à la classe pour éviter que les élèves se tortillent pour voir l'intrus au lieu d'être attentifs aux consignes ; ensuite j'allais m'asseoir à côté d'un élève – il y a toujours un absent dans une classe – après lui avoir demandé son autorisation, ce qui me permettait d'observer la classe au ras du vécu des enfants. J'ai peu utilisé le magnétophone, seulement à partir de Tiaoué VI pour des entretiens « programmés » et dans quelques circonstances particulières qui seront précisées.

Sauf rares exceptions, je faisais tous les soirs une première transcription des fiches sur le cahier relié. L'intérêt de cette transcription à laquelle je m'astreignais, que je qualifierais de « à tiède », est que la seule activité manuelle de graphie d'un événement très récent fait ressurgir des détails, retrouver des expressions qu'on n'avait pas pu saisir sur le moment ; le lendemain, c'est déjà trop tard. Généralement, je transcrivais faits et paroles sur la page de droite, réservant la page de gauche aux impressions, commentaires personnels, références, avec moult flèches et crochets. Au retour en métropole et aussi vite que me le permettaient mes activités classiques d'universitaire, je mettais les notes au propre sur l'ordinateur en m'efforçant de passer d'un texte *pour moi* à un texte lisible par d'autres, *pour autrui*. C'est ce qui a donné les douze *Tiaoué* dont je donnais un exemplaire au fur et à mesure de leur achèvement à diverses personnes de mon entourage : A. Bensa, J. Celle, des collègues, des amis kanak, des étudiants intéressés.

L'ensemble des Tiaoué couvre plus de 700 pages format A4, caractère 12. C'est ce corpus qui constitue 90 % du texte du présent livre.

Je me suis servi de ces *Tiaoué* dans mes enseignements d'anthropologie de l'éducation, j'ai communiqué dans des colloques, écrit des articles. Mais restait l'ensemble, la masse, le bric-à-brac dans lequel tout était mélangé. J'ai songé quelquefois à en tirer un ouvrage synthétique sur la relation école/tribu avec des chapitres thématiques. Impossible, n'est pas Descola qui veut ! Et puis c'eût été perdre la dimension diachronique, incontournable. En quatorze ans, « j'ai vieilli » comme dirait Zazie, mon regard a changé, j'ai lu d'autres livres, mes hôtes aussi ont changé, certains sont décédés.

Je suis maintenant à la retraite et c'est encore Alban Bensa qui m'a encouragé à « faire quelque chose de mon expérience » dont j'ai la faiblesse de penser qu'elle est singulière. Pas question de réécrire, d'en faire un essai aux allures d'*historical fiction*, gommant aspérités et naïvetés, gardant les passages romanesques, édulcorant l'ordinaire et fabriquant pour finir un pseudo-dénouement humaniste critique ! C'eût été à proprement parler trahir. Il fallait sculpter la masse, tenter de lui donner une forme (Aristote). Mon souci a été de privilégier les séquences permettant la mise en confrontation entre ce que disent les gens dans les situations les plus variées (leur *performance*) et ce qu'ils font, l'interprétation qu'ils en donnent, et ce que j'en comprenais alors, souvent différent de ce que je crois comprendre maintenant. Depuis deux ans, je relis, je jette, j'élimine les redites, je sacrifie des pans entiers, je coupe, je relis, je ponctue, je relis, je coupe encore, je re-ponctue, je résiste à la tentation d'arranger le script maladroit d'une séquence, de rajouter une petite note d'exotisme pour illustrer une scène, d'éliminer les commentaires à chaud dont je regrette maintenant l'injustice ou la naïveté. En relisant, j'ai rapidement vu comment mon focus s'est progressivement déplacé des écoliers vers les maîtres eux-mêmes, d'où le titre du livre.

# Quelques cadres, lieux et personnes

La grande majorité des événements rapportés dans le livre se sont déroulés dans la tribu de Tiaoué, Province Nord, district de Koné – d'où le nom générique donné aux douze chapitres du livre –, et dans l'école privée catholique l'*Immaculée* à Koné.

Koné est située sur la côte ouest de la Nouvelle-Calédonie, à 267 km de Nouméa, un peu à l'intérieur des terres, au pied du massif du Koniambo. Capitale administrative de la Province Nord, à l'époque le *village* comme on dit comptait 3 000 habitants ; depuis les débuts de l'implantation de l'usine du Nord de traitement du minerai de nickel, la population a plus que doublé. On y trouve les services classiques d'un chef-lieu de canton, deux magasins, un motel, un restaurant, la poste, la pharmacie, la station-service... Les deux écoles élémentaires, publique et privée catholique, sont situées au centre, de part et d'autre de la grand route RT1 qui traverse le village ; un collège public a été construit, très en dehors de l'agglomération ; l'école publique scolarise majoritairement les élèves du village avec deux classes par niveau, l'école privée catholique l'*Immaculée*, une classe par niveau, scolarise majoritairement des élèves de tribus.

Sise à une vingtaine de minutes de route et piste de Koné, la tribu de Tiaoué (273 hab.), un peu en altitude (environ 300 m), est l'une des neuf tribus du district de Koné. Après avoir traversé la tribu et la plaine de Baco, on y accède en franchissant deux petits cols. Réputée pour être une « belle tribu », elle s'étire sur 2 km environ sur les deux rives ombragées de la rivière Koné. La tribu comprend deux parties : celle du bas habitée par les membres du clan Dui[1], celle du haut habitée par ceux du clan Bai. Au centre, une vaste prairie sur laquelle sont implantés l'église, le cimetière, l'internat de l'école de l'Immaculée, la maison commune, les terrains de foot et de volley. L'habitat est relativement dispersé au bord ou

1. Toutes les consonnes sont prénasalisées.

à proximité du chemin. Bai et Dui sont les deux grands clans de l'aire paicî-cèmuhî.

La maison des Méréatu est située à l'extrémité nord-ouest de la tribu, un peu en retrait et à l'aplomb du chemin principal. Par un petit raidillon, on accède sur un vaste plat herbeux de cent mètres de long et une trentaine de mètres de large, taillé à la barre à mine à flanc de colline. Elle comprend trois bâtiments autour d'une cour-jardin ; le « corps principal » en briques couvert de tôles comprend quatre pièces dont la cuisine, pièce à vivre, donnant sur une arrière-cour où l'on fait vaisselle et lessive ; le « kiosque » en torchis couvert de paille est la plus ancienne implantation, on y entrepose les coutumes et les fusils ; du fait de son ancienneté, le kiosque a une valeur symbolique importante ; en face, la « petite maison » aussi vaste que la « grande », sert de bureau, chambres des enfants, d'entrepôt du matériel de musique, sanitaires, « salon » de télé.

Dans la cour, un abri en tôle, mobile : son emplacement change à chacune de mes venues, de même que le mobilier intérieur. Quelques chiens, chats et poules vaquent dans l'indifférence.

Les trois *figures* centrales du livre sont, par ordre de séniorité, Antoine Goromido, Séraphin et Camille Méréatu. Les autres figures qui n'ont rien de seconds rôles, nous pensons particulièrement à Charline, seront présentées par ordre d'apparition.

Antoine Goromido, ancien « moniteur », est né en 1928 dans la tribu de Netchaot. Il a exercé de 1946 à 1978. Grand érudit et militant, il a joué un rôle essentiel dans le renouveau des recherches en sciences humaines de l'aire paicî-cèmuhî. À l'époque où j'ai fait sa connaissance, c'était un vieux monsieur respecté, néanmoins chaleureux à la voix douce, souriant et affectueux avec les enfants. Il résidait tantôt dans la maison d'un de ses fils, Jean-Marie, à Netchaot, tantôt dans un petit appartement Vallée des Colons à Nouméa. Antoine est l'oncle utérin de Séraphin.

Séraphin Méréatu est né le 12 janvier 1952 dans le clan Bai. Son père était un fameux chanteur danseur. Sa mère Adèle est la sœur aînée d'Antoine. Il est troisième d'une fratrie de huit, six filles et deux garçons, quatre de ses sœurs ainsi que son jeune frère vivent à Tiaoué. Il a été l'élève des sœurs « canadiennes » ; instituteur dans l'enseignement privé catholique. Il a occupé plusieurs postes sur la côte ouest avant Koné. Il a suivi dans les années 90 le CDP de Touho dont il est question dans l'avant-propos. À l'époque des premiers séjours, Séraphin est directeur de l'école déchargé d'enseignement (il s'occupe des enfants en difficulté) ainsi que de l'internat. Excellent musicien (guitare, clavier), chanteur réputé de Hae Hae avec une belle voix de ténor qui passe naturellement en voix de tête. Il possède un matériel impressionnant de prise et diffusion de son avec lequel il sonorise toutes sortes de fêtes, religieuses, kermesses, bals, mariages, congrès. Il s'investit également dans la vie de la paroisse (mariages, enterrements). Très souvent sollicité pour prendre la parole dans les cérémonies coutumières pour sa connaissance généalogique et son talent d'orateur. Membre du conseil des anciens de la tribu. Comme tout bon Kanak, Séraphin cultive son champ traditionnel, mais il est aussi agriculteur « moderne », possède un tracteur avec lequel il défriche et cultive des parcelles « rétrocédées ». Séraphin n'est jamais venu en métropole. Lors de notre première rencontre, il a 42 ans.

Marie-Camille Méréatu, son épouse, est institutrice de maternelle, née en 1955 dans la tribu de Gohapin (district de Poya). Elle a cinq frères et deux sœurs. Ses parents tenaient le magasin de la tribu. Camille est une belle femme souriante, élégante, au rire éclatant. Active politiquement, elle est adjointe au maire responsable de l'enseignement. Elle s'est toujours spécialisée dans les tout-petits à qui elle parle français (en groupe) et souvent en langue (individuellement). Elle porte une attention particulière pour les enfants adoptés et les « problèmes » dans les familles. Elle souffre d'insuffisance respiratoire chronique. Lors de notre première rencontre, elle a 39 ans.

Quand je suis venu pour la première fois à Tiaoué, les Méréatu avaient deux enfants ; l'aînée, une fille adoptée, Nadia (fille de la sœur aînée de Séraphin, Nastasie) était pensionnaire au collège privé Sainte-Marie de Bourail ; le second, Michel, enfant « biologique », était au CM2 à l'école de l'Immaculée. Une petite fille Miranda naîtra plus tard...

# Avertissements

Tous les prénoms et les quelques noms de famille figurant dans le texte sont les vrais. C'est à la fois un hommage à tous ceux qui m'ont accueilli et un risque que j'assume pleinement, partant du principe que les personnes savaient que je pouvais, en tant que chercheur, faire usage public de mes observations. Si, se reconnaissant, ils estiment que j'ai été injuste ou inexact en rapportant leurs paroles et gestes, qu'ils me pardonnent.

La partie imprimée en caractères romains est la transcription des journaux tels qu'ils ont été rédigés sur place à la main et mis au propre à l'ordinateur au retour de chaque séjour. Les interruptions importantes dans le temps, les coupes dans la transcription d'une séquence ou d'un entretien sont signalées par le signe [...].

La partie imprimée en italique, présentation des chapitres, liaisons entre les épisodes, commentaires sur le texte, a été rédigée en 2012.

Sous-titres chiffrés. Certains sont « d'origine », d'autres sont venus au fur et à mesure de l'élaboration du texte final. Les sous-titres affectés d'une numérotation en chiffres arabes sont attribués à des situations, des thèmes, récurrents et/ou en évolution. Plutôt qu'un index pléthorique, un système simple de fléchage permet au lecteur d'aller d'une occurrence significative à la suivante. Les sous-titres affectés d'une numérotation en chiffres romains désignent les épisodes d'une même « histoire emblématique ». Le fléchage renvoie tout simplement à la suite d'une même histoire ou affaire s'étalant dans une temporalité plus ou moins resserrée.

Les lecteurs non familiers des termes kanak ou didactiques dont je fais usage dans le texte trouveront un petit glossaire à la fin du livre.

PREMIÈRE PARTIE

# 1994-1997
# LES ANNÉES D'APPRENTISSAGE

## Tiaoué I, septembre 1994
## Les observations contrariées

« *Cémû* c'est l'école et le règlement.
C'est aussi la mesure. »
Séraphin

*Le style de ce premier journal est laconique, segmenté, à prétention objectiviste, du moins au début. Il est composé « d'observations » numérotées de 1 à 42 comme je le redécouvre maintenant, et d'un premier entretien avec Antoine. La numérotation est un clin d'œil à Devereux que je lisais beaucoup à l'époque. Sur la recommandation d'Alban j'avais fait, deux mois plus tôt, la connaissance de Séraphin, directeur de l'école privée catholique de Koné avec qui il entretient une relation coutumière et amicale, et de Camille son épouse. J'animais alors un stage destiné aux enseignants du public sur le thème « La consigne et la tâche », termes à la mode avec celui de* métier d'élève, *sujet d'une conférence que j'avais donnée dans les locaux de la Province à Pouembout. Séraphin et Camille nous avaient invités à déjeuner à la cantine de l'école, et nous nous étions rapidement mis d'accord pour que je sois accueilli à l'école et hébergé chez eux pour un premier séjour. La mission initiait le programme de recherche (CORDET) intitulé « Éducation préscolaire et entrée dans la relation didactique en milieu kanak ».*

*Mon projet personnel consistait, suite à mon expérience princeps à Lifou, à me focaliser sur quelques enfants en situation scolaire et familiale – cette double immersion constituant l'originalité du projet. Mon séjour chez Séraphin devait donc, au départ, servir de camp de base à mes expéditions dans les familles. Au fil des circonstances les choses ont évolué.*

*Le rendez-vous avait été pris pour le lundi 26 septembre, sans préciser si je devais arriver la veille ou le matin même. Inquiet, j'avais téléphoné le dimanche après-midi, sans succès, depuis Nouméa, pris une chambre au Monitel de Koné et débarqué à l'heure de rentrée en classe. L'école construite dans les années soixante sur deux niveaux est située à proximité du centre du village, entre mairie et église. La direction et les classes des grands sont au rez de rue, la maternelle, le CP et la cantine en contrebas. Un manguier géant, encerclé par un banc de bois, donne de l'ombre à la cour des petits, bordée d'une petite rue d'où les mamans interpellent leurs enfants et leur font passer des « messages » et des « petits pochons ». L'école accueille principalement les enfants des tribus proches ou relativement éloignées.*

*En arrivant le lundi matin, Séraphin m'a simplement indiqué le nom et la classe des cinq élèves de maternelle, Styven, Denis, Isabelle, Johan et Benoît, dont je devais observer le comportement et m'a présenté à la maîtresse des petits/moyens, Giselle, Calédonienne ayant longtemps exercé « en ville », à Nouméa.*

## Lundi 26 septembre 1994
## Premières observations : équilibres et stratégies

Maternelle petits/moyens
Giselle
obs. 1

Yohan est dominant (statut familial ?), plutôt bagarreur : il prend les livres aux autres sans qu'ils réagissent. Circule dans la classe, vient me voir.

Benoît est plus calme.

Après-midi. Maternelle grande section
Camille, épouse de Séraphin
obs. 5

On me demande d'observer Styven, dernier d'une famille de 11 enfants dont tous les prénoms commencent par *S* – importance de la lettre.

Les enfants viennent d'eux-mêmes chercher les brosses à dents, rentrent d'eux-mêmes dans la classe et se mettent en activité sans l'intervention de Camille. D'une façon générale, Camille intervient peu, sinon pour réguler (gestion du matériel, changement de séquence).

Entre eux, les enfants parlent *la langue*, mais s'expriment en français quand ils parlent à propos du matériel (jeu de construction fait de petits cubes plastique qui s'emboîtent).

Styven fabrique des fusils pistolets. Il parle français « tu fais ça comme ça » mais, dans la régulation interactive, parle « en langue ».

obs. 6

Les enfants ne réagissent jamais immédiatement aux injonctions de Camille.

[...] obs. 10

**Équilibre (1) => p. 69**

Jeu avec des morceaux de bois de formes diverses. Styven réussit des équilibres très instables (à la Calder). Il fait beaucoup de bruit en imitant le marteau. Camille dit seulement « hé les constructeurs là ! » ; 30'' après, le bruit diminue, puis reprend. « Madame, voilà maison à vous – C'est bien ! »

obs. 11

Récréation

Les enfants jouent avec des cerceaux qui s'accrochent dans le manguier au milieu de la cour. Pour décrocher un cerceau, Styven essaye plusieurs solutions*, jusqu'à ce qu'il réussisse en répétant le geste le plus économique (*4 : sauter et taper pour faire avancer progressivement vers le bout de la branche pour ne pas avoir à courir après comme dans *3). Cf. le tâtonnement expérimental chez Freinet. Les petits qui l'ont vu faire, relancent des cerceaux et essayent de l'imiter.

Camille rit en regardant faire Styven, sans intervenir ni le féliciter. « Quand ils ont des projets, ils créent et réussissent ».

*Les 4 techniques successivement essayées :

1. Taper directement le cerceau avec un autre cerceau ; mais, au lieu de dégager le cerceau, cela contribue à l'enfoncer encore davantage ;
2. La courte échelle : dispositif ingénieux mais délicat ; les enfants sont petits, et celui qui est sur les épaules déséquilibre son porteur en essayant de décrocher le cerceau ;
3. Lancer le cerceau perpendiculairement dans le sens tronc → extrémité de la branche avec effet rétro ; mais difficulté à concilier puissance et

précision, ce qui fait que le lanceur passe plus de temps à courir après le cerceau qu'à viser ;
4. Sauter et taper vers l'extrémité de la branche en soulevant à chaque fois un petit peu le cerceau accroché.

**La maison**

*À la fin des classes, j'attends Séraphin qui surveille le départ des enfants dans le car qui les ramène dans les tribus. Nous partons vers leur maison dans la tribu de Tiaoué à 20 minutes de route puis de piste. Je me souviens avoir demandé à Séraphin s'il fallait ou non faire une coutume au chef. Il m'avait répondu qu'on aurait l'occasion. Peu avant d'arriver à la maison, Séraphin s'arrête au bord du chemin pour saluer le petit chef, j'en profite pour dire trois mots sans doute maladroits et lui donner un morceau de tissu et un billet pour montrer que je connaissais les usages. Je n'ai plus de souvenir précis de mon arrivée à ce qui allait devenir ma maison, située sur un plateau herbeux, un peu à l'écart en hauteur par rapport au chemin qui traverse la tribu, à son extrémité nord-est. Elle comprend trois bâtiments, deux en brique et tôle et un kiosque en torchis, couvert de chaume, encadrant une cour/jardin agrémentée d'abris sommaires et mobiles au toit de tôle. Ce qui est sûr, c'est que j'ai fait un discours de coutume et donné la bouteille de Johny Walker achetée à l'escale. Séraphin m'a simplement dit que ce soir-là j'allais dormir chez lui, mais qu'il avait pris contact avec les autres familles pour que j'y aille ensuite. Il m'a montré l'endroit, une petite pièce sans meubles, séparée de la cuisine par un simple rideau et qui servait d'habitude de chambre matrimoniale, je l'ai su plus tard. Pas d'endroit pour poser une valise, encore moins de table pour travailler. C'est le coffre de la voiture qui me servait de garde-robe et mes poches de bureau. Ce dont je me souviens bien, c'est que Camille m'a tout de suite envoyé assister à la répétition de danse qui se faisait dans une clairière, en contrebas de la maison.*

obs. 12

Répétition de la danse avec Séraphin et Michel, son fils (10 ans). Palabre sur le choix du lieu de représentation de vendredi. Séraphin me parle du caractère clanique de la danse – son père était un grand danseur – et des interdits :

– Ne pas marcher sur l'aire de danse (ce que j'ai fait pourtant) ;
– Interdiction aux femmes d'assister à la répétition ;
– Interdiction des relations sexuelles pendant la durée des répétitions.

Plus tard, Séraphin me dira que les vieux regardent plus ou moins mais critiquent « tu ne te baisses pas assez. Ils font chier mais c'est normal ».

Quand je demande à Michel comment il a appris, on retrouve les 3 phases classiques :

1. Regarder les autres ;
2. Entraînement tout seul à la maison ;
3. Le papa le voit, lui donne quelques conseils puis l'emmène danser avec les autres.

## Mardi 27 septembre 1994
## Comment enseigner la notion d'égalité ?

Maternelle grande section, classe de Camille

obs. 19

Camille : « Vous rangez, vous allez sur la natte. Un bon point pour Natacha » qui seule s'exécute immédiatement. Cela n'émeut pas les autres qui n'obéissent que très lentement et un par un. Isabelle va sur la natte au bout de 2 minutes. Au bout de 2 minutes 30 « Allez, on se dépêche ». Tout le monde est sur la natte au bout de 3 minutes 30 !

Dès que tout le monde est assis, débute un chant avec jeu de main « epoe poe ta ié »

Un enfant : « Plus vite ! »

Toujours le problème des débuts, début des frappements de pieds dans la danse, début des chants – début de *Reingold*[1] – est-ce que les enfants dans les 3 minutes qui précédaient étaient déjà dans ce chant ?

obs. 20

**Autant**

*Le script verbatim de la séquence qui suit est tellement télégraphique que je suis contraint de déroger au principe énoncé de fidélité au* Carnet *et d'expliciter la scène sous peine d'illisibilité* stricto sensu.

*Camille fait venir deux filles sur le devant de la classe, Natacha et Aïda. Elle prend deux crayons de couleur verte dans une main et une poignée de crayons de couleur rose dans l'autre et fait choisir aux filles.*

1. Le prélude de *L'or du Rhin* commence par un mi bémol joué par le pupitre des contrebasses, si pianissimo que même averti et prêtant l'oreille le spectateur a l'impression que la musique a déjà commencé quand il l'entend. À Bayreuth, où le spectateur ne voit pas la fosse d'orchestre, cet effet est renforcé par l'obscurité dans laquelle la salle est plongée plusieurs minutes avant le début de la représentation. [2012]

*Aïda prend les deux crayons verts et Natacha la poignée de crayons roses (quatre ou cinq, je ne me souviens plus exactement).*

*– Qu'est-ce que je vais faire pour que Natacha [qui a la poignée de crayons roses] ait la même quantité qu'Aida [qui a les deux crayons verts] ? Isabelle*[2] *?*

*Isabelle s'avance mais ne répond rien. Alors Camille prend à Natacha la poignée de crayons roses, la met dans une main d'Isabelle, et, dans la continuité du geste, lui en fait rendre deux à Natacha !*

*– Qui est-ce qui en a beaucoup ?*

*Un garçon – Y a pas de beaucoup !*

*– Il y a un mot dans la langue des Blancs (sic), c'est* autant.

*Suit un exercice d'application. D'abord avec des boîtes de soda de la marque Jamico, puis avec des piles de livres posés sur une étagère. Un premier garçon rapporte un livre. Camille demande à un autre d'aller en chercher « autant ». Celui-ci en rapporte cinq, puis, suite à quelques effets Topaze*[3] *comme « T'es sûr ? » ou « Vous êtes d'accord ? », il va reposer les cinq livres et en ramène trois nouveaux.*

*Un garçon –* Autant *ça veut dire quoi ?*

*Camille – La même chose.*

*Alors, Styven enlève deux livres au malheureux garçon, ils en ont alors chacun un. Camille conclut sans plus de commentaires « Ils ont* autant. *»*

obs. 20 bis

Récréation. Petite discussion avec Camille à propos de *autant* : « Beaucoup, peu, ça va » ; *autant* n'a pas d'équivalent précis dans la langue. On dit 2-2 au foot. Sinon, dans le pesage on dit à peu près pareil. Les échanges ne se font pas *autant.* On dit « la même ».

*Cette brève séquence ainsi que le tout aussi bref commentaire de Camille revêtent dans mon parcours de recherche une place emblématique*[4]*. C'est la première fois que j'entendais un enseignant qualifier* ex cathedra *un mot comme appartenant spécifiquement à la « langue des Blancs ». Je n'y vois aucune connotation péjorante (« langue des Blancs » plutôt que « en français »), mais une remarque linguistique de non-équivalence. C'est surtout la première manifestation de ce que*

2. Une de mes « observées », la fille du catéchiste de Tiaoué, bonne élève.
3. Cf. Glossaire.
4. Je l'ai présentée dans un colloque avec comme titre « Anthropologie de l'éducation et didactique des mathématiques : pour une anthropo-didactique » Colloque Marseille 2000, consultable sur internet : http://daest.pagesperso-orange.fr/Pages%20perso/textes_clanche/clanche_marseille2000.pdf

*Bernard Sarrazy a nommé depuis* anthropo-didactique[5] *et qui apparaîtra et sera développée à plusieurs occasions dans les pages qui suivent. Ce n'est pas moi mais Camille elle-même qui parle des* échanges *(coutumiers). Le fait que, dans les échanges cadeaux/cadeaux (termes que je préfère au don contre don mausso-levistraussien trop mécanique) et les redistributions, les quantités (mêmes ramenées à des équivalents conventionnels de type :* x *nattes valent pour* y *tissus et* z *francs CFP) ne sont jamais structurellement égales (inégalité mesurée débattue et négociée), ce qui complique l'acquisition du concept opérationnel d'égalité chez les enfants. À la énième relecture de la séquence je m'aperçois que Camille :*

1. *Se sert d'un tiers, Isabelle, pour résoudre le problème (comme dans les affaires coutumières en cas de « problème ») ;*
2. *Qu'elle* fait, *gestuellement ;*
3. *Et surtout qu'elle pose la question « autant » en termes de redistribution. On reviendra sur cette question centrale dans le premier entretien avec Antoine.*

**École et coutume**

obs. 21

Après la récréation, discussion avec Séraphin qui commence à me pédagogiser sur l'écart coutume/école. Dans l'apprentissage coutumier :

– on écoute (sans regarder celui qui parle, on baisse la tête) ;
– on rcgardc (dc loin) cclui qui fait ;
– on laisse passer du temps ;
– on fait.

À l'école :

– on écoute en regardant ;
– on regarde en écoutant ;
– on fait tout de suite, trop vite.

Après-midi. Maternelle grande section, classe de Camille

obs. 24

Discussion en aparté avec Camille : « Les enfants mélangent consigne et tâche. Je fais assimiler les consignes une par une. Quand une consigne est comprise, intégrée, je complique. Dans la culture, consignes et tâches sont confondues. »

5. Cf. Glossaire.

**Premiers drames, premier deuil, premières hésitations**

obs. 27

Séraphin entre dans la classe. Nouvelle officieuse venant de la mairie. Le maire, Paul, hospitalisé depuis la veille, est cliniquement mort. Séraphin est embêté. « La sortie scolaire n'aura pas lieu peut-être ». Ce qui trouble dans la mort, ce sont ses conséquences.

Soir. Tiaoué, maison de Séraphin

Adèle, la maman de Séraphin s'est brûlée. Séraphin et Camille l'emmènent au dispensaire de Koné ; elle sera évacuée dans la nuit vers Nouméa. Je remonte à la maison avec Michel, son cousin Steeve, ainsi que leur grand-mère dans la coutume, Simone d'Atéou. [privé...]

*J'ai conservé tel quel ce crochet « privé » pour désigner des événements que je vivais intensément et qui ont en fait largement contribué à ma connaissance de la vie kanak, mais que j'estimais alors ne pas devoir faire figurer dans un journal de recherche. Lorsque j'ai montré ce premier journal à Alban et lui ai posé la question de l'intimité, celui-ci m'a presque totalement libéré (il y a des choses que je ne note toujours pas) en me disant que les personnes qui m'accueillaient savaient que j'étais là entre autres raisons pour les observer, et que, par conséquent, elles ne me disaient et me montraient de leur vie que ce qu'elles voulaient bien dire et montrer, sachant que tout ou partie pouvait être rendu public. De fait, de même que je ne me suis jamais caché pour sortir une fiche et prendre des notes en toutes occasions, jamais on ne m'a dit ou fait comprendre que tel ou tel propos relevait du secret et ne devait en aucun cas être diffusé. Pas de off, comme on dit dans le style journalistique. D'ailleurs, au fil de mes visites, on m'en montrait et disait davantage. Suis-je digne de cette confiance ? Je ne le sais toujours pas.*

## Mercredi 28 septembre 1994
## Entrée dans la vie coutumière « ordinaire »

Matin. Tiaoué. Paul est mort dans la nuit. Un voisin l'annonce coutumièrement à Séraphin, bien qu'il le sache depuis longtemps. Les nouvelles d'Adèle ne sont pas bonnes. Il n'y aura pas classe ni aujourd'hui ni demain, Séraphin ne reprendra que lundi.

Après-midi
obs. 30
En présence de Michel qui ne nous regarde pas, n'intervient pas, mais écoute attentivement, Camille me parle des trois coutumes de deuil. On attend le retour du corps, on guette les arrivées des voitures qui passent en dessous sur le chemin qui mène à la maison de Paul. Aboiements des chiens.

obs. 32
Promenade sur une petite colline avec Michel. Il m'énumère lieux et liens de parenté. Je lui demande comment il a appris le français, le premier mot appris « viens ». À trois ans, il se cache dans le car pour aller à l'école de Koné, information confirmée par Camille.

Pendant tout cet après-midi du mercredi, hésitations de Séraphin. Que faire ? Aller à la maison de Paul, y rester, ne pas rester ? Est-ce que je le gêne ? Séraphin me dit qu'il a réglé la question de ma coutume qui est déjà montée, « ça va c'est bon ». Y aller seul ? Emmener Michel, Camille, moi ? La coutume est obligeante mais doit être interprétée, aménagée. Séraphin est aussi très inquiet pour sa mère, il ne peut entrer entièrement dans la coutume de Paul. Il va passer un moment autour de chez Paul, puis, ne voulant pas y passer la nuit – il est fatigué –, revient en prétextant qu'il a froid et doit prendre une veste, etc.

À propos de Paul, il me dit : « La mort ça me fait chier, parce que Paul ne verra plus son chemin pour rentrer chez lui. »

## Jeudi 29 septembre 1994
## Enchevêtrement

### L'école et l'Indépendance

obs. 33
Je demande à Camille de m'expliquer en quoi consiste le marché qui aurait dû se tenir aujourd'hui dans sa classe. Séraphin m'explique que le marché fait partie d'un projet « correspondance ». Pour avoir de l'argent (pour les timbres, l'essence des bus...) les enfants amènent des fruits qu'ils vendent aux autres élèves. Chaque classe a son jour de marché. « À partir de là, on fait des opérations, des problèmes. Les sous vont à la coopérative. » Séraphin achète également des fruits et des légumes aux parents

pour la cantine. « C'est pour responsabiliser les parents, pour *l'in-dé-pendance* ! »

**L'école, règlement et mesure**

obs. 34

Au cours d'une discussion sur l'école Séraphin me dit avec assurance : « *cémû* c'est l'école et le règlement ». Je lui demande confirmation : « *cémû* c'est aussi la mesure[6] ».

*Cette « révélation » m'a alors beaucoup interrogé et donné à penser sur ce que j'avais pu observer ici et dans les classes que j'avais visitées depuis mon premier séjour en 1986 (en particulier l'affichage massif de toutes sortes de règlements). Je me suis aussi souvenu d'un passage de* Do Kamo *lu il y a bien longtemps lorsque j'étais étudiant et dans lequel il est question d'un portique à l'entrée d'une école avec l'inscription 2 + 2 = 4*[7].

**Antoine Goromido**

obs. 35

Arrivée de Johan avec sa mère Jeanne, sœur de Séraphin. Devant la maison Jeanne m'explique qu'elle m'aurait accueilli chez elle avec plaisir, mais les événements (mort de Paul, accident d'Adèle) ont contrarié ce projet.

Visite d'Antoine. [...privé] Nous le raccompagnons. Il m'invite à venir le voir à Netchaot.

*Cette visite est importante et solennelle. Antoine est l'oncle utérin de Séraphin et frère coutumier d'Alban*[8]. *On l'a fait asseoir sur une chaise au milieu de la cour, ce qui est exceptionnel. D'habitude, dehors, les hommes discutent debout, les femmes sur la natte. Là, les assistants se tiennent à distance. Séraphin et Antoine parlent quelques minutes. Séraphin me dira après « C'est bon, je sais ». J'apprendrai par la suite que Séraphin avait demandé à son oncle à qui il devrait porter la coutume*

---

6. Dans son *Dictionnaire paicî-français*, J.-C. Rivierre donne *i cémû*, ou *wârâ cémû* : l'école (*wârâ* étant la case). Je viens de retrouver une fiche bristol non datée sur laquelle je trouve griffonnés / Antoine / *cémû* = la règle, la loi, l'ordre.

7. En fait, le texte authentique de Leenhardt est le suivant : « Le même mouvement pousse le Mélanésien à l'abécédaire et le Polynésien à édifier devant son école primaire de Tahiti un portique en bois avec au fronton, en signe de beauté suprême, cette seule inscription : 2 + 2 = 4 » (Do Kamo, Paris, NRF, 1947, p. 293).

8. Ensemble, ils ont publié une *Histoire d'une chefferie kanak, le pays de Koohnê (Nouvelle-Calédonie)*, Paris, Karthala, 2005. [2012]

*première à la mort de sa mère Adèle. À moi, il ne me parlait pas de mort mais, pensant que je savais de la médecine, me posait des questions médicales auxquelles je ne savais que répondre, notamment ce que signifiait le terme coma artificiel dans lequel on avait plongé sa mère. Je réponds tant bien que mal, ne voulant faire ni le savant, ni l'indifférent. En fait, Séraphin n'était pas dupe de la gravité de l'état de sa mère.*

**Correction coutumière (1) => p. 155**
obs. 36
Séraphin m'amène faire une petite visite à l'internat de Tiaoué. La sœur lui signale que des enfants ont été « têtus ». Coup de gueule de Séraphin, aveux, tape. À la sortie, Séraphin s'explique : « je ne frappe que des enfants avec lesquels j'ai des relations coutumières. Le lendemain c'est oublié... ».

*J'ai reproduit telle quelle la relation timidement* soft *de cet incident que j'ai mis un certain temps à interpréter – et encore maintenant je ne suis pas sûr de moi. Pour Séraphin, l'internat revêt une signification particulière : c'est ce qui reste de l'école de mission implantée à l'origine dans la tribu, au pied de l'église. Aujourd'hui, l'école est dans le village,* « en bas ». *Séraphin est directeur de l'école et de son internat, fréquenté par les enfants des tribus éloignées, mais aussi par des enfants de Tiaoué. C'est son domaine. Après la version* light *du carnet, voici ce dont je me souviens avec précision : nous entrons par la cuisine, les enfants sont au réfectoire. Séraphin me présente aux sœurs qui, au cours de la conversation, parlent des deux têtus*[9]*. Entrée dans le réfectoire. Les conversations s'interrompent spontanément, suivies d'un unanime « Bonjour Monsieur Séraphin ». Séraphin, d'une voix forte – lui qui d'habitude parle d'un ton plutôt doux et calme – « Il paraît qu'il y en a qui ont fait les têtus... » Les coupables se dénoncent, reconnaissent, s'approchent. Séraphin assène à chacun une paire de gifles sonore et les renvoie à leur place. Nous sortons. Il fait nuit. Nous montons en voiture. Séraphin ne dit rien. Je me garde bien de faire la moindre réflexion. C'est lui qui s'explique. Sur le champ, j'ai pris la chose comme une petite provocation pour me tester. Maintenant, je pense tout simplement que l'action et son commentaire légèrement différé sont l'*accomplissement pratique *comme dirait Garfinkel de « Séraphin est un Instituteur-**et**-Kanak ». Ce qui est bien différent du simple « Séraphin est un instituteur kanak ». Son second commentaire « le lendemain c'est oublié » le*

9. Je reviendrai sur la polysémie du terme têtu.

*confirme. La question du statut double reviendra tout au long de ce livre. Je n'ai pas la prétention de l'avoir résolue.*

## Nétchaot, vendredi 30 septembre et samedi 1er octobre 1994 Premier entretien avec Antoine Goromido

**Gaffe (1) => p. 65**

*J'étais intimidé à l'idée de cette première visite que je devais faire seul, chez Antoine. Avant de partir, et après m'être fait expliquer l'itinéraire, je demande à Séraphin comment je dois me présenter pour faire ma coutume, dire par exemple dans la langue « Voilà, je m'appelle Pierre ». Séraphin traduit «* Wëé go Pierre *», je répète «* Wëé go Pierre *». Séraphin corrige «* go *» plusieurs fois sans m'en dire plus. Sur le chemin je répète dans ma tête «* Wëé go Pierre *»... À l'arrivée, je suis attendu par un petit groupe d'adultes et enfants qui se rangent à distance quand ils me voient attraper ma coutume dans le coffre de la voiture. Je lance à forte voix mon «* Wëé go Pierre *». Antoine sourit, j'ai l'impression que les enfants se marrent... Quelque temps, beaucoup plus tard – je ne me souviens plus exactement quand – j'ai demandé la raison de cette hilarité. La syllabe* go *(je) est à distinguer de* gö *(O ouvert de porte, pénis) et de* göö *(avec une longue, crabe). J'ai dit* gö *au lieu de* go. *On aura compris que ma prononciation pleine de l'assurance fausse qui masquait mon anxiété correspondait au sens 2. J'avais dit en clair : « Voilà ma queue : Pierre ! » Depuis, je fais attention.*

*Antoine me fait entrer dans une grande pièce, qualifiée de bureau, c'est-à-dire meublée d'une commode à tiroirs, d'une table et de deux chaises, ce qui est rare et dénote son statut particulier d'intellectuel. Antoine y a passé de nombreuses heures avec Alban. Il y reçoit linguistes, anthropologues et historiens. Il me met à l'aise et s'attend à ce que je branche un magnétophone. J'ai décidé de prendre l'entretien à la main, avec mes petites fiches qui noircissent à toute allure. Je demande simplement à Antoine de me transcrire à la main les termes du paicî. Après quelques propos convenus sur l'école de l'Immaculée...*

**La famille et l'école « d'avant »**

– Tu m'as dit tout à l'heure que l'école est la maison de mesure (*cémû*). Est-ce que tu peux me préciser ce qu'était pour toi l'école ?

– Pierre je ne sais pas si je vais répondre à ta question. Nos parents sont illettrés[10]. Pour nous ici pas d'école, l'école c'est à Paouta il n'y a pas de contact avec les parents. On rentre à l'école à l'âge de 8-10 ans. Il y a peu de déplacements. On traverse les propriétés privées à bétail. On a peur de se faire astiquer par les colons qui interdisent le passage parce qu'on dérange les bêtes. On va à l'école au début de l'année. On n'est pas encouragé par les parents qui ne sont pas là. Il y a que les tuteurs. Ils se donnent la peine pour nous nourrir, en échange on les aide à chercher du bois, de l'eau. Il n'y a pratiquement rien à manger. Aller à l'école pour apprendre à lire et à écrire, mais c'est quelque chose de général. À l'école, tu ne sais pas où tu en es par rapport à ton camarade. Il y en a un ou deux qui sont devant, ce n'est que par là que tu peux te contrôler toi-même. Notre temps on a appris dans les livres. Si tu veux avoir un métier, maçon ou mécanicien ou je ne sais pas quoi, il faut que tu cherches à comprendre. À l'école à la fin de l'année, il y a distribution des prix. Dans les tribus, il n'y a pas de distribution des prix. Dans l'enseignement, on s'est adressé à la municipalité pour qu'elle distribue des prix comme tout le monde[11]. Sur les bancs de l'école, il n'y a pas de racisme. Si tu es invité par un petit [blanc], tu joues avec lui. Sinon en tribu il y a des contacts avec un blanc à la station d'élevage ; et ce lien dure encore.

– Est-ce que dans la famille on parle du savoir appris à l'école ?

– Pierre, je vais te raconter une anecdote. Mon père me dit « tu vas aller au magasin chercher du sucre avec un billet ». Le marchand, pour savoir si je savais calculer, il ne m'a pas rendu la monnaie exacte. Il m'observe pour voir ma réaction. Je ramasse les pièces et je les compte. Il manquait encore d'autres pièces. J'ai dit « Papa, il manque des pièces (c'était un oncle) – Combien ? – Cent. » Il m'a dit « Oui, c'est bien » et il est allé voir mon père « Tu sais le petit mec il sait compter ». Et la nouvelle a circulé[12].

10. À toutes les questions portant sur le passé, Antoine répond en employant le présent dit de narration. En fait, il faudrait plutôt parler de mode commentatif au sens de H. Weinrich (*Le temps*). Ce qui est confirmé par l'usage du « tu » au lieu de notre « on ».

11. À notre connaissance, la première distribution des prix en école de tribu a été instituée en 1971 par Jacques Celle alors instituteur à Néami. Les prix offerts par la municipalité de Koné avaient été remis par les coutumiers.

12. Cette petite anecdote que j'ai souvent rapportée dans mes enseignements est à l'origine de la conviction qui m'habite toujours que, dans le monde kanak, l'utilité de l'enseignement scolaire est avant tout pragmatique et rarement culturel.

– Est-ce qu'il y avait des défis entre élèves ?

– Il est fort de se moquer de ceux qui parlent pas bien français, alors le mec il a honte. Lorsque tu parles avec un Blanc, il essaie de voir si tu te trompes. Si bien qu'on se moque. Quand tu écris, tu te gardes de pas trop montrer, sinon on se moque de toi. Défi ? C'est plutôt moquerie. À l'heure actuelle on regarde moins. Autrefois, c'était dégueulasse.

[...] Je voudrais ajouter une autre chose. Quand j'étais à l'école de Montravel pour être enseignant, quelqu'un m'a dit « Antoine, essaye un peu de tricher au moment de l'examen, même si tu sais. Si tu es reçu, tu vas être déraciné, pour Touho ou Poindimié. Il y aura une irritation quand tu reviendras. Essaie de ne pas réussir, d'être collé. » Je ne l'ai pas fait. Ça été fait à moi, mais à d'autres aussi. C'est le langage des parents, qui ne veulent pas que les enfants partent. En 53, une femme m'a dit « Moniteur, il est bon pour les garçons d'être infirmier ou moniteur, mais les filles il vaut mieux qu'elles restent ici. » Je lui ai répondu : « Un Africain a dit "instruire un garçon, c'est instruire un type, instruire une fille c'est instruire un peuple" et dépêche-toi de l'inscrire à l'école sinon je vais aller le dire aux gendarmes ! » Les mamans aimeraient que leurs filles échouent plutôt que réussir.

– Est-ce qu'il y avait des livres dans les maisons ?

– C'est rare à part les livres de prière. Sauf quand le maître dit « tu vas prendre et l'emmener à la maison ». Là où on a vu des revues, c'était avec l'armée américaine, mais c'était seulement des images. C'est récent.

– Est-ce qu'il y a des petits écrits sauvages ?

– Ils en font souvent les gosses, mais ils ont du mal. À cette époque, il n'y avait pas de papier. Ils écrivent sur des feuilles d'Aloès des noms de numéros en chiffres romains[13].

– Ça a du sens ou c'est simplement un jeu ?

– Ce sont des surnoms en abrégé.

– Des rébus ?

– Les filles et les garçons qui écrivent des lettres d'amour. Par exemple, LIONIS qui devient LNS ou LIANIS qui devient LNS. C'est pour fixer un rendez-vous ici ou là. Le garçon écrit LNS, la fille n'a plus qu'à compléter NL et ça fait LNSNL. Maintenant, ils ont plus besoin de se cacher.

– C'est du verlan ?

– Oui c'est ça ! [...]

13. En paicî, écrire se dit *wii*, faire des traits, d'où peut-être l'importance des chiffres romains (qui sont en fait des lettres !) et des majuscules consonnes tracées en lignes brisées (écriture = trait, dessin = courbe).

Reprise de l'entretien, le lendemain matin.

**Enfance et coutume (1) => p. 45**

– Comment l'enfant apprend-il les choses de la vie et les choses de la coutume ?

– Les travaux ménagers. On apprend beaucoup avec maman en imitant. [...] Pour ce qui est de la coutume, c'est plus tard. On essaye d'observer le vieux selon telle circonstance, par exemple un mariage, on essaye de voir. Si on rassemble des présents, des nattes, des coupons pour le mariage ; le chef coutumier dit « on va faire ça, on va faire ça ». Selon les circonstances, il y a naissance, mariage, deuil... On peut ajouter les cérémonies religieuses.

– Comment l'enfant sait quand il peut faire ou quand il doit faire ?

– D'abord il observe, et puis après, tu lui dis « C'est bien de recevoir et puis il faut un petit retour à ce que tu reçois ».

– Les enfants le voient, ou bien on leur dit ?

– On leur dit, et puis ils font le constat eux-mêmes. Ils réalisent mieux à partir de 8-10 ans. Parce que moi, personnellement je profite des occasions pour dire pourquoi on est invité, quels clans. On remonte un peu. La jeunesse a besoin de connaître un peu sa racine.

– Si un enfant ne fait pas ou n'apprend pas, qu'est-ce qu'on fait ?

– Il faut que tu comprennes que ces coutumes sont incontournables, tu peux pas l'éviter. Il peut éviter peut-être le mariage, mais le deuil, il peut pas passer à côté [...]

– Comment l'enfant apprend pour les plantes ?

– [...] Je prendrai des ignames. Dans les ignames, cet igname sera l'igname premier à planter avant tous les autres, mais qui n'est pas forcément l'igname tiré à la récolte. Cela dépend de chaque lignage. Ce bananier doit être planté ici, cette canne à sucre doit être plantée ici, à la tête du billon.

– L'enfant, on lui dit ou il le voit ?

– Il le voit. Il le voit parce qu'on lui dit « Fais attention à ne pas marcher dans le petit jardin *tööpia* parce que c'est là qu'habitent les génies des cultures ». Quand je dis case, *wâ*, c'est le lieu. Ils disent aussi *iri-puu* (synonyme de *tööpia*).

*Antoine me fait alors un petit cours d'ethnobotanique dont j'ai oublié les détails. Peu importe. Avec le recul, je pense qu'il s'agit là d'un discours passe-partout à destination de l'Européen curieux. Antoine se comportait alors comme une sorte d'informateur à l'ancienne. Notre relation qui en était à ses débuts tendra progressivement à dépasser nos statuts initiaux respectifs. C'est l'école et notre relation coutumière à venir qui serviront de medium.*

[On rentre dans la maison]

**L'expression des quantités**

– On revient à l'école et à la mesure. Hier je t'ai rapporté une anecdote à propos de « autant ». Les enfants semblent avoir une difficulté. Comment dit-on « autant » ?

– Le mot en paicî ? Suivant ma conception, autant = *ûnä*, chaque fois que et pareil = *pwa céwi.*

– Le mot « autant » est-il le même pour les petites quantités que pour les grandes ?

– Le terme existe, mais le langage courant, c'est la quantité.

– Toujours à partir de la même situation, est-ce que « autant » veut dire aussi « beaucoup », par exemple : « Je ne savais pas qu'il avait autant de livres » ?

– Pour les livres, je pense à *pwa céwi*, pareil. L'enfant dont tu parles, c'est un Kanak ?

– Oui.

– Je pense à ce mot clé : l'enfant dans sa tête, c'est pas la quantité mais l'objet ? Pour lui, un livre c'est un livre, qu'il y ait un livre ou quatre livres, il voit pas la quantité mais l'objet [...]

– Ça doit être ça [...] Le mot école, *wârâ cémû*, maison de la mesure, se retrouve-t-il dans toutes les langues ou seulement en paicî ?

– Je sais que le haeke c'est *mwâ finä*, maison pour lire des livres, je réfléchis pour le cèmuhî dans la région de Touho, *mwâ cémû*, je crois que c'est « apprendre mesure », ça ne se traduit pas comme ça en cèmuhî, mais *cémun* c'est apprendre. Dans la région de Poya *i wâ cémû* « il fait l'école, il fait mesure ». Tandis que en haeke : *mwâ* (maison) *finä* (lire) *ti* (livre). C'est par rapport à mesure, quoi...

Nous sortons. Antoine m'emmène successivement au bout de l'allée de pinus où il me parle des Américains qui ont appris aux Kanak le travail salarié « Ils t'embauchent pour une semaine à la Tontouta[14] et puis à la fin ils te payent », et « le pouce » (le stop).

14. Durant la guerre du Pacifique, la Nouvelle-Calédonie a servi de base arrière aux forces armées US. La construction de l'aéroport de la Tontouta, situé à une trentaine de kilomètres au nord de Nouméa, a constitué un énorme chantier resté emblématique dans la mémoire kanak : c'est la première fois qu'on proposait aux Mélanésiens de véritables contrats de travail.

**Enfance et coutume (2)** **=> p. 106**

[...] – Comment se fait l'apprentissage des relations paternels/maternels ?

– Ah ! L'approche du paternel se fait le plus près possible, tandis que l'approche du maternel se fait à distance. Le paternel, tu peux passer près, pour le maternel, c'est plus espacé.

– Et pour un petit de l'âge de Denis[15] ?

– Il pourra se faire porter par les paternels, pas par les maternels. C'est ça côté hommes. Du côté femmes, non c'est pareil. C'est du côté hommes : tenir un espace.

– Il apprend la différence par le portage ?

– Oui. C'est pareil pour le grand chef, c'est au même niveau que les maternels. Quand on désigne les maternels on dit : *Nä pwicîrî kä-jé*, lieu interdit à nous. Aujourd'hui, on dit aussi pour le cimetière *nä pwicîrî.* [...] Dans le sens que nous disons, les Français diront : ce sont des personnes que nous devons respecter, les gens à éviter. Quand je dis « Tu fais attention à ton langage, tes gestes. C'est pas tes paternels, c'est ton lieu interdit. »

– L'enfant apprend tout seul ?

– Oui [Réponse instantanée et forte] [...] Oui tu fais attention à ne pas... Il apprend tout seul par ce qu'il vit ; c'est en vivant ce contact qu'il apprend en même temps. C'est pas à l'école que tu apprends la coutume !

– Quand un enfant approche des utérins, qu'est-ce qu'on lui dit s'il ne sait pas ?

– Ses proches essaient par tous les moyens de l'éloigner de l'utérin. Toi Pierre, si tu es utérin, essaye de le mettre le plus loin possible de toi. Il faut pas que tu le portes. C'est pas bien de porter quelqu'un d'utérin. Tu peux lui faire une bise, mais il faut pas le laisser passer derrière ton dos, qu'il ne touche pas sur la tête. Il ne faut pas qu'il touche à tes affaires, grimper sur ton lit, éviter le plus possible d'approcher de ta demeure. [...] Pierre, maintenant on va manger et on va lâcher le wharf.

**Antoine et la Shoa**

*Comme convenu, nous partons tous les deux après le repas en direction de Nouméa où Antoine loge avec son épouse dans un petit appartement de la Vallée des Colons. Je me souviens très bien d'un moment de notre conversation à propos de la Seconde Guerre mondiale. Antoine me demande ce que les Juifs avaient fait à Hitler pour qu'il les persécute. J'explique tant bien que mal l'antisémitisme, la solution finale.*

15. Un de mes cinq « observés », petit-fils d'Antoine.

*Antoine se demande comment on peut tuer des gens qui ne vous ont fait aucun mal...*

## Vendredi 7 octobre 1994
## Triste retour à Tiaoué (1) => p. 49

*À la fin de la semaine, je reviens à Koné pour faire l'évaluation du stage du mois de juillet. Le vendredi après-midi, je monte à Tiaoué comme prévu saluer Séraphin et Camille. Parvenu à hauteur de la maison d'Adèle, je vois un attroupement de femmes affairées à cuisiner. Je comprends : « Le deuil, tu peux pas y échapper ». Je vais vers Camille qui me dit seulement : « La vieille, elle est partie. » Je ne veux pas déranger Séraphin et lui donne une coutume – j'en ai toujours dans le coffre de la voiture –. Camille me dit la porter à Séraphin « à la maison ». Séraphin me montre les monnaies qu'il est en train de mesurer sur son bras. Pas un mot sur sa mère.*

*Le lendemain, j'assiste à la cérémonie religieuse. Arrivé en avance et me tenant à l'écart devant la petite église de Tiaoué, je cherche du regard un visage connu. Il est inconcevable d'assister seul à une cérémonie. Reconnaissant une institutrice de l'école, je m'approche d'elle sans lui dire un mot et nous entrons de conserve dans l'église pour nous installer à une place convenant à notre position. Séraphin entre le dernier, vêtu d'un short et d'un débardeur rouge troué, et reste seul debout, tout à fait au fond.*

*Dès la fin de la cérémonie, je repars discrètement vers Nouméa.*

## Tiaoué II, mai 1995
## Le temps des visites

« L'enfant, c'est de l'or,
c'est l'instit qui déconne. »
Séraphin

*Fort des conseils d'Alban à propos de ma tendance à censurer le « privé », ce second journal est beaucoup plus libéré dans son style. C'est sans doute le plus détaillé et linéaire des douze. Il faut dire que moi aussi, je suis alors plus décontracté dans mes relations avec Séraphin et Camille grâce, pour une large part, à leur attitude affectueuse. Pourtant c'est au cours de ce séjour que je vais découcher le plus souvent pour aller passer une soirée et une nuit dans cinq foyers différents afin de réaliser un peu de ma première utopie : observer les enfants dans la continuité école/tribu. Programme pris au pied de la lettre par Séraphin et qui n'avait pu commencer six mois plus tôt pour les raisons que l'on sait.*

*Avant de « monter en brousse », il y faut passer quelques jours à Nouméa. Pour s'annoncer d'abord, louer une voiture, faire des visites protocolaires, voir des amis, surtout Jacques et sa compagne Saripa avec lesquels nous refaisons le pays. Le journal commence par une rencontre avec Billy Wapotro, directeur d'un des deux organismes d'enseignement privé protestant, l'*Alliance*. Billy se comporte avec moi comme « biculturel », jouant sur le double registre d'une culture savante kanak (de Lifou) et d'une culture européenne tout aussi savante issue de sa formation théologico-philosophique acquise en France. Je suis bien conscient de ce jeu subtil.*

## Vendredi 5 mai 1995
## Première conversation avec Billy Wapotro : l'école évaluée

[...] – Comment dit-on école en drehu ?

– L'école : maison où on apprend ses racines : *uma* (la maison) *inin* (racines propres). Celui qui connaît ses racines est seul compétent. C'est les racines qui sont plus importantes que la compétence. J'apprends de mes aînés à mes cadets.

– Comment la famille évalue-t-elle les performances scolaires ?

– Notre génération évalue selon les critères de l'école. Nos parents évaluent au niveau de la façon d'être. Par exemple : un enfant en difficulté, on l'envoie à Do Néva. Je l'observe : après le repas il ramasse le couvert ; ça ne me dit rien s'il échoue à son brevet : l'évaluation, c'est l'évaluation comportementale. Quand ils envoient un enfant au magasin, ils voient s'il revient avec la monnaie !

Billy m'a donné le même exemple qu'Antoine, contextualisation en moins ! Le test du magasin serait-il un invariant, une sorte de mythe de l'école, ou bien s'agit-il d'une coïncidence ?

Vient la question de l'échec : Billy l'attribue (au sens psychosocial de la théorie dite de l'attribution) beaucoup plus à l'enseignant qu'à l'école. Les parents sont, eux, complètement absous.

– Des parents ont subi l'échec scolaire. S'il y a trop de *mal*[1], l'enfant reçoit la trique. C'est un problème de dosage, il faut partir de là où en est l'enfant. L'évaluation de l'enfant est l'évaluation de l'enseignant. On trique les éducateurs avant de triquer les enfants. L'échec des enfants est l'échec des enseignants.

– Et le problème du classement ?

– On ne fait pas de différences mais dans une fratrie les parents discutent : « Celui-là, le pousse pas trop (l'aîné qui deviendra le chef), mais pousse le cadet. »

J'évoque ensuite certaines observations faites à l'école de l'Immaculée : le fait que, quand la maîtresse donne un ordre aux enfants, ceux-ci n'interrompent jamais immédiatement l'activité en cours. Réponse de Billy : « Les enfants n'exécutent pas, ils le font plus tard. Ils montrent quelquefois leur opposition et le font quand même. À la tribu, pour aller chercher du bois c'est interminable parce qu'ils organisent en même temps des jeux ! Il faut les observer hors du regard des adultes. Les enfants sont

1. Annotations sur les cahiers des écoliers. [2012]

souvent seuls ensemble, et ils inventent. Il y a des espaces de créativité de l'enfant. Tu les laisses dans la forêt et tu vas les observer. Tu vas voir leur bonheur. L'éducation traditionnelle c'est faire, l'école c'est s'exprimer. »

Billy aime les formules, les dichotomies, contrairement à Antoine qui hésite à répondre, à trancher, revient sur ses propos pour corriger, affiner. Il poursuit : « Dans la classe, si le maître demande d'imaginer, ça ne marche pas. En fait ça dépend de la relation avec le maître. Généralement, on attend la reproduction de la norme. Il faut observer les enfants hors des parents. »

*Ces dernières remarques, moins convenues, se sont révélées particulièrement pertinentes par la suite et m'ont conduit de facto à réorienter mes prétentions d'observateur « immergé » ! Il est bien possible de dialoguer avec un jeune enfant kanak, pas plus ni moins facilement qu'avec un petit Européen, pour peu qu'on lui manifeste de l'empathie en s'intéressant à ce qu'il est en train de faire ou ce qu'il vient de faire. Par contre, observer d'un peu près les activités de groupe, saisir les dialogues, impossible. Dès qu'ils vous voient approcher ou même tendre l'oreille, ils s'enfuient comme des moineaux. J'ai essayé plusieurs fois, en vain.*

## Mardi 9 mai 1995
## Retour à Tiaoué (2) => p. 113

[...] Enfin la voiture est prête, il est presque midi. Je file vers le nord. Premier arrêt à Poya, la frontière aux moustiques. Je prends un Coca au petit magasin station-service. Deux vieilles, assises à l'ombre sous le préau, mangent un sandwich en riant et en attendant le bus. Ça y est, je suis en Province Nord ; je jette ma boîte de Coca dans le bidon rouillé, sépulture des *Number One* du matin. À 15 h, arrivée à l'école de l'Immaculée. C'est la sortie. Je ne me souvenais pas qu'ils finissaient si tôt, le public, lui, finit à 4 h. La première personne que je rencontre et qui me reconnaît immédiatement, Christine, la femme de Jean-Marie, belle-fille d'Antoine. Arrive Camille qui me parle comme si j'étais parti hier. D'ailleurs elle ne se souvient plus bien de la date de mon précédent séjour. Séraphin n'est pas là, il fait des courses dans le village.

**Cliché (1) => p. 69**

Au moment de partir, une institutrice calédonienne, Chantal, qui habite le village, me dit qu'il fait froid dans les tribus. Pour les Calédoniens, les tribus restent un ailleurs mythique. Même le climat y est différent !

Je remonte à Tiaoué avec Camille. Sur la route, je demande des nouvelles de Michel en 6e à Nouméa depuis la rentrée de février, pensionnaire chez des amis. Il a été très perturbé par la mort de la grand-mère en septembre, comme sa grande sœur Nadia. Son orthographe s'est encore dégradée : « Il a pas envie de se faire chier avec ça. » De toute façon, il n'aime pas l'orthographe, seules les idées l'intéressent. Arrivée à Tiaoué. Séraphin m'installe dans la petite maison de l'entrée en me disant que je serai plus tranquille pour travailler.

Je fais une coutume, argent, manou, trois bouteilles de Bordeaux symboliques : Médoc, Saint-Émilion, Sauternes. J'avais préalablement demandé à Jacques Celle s'il fallait que je fasse une coutume. Il avait été formel : « tu entres dans un nouveau temps, donc il faut faire coutume ». Séraphin me remercie puis me gronde. Il ne fallait pas que je fasse coutume, j'étais déjà de la famille. Maintenant je n'aurai plus de coutume à faire en arrivant à la maison, mais simplement dire bonjour ! Aux temps pour moi. Au fond, faire coutume en arrivant m'arrangeait un peu, au sens d'un dédouanement symbolique de mon intrusion. Maintenant je dois me comporter effectivement comme si j'arrivais chez moi.

## Mercredi 10 mai 1995
## Une journée très particulière

Séraphin vient me réveiller à 5 h et demie. Petit déjeuner. Longue discussion avec Camille qui me demande quel travail je suis venu faire. Dès que je lui dis que je viens pour continuer le travail, c'est reparti. Elle me parle de la nécessité de planifier mon séjour, puis longuement de mon dernier séjour : « autant » de Geoffrey qui lui demande un renseignement « en langue » et, du coup, comprend avant les autres, des constructions en bois « il faut laisser les enfants s'approprier l'espace », de la visite aux

Bélep du 17 au 19 octobre et de la nouvelle maîtresse caldoche Marie-Jo « Séraphin lui a collé le CP, elle découvre les Kanak[2] ».

7 h 30. Arrivée à l'école. Dans les classes des grands, sur le devant, les enfants font la prière. Séraphin me dit de l'attendre. Dans son bureau, planification des visites des familles. Il faut que ça soit réglé ce matin. On dit que les Kanak ne planifient pas !

Camille est troublée par un accident survenu cette nuit : à Oundjo, tribu de bord de mer à 15 km de Koné. Un homme a tué son ex-concubine, essayé maladroitement de se faire Justice, puis a eu un accident. Charline, qui est de la famille, part pour le deuil. Sa classe sera fermée deux ou trois jours.

Classe de Camille. Enfants observés : Yoan moyenne section, Benoît moyenne section, Denis grande section.

Sur le mur est affiché le règlement intérieur de l'école en 14 points : *cémû* ! Les enfants rentrent en classe les uns après les autres tranquillement, après la séance du lavage de dents. Il est déjà 8 h. Un petit passe derrière moi en me caressant légèrement. Ils s'assoient dans le coin lecture. L'aide maternelle donne à chacun un cachet de fluor, puis les mouche avec du papier hygiénique. Yoan m'a reconnu. Il le dit en langue en faisant des « ha ! ha ! ». Prière. Camille remercie de mon retour.

Activité en ateliers. Alternance calme/bruit.

Consigne : découper du « jaune » dans les catalogues. Les enfants « font » sans en avoir « l'air », tâche ou activité ? C'est la question que je me pose depuis longtemps.

Les garçons vont à l'atelier bois : manifestations d'agressivité très ritualisées (menaces, coups rapides).

Lecture. Denis vient à côté de moi, prend un livre, *Cendrillon*, et le feuillette très doucement comme s'il le lisait. Solitude du lecteur, ou bien est-il là près de moi pour me montrer qu'il se rappelle mon séjour à Netchaot ?

Yoan fait des constructions en bois très fines, en équilibre toujours instable, sorte de petites maisons au toit pentu. Il détruit, recommence, s'isole dans son activité au projet sans cesse remodifié.

Camille revient sur un thème dont elle m'a souvent entretenu, la relation entre la consigne et *la langue* : « Quand les enfants ne comprennent pas la consigne, ils me demandent dans *la langue*. Quand ils me parlent français, je réponds en français ; quand ils me parlent *la langue*, je

2. D'habitude, on confie le CP au maître le plus expérimenté. Petite vengeance de Séraphin le Kanak pour tester la nouvelle Caldoche qui débarque en brousse. [2012]

réponds *en langue*. Geoffrey parle la langue quand il est avec quelqu'un de la même langue. Maintenant, même les enfants qui parlent la langue se mettent à parler en français à la maison. »

Pendant tout ce temps, j'observe les enfants : on ne voit toujours pas les changements d'activité. Par exemple, Yoan a quitté son atelier sans que je m'en aperçoive, pourtant je l'ai à l'œil. Tout d'un coup, il passe à côté de moi en me frôlant. Comme si elle lisait dans mes pensées, Camille me glisse : « les enfants changent d'activité, ils ne restent jamais à ne rien faire... ». C'est vrai qu'ils ne restent jamais à ne rien faire. D'ailleurs tout d'un coup, ils se bagarrent.

9 h 40. Petit goûter puis récréation. Nous sommes mercredi, la classe s'arrêtera à 10 h 30 pour permettre aux enfants de repartir dans les tribus.

Marché. Les enfants viennent effectivement acheter. Chaque lot est vendu 10 F. La recette d'aujourd'hui devrait être de 50 FCFP (un peu moins de 50 centimes d'euro). Le marché se fait de façon très rapide, presque furtive, fluide, sans discussion et encore moins marchandage.

[...] Séraphin me dit de rentrer seul. Il a une course à faire. Il ne dit jamais le motif des « courses ». J'arrive seul à Tiaoué, légère anxiété. Devant la maison, sur une petite stèle avec une statue de la Sainte Vierge, je reconnais la bouteille de Johny Walker que j'avais apportée lors de mon premier séjour. Elle est couchée sur le côté. Signe ? Trace[3] ? Au bout d'une heure toujours personne. Ils arrivent enfin, avec Edmond – qui ne parle pas – et Raphael, le célibataire qui va d'une maison à l'autre. Camille a acheté des bacs repas chez le Chinois. Dans la matinée, Séraphin a planifié mon séjour dans les familles. Il me demande si je suis déjà allé à Atéou. Non. On ira cet après-midi, non, en week-end, on verra. Pourquoi cette importance de la visite à Atéou ? La plus haute tribu de la chaîne ? Cette explication touristique ne suffit pas.

Sieste. Tentative de lecture de Cole & Scribner en espagnol *Cultura y pensamiento*, je tombe p. 24 sur cette phrase : « *No difieren los processos de rezoniamento y pensiamento de los diferentes pueblos en las diferentes culturas... Solamente se diferencian sus valores, creencias y formas de clasificar*[4] ». Commencé le livre de Hill *Pour en finir avec les mentalités*, puissant.

3. J'avais été très marqué par la lecture du premier article de Ginzburg, « Signes, traces, pistes », paru dans *Le Débat* en 1980. Repris dans *Mythes, emblèmes, traces*, Paris, Flammarion, 1989.

4. M. Cole, S. Scribner, *Cultura y pensamiento: relación de los procesos cognitivos con la cultura*, México, Limusa, 1977.

Je sors. Camille est dehors, elle lit le magazine people *Maxi* : « Sophie Marceau va avoir un enfant avec un homme de 65 ans ».

*Conversation à bâtons rompus –* gossip *– comme nous en aurons mille : Camille ne* m'ethnologise *pas, à moins que je lui pose explicitement des questions techniques. D'une manière générale les femmes kanak sont plus décontractées et plus disertes que les hommes, avec moi du moins.*

[...] Dans la cuisine. Les hommes partent au champ. Séraphin se réveille. Il doit aller à une réunion politique à 3 h. Il nous dit d'aller chez les parents de Styven, CP, et chez le catéchiste Charles, père d'Isabelle, CP.

*Sans qu'aucun indice ne me permette de penser que quelque chose d'important se prépare, et sur le même ton que les recommandations qui précèdent...*

Séraphin me dit alors *mon nom* en langue : *Caa Bwëé. Bwëé*, c'est le nom [kanak] de Michel[5], *caa* c'est papa. *Caa Bwëé* : papa de Michel, donc frère de Séraphin. Alban, lui, est *Caa Pwädé*, papa de Jojo Goromido, donc frère d'Antoine Goromido. « C'est pas ton gosse : ton vrai gosse c'est *Caa Kä Bwëé*, mais c'est une alliance très près de la famille, tu rentres dans la famille. » Je suis très ému et fier. À la fin de mon premier séjour, Séraphin m'avait bien dit que, comme Alban était frère d'Antoine, je serai son frère, un chez les Goromido, un chez les Méréatu. Mais je n'avais pas de nom. Dans ma tête je me répète « *Caa Bwëé*, *Caa Bwëé* » pour ne pas oublier. Cette journée est capitale.

Séraphin parti, Camille me parle des vieilles et l'accouchement. Une vieille a dit qu'au moment d'accoucher, elle ne savait pas par où le bébé allait sortir. Énorme éclat de rire. On reste dans le thème de la filiation/alliance.

J'en profite pour la questionner sur l'éducation à la propreté, le pipi caca.

– Quand ils commencent à marcher on leur parle, on leur dit baisse ton short. Pour Michel c'est plus facile de faire pipi que caca, il y allait pour tirer la chasse d'eau. Très jeunes on les habitue à demander.

– Et ceux qui font pipi longtemps ?

---

5. *Caa* : père, frère du père (terme d'adresse et de référence) ; *Bwëé* : 1. prénom masculin ou féminin. 2. Oiseau : haliasturé sphenerus, aigle pêcheur (J.-C. Rivierre, *Dictionnaire paicî-français*, Paris, Selaf, 1983).

– À Poya, il y avait un garçon, un neveu qui faisait pipi jusqu'à 16 ans. Sur les bananiers, il y a une petite bête noire avec la queue comme un scorpion. On dit aux enfants d'aller la chercher, de l'écraser et de la manger. Les petits problèmes sont résolus par des médicaments de grand-mères.

– Est-ce qu'on punit les enfants ?

– Non. Pour celui de 16 ans, il était rejeté, il a été recueilli par un de mes frères ; c'est la parole qui guérit (Lacan, dans *Télévision* je crois), mais aussi des conseils pratiques : ne pas boire avant d'aller au lit. Mon frère lui a confié un champ et il a été guéri. Les maladies qu'on a ici c'est les oreilles puis le nez qui coulent.

## Jeudi 11 mai 1995
## Va-et-vient : le monde d'en haut et celui d'en bas

### Edmond, chasseur et maître de la terre

Réveil à 6 h. Séraphin est avec ses chevaux. Les hommes viennent chercher le casse-croûte. Séraphin parle de chasse, des roussettes, grasses à cette saison, qui nichent dans les grands arbres jaunes ; puis du jeune et timide Edmond qui ne dit rien à table. En fait c'est lui le chef, le véritable propriétaire, lui qui a donné le terrain à Séraphin. Les terrains ne se vendent pas, on les demande. Après, on ne peut plus dire aux gens de partir, sinon on n'est plus kanak.

Ce discours de Séraphin à propos de la terre contraste avec ce qu'il disait en traversant la réserve mardi soir. Il me montrait : « ça c'est à moi, ça aussi... » Contradiction ? Changement de registre : dans la réserve nous étions dans un espace d'élevage à l'européenne – autre logique.

Séraphin m'explique qu'il est étranger ici ; c'est l'avant-dernier Méréatu arrivé à Tiaoué. La dernière arrivée, c'est Nastasie, l'aînée. Séraphin parle de son nomadisme : Netchaot - Néami - Atéou - Tiaoué. Partout il a laissé des « tertres ». Il ne cite pas ses résidences professionnelles, Poindimié par exemple : c'est un autre registre.

Il revient à Edmond et me vante ses qualités de chasseur. Il sait marcher sur les feuilles sèches sans qu'on l'entende, tourner autour d'un arbre pour ne pas être vu. Ici, il entre, sort comme il veut, s'occupe des chevaux – il est aussi bon dresseur. Il peut prendre ce qu'il veut. En fait, il est « chez lui chez Séraphin » et en même temps son salarié, pour un *contrat*. Moi qui croyais qu'il avait un statut inférieur parce qu'il ne parlait pas à table ! C'est tout simplement parce qu'il n'est pas bavard. Séraphin m'a beaucoup parlé de forêt (chasse, risque de se perdre), mais je n'y suis pas encore allé. Je ne demande pas, j'attends, c'est peut-être une autre étape de mon éducation. *Idem* pour le champ d'en haut que je pointe souvent du doigt, espérant une proposition de visite. Mais ici on ne visite pas, encore moins on se promène : on va faire toujours quelque chose.

*Autant le dire tout de suite, la bonne occasion ne s'est jamais présentée ; souvent j'y ai cru, mais je ne suis jamais allé au champ « d'en haut » ni dans la forêt (à distinguer des « brousses »). En dépit de notre intimité et complicité croissantes, Séraphin ne m'y a jamais conduit, même s'il m'en a parlé à plusieurs reprises comme on le verra par la suite. Quant à Edmond, il jouera un rôle important dans les prochains Tiaoué !*

**Parenté, amitié et cécité anthropo-didactique**

8 h 30, classe de CP, Marie-Jo

Marie-Jo me dit qu'en arrivant elle se faisait des idées sur les difficultés en lecture des Kanak. Elle a passé 14 ans à Cluny, école du centre-ville de Nouméa. Elle est agréablement surprise, regrette qu'on ait fait redoubler certains enfants.

Exercice sur une feuille A4 photocopiée : Écrire / Dessiner :

1. *Je dessine des personnes de ma famille. J'écris leur nom ;*
2. *Je dessine trois de mes amis. J'écris leur nom.*

Premier exercice. « Je dessine quoi, des mamans, des chats ? » Marie-Jo interroge sur les compositions familiales. Les réponses sont très convenues et standard : papa, maman, frère, grand-père, grand-mère. Certains élèves appellent leur papa par le prénom. Marie-Jo les reprend « Commencez par dessiner ». Les enfants dessinent une silhouette standard non sexuée. Une petite fille vient regarder le dessin d'un autre, le reproduit dans le creux de sa main, avant de le reproduire sur sa propre feuille. Certains enfants ont dessiné le chien. « C'est des animaux, ce n'est pas de la famille ! »

Récréation. Marie-Jo me dit qu'un petit garçon de la classe a perdu son papa récemment. Il l'a dessiné en l'appelant de son prénom *Narcisse*, et a dit : « C'est mon grand frère. » Marie-Jo ne *peut* pas comprendre. Elle me dit seulement qu'il n'a jamais dit en classe « mon papa est mort », et, qu'apparemment, il n'est pas perturbé.

Retour en classe. Nouvelle consigne : *Je dessine trois de mes amis. J'écris leur nom.*

– Est-ce que vous avez des amis ?

– Papa, des frères, des sœurs...

– Les frères et les sœurs, c'est des personnes de votre famille. Les amis ne sont pas de votre famille, c'est presque comme de la famille.

Pierre, petit Européen « C'est presque comme des copains. » Un petit Kanak lui caresse les cheveux.

Les enfants dessinent mais ne comprennent pas la consigne « ami » et écrivent systématiquement le nom d'un frère. Y a-t-il un mot en langue pour désigner notre concept d'ami ? Il faudra que je demande à Séraphin ou à Antoine. Marie-Jo revient à la charge : « Je ne veux pas de ton frère ! » Alors, Pierre nomme effectivement trois « amis », des élèves de la classe. Les autres lui demandent si ce sont ses frères ! Ultime tentative de Marie-Jo : « Et à la tribu, à Tiaoué ou à Netchaot, avec qui tu joues à la tribu ? C'est difficile de comprendre la différence frère/ami. C'est pareil chez vous ? » Marie-Jo a bien vu le problème mais n'ose pas poursuivre, contextualiser, tout simplement se renseigner auprès des enfants. À moi non plus, elle ne dit rien ; pourtant elle sait que je vis « en tribu ».

Ensuite les enfants doivent écrire leur nom de famille. Pour cela ils se déplacent, s'entraident, vont recopier les modèles sous la véranda. Contraste par rapport au fiasco précédent. Quand il y a action, faire, déplacement, ça marche. Le travail se fait en circulant, des réseaux se constituent, des micro-alliances pour se donner des aides.

Séraphin entre dans la classe et s'assoit à côté de moi : « C'est l'usine ! » Je pense à Freinet dans *Les dits de Mathieu*, opposant la caserne et l'usine, le temple et le chantier.

**« Est-ce que ? » autorisation ou possibilité (1) => p. 60**

[...] 12 h 30. Classe de Camille

Pendant la sieste de ses élèves, Camille prend cinq élèves de CP pour écrire une lettre au maire afin que celui-ci mette à la disposition des maternelles un car municipal pour se rendre à l'aéroport d'où ils prendront l'avion pour les îles Bélep. Quand Camille pose une question de type *Est-ce que ?*, les enfants répondent systématiquement *Oui* même si la réponse logique serait *Non*. En fait, Camille ne retient pas les mauvaises réponses. D'une manière générale, les enseignants reprennent les enfants plus sur la forme, l'expression, que sur le fond, le contenu. À propos de cette fichue demande de car :

– On veut quoi ?

– Demander la permission.

– La permission de quoi ?

– On veut partir à Bélep.

Cette demande a déjà été faite à Séraphin [directeur de l'école] et au directeur de la DEC (Direction de l'Enseignement catholique). Camille essaie d'expliquer la différence entre l'autorisation d'aller à Bélep et la possibilité d'avoir un car pour aller prendre l'avion à Koumak. Les enfants décrochent. Camille fait des essais.

– On peut dire oui ou non est-ce que tu peux nous donner le car ? Ça fait tout drôle ! Vous êtes d'accord pour écrire comme ça ?

– Oui !

Devant son échec à expliquer la différence autorisation/possibilité, Camille donne elle-même une solution. Elle fait pour. [...] La lettre est finie. Camille réunit les cinq élèves : « Qu'est-ce qu'on va faire de la lettre, l'envoyer ou la donner ? – Donner. » Pardi, la mairie est à cinquante mètres de l'école et ça, tous les enfants le savent !

## Première visite : première monnaie

15 h 30. Je monte en voiture avec Yoan, lui donne un petit paquet de Chipsters. Il se dresse sur l'avant du siège et regarde dehors ostensiblement. Arrivé, je me gare sur la grande pelouse. Je fais une coutume à Abel en disant mon nom « Caa Bwëé ». C'est Jeanne qui répond, Abel prétendant ne pas parler français.

Café sous la véranda. Yoan qui a bien entendu mon discours demande si mon nom est bien Caa Bwëé. Jeanne confirme et précise : « c'est tonton Pierre ». Yoan demande si je suis le père de Michel.

Je fais remarquer à Jeanne que Yoan est très rieur. Elle dit le gronder à ce sujet : « Il ne faut pas crier, c'est les sauvages qui font ça. » J'ai remarqué que les Kanak n'utilisent pas le style indirect quand ils rapportent des dialogues. C'est seulement le changement de ton qui indique le changement de locuteur.

[...] Abel est monté au champ. J'essaie en vain de trouver le moyen d'y aller avec Yoan qui change continuellement d'activité : vélo, foot, arrosage. J'observe, m'éloigne un peu. Le silence, long. Espacement quand on ne se parle pas. Les gens se répartissent dans l'espace en des lieux, comme réglés par un metteur en scène d'opéra pendant un interlude orchestral. J'ai la même impression pendant les cérémonies de deuils.

Yoan prend son vélo et me dit : « viens ». Nous allons à la balançoire accrochée à un arbre sur un talus terrasse : « Regarde Pierre. » J'assiste alors à une longue variation de jeu/défi avec Geoffrey[6] : « Reviens en bas. » Je lui demande, toujours en vain, d'aller au champ. Il m'amène un vélo d'adulte : « Tu connais pas faire vélo. » À son grand étonnement, je m'exécute et fais deux tours de pelouse craignant de me casser la gueule, ce qui, à coup sûr, l'aurait beaucoup amusé. Cette question de la non-distinction connaître/savoir/savoir faire, le fait que dans la culture kanak tout savoir est compétence, fera l'objet d'une longue discussion avec Antoine.

Toujours à propos de l'expression de Yoan : « Tu connais pas faire vélo », je pense au leitmotiv – venant de toutes sortes de personnes – selon lequel « la langue » se meurt, qu'en famille tout le monde parle le français. En fait, même si effectivement les mots sont les mots français, la structure morphosyntaxique de la langue maternelle est mélanésienne.

[...] Sous le hangar, Jeanne lit *Les Nouvelles Calédoniennes* en remuant les lèvres ; j'entends son chuchotement. Moment paisible : fin d'après-midi, dans une tribu de la chaîne, une femme kanak lit le journal, assise à l'ombre d'un petit hangar.

Un peu fatigué, je rentre dans la chambre case en torchis d'une fille aînée, que l'on m'a attribuée – décoration classique *Kanaki-Rasta*. Tiens, je me mets à parler de fatigue comme Malinowski dans son *Journal* ! C'est vrai que je suis toujours en éveil, à l'affût, même dans les moments les plus anodins, domestiques. Là, je transcris ces lignes griffonnées sur des fiches bristol. Il est 17 h 30, encore jour, la vie se passe encore dehors, mais dans un espace extérieur habité. J'entends Jeanne : « Yoan va chercher tonton Pierre. »

Repas sous la véranda en tête à tête avec Jeanne. Yoan ne se met pas à table. La fille aînée vient quand on a fini. Abel ne mange pas avec nous, peut-être à l'intérieur, en regardant la télé.

Avant d'aller dormir, j'échange quelques mots avec Abel qui parle français, mais « lentement ». Nous dormons tous les quatre dans la même chambre, Jeanne, Abel, Yoan et moi. J'avais demandé de dormir dans les maisons. Toutes les familles ont compris que je voulais dormir avec les enfants pour les observer. Chaque famille a ensuite adopté une stratégie particulière. Là, tout le monde a déménagé. Endormissement classique.

À 21 h 30 alors que tout le monde dort depuis longtemps, j'entends un moteur diesel ralentir devant la porte puis faire demi-tour. C'est Séraphin qui vient voir si je suis bien là !

6. Son frère, du même âge, également adopté. [2012]

## Vendredi 12 mai 1995

Sur la table du petit déjeuner, deux coutumes. Jeanne m'explique (Abel est parti au champ depuis longtemps). Une coutume de provisions pour faire coutume ce soir chez Benoît. Une autre coutume d'accueil, avec une monnaie – âdi. C'est Abel qui a dit de me donner la monnaie : « Le cordon, c'est le lien qui marque le cercle dans lequel tu es entré depuis que tu es Caa Bwëé. » Je suis très ému : première monnaie. Je ne la déplie pas. Fallait-il le faire ? Jeanne me dit qu'il faudra peut-être la faire circuler si je vais voir le chef à Atéou, Séraphin me le dira. En tout cas ici, je ne dois plus faire coutume.

Nous partons à l'école. Je prends mon sac dans la chambre. Jeanne me donne encore un tee-shirt de l'entreprise où travaille son fils, la SIP.

## École, coutume et (agri)culture

Immaculée. Séraphin me parle du geste coutumier qu'il veut faire dans la classe de Charline à propos du deuil dans sa tribu puis, sans transition, des problèmes du CP : « L'échec c'est celui de l'instit. L'enfant c'est de l'or, c'est l'instit qui déconne. » Séraphin, catholique, a exactement le même point de vue que Billy, protestant, quant à l'attribution de l'échec.

D'un point de vue « humaniste » ou « anthropologique », ce point de vue est intéressant, qui dédouane l'enfant – du moins dans le discours officiel. D'un point de vue didactique, c'est plus problématique. Si c'est l'instituteur qui est responsable, d'abord cela peut induire une culpabilité, d'autre part se pose le problème de la dévolution[7] dans l'apprentissage. À proprement parler la dévolution n'est pas possible. D'ailleurs on voit peu de situations de dévolution à l'école. Dans la famille c'est différent.

*Dix-sept ans après, je trouve ces dernières lignes bien prétentieuses. J'ai hésité à les retranscrire mais je me suis fixé comme règle de ne pas me censurer, même les grosses bêtises.*

7. Cf. Glossaire.

**La coutume didactisée (1)** **=> p. 102**

Tous les enfants de l'école entrent dans la classe de Charline. Séraphin fait un discours coutumier à la fois classique, cérémoniel et didactique, expliquant aux enfants le sens du geste. Tout cela semble aller de soi. Les enfants, même les tout-petits devant, sont très attentifs et silencieux, les yeux écarquillés. Je pense à ce que me disait Antoine à propos de l'apprentissage coutumier « le deuil tu peux pas y échapper ». J'imagine aussi la tête d'un inspecteur Troisième République s'il entrait dans la classe à ce moment ! Pourtant, à bien y réfléchir, il n'y a là aucune atteinte à la laïcité, bien au contraire : ici, *in concreto*, se réalise l'autonomie des Provinces en matière culturelle, mais sans folklore. Éducation culturelle, civique ? Éducation tout court.

**« Est-ce que ? » autorisation ou possibilité (2)** **=> p. 73**

9 h 30. Récréation. Je parle avec Camille de la question *Est-ce que ?* d'hier. « Dans la langue, *est-ce que*, c'est quand on demande quelque chose à quelqu'un, un service par exemple. Donc la réponse est oui. » La catégorie du possible est d'abord sociale et non physique et si un adulte pose une question *est-ce que ?*, les enfants répondent *oui*. Je reviendrai sur cette question avec Antoine.

**Plantations**

Après-midi, 13 h 40. Les enfants se réveillent. *Éveil scientifique* : on va planter les avocats amenés par l'un d'eux, le matin. Camille établit avec eux un plan expérimental : on plante dans la terre, dans le sable, dans l'eau, dans l'herbe, dans rien. Benoît me sourit. Quand un enfant fait, les autres, debout en ligne, le regardent attentivement. Cela me rappelle les photos de cérémonies de l'igname. Les enfants ont « naturellement » des attitudes cérémonielles.

Ensuite plantation de fleurs. Camille bêche très doucement, amicalement la terre avant de semer les oignons de fleurs (je pense à Haudricourt). Les enfants posent les oignons dans les trous faits par Camille et les recouvrent d'un peu de terre avec des gestes très doux. Puis, semis des graines, Camille caresse juste la terre bêchée. Je regrette de ne pas prendre de photos. Les graines sont semées après les tubercules (encore Haudricourt).

## Deuxième visite : chez Benoît, la maison aux inscriptions

[...] L'habitation est beaucoup plus modeste que chez Goromoédo. J'ai du mal à reconnaître Viviane pour la maman, elle fait si jeune. Je demande si Ernest est là. Non, il n'est pas encore rentré du travail. Je pose maladroitement ma coutume sur une table.

Benoît parle tantôt français tantôt paicî. Pour Viviane : « C'est le mal-aimé de la famille. Généralement le vendredi il va chez Nastasie (sa tante). » En fait, Benoît a des rapports très conflictuels avec Chistopher dit Doudou, un peu plus jeune, complètement sourd, donc muet, à la suite d'une maladie.

[...] « Est-ce que tu as ton cahier ? – Quand il a son cahier, il me le montre. » Je vais porter mes affaires dans la chambre. Sur le seuil, la date de construction a été gravée dans le béton frais. De même, dans la cuisine, les noms des enfants sont écrits à la craie sur l'étagère et à la peinture acrylique sur des bouteilles en plastique.

Dehors Benoît joue avec Paméla (11 mois) et m'interpelle : « Pierre, pourquoi tu regardes moi toujours ? »

17 h. Jérémie (CE1) et Doudou le mutique arrivent par le car. Jérémie montre son cahier. Effectivement dès que Doudou s'approche, Benoît s'éloigne, revient me coller et écarte Doudou.

Les enfants vont cueillir des goyaves auprès du ruisseau sur un fort dévers. Très grande adresse de Doudou qui les suit avec son tricycle, manque à plusieurs reprises de tomber dans le petit ravin. Les autres ne l'aident pas. Benoît l'agresse continuellement.

17 h 30. Arrivée d'Ernest sur une mobylette qu'il vient d'acheter, il donne à chacun des enfants un petit paquet de sucreries. Je fais la coutume. Ernest répond juste merci et tourne les talons. Je suis inquiet. Quelle gaffe ai-je pu faire ? Fallait-il faire la coutume avant, plus tard ?

17 h 40. Ernest me donne un retour de coutume. Ouf ! Je mesure combien la coutume *s'accomplit* – au sens des ethnométhodologues – de façon variée : question de sophistication, de routinisation, de position statutaire. Chacun gère son rapport à la coutume, ou plutôt ne peut-on pas dire plutôt que la coutume n'existe que dans ses accomplissements ? Ou, n'est-ce pas moi, *l'autre* inquiet, qui la cristallise ?

On rentre regarder la télé, complètement brouillée. Les enfants chantent une berceuse, Paméla se balance en rythme. Au mur, un calendrier avec des dates d'anniversaires marquées au crayon. Sur un vieux canapé, des numéros de *Maxi*.

Je sors. Ernest, beaucoup plus disert qu'à son arrivée me parle de son travail à Enercal[8], de son contrat qui finit, de la mobylette qu'il vient d'acheter.

Repas : les hommes d'abord, puis les enfants avec les femmes. Endormissement devant la télé. Je dors avec Ernest et les trois garçons. Viviane et Paméla sont dans une autre case.

## Samedi 13 mai 1995
## Week-end en tribu

**Le nom et la monnaie**

Réveil. Il fait frais. Thé auprès du feu à l'intérieur. Ernest balaie la cour. Comme convenu, je remonte chez Séraphin avec Benoît.

Dans la maison, j'interroge Séraphin à propos de la monnaie : « Est-ce que je dois la faire circuler ? » Séraphin réfléchit quelques secondes. « Non, il faut garder la monnaie. Est-ce que tu as parlé de Caa Bwëé ? Alors tu es passé dans un autre rang. C'est Abel qui l'a fait, c'est un Dui (Séraphin est du clan Bai, haut de Tiaoué, Abel du clan Dui, bas de Tiaoué). C'est une simple coutume ; c'est parti le nom ; la nouvelle est passée à Noéli, c'est mon clan. »

[...] Alors que Benoît est littéralement collé à moi, Camille, elle, parle de Yoan : « Il a été déstabilisé hier quand tu l'as lâché. Il n'arrivait pas à trouver un équilibre jusqu'à ce que sa mère arrive. Ce que tu fais, aller dans les familles, dans la tribu, il y a d'autres fruits, d'autres relations, c'est la même chose pour les provisions que les parents vendent à l'école, le marché. »

[...] Je descends au champ d'en bas[9] rejoindre Séraphin avec Benoît. Séraphin parle du cheval : « Je le laisse longtemps à la même place pour l'habituer à tout manger. Si on le gâte trop, il devient têtu. » Un peu plus tard dans la journée, comme pour démythifier cet animisme[10], il me dira la même chose à propos de son vieux minibus.

---

8. Société qui produit et diffuse l'électricité en brousse.
9. Espace en dessous de la maison, mi en friche mi-cultivé. Dès qu'on ne débrousse pas un champ, il retourne à la friche dont parle Haudricourt.
10. Le mot est particulièrement maladroit, mais c'est celui que j'avais écrit sur le champ. [2012]

**Roussettes et politique**

Arrivée de Noël (directeur d'internat à Hienghene) qui vient chercher des roussettes pour une fête. Discussion classique : la politique (élections présidentielles passées, municipales à venir) et la coutume.

[...] Au bout d'une bonne heure, on sort les roussettes du congélateur. Noël glisse un billet plié à Séraphin qui le repousse. Noël : « C'est pour payer les cartouches. » Finalement Séraphin le prend. Pendant ce temps, Justine et Camille font le tour du jardin. Justine prend une bouture (cf. Haudricourt). Les hommes discutent politique. Séraphin expose pour la énième fois son programme. Les femmes en ont marre.

CAMILLE : Il nous saoule avec sa politique.

JUSTINE, épouse de Noël : La politique c'est l'alcool.

Beau chiasme ! Ils partent.

**Obsèques**

13 h 30. Enterrement de Lucy à Oundjo. Camille a arraché quelques fleurs en partant. Au cimetière, mise en scène à la *Parsifal*. Toujours le cheminement détourné pour prendre sa place, à bonne distance. Les pleureuses. Les enfants collés à la petite barrière de bois au ras du trou : « le deuil tu peux pas y échapper ». On ne sait toujours pas quand ça finit, ni ce qui détermine le moment où l'on décide de partir.

**Atéou**

[...] Finalement Séraphin décide d'aller me montrer Atéou, la « plus belle et la plus haute tribu de la chaîne ». Tiens, une promenade touristique ! Arrêt au magasin, officiellement pour acheter des taros et quelques provisions de goûter. En fait c'est pour monter une coutume de nourriture à Simone.

Montée à Grand Atéou. Séraphin me montre Paméla, son lieu d'origine et l'endroit où a été construite la première maison en tôle de la commune, dans les années trente. Il me dit cela avec fierté : la tôle comme progrès. Et dire que pour nous, la même tôle connote la décadence, le bidonville. Bien comprendre ça.

Arrivée à Grand Atéou. Il fait frais. Camille ne descend pas de voiture. J'en rêvais et je ne ressens aucune émotion. Impression de tribu d'opérette. Est-ce parce que nous sommes dans la tribu vantée par les dépliants touristiques ? Rapide tour de l'église. On repart. Ce n'était manifestement pas le but du voyage...

On redescend à Petit Atéou chez Simone[11]. Nétéa Eloi, chef de Tiaoué, président des APEL[12] de l'Immaculée (poste important) est là. Séraphin : « Il fait la coutume ce con (*sic*) ! » Avant que j'aie pu faire quoi que ce soit, Camille lui passe un billet de 1 000 FCFP. Séraphin : « C'est pour toi, c'était pas prévu. » Pourtant j'avais demandé s'il fallait monter une coutume quand on irait à Atéou suite à la remarque de Jeanne à propos de la monnaie. Mais la décision effective d'aller à Atéou n'a été prise qu'à la fin de l'enterrement...

Effectivement un homme (je ne sais pas qui) est en face d'Eloi. Entre eux un tas de nattes, manous, pantalons (je n'aurai pas d'explications). Comme toujours, les hommes d'un côté, sérieux, parlent coutume et politique, d'un autre côté, les femmes rigolent. Je m'ennuie et les envie. On apporte l'eau chaude et moi, ridicule, assis en tailleur dans le *no man's land*, je bois le nescafé avec la tartine de beurre.

Séraphin dit qu'on « va avancer ». J'en profite pour aller voir les femmes, embrasser Simone qui prépare des feuilles de pandanus pour les nattes. Longue discussion avec ces grands éclats de rire des assemblées féminines. Deux petites filles courent autour de nous en se lançant des petits défis. Au bout d'une heure on part effectivement. Camille laisse, sans rien dire, le pochon de provisions achetées au magasin. C'est la nuit.

## Dimanche 14 mai 1995

*Encore une matinée de conversation à bâtons rompus et qui deviendrait fastidieuse au lecteur. Les thèmes récurrents sont l'éducation des enfants (les nôtres – Camille a adopté une fille Nadia avant d'avoir « naturellement » un garçon, Michel, Bwëë, mon désormais fils) ; la relation entre les échecs scolaires quelques fois momentanés et des événements familiaux : deuils, séparation (Françoise Dolto aurait fait un malheur ici) ; Donéva le mythique collège protestant sur lequel on reviendra longuement dans Tiaoué IV.*

11. Je connaissais bien Simone, dite Mémé Simone qui était venue garder la maison lors de mon premier séjour lorsque Séraphin et Camille étaient au chevet d'Adèle à Nouméa. Mais ceci se passait pendant la période dite « privée ». [2012]

12. Association des parents de l'enseignement libre. Il s'agit d'un poste important pour la gestion d'enseignement privé. [2012]

**Gaffe (2) => p. 131**

[...] Repas notou[13]. Séraphin le découpe cérémonieusement et amicalement avec une petite lame de bambou : « Il faut pas le découper avec un /

– Un couteau ?

– Oui, c'est défendu. Ça, c'est **son** bois. »

Il me sert une aile et une cuisse. Avec du taro et des épinards amers. C'est délicieux.

*J'ai voulu faire mon malin avec mon « un couteau » et j'en ai été de quelques précisions sur les animaux de la forêt. Se taire...*

**Signes et écritures**

[...] En allant faire la sieste, je passe devant la statue de la Sainte Vierge. La bouteille de Johny Walker est debout, à moitié remplie d'eau avec trois fleurs (d'hibiscus je crois). Mercredi elle était là, mais vide et couchée... Signe sans parole. Chez nous on aurait dit : « Tu as vu *ta* bouteille ! »

Après la sieste, dehors à l'ombre, lecture passionnée de G. Lloyd, *Pour en finir avec les mentalités*[14]. C'est vraiment le livre qu'il fallait amener. Du coup, réflexions sur l'écriture (mi-Goody, mi-Hill, mi-Ginzburg). Chez les Kanak, importance des inscriptions-sur ; on pourrait parler d'activité *d'inscripture*, entre la gravure et l'écriture : avec le sabre d'abattis sur les aloès, avec le couteau, le feutre, la peinture, le bâton dans la boue ou le béton frais. Dans les classes, beaucoup d'écrits auto-descriptifs, sur les chiottes de chez Yohan, sur les vieilles caisses, les vieux tonneaux. Chez Benoît, le calendrier, le seuil du kiosque, les noms de Néa et Jérémie sur les bouteilles, les murs de la cuisine.

Omniprésence des étiquettes (écriture autoréférentielle) : la bouteille de whisky et son étiquette *Black label* devant la Sainte Vierge. Hier, les enfants se collaient sur le front les étiquettes des paquets de bonbon. On laisse les étiquettes de prix partout, objets, paquets de nourriture. Devant moi l'étiquette de prix a été laissée sur les gonds de la porte neuve.

Je rentre prendre le thé. 15 h 40. Séraphin et Camille vont descendre travailler à l'école et me laisser seul « un petit moment ». Hm ! Camille emporte un petit pochon de plastique. Ils doivent aller faire une coutume quelque part ; ça ne me regarde pas.

---

13. Gros pigeon, moins célèbre que la roussette, mais tout aussi symbolique : animal de la forêt. Plat de fête.
14. G. Lloyd, *Pour en finir avec les mentalités*, Paris, La Découverte, 1994.

19 h. Séraphin et Camille arrivent, sans un mot sur leur retour tardif. (Je commençais à être inquiet vu l'état du Minibus.) Je repars immédiatement en suivant Séraphin pour ma troisième visite.

## Troisième visite : première roussette chez Styven

Je fais coutume à Sébastien[15], papa de Styven qui donne des pièces à Séraphin. C'est Séraphin qui répond à la coutume : c'est bien un utérin. À la fin, il me donne deux des pièces de 100 FCFP que lui a données Sébastien.

Repas précédé du café pain beurré. Styven assis à la gauche de Séraphin ne bronche pas et ne répond pas aux questions : il est à côté de son tonton. Je mange ma première roussette ! Discussion avec Sébastien qui a fait son service militaire à Hourtin, peu de souvenirs de Bordeaux. On parle des enfants, de la langue : les petits la comprennent mais ne la parlent pas. Coucher dans la chambre de Salomon, grand frère de Styven. Les petits dorment sous leur couverture, on ne les voit pas. Salomon s'endort, le walkman sur les oreilles. Pas d'inscriptions dans la maison, seulement un calendrier.

## Lundi 15 mai 1995
## Ennui, football, dortoir

Réveil 6 h 40. Petit déjeuner. On écoute Radio Djido comme avant-hier chez Yoan ; c'est bien la radio kanak ! Sur la table l'hebdomadaire de l'USTKE[16]. Styven est moins intimidé qu'hier. Il joue dehors avec Selma. Ils parlent français entre eux, tracent des routes en lacet dans la terre. Relation très proximale entre eux. Ils se servent de cailloux en guise de

---

15. Sébastien et sa femme, souvent absente pour raisons familiales, avaient onze enfants, naturels et adoptés. Ils sont morts tous les deux à quelques mois d'intervalle. Les enfants ont été répartis chez les oncles. J'ai appris que Styven lui-même était décédé il y a quelques années et que c'était un bon élève au collège à Nouméa. [2012]

16. USTKE : Union syndicale des travailleurs kanak exploités, syndicat le plus représentatif de la communauté kanak.

voiture, croisent leurs trajectoires sans se heurter : il ne s'agit pas d'une course. Le circuit est sans cesse modifié, comme les circuits de bois dans la classe de Camille.

*Je redescends à l'école et passe la journée en observation dans la classe de Marie-Jo. Journée un peu fastidieuse. Seules notations intéressantes : des aides non sollicitées entre les enfants repris par la maîtresse, à propos de laquelle j'écris des propos malveillants et finalement injustes parce que manichéens (Marie-Jo la méchante Caldoche* vs *Camille la bonne Kanak). Bref, je m'ennuie pour ne pas dire plus jusqu'à...*

14 h. Fin de la récréation. EPS. On va jouer au foot. Styven m'invite à aller jouer avec eux mais me recommande de prendre un chapeau : « Le soleil tape ! » Arrivée au grand terrain de foot. Les garçons commencent à jouer à cinq contre cinq sur un grand terrain. Auto-organisation des équipes. Tout le monde attaque, même le goal ; tout le monde défend en remontant tout le terrain. Voilà l'explication du « poumon » de Karembeu. Dribbles, crochets, peu de passes. Au moment où un corner va être tiré, Marie-Jo rappelle tout le monde au centre pour faire officiellement les équipes. C'est donc bien vrai que les enseignants ont tendance à faire fi des potentialités d'organisations des petits. En fait, ce sont les mêmes équipes qui vont jouer. [...] Marie-Jo rappelle les équipes pour les inciter à faire des passes. On reprend. Effectivement : une passe, un centre en retrait et but de Styven. Les enfants remontent le terrain en dribbles courts au lieu de taper ; comme l'herbe est haute, ils se font rattraper par le défenseur pendant que le goal a le temps de revenir dans ses buts avec ses claquettes enfilées dans les mains en guise de gants. 14 h 40 on s'arrête [...].

*Nouvelle libre conversation avec Camille ; c'était devenu un rituel apaisant pour moi et précieux pour mes « recherches ».*

« Ce qui m'embête, c'est les absences. Les parents mettent les enfants à l'école trop tôt, avant qu'ils aient des repères costauds. Alors, ils cherchent chez toi ce qu'ils n'ont pas chez les parents mais on ne peut pas être à tous. Chez certains enfants, tu sens cette relation avec leurs parents, la nature. [...] Les enfants adoptés, c'est plus difficile. Ils demandent qu'on leur confirme notre amour. »

## Une nuit à l'internat ou comment se mettre au lit en pays kanak

*Il était convenu que je devais rejoindre Styven pour passer la soirée et la nuit à l'internat dont il a déjà été question dans Tiaoué I.*

Pendant que je recopie des notes devant l'internat, des enfants regardent mon cahier et me montrant deux ratures, me disent sérieusement que j'ai fait deux fautes. Ceci confirme certaines observations faites à propos de l'utilisation du cahier, qui n'est jamais considéré comme un espace d'essai, de tâtonnement. Il doit être toujours propre.

17 h 40. Les enfants se sont douchés après avoir goûté et joué. Grand silence. Je suis les CP, CE1 dans une salle d'étude très pauvrement meublée.

Les CP n'ont pas de travail. La monitrice donne un jeu de domino aux filles. Les garçons jouent aux cartes.

CE1. Ceux qui savent sont avec ceux qui savent, ceux qui ne savent pas avec ceux qui ne savent pas. Les enfants en échec passent leur temps à recopier les énoncés.

Je vais jouer aux dominos avec les filles puis fais lire deux petites filles, appliquées. Tout d'un coup – si l'on peut dire car, comme toujours, on n'entend pas le début –, les enfants se mettent à chanter un cantique en langue. J'ai la chair de poule.

19 h. Je mange dans la cuisine avec les éducateurs, Cécile sœur de feu le maire Paul, et la cuisinière sœur Clémence, tante de Styven. En parlant, ma relation avec les éducateurs change : plaisanteries, discussion à propos de la langue. Du même coup, ma perception de l'internat change, devient « cultivée » comme dirait Haudricourt. Ce n'est pas les personnes qui ont changé mais notre relation. Sans doute étions-nous mutuellement intimidés par mon intrusion. Maintenant il y a un fond partagé, la langue, les enfants.

19 h 30. Je vais dormir dans le dortoir des petits. Ils sont déjà couchés. Je sens une dizaine de paires d'yeux écarquillés pour regarder le Blanc se déshabiller !

*Cette séquence de déshabillage m'a posé problème. On m'avait bien entendu proposé de dormir dans une chambre isolée, offre que j'avais poliment refusée, pensant naïvement que les gamins dormiraient profondément au moment de mon propre coucher. Que non. Pour avoir été moi-*

*même pensionnaire sept ans, j'aurais dû me souvenir qu'une veilleuse éclaire beaucoup plus qu'on ne croit et permet de pratiquement voir tout ce qui se passe. Face à leurs petites têtes dépassant des lits superposés, j'avais la possibilité de me déchausser, enlever discrètement mon pantalon et de me glisser sous la couverture. C'eût été une erreur, voire une faute anthropologique que de se mettre au lit comme font les Kanak, c'est-à-dire sans le rituel occidental du pyjama. Dans les maisons kanak, enfants et parents se douchent le soir. On change les habits des enfants pour leur donner le short ou la robe et le tee-shirt propres avec lesquels ils iront dormir ; le lendemain, ils seront prêts, dès le réveil. Chez nous, les Blancs, c'est l'inverse que j'ai voulu leur montrer. En conséquence, je me suis déshabillé entièrement – le plus pudiquement possible – pour mettre le tee-shirt et le caleçon qui me servent de pyjama. Ainsi j'étais le* sauvage *ethnologisé par les petits Kanak. Cela a-t-il servi à quelque chose ? Question idiote.*

## Mardi 16 mai 1995
## Journée ordinaire, soirée exotique

5 h 50. L'éducateur réveille doucement les petits qui dorment encore. Évitement du changement brusque, même dans un milieu apparemment très réglementé. À première vue, l'internat fait rupture avec la famille, emploi du temps balisé. En fait l'enfant, même petit, a toujours des relais, grande sœur qui lace les chaussures, console, boutonne. L'éducateur lui-même a l'air sévère quand il s'adresse au groupe, mais doux et bienveillant dès qu'il s'adresse individuellement aux enfants, ou parle d'eux. Petit déjeuner. Les enfants se disputent pour descendre avec moi à Koné.

**Cliché (2)** **=> p. 101**

Je vais acheter le journal et rencontre Françoise, la psychologue scolaire de Koné. Elle me parle des Kanak : « ils sont bons... gentils... ! » Ça fait bien rire les Kanak eux-mêmes quand je les rassure sur leur propre bonté !

**Équilibres (2)** **=> p. 75**

Immaculée, classe de Camille, moyenne et grande sections de maternelle.

8 h 50. Atelier bois : Toujours la même recherche des positions d'équilibres instables et modifiées. Importance du terme équilibre dans le

discours kanak : le deuil déséquilibre les enfants, et pas seulement le clan, la « Provincialisation » comme facteur de rééquilibrage, etc.

9 h 20. Récréation. Pour la première fois j'ose acheter au marché un petit paquet de gâteaux, immédiatement engloutis. Camille explique à Isabelle que ce soir je vais chez elle.

Classe de CP. Marie-Jo

[...] Quand un enfant se trompe, les autres disent qu'il a fait exprès ! Et Marie-Jo ne les reprend pas. L'erreur n'existe donc pas : si on a bien entendu, on réussit, sinon, c'est qu'on fait le têtu. Ce qui sera confirmé par Antoine.

Pendant que les enfants recopient une lettre, Marie-Jo me fait remarquer que Renaud, bon élève de CE1, fils de Charline et neveu de Lucy (assassinée à Oundjo mardi dernier – une semaine déjà), écrivait plus grand sur son cahier depuis le deuil. Pendant la récréation, je vais voir son cahier. Effectivement, au début de l'année son écriture prenait deux interlignes, depuis le deuil, elle s'étire sur quatre interlignes. Confirmation de l'influence des événements familiaux sur les attitudes scolaires, dont me parle Camille et dont je me méfiais un peu qu'elle soit surévaluée. Attention toutefois à ne pas tomber dans « l'erreur de la différence ». Peut-être en va-t-il de même chez les petits écoliers français !

## Quatrième visite : chez le catéchiste, la tribu à l'ancienne...

Je sors de l'école avec Isabelle et sa petite sœur Larissa. Tout au long du trajet, Isabelle ne dit rien, baisse la tête, semble bouder. Quand on entre dans Tiaoué, je nomme les habitations que je connais. À chaque fois, elle me fait signe que non. Arrivés à l'église, elle se redresse et me dit : « je vais te montrer chemin ». Heureusement, car il faut suivre un petit chemin pentu et herbeux à l'entrée du petit col. L'habitation est composée des trois ou quatre cases en torchis et d'une cuisine mixte torchis/tôle – une construction par fonction – disposées en escarpement bien au-dessus de la route.

Coutume ; réponse très peu ritualisée mais très amicale. Charles me fait visiter son habitation « à l'ancienne ». C'est le premier à le faire et le seul qui semble se préoccuper d'esthétique. C'est d'ailleurs très réussi au sens de *comme on se l'imagine* – exotiquement.

Thé. Charles me parle de sa vie de catéchiste, de ses cinq enfants tous adoptés après la mort d'un enfant et le risque pour la santé de la maman qui est là, debout, sourit, mais ne dit pratiquement rien. Les enfants parlent *la langue* entre eux, mais Charles avoue que ses filles ne parlent pas assez en français.

[...] À un moment, je demande ce que font les petites. « Quand elles rentrent de l'école, elles sortent le cartable et lisent. » Je suis un peu sceptique – Marie-Jo n'a pas donné de travail. On va les voir dans la case chambre. Effectivement Isabelle lit, Larissa répète : « La pipe, il, lili... » Quelques instants, elles jouent avec un jeu électronique, anachronique dans ce cadre – Encore idiot de penser ça.

Je sors chercher mes affaires pour les porter dans la chambre. Isabelle en riant : « À demain, Monsieur Pierre. »

17 h 30. La nuit tombe. Discussion avec Charles sur la plus haute terrasse. J'ai un peu frais, nous rentrons dans la cuisine auprès du feu allumé au milieu de la pièce. Charles dit à la petite dernière Karine 17 mois, de venir me voir : « *Ite, tonton, ite tonton Pierre* » (*ite* = viens). Je me souviens que le mot « viens » a été le premier mot français appris par Michel. Karine se tient à distance, Charles insiste « Ite, ite » ; finalement elle vient s'asseoir sur la natte et me donne sa peluche.

19 h. Nous allons faire le « Mois de Marie » dans une autre case. La dévotion à la Sainte Vierge est une particularité de Tiaoué. Sur une chaise cassée, une statue de la Vierge, un bouquet dans un pot de confiture, trois bougies. Karine est dans les bras de sa maman, Larissa entre les jambes de son père. Deux dizaines de chapelet. Il y avait bien longtemps que je n'avais pas récité le chapelet. Sentiment de grande humanité.

Repas sous la véranda. Seuls, Charles et moi sommes assis à table. Les petits grignotent dans des bols sur la natte à l'intérieur. La maman se tient debout et sourit à mes propos. Récit de l'origine de la famille : « Ses deux grands-pères sur la crête, au-dessus de nous : un descend du côté de Tiaoué, la branche sera catholique. L'autre du côté de Noëli, la branche sera protestante. » Charles est tombé du bon côté « les catholiques sont plus nombreux ».

20 h. Coucher. Moi et les deux filles. Isabelle pleure en silence, Larissa va chercher sa maman qui la calme en lui parlant très doucement. Finalement, Larissa partira dormir avec ses parents et Isabelle sanglotera longtemps avant de s'endormir. J'ai honte d'avoir provoqué cette rupture.

## Mercredi 17 mai 1995

Réveil 6 h. Thé, Douche dans une cahute en bambou. Isabelle pleure : elle ne veut pas aller à l'école. Je descends les parents à Koné. Ils n'ont pas de voiture : le métier de catéchiste ne rapporte pas gros, Charles fait des petits contrats dans la réserve.

8 h 25. Répétition de chants pour la fête des mères. [...] J'en profite pour demander à Camille « Est-ce que je peux aller avec eux à Bélep en octobre ? – Oui bien sûr. »

## Cinquième visite et deuxième entretien avec Antoine Goromido

10 h 25. Fin de la répétition. Je pars à Netchaot avec Denis qui ne dit rien sur la route, mais s'assure que je tourne au bon endroit.

*Le circuit officiel des visites s'achève par un retour à Netchaot, déjà visité au moment de Tiaoué I. Je devais théoriquement observer Denis, petit-fils d'Antoine. En fait, je le ferai très peu, à cette exception rituelle près que nous dormirons dans la même chambre avec son père Jean-Marie. C'est bien Antoine, le vieil instituteur devenu référence obligée, qui sera au centre de cette visite. Avec le recul, je me rends compte que la programmation des cinq rencontres ne devait rien au hasard. Géographiquement elle est centrifuge, du plus près au plus loin de la maison. Coutumièrement, les deux premières visites se sont faites à l'intérieur du clan, chez deux des sœurs de Séraphin, par ordre décroissant de séniorité, puis de l'autre côté de la tribu, côté Dui, en bas, puis chez un personnage important, on dirait chez nous un notable, le catéchiste, enfin à Netchaot chez l'oncle utérin. Est-ce à dire que Séraphin aurait détourné mon projet « scientifique » au profit de bénéfices coutumiers ? Je n'en crois rien. Tout simplement, il ne pouvait pas répondre à ma demande par une sorte de panel, choisir x enfants dans des familles « contrastées » et m'envoyer passer une soirée chez eux : on n'impose pas un Européen comme ça dans l'intimité d'une famille. Imaginons en France, un anthropologue africain demandant à un instituteur de passer une soirée et une nuit dans les familles de ses élèves. Donc, devant ma demande, Séraphin a fait avec ce qu'il avait sous la main (coping) et, à partir de là, établi un ordre idéal du point de vue coutumier, du moins je le pense...*

Christine m'accueille très chaleureusement. Nous passons à table. Arrive Antoine sur un cheval, droit, magnifique avec sa casquette rouge. Il entre, m'embrasse. Très vite je lui dis que Séraphin m'a donné un nom. « Lequel ? – Caa Bwëé – Très bien Caa Bwëé, maintenant c'est comme Alban ! » Il me donne une grande tape dans le dos.

[...] « Maintenant qu'est-ce qu'on fait ? » Nous passons dans la pièce à côté pour l'entretien « scientifique ». Les questions posées sont directement liées aux observations faites les jours précédents.

**« Est-ce que ? » autorisation ou possibilité (3)**

– Est-ce que vous faites une différence entre autorisation et possibilité ? Je vais te donner un exemple : Camille demande aux enfants : « est-ce que je peux faire ceci ou cela ? » et les enfants répondent toujours une première fois « oui » alors qu'ils devraient répondre « non ».

– Ce que disait Camille, c'est un peu comme ça chez nous les Kanak : on est amené à dire *oui*, alors que, logiquement, on devrait dire *non*. C'est peut-être pour pas blesser les gens qui viennent demander quelque chose. C'est peut-être [un] *oui*, mais qui n'est pas favorable « J'ai dit oui parce que je suis gêné de dire non. »

– Tu peux, parce que je t'autorise, ou bien parce que tu es capable ?

– Je vais donner un exemple. Là, Caa Bwëé, tu viens de chez Séraphin mon neveu utérin. Je sais que, si je veux, je peux prendre quelque chose chez lui, il ne dira rien, même si je n'ai pas son autorisation. Je prends et il ne pourrait rien me dire car mes relations me donnent le droit, le droit fondé. Je ne sais pas si tu saisis. [...] Tu veux savoir si c'est les mêmes mots ?

– Oui.

– Je crois que c'est le même mot, je peux parce que j'ai la possibilité physique, parce que j'ai la possibilité morale, de la force ou la force de la pierre. Je crois que c'est les mêmes mots.

– Comment dit-on « je peux » en paicî ?

– *Pärî mägo pwa* = capable pour je faire.

**Écouter / Connaître / Savoir faire / Comprendre (1) => p. 79**

[...] – L'autre jour, Yoan jouait sur son petit vélo, il faisait des tours et je le regardais. Alors il est descendu de vélo et il est allé chercher un grand vélo d'adulte, il me l'a amené et il ma dit : « pas connaître vélo toi ! » Je suis monté sur le vélo et j'ai fait un ou deux tours de jardin pour lui montrer que je connaissais. Ma question est celle de la relation connaître / savoir / savoir faire. C'est la même chose ?

– [...] En paicî, je crois que c'est la même chose. Connaître, *tämägööri*.

– Connaître et savoir, c'est pareil ?

– Oui !

– Est-ce que connaître c'est toujours savoir faire ?

– C'est la même chose : savoir faire, *tämägööri pwa*, savoir monter à cheval, *tämägööri ööci*, savoir sa leçon, *tämägööri i leçon*.

– Autre chose. Quand les enfants n'ont pas compris un exercice, Camille leur dit : « il y en a qui n'ont pas écouté ». Je voudrais savoir si écouter et comprendre c'est la même chose, ou bien si c'est une simple façon de parler.

– Je voudrais revenir à la première question pour le *oui*. Quand j'étais moniteur, un jour l'inspecteur nous avait dit : « Il faut se garder de dire aux enfants est-ce que vous avez compris ? L'enfant, pour ne pas te blesser, te dit oui. »

– C'est exactement ce que je voulais savoir.

– [...] Je réfléchis sur les deux verbes « expliquer, comprendre » [...] Voilà un verbe qui est synonyme de *tämägööri*, écouter, entendre c'est *têrê* et *tämägööri* c'est comprendre.

– On part du principe que, si on a écouté, on a compris.

– Oui.

– Et si tu as entendu et que tu n'as pas compris ? Un enfant peut avoir écouté et ne pas avoir compris.

– Tout à fait [...] Il peut te répondre comme tout à l'heure. Il a entendu mais il n'a pas compris. L'expression kanak Caa Bwëë, celui qui a entendu et qui n'a pas compris c'est « il a entendu avec les yeux ».

– Celui qui a entendu et qui n'a pas compris, est-ce que c'est celui dont on dit qu'il est têtu ?

– Je ne pense pas... Pour nous, dans le sens kanak, le têtu c'est celui qui fait semblant de ne pas comprendre alors qu'il a compris.

– Et celui qui n'est pas têtu, qui a bien écouté et qui n'a pas compris ?

– On dit souvent : « il écoute avec les yeux ». Il est là, il te regarde bien dans les yeux, mais il essaye de reproduire, alors qu'il t'a bien observé pendant ton discours.

– Comment tu dis, toi, à un autre adulte : « Je n'ai pas compris » ?

– *Cä go caa tämägööri* = je n'ai pas compris.

– Est-ce qu'un enfant peut dire ça ?

– Oui, mais je veux chercher le mot des gars adultes, vis-à-vis d'un autre à côté. Il peut chercher une formule à son niveau quoi [...] « je n'ai pas de bouche pour ça, *ticè pwô nägo*, pas bouche pour ça ».

– Ça, c'est pour les adultes.

– On peut dire : « je n'ai pas de parole ». Les enfants, ils ne peuvent pas exprimer ça, non, ils emploient le premier.

– Est-ce qu'ils ont la possibilité de dire « maîtresse je n'ai pas compris » ou bien est-ce qu'ils ont honte ?

– Moi, pendant les années où j'enseignais, jamais je n'ai entendu un gosse qui dise « je n'ai pas compris ». C'est pourquoi l'inspecteur disait de ne pas poser ces questions.

– [...] Et quand on dit « connaître quelqu'un », c'est le même mot ?

– Oui, *tämägööri é*, connaître lui.

Pour le moment, nous allons faire la sieste, « nous allonger un peu ». L'entretien reprend deux heures plus tard.

**Encore une question d'équilibre (3)** **=> p. 78**

– Une autre question. Dans votre culture, il semble que la notion d'équilibre, d'équilibre instable, soit importante ; en politique on parle de rééquilibrage ; dans les clans, quand il y a un deuil, cela entraîne un déséquilibre, etc. Dans la classe de Camille, il y a des morceaux de bois pour faire des constructions. Les enfants aiment beaucoup y jouer. J'ai remarqué qu'ils aimaient particulièrement construire des équilibres assez instables.

– Je voudrais revenir sur ce mot culture. Il a [avait] disparu du langage kanak. Depuis pas longtemps, il est réapparu, au moment de l'indépendance[17]. Ce n'est qu'après que je l'ai appris. Les enfants confondent culture des patates, des taros, des ignames, et puis « culture kanak » ! Mais la question n'est pas là. Pour les élèves, la chose est toujours penchée et ils ont tendance à l'équilibrer, c'est ça ?

*Antoine n'a pas compris le sens de ma question ou plutôt, n'est pas entré dans le jeu de langage que je lui proposais autour du terme « équilibre ». Je relance en vain. Ce dont il veut me parler c'est de la relation*

17. Cette remarque est très significative et intrigante. Je ne pense pas qu'il s'agisse d'une erreur ou même d'une contraction de « la revendication de l'indépendance ». Je fais l'hypothèse que, pour des gens comme Antoine, intellectuel qui a dû subir tant d'humiliations dans son identité, la reconnaissance de l'identité kanak est déjà pour lui l'indépendance. À moins que, hypothèse basse, « indépendance » signifie ici « discours sur l'indépendance ».

*triangulaire culture, coutume, modernité, et de la nécessité de rééquilibrer leur relation sous peine de mettre en danger la coutume elle-même :*

*1. Sur le plan des échanges coutumiers. Le niveau de vie de certains ayant augmenté considérablement, les masses d'argent mises en circuit dans les coutumes deviennent disproportionnées, les rééquilibrages entre le don et le retour risquent de faire problèmes ; d'où pour Antoine et d'autres sages, la nécessité de trouver des solutions qui concilient équilibre et équité. Ce qui n'empêche pas certains petits malins – on me l'a dit à plusieurs reprises – de profiter de la situation monétaire nouvelle, pour se mettre plein de fric dans les poches. L'activité coutumière ne garantit pas la vertu !*

*2. À propos des cérémonies coutumières. Que faire quand certaines contingences de la vie moderne viennent perturber le déroulement canonique d'une cérémonie ? Appliquer coûte que coûte la règle et mettre hors jeu les personnes qui se trouvent à la périphérie de la vie coutumière, ou renoncer à un principe tel que la coutume faite aux maternels au moment d'un deuil ? Le discours d'Antoine devient très technique. En voici la teneur résumée : le jour du deuil de Paul le maire de Koné – j'y assistais sans comprendre grand-chose – un problème de timing s'est posé ; alors que dans les cérémonies habituelles, la durée et l'attente de ce que nous, observateurs extérieurs, appellerions les retardataires n'entrent pas en ligne de compte, là, il a fallu accélérer la succession rituelle des coutumes pour permettre aux personnalités venues de Nouméa (dont le Haut Commissaire) d'assister à l'inhumation. De ce fait, un certain nombre de présents apportés pour les maternels par des personnes « en retard », sont restés – nous dirions « en rade » – devant la maison.*

– Les amis de Paul, qu'est-ce qu'ils ont fait ? Ils ont organisé un jour de deuil pour évacuer ces coutumes, et pour permettre aux maternels de prendre ces coutumes-là. C'est un peu une première dans la coutume de deuil, ce sont des solutions que nous avons inventées.

*En ne répondant pas directement à ma question, ce qui est fréquent dès que les choses deviennent sérieuses, Antoine m'en a dit beaucoup plus sur la vie coutumière réelle que les longues énumérations habituelles à visée didactique (première, seconde, troisième... énième coutume) auxquelles on ne comprend finalement plus rien, sinon que ces gens-là sont vraiment très compliqués.*

[...] – J'ai remarqué que les enfants modifiaient tout le temps leurs chantiers.

– Oui, dans le milieu kanak on remarque aussi qu'il y a des clans pour modifier quand ils font la coutume. Ce n'est pas tout à fait pareil avec un autre clan. Lorsque tu es sur une question et quand on veut conclure, un autre revient à la question de départ, et il revient à la réunion prochaine avec cette question. Il y a parmi les Kanak des gens qui sont très forts pour ça. Je ne sais pas s'il y a la base dans les élèves, mais c'est ce que j'ai remarqué au conseil des anciens. C'est un peu typiquement kanak ça (*sic*).

### L'expression des grandes quantités

*J'aborde un nouveau thème, l'expression des quantités : j'avais remarqué, dans des séquences non retranscrites ci-dessus, comme une confusion entre « très » et « trop » – comme on la retrouve actuellement dans les idiolectes « jeunes ». De ce qui relève peut-être de simple maladresse, je fais prétentieusement une hypothèse anthropo-linguistique qu'Antoine va recadrer :*

– Est-ce que pour vous une très grande quantité n'est pas un excès ? On passerait de « très » à « trop » ?

– Je crois que c'est ça dans la mentalité kanak. Le Kanak ça ne lui fait jamais trop. Comment dirais-je ? Quand tu as dit que « trop » c'est un excès, non ! « Trop » pour lui, ce n'est pas un excès. Ce n'est pas un excès dans le sens que l'excès, le surplus, ça lui permet de partager avec son voisin ou son ami [...]

– Dans la numération, comment dites-vous, beaucoup, des millions ?

– Non, il n'y a pas de mots pour million ; on dit le mot beaucoup, on le répète « beaucoup, beaucoup, par-dessus nous, *wâru wâru jia un* ». Je voulais dire à propos de la définition de la quantité. Quand il y a la guerre, les soldats américains sont venus, on a dit « comme les feuilles des arbres ». Dans la Bible on dit « comme les étoiles du ciel et le sable de la mer ». Nous, on dit « comme les feuilles des arbres ».

### *Wii/Tii* : recopier ou s'exprimer (I)

– Dernière question...

– J'espère que c'est pas une question rouge !

– C'est à propos d'écrire et dessiner. Quelquefois, les enfants semblent confondre les deux.

– Quand on dit « écrire » on dit « *é pwa tii*, il faire lettre » ou « *é wii tii*, il écrire lettre ».

– Il y a donc deux mots différents.

– Oui.

– C'est donc les enfants qui confondent.

– Ces deux mots, *wii* et *tii*, sont très proches l'un de l'autre. On ne peut pas trop les différencier. Lorsqu'on envoie un gars au tableau, on lui dit « écris [*wii*] ce que je dis », mais il écrit [*tii*] ce qu'il pense lui. L'élève, il « *wii* » ce que la maîtresse a écrit au tableau, tandis que « *tii* », il peut dessiner ce qui passe dans sa tête ou une lettre à un ami.

– En somme *wii* c'est recopier et *tii*, s'exprimer ?

– Oui, mais on peut employer l'un à la place de l'autre. Mais quand on réfléchit, c'est un peu ça au fond.

*Cette distinction dont Antoine, comme à son habitude, se refuse à considérer comme une opposition conceptuelle, sera au cœur de Tiaoué III.*

Antoine est manifestement fatigué, moi aussi, « *Nabwé – Wadé*[18] ».

## Jeudi 18 mai 1995

6 h 30. Réveil en même temps que Denis. Pas d'animation dans la maison. Nous allons être en retard. Ça ne fait aucun problème : pas d'accélération, aucune précipitation. Petit déjeuner. Denis ne touche pas à son bol de *Milo*. Antoine va descendre avec nous à Koné. Nous l'attendons un moment. Au moment de partir, je donne au petit Nicolas une boîte de tabac avec laquelle il jouait. Christine me dit que maintenant j'ai deux maisons où aller. Denis me donne un débardeur gris en coutume de départ.

**Équilibres (4)** **=> p. 88**

8 h 30. Classe de Camille. Atelier construction. Pendant que j'écris, Miguel est venu monter une petite construction tout à côté de moi, sur la table même. Par terre, Denis construit une arche. Chute ; avec un autre enfant, il recommence en rajoutant des cubes. Rechute. Nouvelle construction d'une tour plus grande qu'eux. Pendant que Volta ajoute des cubes, Denis rééquilibre. Nouvelle arche puis un mur pour lequel tous les cubes disponibles sont utilisés. Chaque cube mesure 10 cm de côté. Il y en a en tout 30. Le mur est large de 4 cubes et haut de 8, 8 et 7, 7 cubes : les

18. « C'est fini ! – C'est bon ! »

enfants complètent l'équilibre. C'est l'illustration et la suite de l'entretien d'hier avec Antoine.

***Becoming member* (1) La fin de la peur...** **=> p. 80**

9 h 17. Récréation. Camille me dit qu'ils tournent en rond sans moi à Tiaoué. Séraphin arrive : « Tu as changé, pas physiquement mais... [il fait un geste d'ouverture] maintenant tu as plus de relations. C'est bon d'avoir un chemin. Après, tu peux en avoir d'autres. Tu n'as plus peur ! »

Séquence remarquable : pour eux, les Blancs sont des gens qui ont « peur » en tribu. Et c'est vrai. Tout ceci illustre bien Bensa et Rivierre dans *Les chemins de l'alliance* : accroître les relations – avec les risques encourus – pour avoir moins peur, non pas pour avoir plus, mais être plus. Le contraire de chez nous où, plus on a, plus on a peur.

À ma gueule, à mes gestes, à ma façon de me tenir et de me « placer », cela doit se voir que je n'ai plus « peur ». De fait, lorsque Denis vient demander une pièce à Camille pour acheter des bananes au marché, je n'ai pas « peur » de lui donner une pièce, ce que je n'aurais jamais osé faire il y a une semaine.

*C'est un peu lyrique tout ça, vu maintenant. Sur le moment j'ai ressenti une grande jouissance.*

*En fin d'après-midi, correction d'un exercice de découpage / collage.*

**Écouter / Connaître / Savoir faire / Comprendre (2)** **=> p. 119**

[...] Camille reprend : « Ceux qui n'écoutent pas, Néa ! (Benoît) ! Ne réussissent pas ! Demain matin on va revoir ça pour ceux qui n'ont pas réussi. » Toujours l'équation écouter = réussir. Comme le suggère Antoine, le « ne pas comprendre » au sens où nous pédagogues blancs employons ce terme, n'a pas ici sa place.

16 h 45. Retour à Tiaoué. 18 h. Arrivée de Nastasie, la sœur aînée de Séraphin avec ses deux filles. Elle a apporté un vieux cahier d'écolier rempli de cantiques calligraphiés en paicî. C'est Séraphin qui l'a convoquée au téléphone. Séraphin les recopie à la machine en chantant. Repas. Séraphin et Nastasie continuent de chanter. À la fin, je chante avec eux.

## Vendredi 19 mai 1995

6 h 20. Des rats ont bouffé les lacets de mes chaussures. Sans doute des rats indépendantistes, me répond Séraphin.

**Les Indiens à l'école**

Marie-Jo distribue les bandeaux de papier kraft plié, c'est la préparation de la Fête des mères. Les garçons se sont fait servir les premiers, les filles après. Elles attendent sans s'impatienter. Les enfants, à plat ventre sur la natte, dessinent des frises en chantonnant et en levant très peu leur crayon-feutre.

À tour de rôle, ils viennent voir Marie-Jo qui agrafe les bandeaux en y rajoutant une plume. En attendant son tour, Styven va au tableau et dessine une grande case avec sa flèche faîtière et son allée. Ce que voyant, je pense – mauvaise pensée – que la danse des Indiens, les plumes d'Indiens c'est bien, mais qu'il y a des danses d'ici (Tiaoué est célèbre pour ses danseurs), que des vieux seraient sans doute disposés à venir à l'école les leur apprendre... À ce moment précis de ma rêverie, j'entends Styven qui parle à un copain : « J'ai dansé le pilou moi, ma grand-mère m'a appris la danse. » Marie-Jo, assise de l'autre côté de la même table, continue imperturbablement d'agrafer les bandeaux d'Indiens.

*J'étais alors bien sévère avec Marie-Jo. Avec un peu de recul – et de lecture attentive de Bourdieu –, je pense qu'elle ne* pouvait *pas agir autrement.*

***Becoming member* (2)**

Repas. Dans la matinée une vieille de Néami[19] est venue, juchée sur le pick-up d'une vieille Peugeot, vendre des légumes provenant de jardins de la tribu. Elle vend à la cantine et aux enseignants. Les prix d'achats sont consignés sur un cahier qui reste sur le buffet de la cantine. On pèse, on compte longuement sur un autre cahier. La vieille contrôle attentivement les opérations tout en souriant. Une fois les opérations terminées, Camille l'invite à manger avec nous. Machinalement, je fredonne l'air du cantique d'hier soir. La vieille ne parle, ni ne mange, sans doute à cause de ma présence ; je l'ai bien sûr saluée, mais il n'y a pas eu de véritable présentation.

19. Petite tribu très isolée.

Camille meuble ce silence pesant. Depuis que les enfants, Nadia et Michel, sont partis, elle n'arrive pas à retrouver son « équilibre ». Dessert. Je me régale de petites bananes sucrées salées et je sors dans la cour pour permettre à la vieille de manger et parler. Effectivement, par la fenêtre, je vois qu'elle fait les deux. Je saurai plus tard que, très étonnée, elle a demandé comment il se faisait que le Blanc connaissait les chants kanak. Camille lui a expliqué, et Séraphin de rajouter à mon endroit : « Maintenant, tu peux aller comme tu veux à Néami. »

## Samedi 20 mai 1995
## Problèmes cognitifs et médecine

Dormi jusqu'à 7 h 40. Séraphin et Camille vont descendre à Bourail pour la journée portes ouvertes au collège de Nadia. Séraphin me demande quand je pars. « Demain. » Ils partent.

12 h. Retour de Séraphin et Camille, sans Nadia : elle était en sortie d'internat. Séraphin me demande si je pourrai porter un colis à Michel à Nouméa – toujours le *est-ce que ?*. Il lui téléphone pour « donner l'information » et demande ses notes : Michel a le tableau d'honneur. Séraphin demande s'il est seul à l'avoir. Une fois raccroché il m'interroge : « C'est quoi ce bordel ? »

13 h. Repas en tête à tête avec Camille. Séraphin n'a pas faim, il est allé se coucher. Discussion avec Camille à propos des enfants, les siens, les miens. Comparaison entre Nadia et Michel. Nadia ne réussit pas, bien qu'elle travaille beaucoup. Michel, c'est le contraire. Explication complémentaire : Nadia est une visuelle et Michel un auditif. Tiens, tiens ! De La Garanderie serait-il passé par là ? Après tout cela n'aurait rien d'étonnant qu'un *messi dominici* soit venu porter la bonne parole sur le Territoire[20]. Camille précise : Michel fait ses devoirs et apprend ses leçons très vite, en regardant la télé, refuse de les répéter à sa mère et, le lende-

---

20. A. de La Garanderie est un chercheur (?) en sciences de l'éducation qui explique les difficultés scolaires des enfants par des problèmes de mentalisation et les classe (à partir de tests) en visuels et auditifs. Bien entendu, il a trouvé des exercices miracles pour remédier aux inconvénients des uns et des autres. Des stages sont organisés auprès des instituteurs, immédiatement rassurés : on leur fournit clés en main, avec l'argent de la formation continue, les causes et les remèdes. Inutile de dire que ces stages font des tabacs, notamment dans l'enseignement privé.

main, il sait. Nadia travaille seule dans sa chambre, récite par cœur à sa mère et le lendemain, elle ne sait plus rien quand elle est interrogée.

*Une fois de plus, je me trompe, mais, pour comprendre mon erreur, il faut attendre la suite.*

15 h. Séraphin vient me dire qu'ils vont faire une course à Néami et me propose de les accompagner. D'habitude, ils partent sans moi. Naturellement j'accepte. Nous montons tous les trois à Tiéou, petite tribu dans la chaîne, au-dessus de Néami. Durant le trajet, Séraphin m'explique que nous allons voir Lucien, « un Monsieur qui soigne avec les plantes » : depuis quelques jours Séraphin a des douleurs sur le côté gauche du dos. Pourtant il a mis deux coutumes dans la voiture. Lucien a aussi la réputation d'être un grand constructeur de maisons en tôle et d'avoir de très beaux champs.

Nous stoppons dans un petit pré. Il reste une centaine de mètres à faire à pied et traverser un petit creek. Effectivement, quatre maisons en dur à toit de tôle, impeccables, construites sur deux terrasses taillées à la barre à mine et minutieusement balayées. Juste derrière, la forêt. Camille va, comme d'habitude, blaguer avec une femme, que je ne verrai pas. Les garçons vont chercher Lucien au champ. Il arrive. Séraphin me présente.

Pendant que Lucien plaisante avec Camille, Séraphin m'explique le pourquoi des deux coutumes. Une pour lui, son mal au dos, l'autre pour Nadia, qui a des problèmes de compréhension à l'école « entre la consigne et la tâche ». Séraphin a eu les mêmes problèmes. Il me décrit le symptôme : avoir l'impression d'entendre ce qui vous est dit, puis ne plus du tout se souvenir. Lucien l'a soigné et l'a guéri, « maintenant c'est fini, c'est bon ».

Séraphin poursuit. Ce matin à Bourail, les notes de Nadia étaient catastrophiques. Son problème, c'est qu'elle apprend et comprend à la maison, et que, en classe, elle fait tout à l'envers. Par exemple, c'est comme si on lui montrait un panneau *tourner à droite*, qu'elle comprenait la consigne *tourner à droite* et... qu'elle tournait à gauche. Je suggère que c'est peut-être la timidité et le dépaysement qui la troublent. Séraphin récuse : « Non, elle est très bien adaptée. » Il donne ensuite son explication : c'est dans la tête. Il doit y avoir un vaisseau bouché qui empêche l'information de passer au moment de l'exécution de l'ordre. Lucien va trouver les plantes qui conviennent et après ça ira.

Sur l'instant, je suis sidéré par cette explication psycho-physio-organiciste à la Diafoirus, puis, l'instant suivant, me revient en tête J.-P. Changeux et le dernier chapitre de *L'homme neuronal* ! Si on remplace « vaisseau bouché » (vocabulaire humoral) par neurone et connexion inter-synaptique, on n'est pas loin du compte. La causalité est interne, mécanique, fonctionnelle là où j'attendais du symbolique. Sur le chemin, Séraphin m'avait bien dit de Lucien qu'il n'était pas sorcier, « les mauvaises influences, non, non ! C'est un savant ». Nous sommes dans le registre de La Science, donc du mécanisme. D'ailleurs Lucien présente une image de technicien « moderne » voire « moderniste » et non pas le chromo du sorcier « traditionaliste » : maison en dur, peinte de frais, matériel agricole sophistiqué rutilant. Cet environnement contraste avec celui de Charles, le catéchiste de Tiaoué, qui conserve l'habitat traditionnel en torchis. Images d'Épinal : d'un côté l'intellectuel littéraire et romantique, Charles, de l'autre, le technicien scientifique et pragmatique Lucien !

Séraphin fait un bref discours de coutume en posant pièces de tissu et billets sur le seuil. Puis vient la consultation qui ne dure pas plus de quatre ou cinq minutes et se fait oralement – sans auscultation. Séraphin me dit qu'il reviendra avec Nadia mercredi après-midi, le temps pour Lucien d'aller chercher les plantes et de les préparer.

Sur le chemin du retour, Séraphin me fait un grand éloge de Lucien qui l'a soigné pendant deux ans « comme son second père ». Puis vient un discours étonnant à propos des médecines, étonnant mais bien dans la ligne de ce que dit Lloyd dans *Pour en finir avec les mentalités*.

Tout d'abord, [avant] Lucien ne prenait pas de médicaments du pharmacien : les pharmaciens étaient des voleurs, ce qui me paraît cohérent avec ce qui précède.

Mais Lucien est souvent enrhumé et il a essayé le Vicks VapoRub ! Séraphin l'approvisionne régulièrement, ainsi qu'en vitamine C et en Doliprane. En fait, la rivalité entre Lucien et le pharmacien n'est pas idéologique (médecine traditionnelle *vs* médecine des Blancs), mais plutôt économique et sans doute politique. Le Vicks soigne son rhume, le Doliprane ses névralgies et la vitamine C le maintient en forme. L'efficacité fait loi ; Lucien consomme des médicaments sans se soucier de savoir si, grâce à son savoir traditionnel, il pourrait obtenir les mêmes résultats. Le problème est l'approvisionnement, et ça c'est l'affaire de Séraphin. Tout redevient cohérent : le mal au dos de Séraphin, les vaisseaux bouchés de Nadia, les plantes et le Doliprane font partie du même registre.

## Dimanche 21 mai 1995
## Antoine Goromido chez les Caldoches

Départ vers 9 h et demie. Émouvant mais sans grandiloquence ni hystérie : Kanak ! En traversant la tribu, je m'arrête chez Benoît Nétéa et salue Ernest, puis chez Yoan Goromoèdo : les femmes sont à la messe, puis chez Styven. À cent mètres de là, Nastasie et Sébastien m'attendent au bord de la route avec une coutume de départ : Séraphin leur avait téléphoné ! Adieu Tiaoué.

Je prends Antoine à Netchaot. Petit arrêt à Poya. Casse-croûte dans un restaurant minable à Bourail. Sur la porte des W.-C. un petit écriteau : « 50 F ». Antoine veut y aller. Il revient aussitôt, gêné, en me disant qu'il doit falloir demander une clé et qu'il renonce. Je lui explique que les 50 F c'est pour ceux qui ne consomment pas. « Pour nous, c'est gratuit ! » Pour Antoine l'intellectuel, le « savant de sa propre culture[21] », ce qui est écrit chez les Blancs, car ici on est bien chez les Blancs, doit être pris au pied de la lettre. Finalement, un peu rassuré, il y va.

À table, lui d'ordinaire si disert, ne dit rien. Nous sommes seuls dans la salle avec quatre Calédoniens assis dans son dos et qui parlent bruyamment.

21. Cf. J. Freyss, *op. cit.*, p. 307.

# TIAOUÉ III, OCTOBRE 1995

## À QUELQUES CHOSES PETITS MALHEURS SONT BONS

« Tu as beau avoir toutes les méthodes... »
Camille

*Ce Tiaoué se situe dans la continuité du précédent à cette différence près que je suis venu avec mon épouse Marie-France. C'est la même année scolaire australe qui se poursuit. Mon projet principal était d'observer les enfants des classes de Camille et Marie-Jo dans leur visite chez leurs correspondants des îles Bélep. Mais, faute de place dans les deux petits avions requis, nous sommes restés sur la Grande Terre. C'est le lot de tout anthropologue, débutant ou confirmé, que de voir ses projets immédiats compromis. Ne jamais bouder. Il se passe toujours des choses...*

## Jeudi 12 et vendredi 13 octobre 1995
## Espaces et temps

Nouméa. Il me tarde de voir comment Marie-France, mon épouse, qui cette fois m'accompagne, se comportera ; si sa présence va changer quelque chose dans ma relation avec Séraphin et Camille. J'appelle plusieurs fois Tiaoué dans l'après-midi. D'abord pas de réponse, anxiété, puis on me dit une première fois qu'ils sont à Netchaot, une seconde fois plus tard qu'ils ne sont pas rentrés.

[...] Enfin j'ai Séraphin au téléphone ! On lui avait bien fait la commission, mais il croyait que j'appelais de Bordeaux et a d'ailleurs appelé à la maison dans la nuit. Pourtant je lui avais dit très explicitement quel jour j'arrivais à Nouméa.

Ce malentendu, au sens littéral du terme, m'interroge, une fois de plus, sur la question de l'espace, du temps et du projet qui les noue. Le téléphone annule certes l'espace, au sens de distance, d'éloignement, mais pas le temps nécessaire à parcourir éventuellement cet espace. Quand je téléphone à Séraphin depuis Bordeaux, je ne peux le faire que de loin pour projeter une relation. Ensuite, quand le projet se réalise comme convenu, l'appel téléphonique ne fonctionne plus de la même façon et Séraphin est surpris. Je m'attendais à ce qu'il me dise : « Quand arrives-tu à la maison ? » Non, c'est moi qui demande : « Est-ce que je peux venir demain ? » À partir de cette question et de la réponse « O.K. c'est bon, à demain ! », ce qui n'était en fait qu'un projet se réenclenche tout naturellement.

## Samedi 14 octobre 1995
## Leçon de parenté enchevêtrée (1) => p. 89

Nous prenons un bain Baie des Citrons, un peu pour marquer le coup. Départ vers midi. Il me tarde d'être à Tiaoué. Arrêt à Bourail au petit snack sur la droite avant le marché, juste en face du sinistre restaurant où j'avais mangé avec Antoine au mois de mai [...] Arrivée à Tiaoué. Fort de l'admonestation de Séraphin, je ne fais pas de coutume.

Discussion sur la politique locale : élu au conseil municipal, Séraphin est chargé de l'éducation. Il dénonce « tous les petits Lafleur de toutes les couleurs ! ».

[...] Le téléphone sonne. Encore un deuil, quelqu'un de la tribu est mort. Camille éclate de rire : chaque fois que je viens à Tiaoué, il y a un deuil, « les nattes ne restent pas tranquilles ». Aujourd'hui, il s'agit d'une vieille de Koniambo, Reine, qui vivait à Tiaoué dans son clan maternel d'origine depuis la mort de son mari, petit frère par adoption du père de Séraphin. Malade, elle est décédée à l'hôpital de Nouméa.

Séraphin est embêté : suite à une affaire d'enfant naturel, adopté deux générations plus tôt dans la lignée de la défunte, il se trouve par rapport à elle à la fois paternel (socialement) et utérin (biologiquement).

On assiste là à un problème de hiérarchie enchevêtrée (cf. Hofstader[1]) qui ne doit pas être exceptionnelle. Séraphin préférerait se considérer comme utérin et veut manifestement refiler l'affaire à d'autres, « il faut trouver une solution : faire passer le souffle à un autre clan », d'autant que, dans une semaine exactement, aura lieu chez sa sœur Jeanne la coutume de lever de deuil d'Eugénie décédée il y a un mois. Déjà « les préparatifs vont bon train » comme dirait le Flaubert du *Dictionnaire des idées reçues*. En plus, Camille doit partir avec sa classe à Bélep mardi ; dès lundi elle dormira avec les enfants.

Pourtant, Séraphin va être *volens nolens* obligé de prendre l'affaire en charge. Il partira dans la nuit voir les vieux et se rangera à leur avis ; la morte « est » de leur clan, l'alliance l'emporte sur le sang : le corps sera amené dans la maison « de l'autre côté », celle de sa mère Adèle.

Suit alors, pour Marie-France, un petit cours de parenté dont l'intérêt n'est pas tant la nouveauté des informations, que les circonstances, l'ordre et le processus didactique. Tout d'abord, la différence entre neveux : les enfants des sœurs qui doivent appeler Séraphin tonton et les enfants des frères qui doivent l'appeler papa. Puis Séraphin trace avec l'ongle une ligne verticale imaginaire sur la toile cirée façon dos de jeu de cartes, place les Dui côté droit et les Bai côté gauche, « les deux grandes moitiés ». Il explique alors le grand principe de l'exogamie, de façon très claire et didactique, comme un étudiant faisant un exposé sur les chapitres 3 à 6 des *Structures élémentaires de la parenté* de Lévi-Strauss.

Mimant avec son index qu'il pointe sur des carreaux de la toile cirée comme sur les cases d'un jeu de société (c'est le cas de le dire), il parle explicitement d'un « jeu de la coutume » qui consiste, dans chaque circonstance, à rechercher où se trouve « son clan » dans les deux moitiés et dans sa propre moitié.

Une fois le clan repéré, « il y a ceux qui vont avec toi par exemple » dit-il en me désignant du doigt. Marie-France avance « des gens qui font l'association – Non, l'alliance ». Et Séraphin évoque mon « repérage » d'allié, asserté par ma présence à leur côté, à l'enterrement de Lucy à Ondjo, à quoi Camille rajoute ma présence, « à titre encore personnel », à celui d'Adèle, la mère de Séraphin. Ce qui signifierait que mon intronisation (le mot est impropre) au titre de Caa Bwëé est, en partie, liée à un repérage interne par le clan aux obsèques d'Adèle, et confirmée ensuite par un repérage externe, par les alliés, aux obsèques de Lucy.

1. *Gödel, Escher, Bach : les brins d'une guirlande éternelle*, Dunod, 1979.

## Dimanche 15 octobre 1995
## Deuil, équilibre (5) et échec scolaire => p. 102

Réveil à 6 h 30. Petit déjeuner. Camille revient au deuil et à ses conséquences. C'est rarement la disparition du défunt ou son absence qui font parler, mais les conséquences psychosociales, les enfants qui vont encore être perturbés en classe. Elle dit alors : « Tu as beau avoir toutes les méthodes... » On l'aura bien compris, par cette sentence non terminée, donc plus lourde en implicitations, Camille, bien qu'elle utilise des *procédures*, ne *croit* pas à l'efficacité didactique. Du moins a-t-elle la grande lucidité de ne pas faire semblant comme d'autres, de penser que, des méthodes nouvelles, peut venir le salut.

Elle renchérit : « Cette année les enfants sont continuellement agressés, le bruit (*sic*), la musique, les déplacements. Par exemple, Styven dont la maman fait le va-et-vient entre chez elle et une autre maison. »

Le déplacement, trait structurel de la vie kanak, est perçu comme fauteur de trouble scolaire. Effet de double contrainte : la maman, coutumièrement, ne peut pas ne pas se déplacer, et cette instabilité « agresse » l'enfant dans « l'équilibre » nécessaire à son intégration scolaire.

On est toujours dans la dialectique équilibre/déséquilibre. C'est la vie dans la tribu qui *commande* l'adaptation ou non à l'école. Les enfants, « baromètres du clan[2] » sont les pointes extrêmement labiles de l'équilibre. Au lieu de capter ou de stabiliser les enfants, l'école est une sorte d'amplificateur. Face à cette conception, la didactique n'a que peu de prise : « Tu as beau avoir toutes les méthodes... »

On aboutit à deux discours attributifs contradictoires :

– D'un côté, un discours externe et généralisant : celui de Billy, il faut « triquer les enseignants », et Séraphin « c'est l'instit qui déconne ». Discours d'hommes, qui rejettent la responsabilité de l'échec sur l'institution.

– D'un autre, un discours interne et particularisant : celui de Camille, repris par la Calédonienne Marie-Jo. C'est le milieu familial déséquilibrant qui bloque l'accès au savoir scolaire. Face à cela, on ne peut que tenter de recoller, parler aux familles, aux grands-mères, parler « la langue » aux enfants, quand on peut. Discours de femmes.

2. Christine Salomon, *Savoirs et pouvoirs thérapeutiques kanak*, Paris, PUF, 2000. [2012]

**Parenté enchevêtrée (2). Conflit**

Séraphin rentre. Ennuyé hier soir, il assume maintenant pleinement son « rôle » et nous explique que l'on va apporter les premiers la coutume dans la maison de l'autre côté, pour que les coutumes des autres maternels puissent arriver ; pour qu'on puisse les mettre ensemble, les compter (tout est consigné, noté nominalement dans un cahier). Bref, mesurer pour ensuite équilibrer.

Le tas est déjà préparé dans l'entrée. Séraphin, en touchant, nous montre dans quel ordre la coutume doit être disposée, la monnaie au sommet du tas ; l'ouverture de l'étui doit être tournée vers le destinataire, signe que la parole est ouverte. Si l'ouverture est tournée vers le destinateur, c'est un signe de « refus de parole ». Le bord externe de l'étui, enroulé et lié, par une cordelette, figurerait-il une lèvre[3] ?

Dépliant alors la monnaie, il en dit beaucoup plus que la première fois : la flèche faîtière sculptée dans un os de roussette ; la tête, coquillage, une petite *toutoute* ; le foie, les entrailles en coton, siège de la vie ; et la *longueur* en petits os de roussettes enfilés sur du poil de roussette, d'abord blanche puis marron.

Pourquoi ces détails maintenant. Suis-je monté en grade ? Est-ce parce que Marie-France est là et a besoin d'un apprentissage accéléré ? C'est sans doute un peu pour toutes ces raisons et pour aucune en particulier, sinon les circonstances, le contexte. En tout cas c'est une confirmation de tout ce que l'on me dit à propos de l'apprentissage en « milieu naturel » :

- il n'y a d'enseignement coutumier que dans une circonstance coutumière ;
- il n'y a pas d'enseignement coutumier exhaustif. Le savoir, tant accumulé que transmis, n'est jamais une totalité close et cloisonnée.

Nous descendons à la maison « de l'autre côté » où la famille va commencer à se rassembler, traversons le grand plat herbeux, passons entre la vieille case où l'on aperçoit encore les traces de l'incendie, cause de la mort d'Adèle, et une case neuve, construite pour recevoir le corps de Reine (elle n'y passera qu'une nuit). Les femmes font la cuisine dehors. J'ai l'impression de revivre la même scène que lorsque Camille avait dit : « La vieille, elle est partie », émotion en moins. J'aperçois mes « observés », Yoan, Geoffrey, Styven, Selma, Benoît qui aident à porter le bois pour la cuisine : ce n'est donc pas un mythe que les enfants portent le bois. Je l'avais tellement entendu, que je pensais à un stéréotype à l'adresse *des Blancs*...

3. Ça, c'est moi qui *me* posais alors la question. [2012]

Séraphin nous invite à rentrer dans la maison neuve pour discuter. Il y a un problème pour le deuil : François, frère de la défunte veut que le corps (qui pour l'heure est encore à la morgue de Nouméa) soit amené « en bas », chez Nétéa. La chose est ennuyeuse et Séraphin qui, la veille, cherchait comment « faire passer le souffle à un autre clan », maintenant ne veut pas céder.

Longue discussion à laquelle les femmes prennent part avec force et conviction. Pendant ce temps, Abel, beau-frère de Séraphin, Dui, est allé discuter avec le frère. J'aperçois sa casquette rouge de loin, à l'entrée du plat herbeux au bord du creek.

Finalement ils s'arrangent. « Olé (merci) » s'exclame Camille. Explication : François avait parlé sans coutume : erreur de débutant, car signe de parole en l'air, non sérieuse ! Il a suffi que les Bai mettent une coutume de refus pour le contraindre, sinon à céder tout de suite, du moins à négocier. Si j'ai bien compris, c'est un vice de forme qui a annulé la procédure et a peut-être évité de trancher sur le fond. « Maintenant, c'est fini, c'est bon » dit Séraphin, manifestement soulagé.

### Pragmatisme scolaire

Repas dans la maison « neuve ». Camille parle de la scolarité de Michel en termes de notes, jamais en termes de progrès, encore moins de compétence. Michel a de très bonnes notes en histoire-géo, musique, anglais. Ailleurs il « fait 11 ou 12 ». L'important n'est pas de progresser mais de « pouvoir passer » et pour ça, quand il faut, « il fait son 14 ». D'une manière générale, on ne dit pas qu'on travaille bien ou mal mais qu'on « attrape » telle ou telle note.

## Lundi 16 octobre 1995
## Coutume de deuil : statut et rôle

Réveil 6 h 30. Petit déjeuner. Camille annonce solennellement « qu'on ne se revéra plus (*sic*) » : elle doit descendre cet après-midi à Koné après la coutume pour dormir avec les petits en prévision du départ à Bélep le lendemain matin. Elle est déjà projetée dans l'activité à venir. Comme elle le dit souvent à propos des enfants, son corps est là, mais sa tête n'est pas là. Dans la circonstance cela veut dire que « ce que vous allez maintenant voir c'est mon corps qui, socialement, va participer à la cérémonie, mais vous ne verrez pas mon esprit qui est tout au souci de cette sortie à Bélep ».

Nous descendons « de l'autre côté ». Séraphin, maître de cérémonie, va et vient sans jeter un regard vers moi. Il fait exprès pour voir comment je me débrouille. Il me l'avouera spontanément le lendemain. Je l'avais compris tout seul. J'échange quelques mots avec Sébastien, frère de Séraphin et Abel, du genre « où sont les utérins ? ». Pas de conversation, ni même d'ébauche de conversation.

Les coutumes des paternels arrivent. De petites files se constituent, sept ou huit personnes à la fois, guère plus. Les enfants circulent sans bruit, sans qu'on leur dise rien non plus. La cérémonie devait commencer à 8 h. Il est déjà 8 h et demie...

Aucune effervescence, pas d'attroupement, peu de paroles. La société kanak n'est pas une société de foules, mais de groupes.

9 h. Séraphin appelle. C'est la première fois que je vois quelqu'un appeler les gens à se rassembler au cours d'une coutume, certes pas de façon très autoritaire, plutôt un geste, répercuté par les plus proches en direction des plus éloignés. Peut-être est-ce que le temps presse ?

Séraphin se trouve confronté à un problème de compression du temps. La mort de Reine, par définition imprévue, arrive à un mauvais moment, d'un double point de vue, coutumier et professionnel :

– point de vue coutumier : la coutume de fin de deuil d'Eugénie, programmée pour samedi prochain ;

– point de vue professionnel : le voyage aux Bélep auquel il ne participe pas, mais dont il est moralement responsable.

De ce fait, tout en respectant le rituel de deuil de Reine, il va devoir en gérer le déroulement de telle sorte que tout soit fini vendredi, d'où son souci de compacter, accélérer, contrôler.

Pour autant, il faudra attendre dix bonnes minutes avant que commence la coutume de sortie de corps. Depuis le côté cuisine, les femmes se rapprochent sans jamais s'entasser, s'arrangeant juste pour voir. Depuis le côté hommes une figure dont la circonférence serait en serpent se mordant la queue, sans qu'on ait l'impression d'une quelconque délimitation, d'un quelconque espace interdit entre ceux qui vont parler et ceux qui assistent. Les enfants se faufilent pour être aux premières loges. Les plus petits essaient de grimper au bouquet d'arbustes juste en face de la maison. Certains tombent. Loin de les gronder, les adultes les aident à grimper et leur tiennent le derrière pour éviter qu'ils ne glissent. L'image me revient de chromos illustrant l'épisode de Zachée dans l'Évangile[4].

4. Luc 19, 1-10.

Coutume de sortie du corps. Descente à l'église, échelonnée. Cérémonie religieuse, les femmes du côté gauche, les hommes du côté droit. Je me retrouve près d'Antoine qui arbore un magnifique panama en paille, ceint d'un ruban de gaze rouge fanée pendant légèrement à l'arrière comme un suivez-moi-jeune-homme. Une jugulaire de *horse guard* lui serre le menton.

Inhumation. Retour « de l'autre côté ». Repas sur la pelouse, formule self-service.

14 h. Grande coutume. D'abord, la demande du sang[5]. Je n'y comprends plus rien : c'est Séraphin (coutumier paternel) qui prend la parole en premier et Antoine Goromido qui répond. À ma question, Antoine explique en souriant : Séraphin a pris la parole pour les utérins parce que le porte-parole officiel des utérins est « timide » ! J'ai beau connaître théoriquement la différence entre statut et rôle, ce changement radical de rôle de Séraphin – et pas n'importe quel rôle ! – est tout à fait surprenant et montre une fois de plus les possibilités d'aménagements locaux et circonstanciels de la coutume. Ici, l'aménagement n'est pas mince puisque Séraphin, dans le rôle de l'utérin, s'adresse publiquement à lui-même, Séraphin, coutumier des paternels ! Cela confirme l'importance *en soi*, de la parole et de sa profération dans un contexte normalisé. Comme si, dans un certain cadre, la parole pouvait être détachée de celui qui la profère.

---

5. La coutume de demande du sang dont je connaissais le principe requiert un minimum d'explication à l'adresse du lecteur non familier de la culture mélanésienne, sans quoi la séquence retranscrite ci-dessous perdrait de son intérêt. Lorsqu'une personne décède, un représentant de son clan maternel (les utérins, ou maternels) vient réclamer de façon véhémente (attitude belliqueuse, ton élevé) le prix du sang que le clan des paternels n'a pas su garder en vie. En réponse un représentant des paternels, prononce avec modestie un discours d'excuse. [2012]

## Mardi 17 octobre 1995
## Le départ aux îles Bélep

*Le car de la municipalité, dont il est question dans les rubriques « Est-ce que ? » de Tiaoué II, a conduit enfants et maîtres à Koumak, 90 km plus vers le nord. De là, ils partiront en deux fournées vers Bélep dans un petit avion Dornier à hélice de 16 places ; ce qui fait que la seconde escouade devra attendre sur place une bonne partie de la journée, d'autant que l'avion aura besoin d'une réparation entre les deux vols. La vue des deux techniciens, dépêchés de Nouméa, fouillant dans le moteur avec des outils tirés d'une caisse à outils tout venant, ne rassure pas les adultes...*

8 h. Aérodrome de Koumak. Les enfants sont collés à la barrière pour attendre l'arrivée du petit avion de Nouméa qui les conduira aux Bélep. Si l'avion leur est culturellement familier, aucun des 31 partants, tous kanak, ne l'a encore pris. Les maîtresses sont plus inquiètes que les enfants : la piste en terre de Bélep est réputée dangereuse : courte, beaucoup de vent. Il est fréquent que l'avion ne puisse atterrir.

8 h 30. Les petits embarquent fièrement et en silence, aussi concentrés qu'un commando de marines dans un film de Coppola.

Transfert sur la « plage », que Séraphin lui-même ne connaissait pas : un peu sale, pas de W.-C. (heureusement Séraphin a prévu un stock de papier hygiénique et les brousses ne sont pas loin) ; peu d'ombre. Nous allons acheter du pain pour le pique-nique. Je lui fais part d'un projet de recherche sur les trajectoires scolaires des enfants de Tiaoué après l'école élémentaire et lui demande ce qu'il en pense. Séraphin donne très rapidement *sa* réponse : ils vont dans le privé à Doneva (ah ! le mythique Doneva) ou à Bourail. Si les parents les envoient dans le public c'est, soit qu'ils n'ont pas d'argent, soit qu'ils ne veulent pas se séparer d'eux. Pas de place pour un choix positif de l'école publique. La voie du petit Kanak de la brousse est normalement tracée : son salut réside dans l'école privée (le passage catholique/protestant ou *vice versa* est, par contre, de peu d'importance). L'assurance de la réponse de Séraphin me donne à penser que son discours est « officiel » et que, dans la réalité, les choses sont plus complexes, que les stratégies des familles sont moins stéréotypées, bref qu'il y a plus de conduites de zapping que Séraphin ne le laisse entendre.

Au retour, comme pour me rendre la monnaie de ma question de l'aller, il me pose une question piège : « Comment trouves-tu l'accueil des gens ? » Je lui réponds en lui rappelant le jour où il m'avait dit que j'avais changé et que je n'avais plus peur. J'ai de moins en moins « peur ». Il le reconnaît, d'ailleurs, et me laisse de plus en plus seul pour que je me débrouille. « Au fond, lui dis-je, tu m'éduques à la kanak. » Il rit en me répondant que je lui apprends le maniement de l'ordinateur portable, « la machine », à la kanak, en le laissant se débrouiller face à des situations « réelles » d'écriture de textes.

**Ethnomathématique ?**

Je vais m'abriter à l'ombre avec les adultes, puis retourne m'asseoir au milieu d'un groupe de garçons qui discutent accroupis au bord de l'eau. Petits jeux de questions, devinettes, défis. « Quel est le premier homme qui a marché sur la Lune ? » Pas de réponse. L'auteur de la question, tout fier de notre ignorance, la mienne en particulier. « C'est Neil Armstrong – Qui te l'a appris ? Tu l'as appris à l'école ou à la maison ? – C'est mon papa Christian Goa de Koniambo qui me l'a dit, et après je l'ai dit à l'école. » J'insiste lourdement pour savoir si ce n'était pas la maîtresse qui avait demandé de demander... Le petit garçon campe sur sa position et aucun des autres – pourtant les enfants ne sont pas tendres entre eux – ne vient démentir sa version.

[...] L'activité défi/devinette continue. Les enfants se posent des petites additions : 100 + 100 ? 200 + 200 ? Un enfant répond d'abord « vingt cent » et se fait reprendre par les autres.

À mon tour je pose : « 200 - 200 ? » La réponse zéro vient après un temps de réflexion.

Je demande ensuite : 8 + 9 ? Les enfants commencent par compter sur les doigts de leurs mains. Quand les deux mains sont prises, ils continuent sur leurs doigts de pieds, s'y reprennent à deux fois, puis arrivent au résultat, 17[6].

Le lendemain, je raconterai l'anecdote à Séraphin, pour lui demander si, à l'école, il arrive que les enfants se servent de leurs doigts de pieds pour calculer. Il pense que non : « À l'école ils ont d'autres repères ; là, à la plage, ils se servent de leurs repères propres de numération. » Je lui demande alors si les enfants savent que, dans la langue, *capwi âboro* signifie à la fois un homme et le nombre vingt (10 doigts de mains + 10 doigts de pieds). Séraphin me répond oui sans hésiter.

Cette observation pose la question de l'utilisation des ressources culturelles dans l'apprentissage. Mais, comment vérifier maintenant que pour ces enfants, 20 = un homme ? Est-ce que cela a même un sens de le vérifier ? Comme dirait Wittgenstein il s'agit là d'un « jeu de langage »

6. En numération paicî, 17 se dit *du î-jè â jè â-jè görö êrêilû*, mot à mot : les deux mains et un pied plus deux ! [2012]

qui ne peut prendre sens que par rapport à une « forme de vie ». Si l'on s'en tient à une analyse purement comportementale, on dira que, assis sur un banc devant un bureau, ils n'auront pas l'idée de se servir de leurs doigts de pieds, alors qu'accroupis sur une plage et ayant leurs pieds dans leur champ de vision ils s'en serviront « naturellement ».

Je ne crois pas que cette explication soit suffisante : il est peu probable que des enfants européens de CP, même sur une plage, se servent de leurs doigts de pieds pour compter 9 + 8. En fait, peu importe que les enfants fassent ou non explicitement l'équation « homme = 20 ». Ce qui importe c'est que, dans un certain cadre, ils utilisent la continuité numérique fournie par les pieds, une fois les doigts des mains utilisés. Il ne suffit pas que les doigts de pieds soient « là » (interprétation utilitariste de la culture), il faut qu'une « forme de vie » l'autorise (interprétation symbolique)[7].

Finalement, l'interprétation de Séraphin en termes de « repère » est assez satisfaisante ; sans doute pensait-il aux affiches calligraphiées qui saturent les murs des classes : c'est l'absence de « cadres », au sens de Goffman, qui conduit les enfants à activer leurs propres savoir-faire culturels (donc symboliques).

*Mes « observés » sont partis aux îles Bélep sans moi. Que faire à l'école ? Lors des deux précédents séjours, j'avais blagué avec Charline, jeune institutrice kanak mariée dans la tribu d'Oundjo et mère de famille. Charline est militante et arbore un tee-shirt du Palika (Parti de Libération kanak). Elle enseigne au CM2. Après les petits, les grands. L'expédition manquée aux Bélep fera prendre un tour nouveau à ma vie à l'école. Charline y tiendra une place importante, aux côtés de Camille et de Séraphin, quand celui-ci redeviendra maître.*

7. Réf. (partiellement exacte) à M. Sahlins, *Au cœur des sociétés. Raison utilitaire et raison culturelle*, Paris, Gallimard, 1980. [2012]

## Mercredi 18 octobre 1995
## Doria et Sonia

7 h. Séraphin va demander à Charline si je peux aller dans sa classe : c'est bon, j'y vais. Les murs de la classe sont saturés en affiches de toutes sortes, comme tous les murs de toutes les classes visitées. Trop plein d'écriture, d'imprimés, comme pour auto-légitimer le lieu et sauver les apparences.

7 h 30, récitation ; 7 h 40, prière ; 7 h 50, lecture ; 8 h 50, exercice de compréhension d'un épisode précédent de la lecture suivie [...] 9 h, Charline va au tableau et écrit à l'intention des groupes B et C[8] les exercices qu'ils doivent commencer maintenant et finir à la maison : *Livre de langue française, CM2*, p. 82, n° 8-9-10.

**Recopier ou s'exprimer : *wii* et *tii* (II)**

*L'épisode ou plutôt l'effet « Doria/Sonia », du nom des deux petites filles qui en sont les protagonistes, prendra une place emblématique dans mes investigations. Il aura même des retombées locales certes modestes, mais quand même... J'ai en effet tiré un article de cet épisode en gardant les noms « réels » des élèves et de leur maîtresse*[9]*. Depuis, Charline est appelée « Doria et Sonia » par ses collègues de l'enseignement catholique. Pour une fois qu'un texte savant a peut-être quelques effets sur les pratiques...*

L'exercice n° 8 est de type : trouver l'adjectif correspondant. Les enfants ont chacun un dictionnaire Larousse à leur disposition, certains s'en serviront, d'autres pas. Voici les 6 items :

1. Le conseil de la commune : le conseil...............................
2. Un produit qui peut brûler : un produit .............................
3. La fille la plus jeune de la famille : la fille .......................
4. Un village du Moyen Âge : un village ..............................
5. Un mur qui sépare deux voisins : un mur ..........................
6. Une maison où il y a beaucoup d'espace : une maison........

8. Il y a trois groupes de niveau dans la classe : A, B et C.
9. « Un aspect du métier d'élève chez le jeune enfant kanak : écouter, comprendre, faire, écrire », *Revue française de pédagogie*, n° 127, avril-mai-juin 1999, p. 99-106.

Comme toujours, les enfants commencent par recopier intégralement l'exercice sur leur « cahier de devoirs ». Je suis assis à la même table de quatre depuis le début de la matinée. À ma gauche, Doria dont je vais pouvoir observer le travail en continu. En face Sonia, dont je lirai les réponses à l'envers. En face et sur la gauche un garçon dont je ne sais pas le nom. Doria se sert du dictionnaire, pas Sonia.

Pour le n° 1 *Le conseil de la commune*, Doria a écrit spontanément « conseil communal ». En face, Sonia réfléchit et écrit « conseil du travail ». Je n'aurai pas l'occasion d'élucider la logique de cette réponse.

Pour le n° 2 *Un produit qui peut brûler*, Doria cherche la définition dans le dictionnaire et recopie immédiatement le premier adjectif accolé au substantif produit, « agricole ». J'interviens : « Qu'est-ce qui brûle ? – Le petit garçon d'en face lève le nez et répond Javel, pétrole – J'insiste. Oui et qu'est-ce qu'il y a d'écrit sur les camions de pétrole ? – Dangereux – Quoi encore ? – Inflammable. » Le petit garçon écrit et Doria corrige.

Sonia n'a pas suivi notre dialogue. Elle a seulement écrit « un produit qui peut [faire] mourir ». Elle ne répond pas formellement à la consigne, substituant un verbe (mourir) à un autre verbe (brûler). Dans les tribus, le feu est à la fois familier – la cuisine se fait en plein air et sur des feux de bois pas toujours stables et fréquemment activés par du fuel – et source d'accidents hélas quelquefois mortels, du fait de la texture des habits[10].

Alors que Doria adopte une stratégie de type « sauver les apparences », sans se préoccuper vraiment du sens, Sonia adopte une stratégie de type « donner du sens au travail scolaire[11] » sans se préoccuper vraiment de la consigne.

Sonia fait appel à une ressource « scolaire », le dictionnaire, en le considérant non pas comme un outil, mais comme une sorte de machine automatisée qui produit la réponse par simple contiguïté.

Doria fait appel à une ressource « culturelle », puise dans son expérience personnelle mais ne parvient pas à ajuster sa réponse à la demande scolaire : par exemple elle ne va pas jusqu'à construire la réponse « un produit mortel » qui serait très proche de la réponse officiellement attendue.

Cette opposition de style constitue un paradigme. Elle est symptomatique d'un paradoxe central de l'école dans le monde kanak et va être confirmée et affinée par la suite des réponses. Pour le moment, c'est l'heure de la récréation.

10 h. Retour en classe. Doria et Sonia se remettent à leur exercice.

---

10. L'accident mortel de la maman de Séraphin, Adèle, en est le dramatique exemple.
11. Ph. Perrenoud, *Métier d'élève et sens du travail scolaire*, Paris, ESF, 1994.

Troisième item : *La fille la plus jeune de la famille*. Doria ouvre le dictionnaire à l'article « fille » et recopie le premier exemple qui suit la définition canonique : « *la fille d'auberge* » (les italiques sont dans le dictionnaire). Je ne pense pas qu'elle ait la moindre idée de ce qu'est une auberge.

Pendant ce temps Sonia, après hésitation écrit « la fille du chef ». Je suis perplexe : est-elle elle-même fille de chef ? À la sortie, je demanderai à Charline : Non, Sonia n'est pas fille de chef, mais après réflexion, sa mère est effectivement fille de la chefferie. Doria a la tête dans le dictionnaire et Sonia la tête dans la tribu.

Quatrième item : *Un village du Moyen Âge*. Je ne reviendrai pas sur la critique classique de type « Nos ancêtres les Gaulois ». Après tout, ces enfants sont au CM2, il y a une grande frise historique sur le mur... L'important est de voir comment ils gèrent la situation. Doria simplifie encore sa stratégie mécaniste et se contente de recopier le début de la définition du village : « groupe de maisons ». Sonia, soucieuse de donner du sens, construit une réponse, contourne l'obstacle « Moyen Âge » en l'interprétant comme « âge moyen », « adolescence », ce qui donne la réponse analogique : « un village qui augmente ».

Cinquième item (en fait l'item clé) : *Un mur qui sépare deux voisins*. Cette fois, la stratégie de Doria va se révéler payante. Après consultation du *Larousse* elle écrit : « un mur mitoyen » ! Voici *in extenso* la définition du mot recopiée par mes soins dans le dictionnaire « Mur : n.m. Ouvrage de maçonnerie qui sert à faire les côtés d'une maison, à supporter les terrassements, à enclore un espace ou à le diviser : *mur mitoyen* ». Inutile de gloser sur le caractère aléatoire de cette bonne réponse : celui qui fait honnêtement son métier sans trop se poser de questions a quelquefois d'heureuses réussites. Le seul ennui est que cela donne le change à tout le monde, élèves et enseignants réunis pour l'occasion dans un même intérêt.

Et Sonia ? Elle produit une belle métaphore, qui pourrait servir de titre à un poème bucolique : « un mur qui regarde la rivière ». Comme pour l'item « fille du chef », je demanderai des précisions à Charline qui me donnera l'explication : Sonia habite une maison au bord d'un creek, le dos tourné à son cours et, effectivement, les voisins les plus proches sont de l'autre côté de la rivière. Sonia a donc parfaitement compris la consigne d'un point de vue sémantique et a donné une réponse fortement contextualisée.

Cet item pousse le paradoxe, énoncé plus haut, à son comble : Doria a *juste* sans avoir compris, Sonia a *faux* en ayant compris.

Dernier item : *Une maison où il y a beaucoup d'espace*. Fidèle à sa tactique Doria recopie un exemple du dictionnaire : « une maison bien tenue ». Sonia répond en inférant du contenant au contenu : « une maison où il y a beaucoup de gens ». Je ne peux m'empêcher d'y voir une logique. Dans les maisons des tribus, il n'y a généralement pas beaucoup d'espace, autour de la table, entre les lits. Si donc il y a beaucoup d'espace dans une maison, c'est parce qu'on l'a agrandie provisoirement pour recevoir beaucoup de gens dans une occasion particulière. D'où la réponse de Doria, C.Q.F.D !

Il ne reste plus que quelques minutes. Charline décide de corriger le début de l'exercice. Elle réécrit les items au tableau alors qu'ils sont déjà sur les livres et sur les cahiers de devoir.

La correction des trois premiers items est très académique. Ni Doria ni Sonia ne prennent la parole.

[...] « Vous allez chercher le reste dans le dictionnaire : vous verrez des fois c'est pas évident. Vous emmenez le dictionnaire dans vos sacs pour finir les exercices à la maison. » Il est 10 h 35. Sortie.

**Recopier ou s'exprimer : *wii* et *tii* (III)**

[...] Nous sortons discuter tous les deux [Séraphin et moi]. Je lui raconte par le menu l'exercice de ce matin et les stratégies de Doria et de Sonia. Je lui livre une interprétation qui m'est venue entre-temps à partir de la distinction *wii*/*tii* fournie par Antoine. Doria, qui recopie le dictionnaire sans trop se préoccuper du sens, serait dans le *wii* ; Sonia qui construit ses réponses à partir de sa propre expérience, serait dans le *tii*. Séraphin est d'accord avec la distinction faite par Antoine mais me rappelle, comme l'avait fait Antoine, que *tii* est surtout utilisé sur la côte Est. Quant à lui, il analyse plutôt l'opposition stratégique Doria/Sonia en termes de différentiation psychoculturelle : « Il y a des enfants qui ont des repères [Sonia]. Il y a des enfants qui n'en ont pas et regardent dans le dictionnaire [Doria]. »

Séraphin avait déjà utilisé cette expression « repère », hier à propos du comptage avec les doigts de pieds. C'est une façon de renvoyer l'attribution réussite/échec vers le milieu familial, car pour lui Sonia/*tii*, a réussi, et Doria/*wii*, échoué.

## Jeudi 19 octobre 1995

**Recopier ou s'exprimer : *wii* et *tii* (IV)**

[...] 7 h 30. Rentrée en classe. Chant à Marie. Je m'assois à la même place qu'hier, à côté de Doria. Vérification collective de la fin du fameux exercice 8 qui devait avoir été fini à la maison.

« Un mur qui sépare deux voisins ? » Plusieurs enfants, dont Doria, lèvent le doigt : « Le mur mitoyen ! » Charline approuve sans explication et ne leur demande pas comment ils ont trouvé. Chacun fait son métier, les apparences sont sauvées : après tout, cela fait partie du métier de tous les élèves du monde de trouver une bonne réponse « au pif » et de celui des maîtres de se laisser duper. Charline ne fait aucune allusion à la réponse de Sonia (« un mur qui regarde la rivière ») que je lui avais signalée hier, et dont elle avait reconnu l'intérêt. [...] Durant toute la correction, Sonia n'a jamais pris la parole alors que toutes ses réponses dénotaient une recherche de sens. Finalement, c'est elle qui est désadaptée : elle ne joue pas le bon jeu (Wittgenstein).

*En relisant les pages qui précèdent et celles que je n'ai pas retranscrites, je me trouve bien sévère avec Charline. Sa personnalité joviale, frondeuse, rebelle (engagée politiquement), ne « collait » pas avec son comportement en classe. Mon objectif n'a jamais été d'euphémiser. Je pourrais dire que, dans le champ (Bourdieu) à l'intérieur duquel elle était placée, elle ne pouvait faire autre chose. Suit la correction au tableau de deux exercices, l'un de type relier sujet à complément à l'aide des verbes, l'autre tourner des phrases à la voix active. Tout le monde sauve les apparences. Je m'ennuie...*

**Le journal intime, retour du sens**

[...] Quand les enfants ont fini, ils doivent faire leur « cahier intime » puis des jeux – mots barrés ou mots fléchés. Je me rassois à côté de Sonia qui écrit régulièrement (deux toutes petites ratures) et de façon continue.

> « Nous avons déjà des poules pondeuses. Elles sont vingt-huit. Mardi nous avons ramassé des pois. Hier nous avons lavé les chevaux. Tous les jours nous disons le rosaire. Bientôt c'est Noël. »

9 h 20. Charline demande si tout le monde a fait son journal intime. Sortie en récréation. Je demande la raison de l'appellation « cahier intime », mis en place depuis un an, plutôt que « texte libre ». C'est, dit-

elle, parce que les textes ne sont pas lus publiquement. Timidité. Au lieu de motiver, la lecture publique, du moins pense-t-elle, inhiberait les enfants.

On est dans le registre du *tii*, écriture expression, qui ne peut s'adresser qu'à un seul destinataire, voire rester secrète. C'est peut-être de là que vient le terme « intime », écriture à distinguer de l'écriture publique qui, elle, sert à consigner, transcrire, enregistrer (ex. le cahier de coutume) : registre du *wii*. Certains enfants en profitent d'ailleurs pour dire à la maîtresse des choses qu'ils n'oseraient pas exprimer verbalement. Charline me montre un texte de Lyssenka, daté du 13 septembre :

> « Vous savez, je suis au CM2. Quand on travaille je lève mon doigt la maîtresse me regarde et ne m'interroge pas. Vous savez c'est pas intéressant. Maintenant elle m'interroge toujours et c'est mieux que de rien faire. Et maintenant je préfère les maîtresses que les maîtres. »

Réponse de Charline à l'encre rouge : « Je ne t'interroge pas souvent, car tu donnes toujours les bonnes réponses et les autres n'attendent que ça et ne réfléchissent pas. »

Lyssenka et Charline ont retrouvé ou réinvesti le système traditionnel kanak des messages sur les Aloès ou la boue séchée : interpellation et réponse sur le même support et par le même canal.

**Cliché (3)**

[...] 17 h 30. Nous allons prendre l'apéritif chez les T., professeurs (30-35 ans) au collège public de Koné dont la femme est une ancienne élève de Marie-France. Ils sont, bien sûr, « très intéressés » par ce que je fais. Je les interroge sur les performances des jeunes Kanak dans le public. Réponses :

- Quand un Kanak réussit, les autres se moquent de lui, alors il arrête de travailler.
- Les filles réussissent mieux que les garçons.
- À partir de la 5^e^, 4^e^, les garçons sont pris par la politique.

# Vendredi 20 octobre 1995
# La leçon des Bélep

Séraphin me réveille à 6 h en m'apportant un tee-shirt des Bélep[12], rouge, *Association des étudiants de Bélep* (*sic*), frappé d'un espadon. Il repart, j'enfile le tee-shirt et je vais dans la grande maison prendre le petit déjeuner. « C'est bien de l'avoir mis ! »

**Encore une affaire d'équilibre (6) => p. 262**

[...] École. L'atmosphère n'est pas au travail : on est encore dans le souvenir de Bélep. On va prendre un thé à la cantine. Bien sûr, on parle de Bélep : pour lutter contre l'alcoolisme, il y a le couvre-feu le soir à 9 h, donné par un coup de Toutoute. [...] Plus intéressant : Camille me parle de l'équilibre général des enfants de Bélep qui se voit sur la façon dont ils se tiennent sur les bateaux. Pour elle, cet équilibre vient du fait que les mamans enceintes vont elles aussi sur les bateaux : Camille fait le geste de bercement du ventre. Elle me décrit avec émotion la coutume de départ avec les manous attachés « pour que le lien continue, que la parole ne soit pas fermée ». Les enfants de Bélep ont donné un coco germé qui va être planté aujourd'hui même dans la cour de l'école.

**Didactisation de la coutume (2)**

9 h 50. Je m'installe dans la classe de Camille. Les murs sont recouverts d'affiches/tableaux à double entrée, concernant le projet Bélep : « Comment aller à Bélep ? », « Qu'est-ce qu'il me faut ? », « Consignes » et une particulièrement intéressante intitulée « Coutume » et qui me fait regretter de n'avoir pas assisté à son élaboration.

12. Les enfants sont rentrés la veille au soir. [2012]

Coutume

| À qui ? | Quoi offrir ? | Pourquoi ? | Qui a apporté sa coutume ? |
|---|---|---|---|
| Au chef | 1 natte, 3 étoffes, 1 000 FCFP | C'est lui qui commande à Bélep | x [13] = 1 étoffe + x FCFP<br>y = 1 étoffe |
| Mme Marthe | un chapelet | Directrice de l'école | z = ................ |
| Hortense | des fleurs | C'est la maîtresse | . |
| Les élèves | des livres | | . |
| Les parents | 1 natte, 1 étoffe | | . |
| Les sœurs | des fleurs | | . |
| Le maire | une casquette | | . |
| | | | . n |

Le minimum que l'on puisse avancer est que le remplissage des colonnes n'a pu se faire sans la participation active des enfants. Certes l'ordre des destinataires des coutumes respecte la hiérarchie coutumière : le chef vient en tête et le maire en dernier. Mais c'est peut-être la colonne des dons qui témoigne le mieux de la double inculturation coutume/école et école/coutume : coutume traditionnelle pour le chef et les parents ; coutume laïcisée et moderniste pour le maire, une casquette... On peut supposer que cette idée de casquette n'est pas venue de Camille mais des enfants. Quant aux cadeaux intermédiaires, ils se situent dans des logiques intermédiaires : religieuse pour la directrice, conventionnelle pour la maîtresse et les sœurs, scolaire pour les élèves. En entrant à l'école, la négociation coutumière (quoi donner ? à qui ?) ne se dénature pas, elle s'inculture. Peut-être avons-nous à faire là à un des rares exemples de didactique de la culture : passage d'un savoir *savant* à un *savoir à enseigner*, puis transformation d'un *savoir* en *objet d'apprentissage*[14].

Camille me montre l'affiche « Qu'est-ce qu'il me faut ? » à la rubrique vêtements. Chaque vêtement est dessiné au feutre en autant d'exemplaires requis. Rappelons qu'il s'agit d'une classe de maternelle. Camille avait demandé aux petites filles d'apporter 6 slips. Une petite fille a repéré en feuilletant un catalogue de vente par correspondance type *La Redoute* ou

13. Sur le panneau « réel » figurent les prénoms des 15 enfants qui ont participé au voyage, dans l'ordre chronologique d'apport des coutumes. Tous ont apporté une étoffe, certains de l'argent, d'autres des nattes. En plus de ce tableau, il y a aussi dans la classe un cahier sur lequel toutes les coutumes sont consignées.

14. Y. Chevalard, *La transposition didactique : du savoir savant au savoir enseigné*, Grenoble, La pensée sauvage, 1983, nouvelle édition 1991.

*Les trois Suisses* une promotion pour un lot de 6 slips photographiés en pile, légèrement décalés les uns des autres pour qu'on puisse les compter. Elle a découpé le lot, ce qui donne une petite vignette de 2 cm sur 1, et l'a collée sur l'affiche au milieu des dessins.

**École et culture**

8 h 45. On sort planter le cocotier de Bélep à l'extrémité nord de la cour (en direction de Bélep). Spontanément les enfants ont mis leur chapeau tressé de Bélep. Yoan est venu se mettre tout près de moi ; tous regardent solennellement. On pose le coco germé dans le trou peu profond. Chaque enfant pose délicatement une poignée de terre sans précipitation ni bousculade.

Camille est allée chercher un appareil photo, me prend avec Yoan devant le futur cocotier. « Je fais une photo, c'est la fin du projet. » Pour rompre l'émotion, elle me parle du « rayonnement » autour du projet : « Au début, on n'avait pas vu l'importance de la partie humaine, c'est le côté pédagogique qui était important. Maintenant c'est le côté humain qui prédomine. » Comment entendre cela ? De projet classique le projet Bélep est devenu une affaire d'alliance. Ce que les enfants y ont appris d'important : une part de leur métier de Kanak.

**Écouter et comprendre**

10 h 55. Sortie. Je retrouve Camille et lui demande si elle a eu des problèmes de « consignes » avec ses petits à Bélep. Elle me répond qu'elle préfère ceux qui bougent et qui enregistrent (écouter = comprendre) à ceux qui sont « comme des sacs de riz, qui te regardent et n'enregistrent rien ». Encore une confirmation des explications d'Antoine Goromido, écouter avec les yeux.

## Samedi 21 octobre
## Levée de deuil

Nous descendons chez Jeanne avec Camille vers 10 h. Arrivée à la maison. Beaucoup de monde déjà, une centaine de personnes peut-être. Nous allons au fond, « côté famille ». Thé. On attend l'arrivée des utérins qui descendent du quartier où habitait Paul, l'ancien maire. Marie-France reste avec les femmes, je vais du côté hommes.

## Troisième (petit) entretien avec Antoine Goromido

Première coutume de demande du sang. Je me retrouve avec Antoine. Comme il est vite fatigué, on nous fait rentrer sitôt la première coutume terminée dans la case réserve, dans laquelle j'avais dormi lors de mon précédent séjour. Nous parlons de choses et d'autres. Séraphin entre discuter avec Antoine de la coutume qui vient d'être d'après lui mal faite, non pas par les utérins directs mais par des clans alliés. « C'est une grosse connerie [...] Les gens ne réfléchissent pas. » Une fois Séraphin sorti, Antoine rigole, comme il avait rigolé lundi à propos du changement de rôle de Séraphin parlant pour les utérins : « Ça, c'est des histoires de Tiaoué ; ici, c'est les femmes qui commandent ! »

**Recopier ou s'exprimer : *wii/tii* (V)**

Entre ces allées et venues, j'en profite pour faire une séance de contrôle en rapport avec nos entretiens précédents et les observations de la semaine. À propos du mur qui regarde la rivière : « C'est très courant, quand on te pose une question, tu vas chercher dans la vie une comparaison : le mur qui regarde la rivière... Et pour la fille du chef ? – La mère de Sonia est fille de chef. »

Antoine conclut : la première, Doria, c'est bien *wii*, la deuxième, Sonia, c'est *tii*.

– Le *tii* est beaucoup utilisé chez les Cèmuhî. Dans les tribus frontières, ils utilisent les deux [...] Le mot *tii* est plus précis quand tu écris une lettre à quelqu'un, mais quand tu écris sous la dictée le mot *wii* est plus précis.

Ouf, je m'y retrouve, pas pour longtemps !

– En cèmuhî, le *tii* est employé pour les deux...

De nouveau inquiet, je demande : « Est-ce qu'on fait la différence entre les deux activités qui correspondent au *wii* et au *tii* ? » Antoine me répond franchement « oui » mais rajoute immédiatement « celui qui est dans un milieu paicî / cèmuhî a tendance à dire *tii*. Ici à Tiaoué [milieu paicî "pur"] on dirait plutôt *wii*... ».

Le discours linguistique d'Antoine n'est jamais tranché, dichotomisé. Nous voulons toujours des paradigmes, des oppositions, alors qu'Antoine parle en termes de plus ou de moins, de noyaux et de bords. Après tout, peu importe que les mots *wii* et *tii* soient co-présents dans une aire précise, l'important est qu'il y ait *les deux*, désignant *deux activités*.

Un vieux déjà passablement éméché, frère de Reine, la défunte de la semaine dernière, arrive torse nu : les maternels l'ont contraint à leur donner son tee-shirt et sa casquette. Jeanne lui en attrape de neufs. C'est donc vrai cette histoire de maternels qui touchent les vêtements. Quel saint Thomas je faisais tant que je ne l'avais pas vu !

[...] On vient nous servir à manger. Antoine me demande de faire la prière. Ensuite, nous faisons la sieste.

**Enfance et coutume (3)** **=> p. 132**

En attendant la grande coutume, j'observe les enfants qui jouent, à ce moment-là. Camille me raconte la coutume d'arrivée à Bélep. Avant d'arriver devant le chef, les garçons sont passés devant Camille, les filles sont restées derrière. L'ATSEM est venu gronder les garçons, essayant de les refaire passer derrière Camille. Ils ont refusé et sont résolument restés en tête. Camille rit. Comme le disait Antoine dès le premier entretien, l'apprentissage de la coutume se fait bien naturellement, sans didactisation. Les enfants, comme aujourd'hui, voient plus qu'ils ne regardent, puis, le moment venu, font sans qu'on le leur dise, ou bien qu'on tente de les en empêcher.

15 h 30. Grande coutume. Les utérins se sont fait un peu attendre. Rite de la chenille, particulier à l'aire paicî avec celui du discours du bois qui ne se pratique guère plus : les femmes des clans paternels et alliés ont revêtu une robe noire et sortent, accroupies sous une longue étoffe noire qui forme la chenille. Elles se tiennent ainsi pendant les discours. Antoine prononce un long discours généalogique, encouragé par les « hm hm » ! À la fin, les femmes sortent de dessous l'étoffe et enlèvent leurs habits de deuil.

Et les enfants, pendant tout cela ? Ils sont là, mais pas immobiles, ni plantés ni turbulents, ils bougent, tournent autour de la cérémonie ; les adultes s'adressent peu à eux.

L'après-midi s'étire. Les paternels ont préparé un pot pour les utérins. Alcool. On installe l'arbre du pilou.

La « marmite sacrée » circule enfin : chacun en mange un morceau (communion ?). Les interdits sont levés. C'est la nuit. Interdits levés, pour les petits aussi, qui se mettent à courir dans tous les sens comme des chauves-souris. Yoan qui m'évitait toute la journée, vient ouvertement me provoquer, mais pleure dès que je l'attrape.

Antoine raconte à Marie-France sa vie à l'école des Moniteurs, parle des morts, qui sont là dit-il, en montrant l'espace devant lui. Nous mangeons. Il est tard, 10 h 30. Antoine est fatigué. Nous lui proposons de le ramener à Netchaot. Il accepte tout de suite. Nous partons.

[...] Retour à Tiaoué à 23 h 30. Le pilou a commencé. Marie-France fait quelques tours avec Camille ; je les suis. Michel est au centre et bat le rythme sur une caisse. Comme son père, il adore la musique rythmée. Pourtant dans la nuit, il quittera le pilou parce que des femmes des clans utérins le provoquaient en montrant leur derrière en passant devant lui à chaque tour (déhanchement et abaissement difficiles à décrire mais faciles à imaginer). C'est Camille qui me raconte la chose. Michel a été choqué. Cela fait-il partie de l'initiation ? Je ne sais pas. En tout cas, ça me fait penser à la cérémonie de Naven[15]. Minuit. Nous rentrons dormir.

## Dimanche 22 octobre
## Lendemain de fête

Nous descendons chez Jeanne. Lendemain de fête. À l'entrée, des hommes saouls. Nous discutons avec les filles : elles n'apprécient pas. Au fond, les femmes et quelques hommes jouent au Bingo. Je les rejoins d'abord, Marie-France vient jouer à son tour. C'est Camille qui dirige les parties, ramasse les mises. La nuit tombe très vite : je ne lis plus les chiffres. Nous rentrons de bonne heure, un peu mélancoliques.

*Le lendemain, nous partions pour Wallis. Séraphin, Camille et les enfants devaient nous rejoindre à l'aéroport pour nous accompagner jusqu'à l'avion. À cause de pneus jugés trop lisses par les gendarmes de Koné, ils sont arrivés trop tard...*

15. G. Bateson, *La cérémonie de Naven*, 1935. [2012]

DEUXIÈME PARTIE

# 1997-2000
# LES ANNÉES DIDACTIQUES

## TIAOUÉ IV, NOVEMBRE-DÉCEMBRE 1997
## LA GRANDE IMMERSION

« Problème : un peintre met six heures pour peindre le mur d'une maison.
Combien de temps mettront trois peintres pour peindre le même mur
s'ils décident de travailler ensemble ?
Il a plus de temps pour peindre le même mur. »
Aurélie, CE2

*Cette année-là, j'avais obtenu un congé sabbatique pour services administratifs rendus à l'université. Je comptais en profiter pour faire de plus longs séjours « sur le terrain » bien que cette terminologie agricole ne me convienne plus maintenant. Des événements familiaux ont contrarié ce projet de normalisation de ma nouvelle vocation anthropologique. Des deux séjours effectués, celui-ci est le plus long des Tiaoué, à savoir le plus long temps passé « à la tribu ». J'ai pu mesurer à certains moments le poids de l'éloignement culturel – je pense à nos étudiants africains – en dépit du confort affectif dont je bénéficiais auprès de Séraphin et Camille. Il m'a parfois semblé que ce poids finissait par affecter l'acuité du regard.*

### Jeudi 6 novembre 1997
### New Noumea

Arrivée à la Tontouta à 7 h. Pas trop chaud encore. [...] Avant d'aller manger, je fais le tour de la place des Cocotiers rénovée, fleurie, modernisée, surtout couverte de pelouses. Du coup, des Kanak par deux ou trois, en investissent maintenant le haut. Vitrine de la librairie *Montaigne* : de plus en plus d'ouvrages sur la Nouvelle-Calédonie, mais fractionnés : les traditions, la cuisine, les lieux, des morceaux d'histoire ; pas d'anthropologie ni de politique.

## Vendredi 7 novembre 1997
## Conversation avec Billy (2) : Do Néva, le passage obligé

[...] Billy arrive à l'Alliance sur mes talons. Je lui fais part de mon intention de visiter Do Néva dont il est responsable. Do Néva est en quelque sorte un « passage obligé » pour les Kanak du Nord. Il me cite les familles de la côte Est qui y sont passées « occasion d'aller de l'autre côté de la chaîne pour renouer avec les lignées du coin. Occasion de passer chez les cousins de Ponérihouen. Do Néva est un catalyseur de proximité[1] ».

Je parle de référence « mythique ». Il me retourne le rôle « historique » de Do Néva dans la « réussite des Kanak » et m'avoue lui-même « en avoir chié », avant d'y être revenu comme prof. En chier, fait partie intégrante du mythe.

Je reviens alors à mon dada : les stratégies des Kanak par rapport à l'école, le zapping. Billy évoque les travaux de Kolher avec lequel il n'était pas toujours d'accord : « Kolher travaille sur le négatif de la photo[2] », encore une belle formule. « Il faut aussi tenir compte des stratégies "globales" des familles : l'aîné n'est pas obligé de réussir, le cadet si, et ces discours sont tenus devant les enfants ! »

---

1. Nadia y a passé deux années scolaires. Michel, Bwëé, a refusé catégoriquement d'y aller. [2012]
2. En gros pour Kolher, plus on s'éloigne de Nouméa, moins les Kanak ont de chances de réussir parmi le peu de chances qu'ils ont globalement de réussir (*L'école inégale*).

## Dimanche 9 novembre 1997
## Retour à Tiaoué (3) => p. 162

Je quitte Nouméa à 9 h 15 et retrouve le temple de Montravel sans difficulté. L'office vient juste de commencer. Chants par une chorale de quartier, en « langue ». Évangile de Luc « le royaume est parmi nous[3] ». C'est une femme de la paroisse qui commente, un peu didactique mais remarquable. Le pasteur se croit obligé d'en rajouter une couche en contextualisant alors que tout était implicite dans le premier commentaire : la situation politique, syndicale, les *boat people* échoués à Gomen[4].

Très peu de circulation, il me tarde d'arriver, mais la bagnole refuse de dépasser le 120. À partir de Koné, je mets le pilote automatique et roule le plus lentement possible pour savourer mon émotion. Même les premiers nids-de-poule me réjouissent.

**Miranda**

Arrivée à la maison. Les chiens ne bronchent pas. Je me gare à côté de la camionnette et donne un petit coup de klaxon. Camille sort du kiosque. Nous tombons dans les bras l'un de l'autre. Première parole : « Je suis contente que tu sois là, tu n'es pas venu l'année dernière, pourquoi Marie-France n'est pas avec toi ? – Où est ta fille[5] ? »

Nous entrons dans le kiosque qui d'habitude sert de réserve à outils, fusils, et coutumes, manous entassés, nattes accrochées aux murs. Construite en torchis, recouverte de paille, c'est la pièce la plus fraîche de la maison. Contrairement aux autres familles de la tribu, Camille et Séraphin vivent peu dehors : la cuisine est à l'intérieur, seul le meuble à vaisselle est dehors.

Miranda, Hélène (noms chrétiens) Pwiaa (nom kanak d'une arrière-grand-mère, qui ainsi « revit un peu ») Wénéhoua (nom Lifou, pourquoi ? Je ne sais ni ne demande), est au milieu de la pièce sur un matelas recouvert de manous.

---

3. Luc 17, 20-25.
4. Une centaine de Chinois ont débarqué il y a quelques semaines, accueillis dans un camp de fortune. Leur présence qui alimente les conversations aussi bien chez les Kanak que chez les Européens est vécue par certains comme un danger. Les Églises s'en mêlent : en chaire un prêtre de Nouméa ira jusqu'à menacer d'excommunication ceux qui seraient tentés de participer à une manifestation en faveur de leur expulsion...
5. Camille vient juste d'accoucher d'une petite retardataire, Miranda.

Miranda a deux mois, menue, petite tête, elle ressemble beaucoup à Michel paraît-il. Elle vient dans mes bras sans problème. Je la tiens « face à la route ou couchée » sur mon bras gauche comme Marguerite[6]. Camille me dit qu'elle aime cette position mais que je vais surprendre les gens en la tenant de cette façon : ici on tient les enfants dans les bras sur le dos. Mais ça ne fait rien, l'essentiel est qu'elle ne pleure pas. Nous rentrons. Camille donne le sein à Miranda sur la glacière canapé, pendant que je prends ma première eau chaude. La disposition de la grande pièce a un peu changé : cuisinière déplacée, congélateur supprimé, mais la glacière, en plastique bleu qui sert de garde-manger et de canapé, est toujours à la même place dans l'angle gauche en entrant.

**Comment nourrir les bébés**

*Camille va faire son boulot d'informatrice de manière indirecte comme Antoine : c'est elle qui me questionne sur ce que je serais tenté de demander à propos des bébés.*

« Est-ce que vous donnez autre chose que du lait aux bébés ? – Non, jusque vers trois mois, je crois bien qu'on ne donne que du lait et un peu d'eau. » Ici, dès la naissance, on donne des cœurs de fleurs, des feuilles d'arbre en décoction. Camille me montre dans une marmite deux petits paquets de feuilles dans de l'eau qui refroidit, prend Miranda sur ses genoux, sauce de l'eau avec les paquets de feuilles et les presse dans le bec de Miranda, qui n'a pas l'air de beaucoup apprécier. « À quoi sert la décoction ? – C'est pour arranger le système digestif, nourrir le sang, les articulations. »

Je l'interroge alors sur sa carrière politique au LKS[7], dont elle vient d'être nommée 1re vice-présidente : « c'est la première fois que c'est une femme, c'est bien ».

Quant à Séraphin, des amis sont venus le chercher pour aller à la chasse. Camille me dit d'aller installer mes affaires dans la petite maison.

---

6. Ma petite-fille née au mois de juillet.
7. Libération kanak socialiste. Parti politique indépendantiste un peu à part créé en 1981 (assez longtemps avant « les événements » de 84) par Nidoïsh Naisseline à la suite d'une scission du Palika. Le LKS considéré comme modéré est principalement implanté sur les îles, Lifou et surtout Maré dont Naisseline est le grand chef cumulant, ce qui est exceptionnel, hautes responsabilités coutumières et hautes responsabilités politiques. Pourquoi Séraphin et Camille, attachés à la Grande Terre et ses partis « traditionnels », l'UC, le FLNKS et le Palika, ont-ils adhéré à ce parti ? Je n'en saurai rien. [2012]

Le « salon » du fond, qui me servait de bureau, est entièrement occupé par la musique : orgue, batterie, ampli, baffles. Je vais devoir me replier sur la pièce avant où trône une grande table « rustique » et un banc itou, avec tout autour le foutoir habituel et un buffet de cuisine qui me servira de table de toilette. J'aimais bien le salon avec la porte donnant sur le grand plat herbeux. Tant pis, je m'accommoderai. Je change aussi de chambre pour aller dans celle de Nadia. Toujours rien pour ranger les fringues et pas plus de lumière électrique. Pourtant, c'est une chambre de jeune fille. Au fond, je m'en fous. Tout cela correspond bien à mon goût du désordre et, là, je n'ai aucun complexe à avoir.

La nuit tombe. Je branche l'ordinateur : miracle, tout marche du premier coup.

J'entends la voiture de Séraphin. Exprès, je ne bouge pas. Séraphin rentre dans la pièce en chantant et m'explique qu'il voulait m'attendre tout l'après-midi, mais, énervé parce qu'il ne savait pas exactement quand j'allais arriver, a accepté de faire un tour à la chasse. En revenant, il a demandé à tout le monde si on avait vu passer une voiture qui n'était pas de la tribu ! Il me fait asseoir sur un ampli dans la salle de musique « pour discuter un peu ». Sa nouvelle passion : la musique, il me montre son matériel, la super guitare Gibson qu'il a achetée à « ton petit mec[8] ». La politique ? « Laisse tomber[9]. » Il fait des animations un peu partout dans les églises, les rassemblements religieux, pas les bals (il y va seulement pour voir comment « les mecs jouent »).

Je viens de rentrer dans cette temporalité kanak paradoxale pour nous. D'un côté, le temps peut s'étirer indéfiniment (attente de début d'une coutume par exemple), mais là, Séraphin n'a pas supporté de m'attendre à la maison. Quand il est arrivé, il ne m'a pas parlé du temps écoulé depuis mon dernier séjour, mais de ce qui faisait contexte à ce moment-là, la musique. Quand je lui donne la machine[10], il ne peut souffrir (au sens étymologique du terme) d'attendre pour l'essayer.

8. Michel, Bwëé...
9. En fait, durant mon séjour, il participera à plusieurs réunions politiques.
10. Un ordinateur Mac portable dont je ne me sers plus.

## Mardi 11 novembre 1997
## Fête nationale à la tribu

**Planter l'igname (I)**

Je promène Miranda. Séraphin m'annonce qu'il va m'amener ce soir planter des ignames dans son champ et m'en faire planter un ; puis il part en mobylette à un conseil des anciens pour parler de la question du bétail : marquage, répartition.

11 h et quart. Repas : Séraphin fait le cirque en préparant une salade de papayes. Il mime l'émission culinaire de RFO : il est très drôle. J'ai le malheur de dire que j'aime éplucher les légumes : éclats de rire de Camille et Séraphin : en paicî, *wäri*, éplucher, veut dire [aussi] branler, masturber ou peut-être bien, sucer...

[...] Au moment où ils disent qu'ils ne veulent pas y repartir dès ce soir, j'apprends de Jeanne que Yohan, Benoît, Geoffrey, sont pensionnaires à l'internat. L'internat, non pas rupture, mais sorte de sas entre la famille et l'école, en fait ils pourraient très bien rester à la maison. L'internat n'est pas comme chez nous une affaire de dressage ou de discipline, on y apprend la socialité kanak, se reconnaître, se ranger [au sens de se mettre à la bonne place], la concertation, le petit conflit, l'arrangement.

**Planter l'igname (II)**

Séraphin rentre, presque à la nuit : c'est trop tard pour les ignames. J'imagine, je fantasme, me dis que le champ est très éloigné de la maison.

## Mercredi 12 novembre 1997
## École des sœurs et préparatifs de mariage

J'avais demandé à Séraphin de me réveiller pour partir avec lui à l'école. Effectivement il me réveille, je regarde ma montre : 5 h moins le quart. Je me rendors. Il repasse vers 6 h moins le quart, sans me réveiller. Je ne me réveille qu'à 7 h et la classe commence à 7 h 30.

À quelque chose malheur est bon, au petit déjeuner Camille[11] me raconte ses souvenirs d'école à Goapin chez les sœurs (années 60) :

« Les CE2, CM1 et CM2 étaient ensemble ; on apprenait avec les grands. Les grandes filles avaient de belles écritures. La leçon restait au tableau, il n'y avait pas de photocopie. Quand la sœur faisait la leçon pour le CE2, ça servait de révision pour les grands. Elle insistait beaucoup sur la rédaction et la lecture. Maintenant on fait trop de choses qui endort. Elle faisait travailler la mémoire, la compréhension. Les activités manuelles et artistiques se faisaient dehors. Il y avait un jour promenade, on emmenait le casse-croûte. En été un jour par semaine, il y avait baignade. La sœur était dans le scoutisme. Elle était sévère pour l'écriture, la lecture, calculer, compter. Pour le reste, elle était souple. [Quand] On arrivait à la porte de la classe : tu savais que quand tu sors de là, il faut que tu saches lire, écrire, compter. Les enfants qui ne savaient pas compter "vous allez me ramasser tant de cailloux blancs". » [Situation a-didactique.]

Toujours l'importance des savoirs formels, procéduraux : lire, mais quoi ? Écrire, mais quoi ? Compter, on sait : c'est pour le magasin.

« Les travaux de groupe recherche se font dehors. On présente dans le groupe, chacun son tour, de manière stricte. Mais la sœur ne regarde pas comment on s'y prend, elle nous laisse seuls travailler dehors. »

La sœur avait compris ce que j'observe dans les jeux : pour les activités collectives, les enfants ont besoin d'être seuls. « Elle sort[ait] souvent pendant qu'on travaillait. Alors, elle nous mélangeait avec les grands qui nous donnaient du boulot. Il y en a qui taquinaient. On nous envoyait aussi préparer des mimes. »

« Le soir, il y avait étude à l'école de 6 h à 7 h et demie ; mais elle nous laissait seuls. Tout était contrôlé le matin : beaucoup d'exercices de mémoire. Elle aimait beaucoup chanter, marcher, chant de marche, chants de scout. Elle nous emmenait faire des jeux de règles, de piste. Elle faisait déjà des exercices à trous sous forme de jeux. On allait toujours à pied. Nous, on les stresse, ils ne sont pas aérés, ils ne peuvent pas apprendre[12]. »

Ce que Camille m'a décrit, c'est exactement ce qu'il faudrait faire : dévoluer, créer des situations a-didactiques[13], faire travailler en groupe

11. Elle est en congé de maternité, donc toujours à la maison. Pour moi, c'est une aubaine.
12. L'histoire de la colonisation est toujours affaire d'hommes à propos d'hommes. Les textes que l'on trouve dans les archives sont toujours rédigés par des hommes. À quand une histoire des femmes avec des témoignages de femmes ! [2012]
13. Une situation a-didactique est une situation telle que l'élève ne soit pas conscient de l'intention d'enseigner du professeur, bien que le résultat attendu nécessite l'utilisation de la connaissance que vise le professeur. [2012]

hors la vue. Séparer ce qui est de l'école (lire écrire compter), de ce qui est de la culture. Paradoxalement, la culture doit s'apprendre à l'extérieur de la salle de classe. On la fait rentrer ensuite. Maintenant, on essaie de faire exactement le contraire.

*À la relecture, je trouve ce commentaire prétentieux. J'étais à l'époque en plein dans la théorie des situations didactiques*[14]*. On arrive toujours avec des lunettes ; avec le recul, celles-ci paraissent bien opaques. Au contraire d'Antoine qui sans cesse se corrigeait, j'étais alors très manichéen. Ceci dit, le récit de Camille, révélateur, relève du classique « c'était mieux avant ». Je m'y suis laissé prendre. L'école des sœurs était sans doute moins idyllique. L'important n'est pas la vérité historique mais bien ce que Camille, institutrice de maternelle des années 90, dit de ce que* pourrait *être l'école. Ce qui me turlupine, c'est pourquoi les instituteurs kanak savent mais ne font pas. La suite des Tiaoué ne donnera pas* la *réponse, mais éclairera, je pense, la question.*
*Pour l'heure, si l'on peut ainsi dire, je descends à l'école où j'arrive à 9 h et passe le reste de la matinée dans la classe de CP tenue par une jeune stagiaire. J'y retrouve Yohan et Benoît. Le verbatim est sans intérêt particulier (formalisme, algorithmisation précoce).*

[...] À la sortie je parle quelques minutes avec Ghislaine[15] des difficultés des enfants à travailler seuls ou en petits groupes. Elle me dit les difficultés qu'ont les enfants de sa classe à s'exprimer sur ce qu'ils ont fait pendant le week-end. Elle parle de l'absentéisme : ce sont les plus en difficulté qui sont le plus souvent absents. Alors elle me fait le coup « si tu ne sais pas compter, tu te feras avoir au magasin ! » C'est vraiment un leitmotiv kanak.

### Mariage « proche » (I) : la coutume

[...] Début d'après-midi. Séraphin commence à me parler d'une coutume de mariage qui va avoir lieu à la tribu, juste à côté : une fille adoptive de feu Paul. Mariage uniquement coutumier, pas d'église, pas de mairie. Il me dit cela en même temps qu'il étale les trois coutumes qu'il a préparées : la grande coutume (3 nattes, manou, monnaie), la coutume valise (contribution à la dot), les provisions. « Si on avait été plus éloignés, il aurait fallu prévoir une 4e coutume pour rentrer, mais là c'est des voisins et des parents proches, c'est pas la peine. » Il a seulement été

14. G. Brousseau, *La théorie des situations didactiques*, La pensée sauvage, 1998.
15. Fille d'Anastasie. Jeune bachelière, elle fait un remplacement du congé de maternité de Charline.

prévenu avec une petite coutume pour dire « le mariage aura lieu tel jour ». Il faut qu'il porte la coutume deux jours avant parce « qu'*ils* vont compter et voir *qui* a amené ». La coutume de sortie du clan Bai de la mariée aura lieu vendredi et celle de retour chez le marié, dans le clan Dui, samedi. On va montrer notre coutume tout de suite, de bonne heure, parce qu'après, les gens vont défiler et qu'il faudrait rester discuter indéfiniment. Par la grâce du ciel, j'avais acheté deux coutumes en prenant le journal à Koné ce matin ! Je vais en chercher une et la donne à Séraphin qui la prend sans rien dire, mais semble satisfait. Nous mettons le tout dans la voiture et partons[16].

**Écouter / Connaître / Savoir faire / Comprendre (3) => p. 267**

*De retour à la maison, après avoir pris l'eau chaude, nous parlons de choses et d'autres, notamment la question du* tämägööri *et du têtu.*

[...] Séraphin me donne des précisions sur la notion de têtu :

– Têtu = Dur = *Göö*. Quelqu'un qui comprend difficilement = *Göö pûrû-ê*[17] = « dure sa tête » : ça le dépasse ! C'est ton explication qui est trop dure pour qu'il comprenne.

– Comment dis-tu « celui qui comprend et qui ne veut pas faire » ?

– *Gömä* : ne veut pas faire ce que tu lui demandes, fait exprès de ne pas entendre.

Il y a manifestement une différence avec la conception d'Antoine. Je montre le texte d'Antoine à Séraphin qui le lit attentivement :

– Oui oui, têtu c'est ça.

– Alors vous êtes d'accord !

– J'ai traduit *Göö* dans le sens de l'école, Antoine traduit dans un autre sens.

Dans cette fichue langue, il n'y a jamais un seul sens, ni un seul mot !

**Planter l'igname (III), promenade et retour à l'internat**

[...] Il est 5 h. Pour les ignames, c'est encore trop tard. Je dis à Séraphin que je suis fatigué, que je veux me détendre. Exprès, parce que je sais pertinemment qu'il ne peut pas me répondre, je lui propose que nous allions nous promener. Il se gratte la tête : « Où ? – Je sais pas, où tu veux ! » Je sais très bien que la notion de promenade sans but n'existe pas. Je veux voir comment il va s'en tirer. Il me propose de jouer de la

16. Les deux terrains sont contigus (seule une petite brousse les sépare) mais, aujourd'hui, on fait un détour de 200 bons mètres pour arriver par l'entrée principale.

17. Dans Rivierre, je trouve *göö* : dur, fort, insistant, mais donne aussi *binyî* : dur coriace.

musique à côté de moi pendant que je me repose. Je refuse. Alors il me propose de descendre chez Nastasie montrer la feuille de chants. J'accepte. Nous partons sans prévenir Camille : « C'est pas la peine. » Arrivée en bas, Gislaine corrige ses cahiers d'école. On avance un peu. Il fait bien nuit. Séraphin veut qu'on passe à l'internat. Nous entrons dans le réfectoire : dans le noir et le recueillement le plus complet, les enfants regardent *Terminator II* quelle horreur c'est le cas de le dire ! Je me souviens de la tabassée de Tiaoué I... Nous repartons sans que personne ne se soit rendu compte de notre présence. Séraphin me montre le nouvel aménagement des dortoirs et boxes : je vois les noms de Geoffrey et Styven, chefs de box !

## Jeudi 13 novembre 1997
## Planter l'igname (IV)

[...] Nous remontons vers 4 h et demie. Cette fois, c'est l'heure pour aller planter les ignames. Je m'en faisais un monde. En fait, le champ est juste au-dessus de la cour. Séraphin porte un sac et moi-même deux ignames qui ont commencé à germer. Beau champ, bien pentu, à trois rangées. On monte à la tête. Séraphin me montre comment planter l'igname avec la barre à mine. En fait le sol est très meuble et l'on peut presque creuser à la main au pied du piquet. Séraphin le fait avec des gestes souples comme des caresses, pose l'igname au fond du trou, d'un coup sec arrache le piquet, le jette, puis forme un petit monticule pour le recouvrir « à cause du soleil » accroupi, avec les gestes d'un petit enfant lissant son château de sable sur la plage.

À mon tour. Séraphin m'a confié le plus bel igname et l'emplacement le plus noble : le premier de la première rangée en partant de la gauche. Je m'y essaie tant bien que mal, m'efforçant de ne pas être ridicule dans ce geste solennel et simple. Séraphin a demandé mon appareil photo et immortalise l'événement.

Il continue de planter ses ignames, un tiers du champ environ et remonte, « ça y est c'est fini ». Je lui pose quelques questions techniques sur la sélection des ignames (il n'a pas le temps de le faire), la récolte : celles-là resteront deux ans en terre. En fait, ce champ est celui de Michel, le sien est beaucoup plus haut dans la chaîne. Tiens ! Est-ce parce que je suis *Caa Bwëë* qu'il m'a amené là, planter mon premier igname ? Je n'ose pas poser la question. Ensuite il plante des petits bouts d'igname au milieu des rangs, me disant qu'il ne faut surtout pas en jeter.

## Vendredi 14 novembre 1997
## Mariage « proche » (II) ; nocturne : sortie de la mariée

[...] Séraphin est nerveux, va et vient. Subitement, il nous appelle, Michel, José[18] et moi. Vite, il faut passer par la brousse pour éviter la famille du futur mari, venue chercher la fille. Arrivé du côté des hommes, Séraphin « s'assoit un peu » jusqu'à ce qu'on lui fasse signe d'approcher. Coutumes pour présenter les coutumes qu'on va donner. « On ne va pas donner trop parce qu'on est entre nous, à Tiaoué [...] peur que les autres n'ont pas assez à donner. C'est un petit mariage » : Le garçon, Dui et la fille, Bai, habitent à quelques centaines de mètres de distance.

Le maître de cérémonie, petit, torse nu, avec un jean qu'il remonte sans cesse pour cacher la raie du cul, demande à Séraphin de venir parler sur la coutume. Séraphin tente de refuser.

On descend préparer la coutume ; je dis *on* car je suis *de plein droit* dans le clan Bai. D'abord les ignames longues et pansues, portées avec des gestes de tendresse dans leur gaine de paille. Autant il y a de sérieux pour les ignames, autant pour le reste, les nattes, manou et surtout la nourriture, tout le monde rigole franchement. Les femmes en train de faire la cuisine sous notre nez, blaguent entre elles et interpellent les hommes. Je me crois dans un Breughel. Petit à petit, je reconnais les lieux où j'étais avant-hier, mais arrivé par un autre côté. La nuit est tombée. On rentre les ignames dans la case parce qu'on craignait que ça fasse trop...

« On va remonter un peu. » En fait, au lieu de remonter, on re-déplace les coutumes de bonjour. Je me trimballe avec deux bouteilles de cinq litres d'huile, pour faire comme tout le monde. Suivent de longues palabres ; qui va parler et dans quel ordre quand « les autres vont arriver » – qui attendent [les fameux « autres »] depuis une bonne heure dans le chemin ! Naturellement, ce sera Séraphin.

Partout, des enfants se faufilent, s'arrêtent un instant, repartent. Les bébés sont dans les bras des mamans. Confirmation et amplification de ce

18. José, un « enfant de la maison... » que nous avons ramené de Bourail avec Michel et Nadia.

que j'avais observé pour les deuils et fin de deuil, en plus détendu quand même.

Un coutumier, saoul, se met à chanter, d'abord seul, puis avec d'autres hommes qui reprennent à la seconde ou à la quarte. Séraphin y mêle sa voix de tête. Maintenant il fait nuit noire, et tel *L'or du Rhin*, la cérémonie commence sans qu'on entende vraiment le début. Le clan du mari s'avance, une *Peugeot 504 pick-up* arrive dans le fond de la scène en marche arrière, tous phares et warning allumés. On sort les coutumes.

Les hommes Bai déroulent les manous. Les chants montent. Les Dui s'avancent lentement. Mise en scène Bayreuthienne, éclairage compris. Six femmes sortent de la case au pied de laquelle j'étais assis tout à l'heure, vêtues de la même robe verte : la fiancée et ses tantes et grands-mères. Serrées les unes contre les autres, elles vont s'asseoir sur les coutumes. Alors s'avancent les femmes Dui qui viennent déshabiller les six femmes de leurs robes vertes, et les recouvrir de celles de leur clan. Puis, toutes ensemble, repartent vers le fond de la scène. C'est fini pour le rituel.

Sur le chemin Séraphin m'explique que c'était une cérémonie délicate, peu solennelle, et qu'il a parlé brièvement, parce que tout le monde se connaissait. Cérémonie d'alliance proche entre deux cousins croisés. Dans son discours, difficile à gérer, Séraphin a dit que le sang que le clan donnait, en fait, il le rendait...

Chez Camille et Séraphin, la famille arrive pour une répétition de chants[19].

[...] Il est 10 h et demie. On entend la musique kanaké venant de la noce. Les Bai ont fini le boulot, ils peuvent danser et boire. Dans la nuit, ce sont les Dui qui travaillent pour préparer la coutume de demain. Je mets de l'ordre dans mes fiches avant d'aller dormir.

19. La famille de Séraphin, famille de musiciens, doit animer la messe le dimanche à Pouembout. Voir plus loin. [2012]

## Samedi 15 novembre 1997
## Mariage « proche » (III)

**Ethnologisé !**

[...] Séraphin s'inquiète à propos de quand partir pour la coutume. Il faut attendre que les Bai viennent nous chercher. En attendant, à 11 h, on mange. En riant, Séraphin me dit qu'il *sait* quand je vais prendre une fiche et noter (il me mime). Ce qui veut dire qu'il sait quel type de discours j'attends de lui. Cela veut dire aussi que, à l'instar de tous ceux qui sont *avec* un ethnologue, il ne montre de la culture kanak que ce qu'il veut bien montrer.

***Whisky coke* chez le marié**

13 h. Branle-bas de combat : Séraphin nous hèle depuis le chemin : « C'est bon ! Viens avec Michel. » Nous nous mêlons au flux des Bai qui « montent », je suis frappé par la foule, là, tout à coup. Arrivés dans le chemin sous la maison du marié, nous attendons. Séraphin nous fait signe de monter. « Ils nous attendaient depuis 11 h, mais les frères de la fille ont du mal à s'entendre. » Le petit coutumier à la raie du cul à l'air fait la coutume de bonjour dans le chemin. On avance vers la maison. Attente au soleil, puis à l'ombre, chants, étalage des coutumes. Les discours vont très vite, trois de chaque côté. Séraphin parle en premier comme d'hab. Je suis moins *pris* qu'hier soir, l'habitude ou la nuit ?

Séraphin vient vers moi : « C'est fini. » On va quand même sous l'abri prendre l'apéro offert aux Bai. Assoiffé, je me jette sur ce que je crois être un verre de Coca : je fais cul sec avec du whisky coke tiède ! Plusieurs gamins font comme moi sans moufter ! J'essaie de faire couler avec deux verres de « jus » trop sucré. C'est pire...

Séraphin veut partir. En chemin, je lui demande pourquoi il n'aime pas rester : « l'alcool ». Nous nous arrêtons à la maison « de l'autre côté » voir les enfants qui jouent au bord du creek. Dès qu'on s'assoit, ils filent un peu plus loin. On me l'avait dit : les enfants jouent toujours « un peu » à l'écart des adultes, mais « pas trop loin ». Tentative de sieste. Séraphin dort, pas moi ; je ne me sens pas très bien – le spleen ou le whisky.

[...] Vers 19 h. Séraphin a visionné la cassette vidéo de *Les médiateurs du Pacifique*[20] que j'ai amenée dans mes bagages. Ce qu'il a retenu

20. Film de Charles Belmont réalisé en 1997 sur la mission de médiation envoyée par M. Rocard, dirigée par C. Blanc après le massacre d'Ouvéa et dans lequel les personnages historiques vivants jouent leur propre rôle.

principalement : le comportement « colonialiste » des militaires dans leurs interrogatoires à Ouvéa et le discours de C. Blanc menaçant Lafleur de révéler ses investissements à l'étranger.

## Mardi 18 novembre 1997
## Matinée dans une petite école de tribu

*Comme presque toutes les bonnes rencontres de l'anthropologue, celle-ci n'était pas au programme. Les théologiens appellent ça le kairos. Il suffit de le saisir. En l'occurrence, une cousine de Séraphin, Carine, élève de l'ENEP (École normale de l'enseignement privé), est en stage dans la petite école de la petite tribu de Poindah, 120 habitants, proche à vol d'oiseau mais à une bonne demi-heure en voiture. Je lui avais fait demande dans la semaine si je pourrais y passer une journée, pour voir « autre chose que l'Immaculée » comme disait Séraphin soucieux de ne pas monopoliser mon travail d'observation. On me donne l'accord sans m'en demander plus.*

[...] À un kilomètre de la transversale sur la droite, la tribu de Poindah est située sur une sorte de plateau dégagé. On m'avait dit que c'était la tribu des chevaux et que les hommes ne s'y déplaçaient que par ce moyen : je le vérifie. L'école, école protestante de la FELP, une des deux fédérations d'enseignement protestantes avec l'ASE de Billy, est ouverte aux quatre vents et aux quatre soleils. Petite, un peu délabrée (la FELP est le parent pauvre des protestants), elle ne comporte que deux classes (15 élèves en tout) et s'arrête au CM1.

À mon arrivée à 7 h 40, l'assistante maternelle accueille les enfants. La directrice arrive, grande, belle robe mission noire, lunettes aux verres fumée, légèrement enceinte. Je fais un discours de coutume devant les trois autres adultes et les gosses qui viennent voir ce qui se passe.

**Catéchèse (1) : l'aveugle de Bartimée[21]** **=> p. 144**

On me propose de commencer par observer la classe des petits (petite, moyenne et grande section, CP), pour que je voie « les rites ». C'est

21. Catéchèse et non pas catéchisme. Le lecteur intéressé par la distinction pourra se reporter à tout bon dictionnaire de théologie.

justement celle de Louise. Les enfants commencent par se ranger sur deux rangs, non par âge, mais par sexe. C'est alors le classique lavage de dents, suivi du cachet de fluor, de la prière/méditation suivie d'un chant. Les murs de la classe carrée et qui paraît immense pour si peu d'élèves, sont saturés en affiches et en écriture surtout à côté du bureau de la maîtresse. Je crois que c'en est fini pour la religion. Pas du tout, nous sommes bien chez des protestants : il faut passer au *Livre*.

*Louise commence le récit/dialogue suivi d'un commentaire catéchétique du passage de Marc connu sous le titre de l'aveugle de Bartimée*[22]. *Elle le fait d'une manière assez articulée (on est avec des petits particulièrement attentifs) pour que je puisse le saisir in extenso à la main. Je ne me souviens plus si elle avait le texte sous les yeux. On remarquera le souci très simple de contextualisation.*

– Jésus passait, allant de villages en villages, les gens le suivaient, mais les malades ne peuvent pas le suivre. Jésus passait dans un village où il y avait un aveugle qui avait entendu parler de Jésus. Un aveugle ?

– Ne voit pas.

– Alors il a dû ?

– Écouter.

– Les gens se parlaient entre eux : « Voilà Jésus ». L'aveugle s'appelait Bartimée. Il a fait exprès de se mettre au bord de la route. Il ne peut pas travailler, aller au champ. Pour vivre, il est devenu mendiant. Vous savez ce que c'est qu'un mendiant ?

– Non.

– On met une boîte, si les gens sont gentils, c'est bon, sinon il n'a pas de pièces. Bartimée crie fort : « Jésus fils de David, aie pitié de moi ». Jésus n'est pas encore arrivé. Il crie encore plus fort. Les gens le faisaient taire : « Tu crois que Jésus va s'occuper de toi ? » Bartimée crie de plus en plus fort. Jésus a entendu, s'est approché et a dit : « Amenez-le moi ! Qu'est ce que tu veux ? – J'ai envie que mes yeux voient. » Jésus a vu que, dans le cœur de Bartimée, il est capable de croire : « J'ai vu le cœur de Bartimée, va, ta foi t'a sauvé. » Il n'a pas eu besoin de le toucher « tu es guéri ». Tout d'un coup les yeux de Bartimée se sont...

– Ouverts.

– Il...

– Voit.

– Il faut imaginer la découverte de Bartimée ; il est content, il voit les couleurs. Au lieu d'aller chez lui, il a fait quoi ? Il a suivi Jésus. Qu'est-ce

22. Marc 10, 46-52.

que nous pouvons tirer de cette histoire ? Maintenant Jésus, il est au ciel. Ce que Jésus a fait, il peut le refaire, il est capable de nous guérir. Ce que Jésus a fait autrefois. Jésus est au ciel, mais habite dans notre cœur. Ce que Jésus a fait à Bartimée, il peut le faire maintenant. Jésus fait encore des miracles. Jésus n'a pas changé, il est le même. Jésus aurait pu dire à Bartimée : « Ah ! Mais tais-toi ! » Jésus est différent de la foule. Jésus guérit parce qu'il aime. Quelle est la leçon ? Si tu es malade, mal à la tête ou mal aux pieds, tu peux aller voir le docteur, mais le dire à Jésus. La clé ? Jésus est puissant, il faut que tu croies ; c'est ça la foi. Vous avez compris ?

– Oui.

– On ferme les yeux : merci pour ta parole...

Il est 8 h et demie. Louise organise sa classe en deux niveaux, commence par donner du travail aux petits (petite et moyenne section), puis vient faire lire aux grands un texte copié au tableau.

Suivent quelques corrigés d'exercices, puis on sort en récréation. [...]

**Histoire de billes**

[...] 9 h 45. Au tableau, Louise écrit le problème suivant :

> Paul a 24 billes. Pendant la récréation il a gagné d'autres billes. Maintenant il a 69 billes.
> Combien a-t-il gagné pendant la récréation ?
> Réponse Opération

*Problème classique à première vue. Les cinq élèves sont en fin de CP. Ils connaissent donc l'addition et l'addition à trous. Pourtant, je sens que quelque chose va se passer. Je suis admirablement bien placé pour observer assis à l'angle de deux bancs d'école à l'ancienne, trois élèves à ma droite, deux à ma gauche faisant face au tableau. Je prends, toujours à la main, la séquence qui a duré en tout 50 minutes. En voici les épisodes essentiels :*

On lit d'abord l'histoire. Lecture très lente d'un petit garçon. A-t-il bien compris ?

**Raconter une histoire *vs* résoudre un problème d'arithmétique**

L – Racontez l'histoire.

E – Paul a gagné 24 billes pendant la récréation.

L – Qui est d'accord ?

Deux enfants sont d'accord, trois ne sont pas d'accord.

L – Paul est sorti en récréation et...

E – Paul a gagné 69 billes.

L – Vous avez compris, mais pas tout à fait. On relit la première phrase.

E – Paul a 24 billes.

[...] L – Qu'est-ce que ça veut dire : Paul a 24 billes ? Paul est à la maison ou à l'école ? Il va jouer aux billes en classe ou en récréation ? Il est encore en classe, il va aller en récréation et jouer aux billes. Il a 24 billes quand il va sortir en récréation ? [...] Est-ce que les 24 billes, ce sont les billes qu'il a gagnées ?

E – Pendant la récréation il a gagné d'autres billes.

L – Il a gagné « d'autres ». Est-ce que vous savez il a gagné combien ?

E – Non.

L – Gagner, ça veut dire d'autres billes en plus ou en moins ? [Pas de réponse]. Ça veut dire quoi, ça veut dire : il y a d'autres billes qu'il va avoir en plus ou en moins. [...] Est-ce qu'on sait combien ?

E – Non.

L – Est-ce qu'il en a toujours 24 ? [Pas de réponse] On lit la troisième phrase.

E – Maintenant il a 69 billes.

L – Vous avez compris ?

E – Oui.

L – Ça veut dire quoi ?

E – Paul a 69 billes.

L – Tout à l'heure, il avait combien ?

E – 24.

L – Parce qu'il a joué maintenant il a...

E – 69.

[...] L – On demande quoi ?

E – De chercher les autres billes que Paul a gagnées à la récréation.

L – Vous êtes d'accord ?

Tous les élèves – Oui.

**Première tentative : Guillaume**

L – Qui veut venir marquer l'opération ?

Guillaume – Moi.

L – Guillaume, va marquer l'opération.

Guillaume va au tableau et écrit sans hésiter : 24 + 69 =

L – Lis !

Guillaume s'exécute « vingt-quatre plus soixante-neuf égale ».

L – Vous êtes tous d'accord ?

Quatre élèves sur les cinq – Oui.

**Deuxième tentative : Benoît**

Benoît fait signe que non de la tête.

L – Tu penses que c'est comment ?

Benoît va au tableau et, très lentement, écrit « Paul » puis efface et écrit « combien de billes a-t-il gagné »

L – Ça y est Benoît, nous on t'attend.

Sans plus se presser, Benoît finit d'écrire « à la récréation ».

L – Voilà ce que Benoît a écrit. Qu'est-ce que je demandais ?

Benoît – L'opération.

L – Après j'ai demandé : qui est-ce qui est d'accord ? J'ai dit « Benoît, va écrire ton opération. » Est-ce Benoît a écrit son opération ?

E – C'est une phrase.

L – Dans une opération, il y a deux nombres et le signe +. Ce n'est pas une opération ce qu'a fait Benoît. Qu'est-ce qu'on va faire ?

E – Effacer.

L – Je repose ma question. Vous êtes d'accord avec l'opération ?

Tous les élèves – Oui.

L – Benoît, tu n'as pas une autre opération ? Benoît fait signe que non. Vous êtes sûrs que c'est ça ?

Tous les élèves – Oui.

L – Toi, Benoît, c'est ça ou une autre opération ? (Pas de réponse) Vous croyez que c'est ça ? ... Vous ne trouvez pas ? ... Moi, je ne suis pas d'accord.

Moi (Pierre Clanché !) – Moi non plus.

**Louise doit intervenir : effet Topaze (1) => p. 156**

L – Je vais vous expliquer ce que veut dire cette opération : que Paul avant la récréation a 24 billes [Louise s'interrompt pour donner du travail aux petits] Paul, avant de sortir, il a 24 billes. Il a joué à la récréation et a gagné 69 billes et maintenant combien il a de billes en tout ? [Louise explicite le sens de l'opération 24 + 69, le ton de sa voix monte – en hauteur, pas en force]. C'est ça l'histoire : il a gagné 69 billes pendant la récréation ? C'est ça que dit l'histoire ? Est-ce que, dans l'histoire, on dit que Paul a gagné 69 billes ? Oui ou non ?

Certains répondent « oui », d'autres, « non ».

L – Relis la phrase.

E – Pendant la récréation il a gagné d'autres billes.

L – On sait combien ?

E – Non.

L en montrant – Qu'est-ce qu'on fait de 69 ?

E – On l'enlève.

L – On va mettre ?

E – Zéro.

L – On va mettre des petits points. L écrit au tableau 24 + ... =. Ça s'appelle ?

E – Une addition à trous.

L – Maintenant, il a combien de billes en tout ?

E – 69.

L – Donc. L complète au tableau 24 + ... = 69. Il fallait faire quoi ?

E – Une addition à trous.

L – Qui va la poser ? Myriam ?

Myriam va au tableau et, sous Opération, pose

```
  24
+ . .
  69
```

L – Elle a terminé ? ... Elle a tout écrit ? ... Tu as tout écrit ?

Myriam – Oui.

L – Qu'est-ce qu'elle a pas écrit ?

E – Les chiffres.

L – Va chercher la craie verte.

Myriam va chercher la craie, et compte sur ses doigts jusqu'à 4, bloque le quatrième doigt sur son front, continue 5, 6, 7, 8, 9 ; regarde les doigts restants et dit « cinq », puis l'écrit. Avec la même technique : 1,2 blocage 3, 4, 5, 6 et écrit le 4.

```
  24
+ 45
  69
```

L – Quel est le nombre ?

E – 45

Il est 10 h 35. La séquence a duré 50 minutes...

*En rentrant le soir à la maison, je transcris immédiatement le script sur l'ordinateur pour être sûr de ne rien perdre. Le lendemain je faxe un exemplaire script depuis l'école à mon collègue et ami Bernard Sarrazy que l'on retrouvera dans Tiaoué VI et j'en fais passer un autre exemplaire à Louise par Carine. Par retour de fax je reçois de Bernard trois pages serrées d'analyse didactique de la séquence.*

*N'étant pas didacticien « de métier », j'ai été immédiatement rassuré : il s'était bien passé quelque chose, différent certes, mais aussi important pour moi que Doria et Sonia. Nous avons depuis communiqué sur cette histoire de billes et cosigné un article dans la revue* Recherche en didactique des mathématiques *intitulé « Approche anthropodidactique de l'enseignement d'une structure additive dans un cours préparatoire kanak ». Cet article est reproduit en annexe avec une présentation de Bernard Sarrazy sur les relations entre approche anthropologique et analyse didactique.*

## Mercredi 19 novembre 1997
## Médecine

Séraphin me réveille à 5 h 45. En sortant, je le vois parler avec une femme qui se tient à trois ou quatre mètres de lui : il s'agit de la mère de José qui vient pour une consultation à propos de douleurs au ventre qu'elle a ressenties dans la nuit. Là, Séraphin est compétent, la chose est vite réglée.

Au petit déjeuner, j'ai droit à une nouvelle leçon de médecine. Quand il y a beaucoup d'enfants dans une même famille, plus de cinq ou six, il y en a toujours un d'anormal physiquement ou psychologiquement. La raison en est que le sang de la mère ne s'est pas reposé, n'a pas eu le temps de s'aérer. Donc, ou bien un enfant est anormal, ou bien le père ou la mère meurent. À la fin de la leçon, Séraphin me demande si je rattache tout cela à mes observations. Je suis bien embêté pour lui répondre et le lui dis.

## Jeudi 20 novembre 1997
## Gaffe (3) => p. 178

[...] Vers 18 h, je vais promener Miranda. Camille l'a enveloppée dans une serviette de bain « comme ça elle aura chaud et ça va l'endormir », moi je suis en short, torse nu et j'étouffe. Je sors, la débarrasse des couvertures que je planque dans les brousses et la mets torse nu ! Je prends seul l'initiative de descendre à la maison « de l'autre côté » avec le bébé. Arrivé en bas, j'ai la surprise de trouver Line[23] qui arrive de Nouméa par le car. Son grand problème actuel, c'est l'affaire des boat people. Je reste un moment avec les tantines, puis remonte. J'apprendrai que c'est la première fois que Miranda y vient et me ferai gentiment gronder.

[...] Long travail après dîner. Lecture tardive du *Choix de Sophie*, quel style ce Styron pour écrire en trois pages ce qui me prend trois lignes !

## Vendredi 21 novembre 1997
## Arithmétique pratique

*Bernard Sarrazy m'a demandé dans la suite de ses recherches sur la sensibilité au contrat didactique[24], de faire passer dans les classes de CE2 et CM1 un test de mathématiques et un test de français. Le test de mathématiques qui comporte des opérations classiques et toute une série de petits problèmes de type capitaine ou pseudo-capitaine[25].*

---

23. Petite sœur célibataire de Séraphin. Elle travaille à Nouméa et joue au foot. Elle est venue en France avec une copine et a passé trois jours chez nous.
24. *La sensibilité au contrat didactique : rôle des arrière-plans dans la résolution de problèmes d'arithmétique au cycle trois*, thèse, Université Victor Segalen Bordeaux 2, 1996.
25. Problèmes non calculables du type « capitaine » : *Sur un bateau il y a 10 moutons et 5 chèvres, quel est l'âge du capitaine ?* Problèmes calculables mais dont l'apparence est proche du problème du capitaine : *Depuis la naissance de Martine ses parents lui achètent pour chacun de ses anniversaires deux poissons exotiques. Cette année elle compte 24 poissons dans son aquarium. Quel est l'âge de Martine cette année ?*

Malgré la fenêtre grande ouverte, je me réveille à 7 h ; le temps est gris, il commence à pleuvoir sur la route, enfin. Je me précipite dans la classe de Chantal[26], CE2 pour faire passer le test.

Début du test à 8 h 20 dans un silence de cathédrale. Les enfants ne posent aucune question... On arrête au bout de 40 minutes. Je vais ramener le tout à Bernard, mais je relève au vol quelques types de réponse de type Sonia/*tii*.

> Un peintre met 6 heures pour peindre le mur d'une maison. Combien de temps mettront 3 peintres pour peindre le même mur s'ils décident de travailler ensemble ?

Aurélie répond : *Il a plus de temps pour peindre le même mur.*

> Dans la cantine de l'école, il y a 6 tables de 8 places chacune et 5 tables de 6 places. Combien d'enfants peuvent manger à la cantine ?

Geoffrey répond : *Ils mangent sur la même table.*

**Enfance et coutume (4)**

[...] Thé collectif. À 5 h Jeanne nous rejoint. Le week-end est commencé. Toute la famille est réunie pour la répétition de chant. Je blague avec Mariline, les gamins jouent autour de nous. Tout à coup, Viviane se lève et va sortir sans ménagement Doudou qui se dirige vers l'arrière du Kiosque. Sans que je pose de question, Mariline me dit « qu'il ne faut pas qu'il passe derrière la maison de Tonton ». Le Kiosque, maintenant délaissé, est l'emplacement de la première demeure de Séraphin, le tertre en quelque sorte. De même qu'il ne faut pas passer derrière Tonton, il ne faut pas passer derrière sa maison. Antoine avait raison quand il disait que l'apprentissage coutumier des enfants se faisait en contexte et sous la responsabilité des adultes.

26. Enseignante calédonienne demeurant à Koné, très attachée à Séraphin et Camille.

# Samedi 22 novembre 1997
# Foot en Kanaky, messe en Caldochie

Réveil à 9 h. Grand soleil, la dépression est bien partie. Après le petit déjeuner, je donne la main pour effiler les herbes en blaguant. Séraphin et Michel sont descendus à Koné pour une réunion politique. Hier j'avais vaguement émis l'idée d'aller voir jouer la J.S. Baco[27]. Je pourrais y aller avec Sébastien...

[...] Séraphin est pressé d'aller installer le matériel dans l'église de Pouembout. Il fait sa plume, se rase dans le rétroviseur du minibus, enfile un jean propre, un polo bleu à petites rayures, des chaussures à lacets et des chaussettes. Quand je pense à la tenue qu'il arborait pour les obsèques de sa mère : short violet, débardeur rouge troué et casquette rouge. Aujourd'hui, ce n'est pas jour de coutume : on va en démonstration chez les Caldoches. Dans l'église toute la famille sera sur son trente et un.

[...] À deux heures, je passe prendre Sébastien qui lui aussi s'est mis chic et nous partons au foot. Il me fait arrêter derrière les buts, entrouvre la porte et commence à regarder le match en silence. Comme dans les coutumes, on commence par s'arrêter et voir qui est là. J'étouffe et prends prétexte d'aller chercher à boire pour sortir. Au retour, Sébastien n'est plus dans la voiture. Je le cherche avec mes deux boîtes de Coca et le tricot de la J.S. Baco que j'ai acheté pour Antoine[28] à la buvette. Je me dirige vers le centre du terrain, là où il y a un peu de monde, pas beaucoup. Sébastien a trouvé son clan, à une cinquantaine de mètres des buts, dans les brousses, autour d'une vieille bagnole rouillée. Je salue et m'assois sur le capot. Le plus vieux, déjà un peu éméché, me tend un fond de bouteille de Johny Walker. Je décline l'offre. Ils parlent peu entre eux, sifflent les groupes de filles qui passent, donnent l'impression de ne pas s'intéresser au match, et pourtant, le suivent. Ici, on ne fixe pas. Baco écrase Poindimié, au final, 5 ou 6 à 1 sans que l'équipe de Poindimié baisse les bras. C'est un minibus aux couleurs du club qui sert de vestiaire, et la rivière toute proche qui fait office de douche. Il est trois heures et demie : un second match va succéder. On m'offre de la bière planquée dans le coffre de la voiture. J'en ai assez vu et « vais avancer un peu ».

27. La J.S. Baco est le club de foot le plus fameux de Nouvelle-Calédonie. Papas et tontons d'élèves de l'Immaculée y ont joué. [2012]
28. Mon plus jeune fils.

[...] Nous filons à Pouembout. La cérémonie se passe bien. Nous chantons à tue-tête.

*Petite remarque sur cette messe à Pouembout. Il s'agit de la messe de première communion, donc fête qui attire beaucoup de monde, famille, amis des communiants. Nous assurons officiellement l'animation musicale dans une paroisse de brousse presque exclusivement « non kanak ». D'où l'importance de la « présentation » de soi au sens Goffmanien du terme. Ça je l'avais compris sur le moment, mais ce que j'ai appris depuis c'est que Pouembout est appelé de façon péjorative le village des « Chapeaux de paille », c'est-à-dire des descendants de bagnards. L'opposition entre descendants de matons et descendants des bagnards est encore vive dans la mémoire collective. Ce qui expliquerait une mise en scène différente (toujours Goffman) selon que l'on se trouve à Koné ou à Pouembout.*

## Mardi 25 novembre 1997
## Travail en groupes à la mode kanak

Réveil tardif à 7 h et quart. Arrivé à l'école, je vois les gamins de CM1 traverser la cour avec des piles de livres et de dossiers : c'est Séraphin qui leur fait déménager la classe de William[29] en congé pour la semaine.

Je propose à Séraphin de faire passer le test de français et de prendre la classe pour la fin de la matinée. Il accepte évidemment. Paradoxe : c'est la première fois de ma carrière que je vais tenir seul une classe de primaire. Heureusement que les gamins ne s'en doutent pas sinon j'aurais eu encore moins d'autorité que je n'en ai montré !

Que faire au juste ? William a emporté le cahier journal. Je commence par essayer de leur faire raconter l'histoire paradoxale de *l'ours et du singe*[30], je m'assure que, dans l'ensemble, ils ont compris la farce. Je leur relis moi-même le texte, puis les fais mettre par groupe de quatre ou cinq et demande à chaque groupe de trouver un titre. Ensuite le groupe classe élit le titre qui leur semble le meilleur : c'est le plus long qui gagne, mais à la majorité relative : « Histoire de l'ours qui plante un champ de melons ».

29. Instituteur calédonien avec qui j'ai échangé quelques propos. Il n'a pas l'air d'être bien intégré dans l'équipe. [2012]
30. Qui faisait partie du test Sarrazy sur la sensibilité au contrat. [2012]

Je leur demande alors d'écrire, toujours en groupes, le début de l'histoire (pure improvisation de ma part). Je sens alors que ma présence les bloque pour discuter entre eux. Je fais le rapprochement avec les observations concernant les jeux et ce que m'a raconté Camille de la sœur scoute girl qui les laissait travailler seuls, et je tente le coup, risqué vu leur indiscipline jusqu'à maintenant, de les laisser seuls, d'aller me mettre sous le préau en leur demandant de venir me chercher quand ils auront fini. L'opération dure à peu près une vingtaine de minutes qui me semblent une éternité, guettant de temps en temps du coin de l'œil pour m'assurer qu'ils n'étaient pas grimpés sur les tables. J'aperçois des déplacements relativement calmes et n'entends pas hurler ! Enfin au bout de 20 minutes on vient me chercher. Ouf ! Chaque groupe a produit un texte cohérent.

Il reste un quart d'heure avant la sortie. Il me prend l'idée saugrenue de leur proposer de chanter. Idée qu'ils acceptent avec enthousiasme. Ils entonnent un cantique à tue-tête. Pas question de faire la moindre nuance. Au repas, je me fais gentiment engueuler pour le bruit par la maîtresse de la classe d'à côté.

## Vendredi 28 novembre 1997
## L'école sous le regard de la tribu

*Encore une excursion imprévue. J'avais rencontré, je ne me souviens plus comment, la directrice de l'école de Bopope, Louise. Elle m'a proposé, ou je lui ai demandé, de passer une journée dans son école. Il faut dire pour ceux qui ne connaissent pas le pays que Bopope, 170 habitants, est un peu le « Pétaouchnock » de la Nouvelle-Calédonie, en plein milieu de la chaîne, très longtemps difficilement accessible, fief protestant actif coutumièrement et politiquement.*

[...] Je passe prendre Louise, dont la fille est en classe à l'Immaculée. Avec la construction de la « transversale[31] », la tribu s'est bien rapprochée de Koné (42 km) ; mais la route nouvelle passant en dessous des habitations, personne ne traverse plus la tribu. L'école privée protestante (Alliance) est située à mi-village, un peu en contrebas, sur un vaste promontoire herbeux autour duquel les bâtiments sont relativement

31. Route récemment construite qui relie la côte est à la côte ouest et remplace une ancienne piste dangereuse et mal carrossée. La construction de cette route est une conquête des accords de 1988.

dispersés. Les activités collectives, il y en a beaucoup, se font dehors. La position dominante de la tribu fait que l'école est constamment sous son regard.

Quand nous arrivons, enfants et enseignants sont rassemblés dehors. Voyant mon intention de faire une coutume, on envoie chercher le pasteur qui habite juste à côté. C'est lui qui fait le discours de réponse. Je reçois un retour accompagné de petites roses.

L'activité de ce début de matinée consiste en la mise en commun des activités décloisonnées d'hier : « dresser un bilan, faire un rapport ». On est bien dans l'éducation politique kanak. Tour à tour, les groupes viennent présenter des *paper board*. Par exemple, l'atelier bibliothèque (BCD) présente le règlement intérieur qui a été élaboré hier. Les signatures des élèves et des enseignants sont apposées au bas du règlement.

Je suis assis au milieu des gamins durant cette séance de présentation. Si le règlement triomphe sur les affiches, il n'est pas particulièrement appliqué dans les rangs, malgré des rappels à l'ordre et menaces de trique. Compte rendu d'activité de l'atelier jardin, j'apprends que l'école a son propre champ d'ignames. Il faudra que j'aille le voir.

9 h 40, récréation. Discussion avec le stagiaire dans la classe duquel je vais aller maintenant (CP, CE1). Il est très satisfait de l'implication des parents dans la vie de l'école : les propositions d'activité – extrascolaires je pense et espère – sont soumises au Conseil des anciens ! Je trouve ça très inquiétant mais je ne lui dis pas car je ne le connais pas suffisamment.

10 h, rentrée en classe. Je m'assieds au milieu des 5 élèves de CE1. « Qu'est-ce qu'on a fait depuis que j'ai pris la classe ? – Les règles de vie en classe – C'est vous qui avez dit les règles et c'est moi qui ai écrit. » Ces règles sont affichées sur le mur du fond. « Et quoi encore ? – On a planté des ignames et des taros. Trois branches d'ignames sont sorties – Le champ n'est pas entretenu, il va falloir tirer les herbes. » (On n'arrache pas les herbes on les « tire ».)

Cette question d'ignames et de taros n'est pas subsidiaire : elle est inscrite formellement dans un projet qui manifestement ne ressort pas de la seule initiative d'un maître, mais d'un vaste plan de didactique de la culture kanak provenant de la Direction de l'enseignement et qui, ici, a été prise très « au sérieux ». En effet je vois à ce moment une grande affiche au feutre :

PROJET DE CLASSE : LES PLANTES KANAK

Objectif : Connaître l'importance de leur utilisation nourricière, sociale symbolique et esthétique
- Phase de sensibilisation : Visiter une exploitation de 12 plantes kanak à l'Hôtel de Province
- Phase d'exploitation :

| **Action 1** | **Action 2** | **Action 3** |
|---|---|---|
| Faire un champ d'ignames et de taros.<br>Objectif<br>Connaître la culture de l'igname | Classe verte<br><br>Objectif<br>Recenser toutes les plantes de forêt et de plaine | Exposition<br><br>Objectif<br>Montrer, informer les camarades et les parents des actions vécues |

[...] 10 h 40, le bruit monte dans la classe. Chant, avant la sortie : le chant marche toujours. Il n'y a pas de cantine. Les enfants vont manger chez eux. Par contre, les parents sont venus dans la matinée porter un bon repas (poisson, cerf, énormes crevettes de creek) pour fêter le départ du stagiaire. Trois papas particulièrement joviaux les représentent. L'atmosphère est très détendue, mais, contrairement à ce à quoi on pourrait s'attendre, ceux qui ont l'air de commander, ce sont les parents !

[...] 13 h 30. Je vais dans la classe de Camen, classe de CE2, CM1. Les enfants ont fait un séjour d'une semaine à Nouméa il y a une quinzaine de jours (ce qui a donné lieu à un article conséquent dans *Les Nouvelles*). Le travail de l'après-midi consiste à préparer les légendes des nombreuses photos ramenées de cette semaine, ainsi que des affiches qui leur ont été données lors des visites. Les textes sont de type Sonia/*wii* : les enfants cherchent à recopier ce qu'ils trouvent de déjà écrit. Contraste entre une dissipation chronique, du bruit, des bagarres, et le fait que, quand ils passent derrière moi, ils se baissent ! Pourtant, du règlement, il y en a ici aussi – particulièrement réaliste – affiché, en grosses lettres au feutre face à l'entrée.

**Règlement**

Je ne joue pas dans la classe
Je ne mange pas dans la classe
Je ne coupe pas la parole
Je ne tape pas mes camarades
Je ne dis pas de gros mots
Je ne déchire pas les livres de la bibliothèque
Je ne me balance pas sur ma chaise
Je ne dors pas en classe
Je ne touche pas les affaires de maîtresse
Je ne dois pas chantonner en classe
Je ne vole pas des affaires
Je ne dois pas cracher, pisser et péter dans la classe.

Sur le grand mur de droite en entrant, je vois un étonnant panneau de papier kraft :

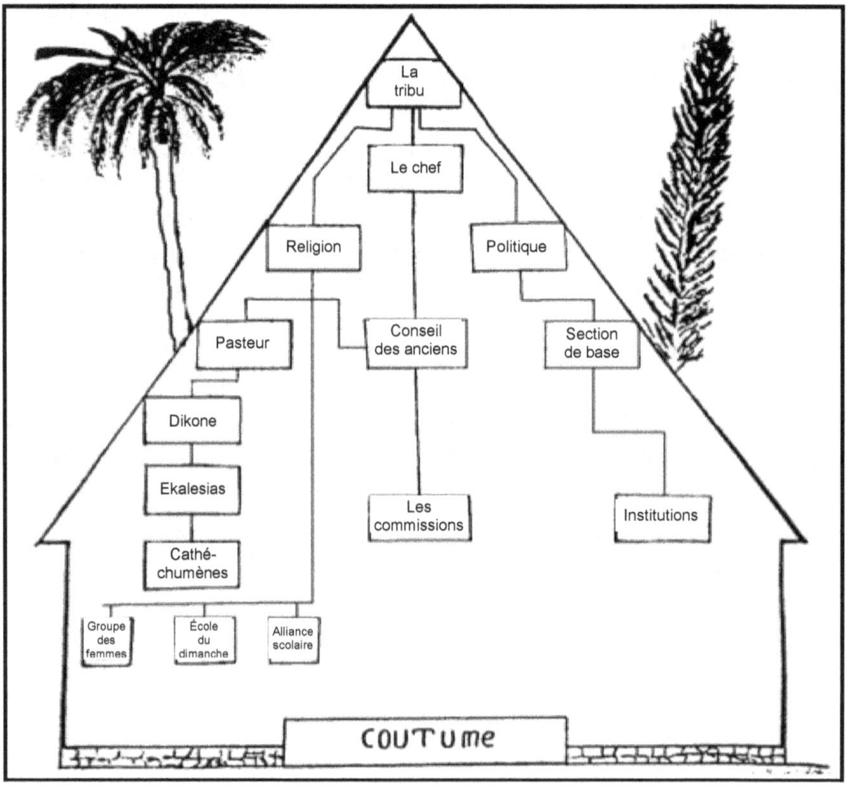

Que les enfants le lisent ou ne lisent pas, n'enlève rien à l'affaire : ils ont en permanence dans l'école, devant eux, cette représentation hiérarchisée de la tribu avec la coutume comme socle, telle que cette école protestante la conçoit : le chef, la religion et la politique. Comment interpréter la liaison pasteur, conseil des anciens. Où se situe l'école ? Dans la case *Alliance scolaire* sans doute.

[...] 14 h 40. En attendant le pot de départ du stagiaire, je demande aux enfants de me montrer leur champ d'ignames : pas terrible le champ d'ignames, plein d'herbe ; les enfants courent sur le tertre ; un seul se préoccupe de ramener une ramure sur le piquet ; un autre pisse au milieu du champ. Je pense que le champ d'ignames n'a pas lieu d'être dans l'école : c'est le lieu d'une personne, pas d'une institution. À trop vouloir introduire la coutume à l'école, on la vide de son sens (ce qui n'est pas le cas à l'Immaculée).

Rassemblement : on fait une coutume d'au revoir au stagiaire. D'abord quelques chants, puis la coutume proprement dite ; les enfants sont plutôt distraits. Dans sa réponse, le stagiaire : « même si on réussit pas, y a toujours la tribu » (*sic*). C'est terrible d'entendre ces propos dans la bouche d'un enseignant débutant.

Goûter : les enfants sont assis en cercle, je me mets au milieu d'eux, les papas, un peu en retrait, mais dans le même arc de cercle, me font signe de les rejoindre. Présentation des cadeaux reçus par les plus grands lors de leur semaine à Nouméa. Quand les enfants répondent des bêtises aux questions, les papas éclatent de rire. Quel rapport au savoir, à l'autorité du maître ? L'école, ici est un lieu surdéterminé de socialisation et non d'acculturation.

Au moment de mon départ, Camen me fait choisir une œuvre dans l'atelier d'art des enfants : je choisis un très beau bambou gravé par les gosses. Je me sens un peu dégueulasse de critiquer cette école si accueillante ; c'est mon boulot, je n'ai pas à me laisser enkanaker.

*Je relis cette description avec une quinzaine d'années de recul. Elle est bien sévère, voire partisane. Pourtant j'ai bien relaté ce que j'ai vu, la fameuse affiche organigramme, le contrôle exercé par les papas, le peu de cas que ceux-ci font de l'autorité des maîtres, cette école en contrebas de la tribu ; tout ce qui se dit même à l'intérieur des classes peut être entendu par quiconque passe sur le chemin. On est loin de l'école telle que la pensait Alain, on est même aux antipodes. Qu'est-ce qui me gêne alors ? Je ne renie pas ce que j'écrivais alors mais à la réflexion je vois deux « raisons ». Une première raison « épistémique » : j'étais alors en pleine période « didactique », très préoccupé par les « situations », et ce jour-là, je n'en ai pas vu. Deuxième raison « anthropologique » : tout simplement la brièveté de mon séjour à Bopope ; je ne suis pas resté assez longtemps pour une « description dense*[32] *».*

Retour à la maison à 7 h. Repas avec Camille et Nadia. À propos de mémoire, Camille me parle de son enfance et de ses parents commerçants. Le papa ne savait ni lire ni écrire et pourtant, il se souvenait avec précision des dates de livraison, du détail des factures, apprenait à Camille le pesage de précision sur une balance Roberval. Je commence à comprendre pourquoi un des rares intérêts reconnus à l'école est précisément le calcul.

## Do Néva, visite d'un mythe

*L'organisation de ce séjour à Do Néva n'a pas été une mince affaire. Il a d'abord fallu obtenir l'autorisation ; on ne comprenait pas la raison de ma visite ; c'est Billy qui a arrangé l'affaire. Ensuite, l'hébergement, impossible sur place, pas plus au village, Houailou. Séraphin a trouvé la solution, sa grand-mère Marthe dans la tribu de Goyetta, certes à 50 km de là plus les virages, mais du bon côté de* La Chaîne. *Enfin, il n'était pas question que je m'embarque seul. L'expédition comportera pas moins de quatre membres, Jeanne, Nadia, Ivan un grand fils de Jeanne que l'on emmène pour voir s'il n'y a pas de travail à faire chez la grand-mère, et moi-même.*

## Lundi 1er décembre 1997

Réveil à 6 h. Séraphin a préparé deux coutumes pour la chefferie de Goyetta et des tas de provisions pour sa grand-mère Marthe qui a téléphoné deux fois hier. La première pour dire qu'elle croyait que l'annonce de ma venue était une blague. La seconde pour dire qu'elle était allée voir le chef pour lui demander l'autorisation de m'héberger dans la tribu. Je propose à Nadia de m'accompagner chez son arrière-grand-mère ; au dernier moment elle se décide à venir.

32. C. Geertz, *Enquête*, n° 6, 1998.

**Premières « impressions »**

[...] N'était la disposition en vaste rectangle autour d'un large espace herbeux vide et en déclivité vers la route, Do Néva, adossé à la montagne, relève plus de la tribu délabrée que du collège : jeunes par groupes d'âge, disséminés ; gamins qui jouent dans les manguiers, chemins ravinés, morceaux de bétons, bâtiment central pourtant historique, en ruine (il s'agit de ce qui reste de la mission fondée par Leenhardt). Un gamin descend gentiment d'un manguier pour me conduire vers le directeur, Laurent, déjà dans sa voiture. Il va déjeuner chez lui et me convie pour une heure et quart, une heure et demie... Une grande heure à tuer. L'endroit n'est pas folichon. Je fais le tour de Houailou et atterris dans le seul snack de l'endroit.

[...] J'arrive au bureau du directeur à une heure et demie pile. Je commence par faire un discours de coutume circonstancié dans lequel je parle de l'importance symbolique de Do Néva. Laurent me répond brièvement, puis me fait un petit historique. Do Néva a d'abord été une mission créée par Leenhardt en 1903. La « station » devient établissement scolaire et internat en 1958. Laurent insiste sur le fait que l'établissement garde une image de mission protestante : « C'est une école de l'Église, 80 % des élèves sont protestants. » C'est donc « un moyen de formation, une école spirituelle » qui vise le « développement intellectuel et moral ». Ce discours m'a l'air bien officiel pour ne pas dire *langue de bois*. Tout au long de notre entretien, j'essaierai d'en faire sortir mon interlocuteur sans vraiment y parvenir. En fait je ne le connais pas assez, il ne me connaît pas assez. Ceci pose la question méthodologique de la pertinence de l'entretien *direct*.

Je tente de me placer sur le terrain des stratégies familiales sans beaucoup plus de succès. Laurent concède toutefois qu'il y a d'un côté des traditions familiales, et d'un autre, des stratégies de deuxième chance, par exemple pour des enfants kanak de Nouméa ayant redoublé dans un établissement public. « Ici l'élève pourra se ressaisir. » Si je comprends bien, le ressaisissement est plus moral ou spirituel que cognitif.

L'éducation coutumière ? « Elle se fait à la tribu. »

La place de la coutume dans l'établissement ? « Elle est "intégrée, à l'occasion" ».

Je pousse un peu plus et lui demande si les conflits claniques resurgissent dans l'établissement : « Ça peut exister, mais pas ouvertement. »

Je pousse le bouchon encore plus loin : « Existe-t-il une relation entre la hiérarchie clanique et le rapport au savoir ? – Non ! Il ne faudrait pas basculer dans l'ultra-culturalisme (*sic*). L'enfant kanak est déchiré entre deux cultures. Les deux sont imbriquées. L'enfant est déstabilisé émotionnellement. La société kanak est elle-même déstabilisée et l'enfant doublement fragile. »

Airs connus que j'aurais aimé pouvoir interroger, sinon déconstruire, en demandant à Laurent ce qui, dans les faits, lui permettait de reproduire ces lieux communs. Mais je sens que ce n'est pas possible : il n'y a pas entre nous la complicité nécessaire.

Nous abordons ensuite la question des processus d'apprentissage en relation avec d'éventuelles spécificités culturelles. Laurent ne met pas en cause les méthodes classiques. Pour lui, il y a eu ces dernières années deux progrès déterminants et suffisants : l'adaptation des programmes, d'une part, et la reconnaissance du français langue étrangère (FLE), d'autre part. Une fois tenu compte de cette reconnaissance « officielle, même si je suis kanak, je reproduis d'abord l'éducation européenne que j'ai reçue ».

Je relance sur la question de la discipline et rapporte le propos de Billy : « À Do Néva, j'en ai chié et on en chie encore. » Laurent ne dément pas, les enfants sont serrés : « Ils en bavent. Tous les matins, je passe avec un tuyau de caoutchouc, même si je ne m'en sers pas. » Ce type de discours est récurrent et renvoie à la discipline ascétique des anciennes missions : c'était dur, on en bavait, les sœurs ou les frères étaient souvent injustes, mais c'est comme cela qu'on apprenait. Ici, le discours moderniste du plaisir d'apprendre, de la joie à l'école, n'a pas cours. C'est dans l'inconfort et les larmes que le savoir européen rentre dans les têtes dures !

*Laurent parti, je sors sous le préau et rencontre quelques professeurs. Certains m'invitent dans leur classe pour demain.*

**Les Tiaoué à Do Néva**

Pendant que nous parlions, deux filles se sont approchées et nous observent avec un large sourire de contentement : ce sont les Tiaoué ! Apolonie et Agnès qui étaient dans la classe de Charline il y a deux ans. Elles terminent leur 6e et sont manifestement heureuses de me voir, là. Comment l'ont-elles su ? Elles n'ont pas été prévenues et on ne m'a pas fait visiter l'établissement. Je pense qu'elles m'ont simplement *vu*. Par contre pas de Jean-Paul[33] qui, lui, sait peut-être. Durant la conversation, j'observe des filles sur un banc, de dos : elles se caressent les cheveux comme les petits garçons à l'Immaculée.

33. Fils de Nastasie pour qui je suis donc un « papa ».

**Les petites sœurs de Goyetta (I)**

[...] Arrivée sans encombre à Goyetta vers 6 h. Nadia qui s'est mise en manou a une mine particulièrement réjouie, détendue. Elle a reconnu le bruit du moteur. Personne d'ailleurs n'a bougé à mon arrivée. Ceci est une « forme de vie » kanak qui m'a longtemps posé problème : quand on sait que quelqu'un doit arriver et qu'on a reconnu par un moyen ou un autre que c'est bien lui, on ne sort pas de la maison pour l'accueillir ; c'est à lui de venir se montrer.

La maison de Marthe : devant, le traditionnel plat herbeux sur lequel je me suis garé spontanément. Jeanne me fera déplacer la voiture pour la ranger plus discrètement, perpendiculairement au bâtiment principal. Celui-ci, en parpaings crépis avec une petite véranda courant sur le devant, est composé de deux chambres : une grande où dormiront les femmes et une petite, la mienne. Derrière, un petit escalier mène à une antique cuisine entièrement en tôle ondulée noircie avec trois portes et deux fenêtres, sol en terre battue. Comme me l'a laissé entendre Séraphin, le vrai moderne, c'est la tôle. Dans un angle, foyer surélevé d'un mètre environ (c'est la première fois que je vois ce type ergonomique d'installation). Nadia et sa tante s'affairent à faire cuire des frites, poignée par poignée, dans une poêle. Pour le moment je bois l'eau chaude en racontant ma journée. Pendant ce temps, poules, chiens et chats traversent librement la pièce en dépit des « couché ! » de la patronne.

La nuit est tombée, les petits moustiques ont attaqué. Je mange le poulet frites en compagnie de Jeanne et Nadia. Sans prévenir, Marthe est partie dans la nuit au magasin, s'appuyant sur sa canne, pour acheter des tortillons anti-moustiques. À 8 h on me congédie. Les femmes veulent rester bavarder entre elles. Je rentre dans ma chambre, me protège tant bien que mal des moustiques, recopie quelques notes sur une minuscule table, puis vais au lit avec les *Nouvelles*.

9 h 30. Dans la chambre d'à côté les trois femmes rient comme des gamines tandis que je lis un passage *terrible* (au sens de : qui donne un sentiment de terreur) du *Choix de Sophie*...

## Mardi 2 décembre 1997

### Physique

Réveil à 5 h. J'arrive à Do Néva bien à l'heure et me rends dans la salle des profs. Jean Martial, le prof de physique, m'emmène dans sa classe de quatrième. C'est par chance la classe de Jean-Paul. Je m'assois à côté de lui au dernier rang. Sa première et seule question : « Avec qui tu es ? Comment tu vas rentrer ? »

Cours d'optique sur les ombres projetées et les phases de la Lune. Les élèves sont relativement actifs, dociles en tout cas. [...] Jean Martial fait énumérer les cinq sens... et un 6e sens : *savoir ce qui va se passer*. Les élèves commencent à se lasser : une fille chantonne ; le cours dure une heure et demie. C'est trop long. Jean Martial dicte un résumé et le cours s'achève.

### Anglais

Jean-France, professeur d'anglais, m'embarque à son tour dans sa classe, une autre classe de 4e garçons. Contrairement à ce qui se passe dans le primaire, la classe est très dépouillée : seulement un planisphère et une carte de Nouvelle-Zélande. Jean-France commence par une vérification orale. Les élèves répondent avec un très bon accent (importance de l'acuité auditive). Il les met ensuite en groupes pour un exercice d'invention de dialogue à partir de planches de bande dessinée. C'est la première fois que je vois un travail de groupe réel dans une classe, il faut dire que Jean-France n'en fait pas trop, ne les bouscule pas non plus.

À la fin du cours, Jean me demande où je vais manger et comme je lui dis que je n'en ai pas la moindre idée, m'invite chez lui. Bien sûr j'accepte. Il habite une petite villa à l'entrée d'une tribu, est marié avec une Kanak. Son discours sur le collège est moins idyllique que celui de Laurent. Entre enseignants (50 % de profs kanak, 50 % de métro ou calédoniens), les choses se passent assez bien. C'est du côté des élèves que les choses vont moins bien : abandons en cours d'année pour cause d'échec ou d'argent ! Que deviennent-ils ? Retour à la tribu ? Malgré cela, certains jeunes réussissent ensuite au lycée Do Kamo[34].

### Catéchèse (2)

Retour au collège. Je me présente au pasteur qui m'invite à suivre un cours de catéchèse en classe de 6e. La classe est séparée en deux groupes : les filles d'un côté et les garçons de l'autre !

---

34. Lycée protestant de Nouméa, le lycée catholique s'appelle Blaise Pascal, familièrement « Le Blaise », et le grand lycée public, La Pérouse. [2012]

*J'assiste à une curieuse exégèse fortement inculturée de deux textes de « la Bible » sur Noël qui approche, Matthieu I, 18-25 pour les filles, et Luc II, 1-21 pour les garçons. « Hérode c'est le Haussaire » (terme courant pour désigner le Haut Commissaire du Gouvernement), représentant ici l'occupant colonial. Quant à Moïse :*

« Moïse n'est pas notre sauveur, nous les Kanak, on n'a rien à voir avec ça. Pour nous le libérateur c'est Jésus. » Je reste discuter un peu avec lui, pour voir. Je reviens sur la question de la virginité et lui demande comment il s'en tire avec le dogme de l'Immaculée conception. Sa réponse est curieuse, mais peut-être représentative des relations religion/ coutume : « la virginité de Marie est un tabou coutumier, on n'en parle pas en public. Si un événement biblique touche la sexualité, on ne pose pas la question. Si quelqu'un fait une allusion, on l'arrête avec des "Tchaa" »...

**Sculpture**

Après l'épisode pasteur, je retourne voir Laurent et lui demande de me conduire à l'atelier du Vieux Lacheret, professeur de sculpture[35] qui me reçoit devant l'atelier et, au début, se montre peu disert. Nous visitons l'atelier dans lequel travaillent quatre jeunes de troisième. Chacun sculpte sa propre pièce. Lacheret va de l'un à l'autre, parle peu, n'évalue pas, ne donne ni conseils ni instructions, se contente de prendre l'objet, de continuer quelques instants le geste, là où l'élève en est, avec l'outil dont il est en train de se servir, et le lui rend sans rien dire. Moi-même, j'évite de poser des questions, ce qu'en d'autres temps j'aurais eu tendance à faire, pour me donner une contenance.

Nous sortons et Lacheret se met à me parler. Il a bien connu Leenhardt, voit encore ses enfants. Je lui demande qui lui a appris les techniques de sculpture. « Du temps des vieux, on ne voyait pas comment ils travaillaient. C'est sacré, on voit seulement la sculpture finie. Puis les missionnaires ont interdit la sculpture. On a oublié les techniques. Ce n'est pas comme au Vanuatu et en Nouvelle-Zélande qui sont beaucoup plus avancés que nous. Il n'y a pas beaucoup de temps qu'on recommence à créer. Le point de départ, c'est Jean-Marie Tjibaou et Jacques Yékawé avec *Mélanésia 2000*[36]. Depuis, on a le soutien de l'ADCK[37], sinon l'art

35. Lacheret est en fait le nom d'un pasteur compagnon de Leenhardt que le « vieux Lacheret » a pris à son compte « par admiration ».
36. Le fameux festival *Mélanésia 2000*, qui constitue un des points de départ historiques des revendications kanak, a eu lieu en 1975. [2012]
37. Agence pour le développement culturel kanak.

disparaît. Il y a maintenant un renouveau des arts : sculpture, danses, chants. »

**L'obligation de donner et recevoir**

À 16 h 15, je prends congé du vieux et de ses élèves qui continuent de travailler, bien que les classes soient achevées depuis un quart d'heure. Les filles de Tiaoué m'attendent auprès de la voiture pour me dire au revoir.

Je passe au *magasin* pour acheter les commissions que m'a confiées Jeanne ainsi qu'une *Number One* et du chocolat pour la route. Je rencontre un des garçons que j'avais regardés sculpter tout à l'heure. Il a sa sculpture à la main, un petit chambranle. Je lui dis seulement : « Tu l'as fini, c'est beau. » Je passe à la caisse, sors, m'apprête à monter dans la voiture. À ce moment-là, le garçon sort à son tour et me donne sa sculpture en disant seulement : « Ça fera un souvenir. » Je me sens soudain très petit devant ce gamin au regard qui cligne. Je voudrais trouver quelque chose d'intelligent à dire ou à faire, mais quoi ? Je bredouille simplement que je me souviendrai de lui. Je lui demande d'écrire son nom au dos du chambranle et rajoute le lieu et la date. Finalement, ce qui tient Do Néva, ce sont les enfants. Attention à ne pas tomber dans le discours idéologique « les Kanak sont gentils ». Peut-être que, coutumièrement, ce garçon s'est senti obligé de me donner sa sculpture du seul fait que je lui avais dit qu'elle était belle. Cela ne change rien à son geste. Il s'apprêtait à rentrer chez lui avec son chambranle terminé, il m'a rencontré, moi un Métro qu'il ne reverra probablement jamais plus, et il me le donne. Est-ce parce qu'il est kanak ou parce qu'il est lui-même ? Cette question qui me tracasse en tant que sujet, n'a en fait pas de sens : je repense à la critique de la notion de mentalité par Lloyd.

## Mercredi 3 décembre 1997
## Retour à la maison

[...] Réveil à 5 h par les coqs particulièrement ponctuels. Je fais la coutume d'au revoir et nous partons vers 6 h et demie. En passant à Bopope, des enfants m'interpellent : « Eh Pierre ! » Je les ai vus une journée et passe à 60 km à l'heure ! Cela doit être une des raisons pour lesquelles les Européens disent que les petits Kanak sont « gentils », moi je pense que cela n'a rien à voir avec ce que nous appelons gentillesse, mais fait partie de l'exercice du métier.

**Les petites sœurs de Goyetta (II)**

Arrivée à Tiaoué vers 9 h et demie. Repas en tête-à-tête avec Camille qui m'explique les fous rires de Jeanne, Marthe et Nadia. La raison de la rigolade était la suivante : Marthe et Nadia couchaient sur le grand lit et Jeanne par terre : « Quand la grand-mère et la petite fille paternelle sont ensemble, la tantine ne vaut pas plus qu'une servante ; c'est pour cela qu'elles charriaient Jeanne par terre sur sa natte qui, en revanche, les traitait de "pédées", elles qui la laissaient dormir dans la poussière ! » Les plaisanteries ne se font pas en fonction de l'âge, mais de la place. Je comprends maintenant pourquoi Nadia avait l'air si heureuse et épanouie à Goyetta. Dans son sourire, ses gestes, ses vêtements (habituellement en short, elle a vécu deux jours en manou), elle affirme pleinement sa « Kanakité » : elle est avec son arrière-grand-mère-petite-sœur !

## Vendredi 5 décembre 1997
## Quatrième entretien avec Antoine Goromido

**Questionner ou pas ?**

[...] Arrivée à Netchaot vers 9 h et demie... Antoine en manou, le coutelas à la ceinture « *Ahou* Caa Bwëé, c'est bon d'être venu, *wadé* ! » J'essaie, mais ce n'est pas aisé, d'aborder avec lui la question du problème sans solution. Pour illustrer je lui fais lire deux problèmes du test Sarrazy.

– Comment dit-on qu'une question est absurde ?

– Dans les choses comme ça, même nous, les grandes personnes, on prend le génie ou le lutin qui a l'habitude d'agir comme ça.

– C'est-à-dire poser des questions sans réponses ?

– Oui, par exemple le lutin vit dans la montagne et voit la cascade de Wadé. Il fait sa taraudière pour avoir l'eau de la mer. Il sait très bien que l'eau ne peut pas aller là-haut !

– Donc un maître ne peut pas poser de questions comme ça ?

– Non, on n'est pas encore dans la pédagogie[38]. Nous, moniteurs, on ne pose jamais des questions comme ça.

---

38. Ce n'est pas la première fois qu'Antoine parle d'un avant et après la pédagogie, comme il parle aussi d'un avant et après l'indépendance. Qu'est-ce donc que cet « avant la pédagogie » ? Je pense qu'Antoine veut dire par là un temps où le maître

– Mais, les élèves, est-ce que vous les feintez pour essayer de voir s'ils ont bien compris ?

– Je pense que l'inspection ne tolère pas ce côté-là. On n'a jamais abordé ce côté-là. Maintenant, les conseillers pédagogiques, c'est eux qui prennent les élèves en charge. De notre temps, le conseiller pédagogique, c'est un inspecteur : il contrôle ton cahier journal. Il faut pas faire d'erreur, sinon c'est rapporté dans le rapport de journée.

**Règle, coutume et école**

Je me lance alors dans ma comparaison, bien risquée, entre la règle et la situation dans la coutume et dans la classe :

– Dans la coutume, par exemple, le décès ou le mariage, il y a la loi, la règle, et puis il y a la situation, il y a adaptation.

– Tu as raison.

– Pourquoi, à l'école, ça ne se fait pas, l'adaptation ne se fait pas ?

– Je crois que c'est l'autorité.

– J'ai l'impression que les enfants qui sont intelligents, malins, deviennent idiots face à la règle.

– Oui, enfin je crois [...] Tu as travaillé avec ton frère[39] ?

– Pourquoi l'enfant respecte la règle situation en naturelle et, en même temps, est très autonome, alors qu'à l'école les règles le rendent con ?

– Je crois que c'est un peu ça [...].

**Enfance et autorité**

Je parle alors de la difficulté à observer les enfants qui parlent entre eux. Puis de la difficulté que les instituteurs ont à les faire parler entre eux alors qu'ils sont en travail de groupe.

– Oui, oui, pas seulement à l'école Caa Bwëé. Je vois, nos enfants ici sont comme ça à la maison. Ils parlent entre eux, à distance des adultes.

– Il me semble qu'il n'y a pas de conversation des enfants avec l'adulte... il y a des petits dialogues, mais pas de conversation.

– Je pense que maintenant ils parlent plus avec leurs parents. [...] Il y a quelque chose chez nous, chez les Kanak, par exemple quand on est là, on dit aux enfants « allez jouer ». Quand on est tout seuls on leur permet pas de parler. C'est papa et maman qui parlent, mais on ne leur donne pas le temps de parler, on leur interdit de couper. C'est la règle générale.

---

n'a qu'à répéter, au deux sens du terme : répéter ce qu'on lui dit de dire, répéter les mêmes choses jusqu'à ce qu'elles rentrent dans la tête des enfants. « Après la pédagogie » serait le moment où l'on se préoccupe de savoir comment on pourrait transmettre. Peut-être vaudrait-il mieux dire « après la didactique ». L'avant et l'après ont aussi à voir avec l'autorité des inspecteurs.

39. Séraphin ! C'est la première fois qu'il me parle de lui en tant qu'instituteur. [2012]

– Il y a des exceptions ?

– Il y a des choses Caa Bwëé, je me rappelle que quand j'étais à l'âge de 11, 12, 13 ans, on me reproche de fixer les gens quand ils parlent. En paicî, on dit *aro*, faut pas, alors qu'à l'école quand le maître il parle, tu dois regarder le maître ou le curé quand il prêche. *Aro*, c'est pas tout à fait regarder, c'est fixer sans motif[40].

– Le regard indiscret ?

– Voilà !

Cette conversation est un peu fatigante. [...] Le repas terminé, je repars directement à Tiaoué.

## Samedi 6 décembre 1997
## Jour de départ

### Séparation

Réveil à 6 h et demie. Séraphin doit descendre à Koné pour une réunion politique à propos de l'immigration. Il craint que je parte de bonne heure. J'entreprends de ranger mon capharnaüm. Camille me prend à part pour me dire que, la prochaine fois, il faudra que je laisse un pochon de vieux habits que je retrouverai à chacune de mes venues, ce qui évitera de charger mes valises.

À 9 h et demie, Séraphin remonte. Il n'a pas encore été à sa réunion, mais il veut me dire que, la prochaine fois, ce n'est pas la peine que je loue une voiture ; il me prêtera une des siennes et viendra me chercher à la Tontouta ou à Nouméa.

### Camille et la lecture

[...] Camille parle de la lecture dans son enfance. Sa mère, femme de commerçant, ne savait ni lire ni écrire : « Pendant le travail, pendant que l'on travaille au jardin et au champ, on ne doit pas lire, le livre ne nourrit pas : "Avec quoi tu vas nourrir tes enfants ?" Celui qui lit, il va manger que ce qu'il a planté. On peut lire que le dimanche. On n'a pas de vie privée. On est toujours en train de parler des nouvelles de la tribu. Je ne sais pas où est-ce au juste qu'il faut lire. Je ne vois pas l'utilité du coin lecture en tribu. »

40. Dans J.-C. Rivierre, *aro* : regarder, *go aro* : je te regarde, je te fixe, *a-aro* : « qui fixe », seuil sculpté.

Je parle de la lecture du journal : « C'est vrai beaucoup de gens lisent le journal dans les tribus. Il y a aussi les journaux syndicaux, mais quelquefois c'est trop difficile, alors il y en a un qui lit et qui passe le message aux autres. Ma mère se plaignait de recevoir trop de lettres. Avec elle, il fallait parler le moins possible mais écouter : "Vous allez pas les entendre quand ils vont venir vous casser la tête avec leurs casse-tête." Quand on lit, on n'entend pas. » Ce qui est tout à fait vrai.

Durant tout mon séjour, j'ai été extrêmement frappé par l'importance donnée à l'acuité auditive. La finesse de discrimination musicale de Séraphin. La capacité à distinguer le bruit d'un moteur à un kilomètre, etc. Les animaux sont aussi englobés dans cette acuité, du moins les animaux domestiques. Camille me dit que le chien Noiraud entend et reconnaît ma voiture avant elle : quand je passe avant « chez Jeanne », il se lève et pointe l'oreille et quand j'arrive, il s'est recouché. Effectivement, la seule fois où les chiens ont grogné, ce qui leur a valu un « couchés ! » d'une efficacité immédiate, c'est lorsque je suis rentré de Koumac[41] à une heure du matin : les chiens dormaient et je les ai surpris. Ceci me rappelle ce que Rivierre[42] me disait : *têrê*, entendre, obéir, s'applique aussi aux animaux domestiques : ils entendent, contrairement aux animaux de la forêt et aux esprits qui, eux, n'entendent pas, et sont donc dangereux.

**Cérémonie des adieux**

Mes affaires sont prêtes. Il est 11 h et demie. Séraphin pose devant moi deux paquets (un pour Marie-France, l'autre pour moi), un brin de petites roses et une fleur d'ibiscus. Il s'assoit sur la glacière et me fait un long discours d'au revoir très construit, plein de métaphores, durant presque un quart d'heure. Il associe les considérations personnelles, familiales et politiques. J'essaie de répondre à mon tour un peu longuement sans être grandiloquent, pas facile. Le discours fini, Séraphin me dit que « ça le travaillait depuis ce matin » et qu'il avait tourné et retourné dans Koné pour savoir ce qu'il allait me dire.

Je vais charger la voiture. Séraphin pleure en se cachant les yeux. Ils sont tous les quatre sur la marche du kiosque et ne me regardent pas partir. Je roule très lentement jusqu'à Koné, m'arrête une dernière fois pour voir s'il y a des chevaux dans le creek, et arrive à la grande route à deux heures moins le quart. Il fait très lourd, vent contraire, je n'avance pas.

---

41. J'avais accompagné la famille et des gens de Tiaoué à Koumac (100 km au nord) qui participaient à un festival de chants et de danse. [2012]
42. J'ai eu l'occasion au cours de ce séjour de rencontrer J.-C. Rivierre qui venait recueillir des « sons ». Nous avons eu une conversation assez technique sur la terminologie paicî.

L'arrivée dans Nouméa-centre me donne littéralement le tournis : les feux, les voitures dans tous les sens. Pourtant une fin d'après-midi de samedi soir à Nouméa ce n'est pas la Concorde à 6 h !

## Dimanche 7 décembre 1997
## Énigme théologico-culturelle (I)

Grasse matinée. J'hésite à aller me baigner et prendre mon petit déjeuner Baie des Citrons puis, finalement, je décide d'aller à l'office au temple de Montravel. Je respire en me retrouvant au milieu de Kanak qui me sourient. L'office est animé par la chorale de Do Kamo[43]. Longue et belle homélie sur Job. Sainte Cène[44] : de vieux diacres en blazer bleu et cravate donnent le pain et le vin. Les Kanak ont une manière kanak d'aller communier : ne pas faire la queue comme chez nous, mais un par un, sans ordre apparent. Je ne sais à quel moment y aller : ni dans les premiers (ne pas faire le malin) ni dans les derniers (attendre que les Kanak soient passés). Finalement j'y vais à un moment creux, il se trouve que c'est à peu près à la moitié du défilé. En fait de vin, il s'agit de limonade. Problème socio-théologique : avec la limonade on ne peut parler vraiment d'inculturation. Peut-on pour autant parler d'une manifestation de contre-culture ?

*Affaire à suivre...*

43. Lycée protestant de Nouméa.
44. Petite note théologico-œcuménique. Chez les protestants, la Sainte Cène, qui ne se célèbre pas tous les dimanches, manifeste la « présence » spirituelle du Christ dans le pain et le vin, alors que, pour les catholiques, l'eucharistie est une présence « réelle » du Christ dans l'hostie et le vin.

# TIAOUÉ V, AVRIL-MAI 1998
# ESCALE À LIFOU, EXIL À KONÉ

« Si je fais l'école comme dans une classe kanak, on m'engueule.
Si je fais l'école comme un Européen, on dit : il est con. »
César, directeur d'école

*Ce journal Tiaoué V commence par une semaine à Lifou dans la petite école de l'alliance protestante de la tribu de Jokin. Je suis venu avec mon épouse Marie-France pour aider Joël, instituteur de Lifou, étudiant « 400 Cadres » à Bordeaux, qui fait sur place* son terrain *de Maîtrise. Nous sommes hébergés chez un de ses oncles, diacre à la retraite, qui tient avec sa femme un petit magasin sis à deux pas de l'école ; elle-même en bordure du terrain de foot, à deux cents mètres du temple et trois cents de la haute falaise dominant le Pacifique. L'école compte deux classes : la maternelle/CP/CE1 tenue par César, le directeur, et le CE2/CM1 tenu par Catherine et dans lequel Joël fait ses observations.*

*La situation politique est tendue. Nous sommes en 1998, dix ans après le drame d'Ouvéa et les accords de Matignon-Oudinot. Les discussions en vue de nouveaux accords, prévus pour la fin du mois et qui deviendront les accords de Nouméa, se passent mal entre les différentes tendances indépendantistes. On est inquiet dans les tribus, ici comme à Koné. Les communiqués des stations de radio sont commentés heure après heure.*
*Du journal de cette semaine, je ne retiendrai ici que la figure de César le directeur. On comprendra pourquoi.*

# César

## Lundi 20 avril 1998

[...] Il est 3 heures ; c'est la récré. Joël fait d'abord une coutume aux maîtres accompagnée d'une carte du monde, d'un plan de Bordeaux et d'un livre sur Bordeaux. Sur la Grande Terre on ne mélangerait pas ainsi coutume et cadeaux. C'est César le directeur qui répond, petit, râblé, les rouflaquettes larges tombant sur les mâchoires. Son physique de talonneur à l'ancienne contraste avec la finesse de son discours : « Merci, vous n'étiez pas obligé de faire cette coutume, mais l'école fait partie de la tribu... La parole de la coutume est un lien qui nous dépasse... »

## Mercredi 22 avril 1998

Avant la rentrée en classe (toujours le CE2/CM1), César, le directeur, militant UC déclaré – je me demande pourquoi j'écris « déclaré », ici tout militant se déclare ! – me demande si l'on pourra discuter « du coq à l'âne » (*sic*) pour que je lui dise « ce que je pense du Kanak » (*resic*). César est allé en France. Il travaille avec Freyss[1] sur les questions de développement.

### École, tribu, religion

9 h 30. Récréation. Discussion avec César sur l'école comme *wârâ cémû*. Je lui explique mon hypothèse sur le rapport situation coutumière/situation scolaire : la coutume comme négociation entre forme et sens, en lui disant qu'à l'école, seul l'aspect formel algorithmique (forme) demeure au détriment de l'aspect symbolique (sens). César résume bien la situation : « Si je fais l'école comme dans une classe kanak, on m'engueule. Si je fais l'école comme un Européen, on dit : il est con. » Il poursuit en racontant l'anecdote de la visite de l'inspecteur à qui il offre le thé à 7 h et demie. Ce dernier le refuse brusquement. César interprète sa réaction comme une résistance à une tentative de corruption de fonctionnaire. L'inspection commence. Les enfants font la prière avant de

1. Jean Freyss, auteur d'un ouvrage remarquable intitulé *Économie assistée et changement social en Nouvelle-Calédonie*, PUF, 1995, est décédé en 2004. [2012]

commencer la classe. L'inspecteur lui demande : « Qu'est-ce que vous avez fait ? – J'ai fait la prière : l'école est *dans* la tribu ! »

La prière comme acte de résistance ou d'identité ? En tout cas certainement pas résistance à la laïcité. Je ne pense pas qu'il existe un concept ni une conception de ce que nous, Français, nommons la laïcité. Que nos inspecteurs qui bourlinguent sur le Territoire ne le comprennent pas, est grave ! Je pense plutôt que l'attachement à la religion est une manière d'introduire quelque chose de la coutume atténuée, publique, laïcisée pour le coup. C'est ce que laisse entendre César : il aurait très bien pu se contenter de répondre : « Nous sommes dans une école privée religieuse, c'est donc normal qu'on fasse la prière. » Or il répond « l'école est dans la tribu », réponse elliptique pouvant signifier : l'école doit se comporter conformément aux valeurs de la tribu. Mais comme il serait inconvenant de parler alors de valeur coutumière, c'est la religion qui fait office...

Toujours est-il que notre conversation se prolonge bien au-delà du coup sur la bouteille de gaz annonçant la fin de la récréation. Les grands sont rentrés, avec Joël. Les petits continuent à jouer et commencent à faire les cons. C'est moi qui prends l'initiative d'interrompre la conversation et rentre dans la grande classe. Mais les choses ne vont pas en rester là de cette affaire de coutume et d'école...

## Jeudi 23 avril 1998

*Je passe la journée à faire la classe chez les grands avec mon épouse, suite à une absence de la maîtresse titulaire. À la sortie César m'attend...*

### Correction coutumière (2)

« À propos, me dit César, il faut que je te dise ce qui s'est passé hier quand je suis rentré en classe avec les enfants. Je leur ai demandé :

– On est où ?

– À l'école.

– Mais où ?

– À la tribu de Jokin.

– Bon, qu'est-ce qu'on fait à la tribu quand des adultes parlent entre eux, surtout quand il y a un étranger à la tribu ?

– On passe pas derrière leur dos, on va jouer plus loin.

– Qu'est-ce que vous avez fait tout à l'heure quand je discutais avec Pierre ?

– On tournait autour, on faisait du bruit.

– Bon alors maintenant on laisse de côté l'école des Européens, on va faire comme on fait quand on est kanak. »

Les enfants se sont tournés, ont relevé leurs tee-shirts et ont attendu la trique. Une fois le châtiment terminé : « Maintenant on revient à l'école des Européens. Vous n'oublierez pas de dire à vos parents ce qui s'est passé. » César conclut, fier de lui, dans un éclat de rire : « Y en a qui ont dû avoir mal au dos cette nuit ! » Je ne réponds rien...

*À la relecture on aurait tendance à rapprocher cet épisode de celui de la paire de gifles donnée par Séraphin aux deux têtus de Tiaoué. À bien y réfléchir, il y a pourtant une différence : si les deux rendent* accountable *(au sens de l'ethnométhodologie) la coupure école à la Kanak/école à l'Européenne, Séraphin donne une leçon clanique dans un local certes scolaire mais extériorisé, alors que César donne une leçon coutumière à l'intérieur même de l'institution. Différence entre les catholiques et les protestants ? Peut-être, mais les choses doivent être encore plus subtiles. Ce que je regrette maintenant, c'est de n'avoir pas vu César dans sa classe comme j'aurai l'occasion de le faire longuement avec Séraphin. Mais j'étais venu à Lifou pour aider Joël et je ne pouvais (du moins le croyais-je) laisser tomber la classe des grands !*

**Le double effet Topaze (2)** **=> p. 278**

À 5 h, réunion avec les enseignants de l'école, à la demande de César ; la réunion qui devait être brève durera en fait plus de deux heures. César m'avait demandé de dire ce que je pensais des Kanak. Je raconte ce que je vois, dans quel cadre théorique je le range, moitié théorie du métier, moitié théorie du contrat. Au fil de la discussion, j'en arrive à l'effet Topaze. César me raconte alors une histoire extraordinaire.

L'histoire se passe à Ouvéa, il y a une vingtaine d'années. C'est le jour du certificat d'études. Un vieux moniteur kanak fait la dictée. Pour Ouvéa les résultats au certificat sont une affaire d'honneur. Il commence la lecture et, au premier pluriel du style « les moutons », il fait comme Topaze[2] : « les moutonss » en passant dans les rangs. À un bureau deux petits Kanak sont assis côte à côte. Le moniteur passe derrière eux en insistant ; le premier met le *s* attendu, pas l'autre... En fin de dictée, le moniteur relit une première fois en repassant derrière les deux gamins : rien. Il insiste. « Je vais relire une dernière fois, écoutez bien : “... les moutonss.” » Enfin, le récalcitrant a compris et met son *s* ; à ce moment-là son camarade de bureau en rajoute un second...

2. Voir Glossaire.

« Nous les Kanak on a inventé le double effet Topaze » conclut César.

*Les aventures de Topaze en Kanaky ne sont pas terminées ! La semaine se termine normalement. Le samedi je vais avec Joël faire une grande coutume de deuil dans la chefferie de Lösi tout à fait au sud de l'île.*

## Dimanche 26 avril
## Retour sur la Grande Terre

**Énigme théologico-culturelle (II)**
C'est le jour du départ. Grands préparatifs pour aller au temple. En notre honneur, le pasteur fait les lectures et son sermon mi-drehu mi-français. Devant moi une adolescente avec un tee-shirt Ronaldo discute avec une copine. À la fin de l'office, coutume dans le temple.
Retour chez le tonton qui envoie Joël dans le cocotier derrière la maison : cocotier « semi-sacré » le lait de coco de cet arbre était réservé aux Saintes Cènes lorsque le tonton était diacre. Pour nous honorer et fêter notre départ, nous y avons droit. Je pense alors à mon « hallucination » du temple de Montravel. Ce que j'avais pris pour de la limonade n'était probablement que du lait de coco qui avait commencé à fermenter... Il faudra que j'en aie le cœur net. Pour le moment nous prenons l'avion pour la Grande Terre.

**Déception**
[...] Personne à l'arrivée à Magenta... Séraphin aurait-il oublié ? Soudain une voiture fait une marche arrière de 20 mètres et pile devant nous. Séraphin torse nu, pieds nus, en short : il rit, rit, rit. Raconte son accident de décembre[3] : « Quand je suis arrivé, saint Pierre n'avait pas les clés ! » Arrivée à Koné : déception, Séraphin et Camille n'habitent plus à Tiaoué mais au village dans l'ancienne maison des sœurs juste en face de l'école. Pour des raisons de commodité évidentes : Camille peut venir donner le sein à Miranda dans la journée. Il n'empêche que je perçois la chose comme un abandon, une trahison : on m'a volé mon Tiaoué. La fin

3. L'accident gravissime de Séraphin avait eu lieu juste après mon départ au mois de décembre. Camille avait téléphoné en pleine nuit à Bordeaux alors que nous étions encore à Paris. Elle ne savait pas quoi faire, alors c'est « nous » qu'elle avait appelés.

d'un cycle peut-être. La maison est vaste mais mal foutue, mal aménagée : même pas de table dans la cuisine autour de laquelle s'asseoir pour manger. Par contre, on m'a préparé une grande table dans le salon pour que je puisse travailler tranquillement, « recopier mes petites fiches ».

## Mercredi 29 avril 1998
## Camille

### Camille et les gens de Nouméa

7 h 50. Classe de Camille, petite section de maternelle, 12 présents sur 21 inscrits ! Il y a un miroir dans la classe (rare !) mais accroché à 1 m 60 du sol ! Sur les murs, des grands panneaux avec les « objectifs à atteindre ». Ces panneaux sont destinés à qui ? Aux enfants ? Ils ne savent pas lire. Camille ? A-t-elle besoin d'avoir ses propres objectifs sous les yeux à longueur de journée ? Je ne le pense pas, les objectifs de maîtresse kanak de maternelle, elle les pratique plus qu'elle ne les programme. Alors c'est pour les conseillers pédagogiques de la DEC[4]. « Ils nous font chier les gens de Nouméa » m'a-t-elle dit à plusieurs reprises. Sauver les apparences : « C'est ce qu'*ils* veulent ; alors je vais l'afficher, comme dans les casernes. »

Accueil très échelonné, sur la natte, puis consigne : « On va aller se brosser les dents, puis aller faire pipi et caca ça se dit "aller aux toilettes". » Il est 8 h 10 quand les enfants rentrent en classe. Rituel de la météo. Arrivée de Solange en pleurs avec sa maman (nous sommes en début de deuxième trimestre). Camille : « Viens sur la natte, (approche) (paicî) *Tambo, tambo* (assieds-toi) ». Camille la câline.

*À Nouméa on continue à dire – les nouvelles élites kanak en tête – qu'on ne parle plus la « langue » en tribu.*

### *Maman Tibo*, version Camille

Puis, Camille raconte Maman Tibo en « version short ». C'est moi qui lui avais demandé de le raconter aux enfants, comme elle l'avait fait en 1994, afin de confronter sa version avec celle donnée par Alban[5]. J'ai

4. Direction de l'Enseignement catholique.
5. A. Bensa, J.-C. Rivierre, *Les filles du Rocher Até, contes et récits paicî*, Nouméa, Geuthner ADCK, 1994, p. 407-413. Narratrice Élise Pwädaé, Netchaot, 1973. Déjà

pris un petit magnétophone. Trouble de Camille et des enfants. Alors que lors du premier récit (Tiaoué I) les enfants étaient captivés par le récit, ceux-ci s'intéressent surtout au magnétophone et demandent à réécouter la bande dont voici le texte verbatim :

> Maman Tibo c'est une grande dame, grande, grande dame, belle dame qui habite dans la forêt dans une grande forêt, une dame qui a de grands cheveux noirs qui lui couvrent tout le corps et qui lui servent de vêtements.
>
> Il y avait une fois un vieil homme qui habitait près d'une grande forêt. Un jour, en voyant cette grande forêt, il se dit « oh que j'aimerais voir cette grande forêt entièrement débroussée ! », alors il se dit que « je voudrais fermer mes yeux et, quand je les rouvrirai, je voudrais que cette forêt soit entièrement débroussée ». Alors il a fermé ses yeux et quand il les a ouverts, la forêt était entièrement débroussée. Et quand il a vu que c'était bien débroussé, il s'est dit maintenant « je voudrais que cet endroit qui est bien nettoyé, bien débroussé, je voudrais qu'il n'y ait plus aucune branche, aucune racine, aucun tronc qui traîne, je voudrais que ce soit bien nettoyé ». Alors il a fermé les yeux, et quand il les a ouverts, la place était propre, propre, plus aucune racine ne traînait, plus aucun tronc, aucune branche, propre, propre. Alors il s'est dit, là sur cette place propre, « qu'est ce que je vais bien pouvoir y mettre ? Tiens, je vais planter des bananiers, mais je voudrais quand même fermer mes yeux et quand je les rouvrirai, je voudrais que cette place soit entièrement plantée de bananiers ».
>
> Quand il a ouvert ses yeux, la place était plantée de bananiers, un grand champ, un grand champ de bananiers, alors il a encore fermé ses yeux et « je voudrais que tous ces bananiers, tous donnent des feuilles et donnent des beaux régimes de bananes ». Il a fermé les yeux et quand il les a ouverts, tous les bananiers portaient des beaux régimes. Des bananes vertes ? Oh non ! C'est tellement meilleur les bananes mûres. Alors il s'est dit « je voudrais que tous ces régimes de bananes soient mûrs ». Alors il a fermé ses yeux et, quand il les a ouverts, tous les régimes étaient mûrs et on sentait dans la forêt une bonne odeur de bananes mûres.
>
> Ça sentait tellement bon qu'en haut, tout en haut, en haut dans les rochers où il y avait qui ? Maman Tibo et son enfant, avaient senti aussi l'odeur de bananes. C'était d'abord Bébé Tibo qui a senti l'odeur de bananes « Oh maman ! il y a quelque chose qui sent bon, qu'est-ce que ça

---

dans ses fameuses *Notes d'ethnologie néo-calédonienne* de 1930, M. Leenhardt présentait Tibo comme « une déesse des montagnes de la côte Est. Elle habite les profondes cavités enfermée dans les parois des hautes racines de banian. Elle se frappe sans cesse les mamelles, qui rendent un son creux », Paris, Institut d'ethnologie, p. 225.

peut être cette odeur ? » Alors la maman lui a dit : « C'est l'odeur de bananes mûres – Oh viens maman allons à la recherche des bananes, des bananes mûres. » Alors ils sont sortis de leur maison qui se trouve dans les rochers, et ils sont descendus, descendus, descendus vers la plaine et là ils ont trouvé le grand champ de bananes.

C'était difficile de choisir parce qu'il y avait des bananes partout, des belles bananes mûres, des beaux régimes de bananes ; son enfant courrait partout. « Maman celui-là ! Oh non celui-là, il est meilleur ! Maman celui-là ! Oh non on va choisir le plus beau, le plus grand des régimes ! »

Mais, mais, mais il y a un problème parce que le vieil homme surveillait aussi son champ, alors il n'a pas pu se servir quand ils étaient venus en plein jour. Ils sont retournés dans la forêt et ils ont attendu la nuit. La nuit quand il fait noir, quand les roussettes sont sorties, et là maintenant sûrement qu'il dort. Ils sont descendus et là ils ont mangé, mangé, mangé autant qu'ils pouvaient, et quand ils avaient bien mangé, maintenant on peut repartir. Et ils ont répété la scène plusieurs fois.

Mais le patron du champ, quand il est revenu dans sa plantation et qu'il a vu les peaux de bananes il n'était pas du tout content. « Qui est-ce qui est venu dans mon champ ? Qui est-ce qui m'a volé mes belles bananes ? Qui est-ce qui m'a piqué mes plus belles bananes ? Je vais le tuer, ce soir, je ne dormirai pas, je vais veiller. »

Alors le soir il n'a pas fermé l'œil, il n'a pas dormi, il a monté la garde et là il les a entendus arriver. « Ah vous voilà vous ! C'est vous qui volez mes bananes ! Vous allez voir comment je vais vous soigner. » Alors il a attendu qu'ils soient dans le bananier, qu'ils soient descendus, Maman Tibo et son enfant ils l'ont entendu arriver, alors ils sont descendus très vite du bananier et ils sont partis de liane en liane. Ils sont partis dans leur maison. Mais lui, il ne s'est pas laissé faire, il les a poursuivis : « Vous allez voir ce que je vais vous faire ! » Il les a suivis, les a suivis. Mais Maman Tibo, elle allait plus vite parce qu'elle attrapait des lianes, avançait de liane en liane. Et lui il a vu la maison dans les rochers. Quand ils sont rentrés dans la maison, lui il a dit : « Ah vous voulez vous sauver, mais moi je sais comment vous avoir. »

Il a ramassé des feuilles sèches, de l'herbe sèche, des branches sèches et des gros troncs ; il a mis tout ça devant la grotte et près de l'entrée de la maison de Maman Tibo ; il a allumé un feu. Il a chassé la fumée dedans, dans la maison. Et là Maman Tibo et son enfant sont morts étouffés par la fumée.

Et l'histoire est finie...

*Si l'on compare les deux versions de Camille (Koné 1998) et Élise (Netchaot 1977), on ne relève qu'une différence quantitative : la version Camille est deux fois plus longue que la version Élise (3 960 caractères français chez Camille, 2 018 caractères paicî chez Élise). Cet écart peut s'expliquer par le fait que Camille s'adresse à des petits et doit donc expliciter et répéter davantage. Autre détail : Élise parle de fille de Maman Tibo alors que Camille dit simplement bébé ; même explication. Sinon la structure et les proportions du récit sont exactement superposables. Ni l'une ni l'autre n'évoque la poitrine imposante de Maman Tibo. Pourtant dans la classe de Camille il est souvent question des « tétés des mamans ».*

**Surnorme**

À la réécoute de la bande, Camille fait une remarque à propos du verbe « débrousser » : « On dit que c'est pas français, qu'il faut dire "débroussailler" ». En fait, le verbe débrousser figure dans le dictionnaire Robert « (néol. de dé- et brousse). En Afrique noire, défricher (la brousse, les plantes de la brousse) ». Très intéressant par rapport à la norme : Camille ne dit pas qu'il faut dire, mais que le français dit qu'il faut dire, le français au sens de la langue française, car en Nouvelle-Calédonie tout le monde, Kanak comme Caldoches, dit « débrousser » !

**Culture et nature**

À la fin de l'audition, Camille dit : « Pierre et Marie-France vont partir dans un grand pays qu'on appelle la France... (*sic*) ». Comme César, Camille fait à ce moment l'école comme un Kanak, non qu'elle considère que la Nouvelle-Calédonie soit déjà indépendante – précisément, cette question la préoccupe – mais parce qu'elle pense, à juste raison que, pour les enfants de cet âge, la France est un autre pays. Elle nous demande que, pour décorer la classe, on lui envoie des posters de la région, mais elle précise : « Pas des monuments, de la nature ! » Ce qui veut dire : pas de tour Eiffel, de châteaux de la Loire ou de cathédrale gothique. Ce n'est pas à ça qu'elle identifie une culture. La culture kanak est pleine d'histoire mais pas de monuments. Son histoire, sa culture s'inscrivent dans des espaces spécifiés. D'où sa demande : « Montrez-nous vos lieux/vos espaces. »

*Cette commande expresse de Camille me fait repenser à la gageure qu'a été la conception et la construction du Centre Tjibaou dont il sera question plus loin ; et du mérite de R. Piano et son compère Alban.*

**Règlement et écologie**

Sous le préau, je photographie un nouveau règlement de la cour écrit au feutre : nous sommes bien dans le *wârâ-cémû*. Sur 10 interdits, 8 concernent l'environnement, et sur ces 8, 4 concernent la nature domestiquée :

**Règlement de la cour**

Ne pas jouer brutalement
Ne pas casser les fleurs des jardins
Ne pas dire de gros mots et insulter ses camarades
Ne pas lancer des cailloux sur les vitres
Ne pas monter dans les arbres
Ne pas casser les branches des arbres
Ne pas marcher dans les jardins
Ne pas écrire sur les murs
Garder les toilettes propres
Ne pas jeter les papiers et les bouteilles dans la cour
Ne pas courir sous le préau et les vérandas

[...] [Chez Jeanne] je demande où est Yoann ? « À l'internat » (nous sommes mercredi après-midi et l'internat est à une centaine de mètres !). Cette année, c'est Yoann, le protégé, le chouchou de Jeanne, qui est interne. « Geoffrey est à la maison : l'internat est trop cher. Il ira peut-être au deuxième trimestre, s'il y a des sous. » L'internat est bien un luxe pour les enfants de Tiaoué.

## Jeudi 1er mai 1998
## Retour à Tiaoué (4) => p. 170

[...] En attendant de « monter à la tribu », nous regardons Brésil-Argentine (match préparatoire à la Coupe du Monde). Les petits jouent dehors en discutant. Dès que je m'approche, ils cherchent à se dissimuler à ma vue. Je m'écarte un peu : les plus grands ont encore inventé un jeu/défi : descendre un petit escalier qui mène au jardin à quatre pattes en marche avant.

Montée à Tiaoué. Il fait bon, plus frais qu'en bas. Je suis très heureux. On a enlevé les tôles sous lesquelles j'ai passé des heures à travailler en décembre. C'est provisoire : les tôles sont parties chez Antoine pour un mariage au mois de juin.

Je vais dans la petite maison du fond, ma résidence secondaire. Le « salon » est encore plus encombré qu'avant : orgues électriques, amplis, énormes baffles. Dans la « cuisine » qui me servait de bureau de nuit, toujours le même bordel : la « mallette pédagogique » du fameux Bentolila *Gafi le fantôme*, non encore déballée de son film plastique, au milieu de vieilles cassettes vidéo[6].

## Samedi 2 mai 1998
## À propos des enfants

**Des adultes et des enfants**

Réveil à 8 h. Il a fait frais dans la nuit et le soleil n'a pas donné sur les tôles. Petit déjeuner, on bavarde : Kiki CE1, fils de Marianne[7], ne dit absolument rien. Je le lui fais remarquer. Il sourit. Camille : « Il garde ses paroles pour ses copains de classe. » Les enfants de cet âge n'adressent pas la parole aux adultes pour raconter. Ils se vengent entre eux par groupe d'âge à la tribu et avec leurs copains à l'école. On leur demande de raconter au maître : d'où ces gestes de main devant la bouche et de tête rentrée dans les épaules. Le seul que je vois vraiment parler c'est Yoann avec sa mère, et c'est lui qui est en difficulté scolaire ! Et les grands, Michel et Nadia ? Ils parlent tous les deux en privé mais jamais « à la cantonade », sauf quand ils sont interpellés. Ils ne racontent pas, tout au plus ils évoquent les événements. Au contraire des adultes qui eux racontent, toujours au présent.

[...] Séraphin nous emmène dans le kiosque voir les fusils. Kiosque : « lieu interdit aux neveux utérins » nous dit Séraphin. Cela confirme le geste de Line. Pourtant, ce kiosque n'a l'air de rien de particulier, mais

6. A. Bentolila, linguiste reconnu spécialiste du créole haïtien, a fait fortune en vendant en France et en Outre-mer des manuels appelés pompeusement mallette. Sa légitimité d'alphabétiseur officiel provient d'une compétence acquise sur une expérience localisée évidemment transposable sous tous les tropiques... La Nouvelle-Calédonie est régulièrement visitée par des docteurs miracles venus, aux frais de la République, fourguer leur marchandise en trois conférences et un bougna. Séraphin ne s'est pas laissé prendre. [2012]

7. Une des sœurs de Séraphin. [2012]

c'est la case la plus ancienne de Séraphin : cela suffit. Mentalement je compare Grande Terre et Lifou : en Grande Terre, la coutume est moins apparente, moins ostentatoire, mais peut-être plus structurante. À Lifou, c'est l'huile du moteur de la vie courante, ici, c'est du ciment.

**Des chiens et des enfants**

Séraphin sort avec son fusil : les chiens se précipitent. Il nous tient alors un long discours sur ses chiens, un par un, en nous les montrant. Les qualificatifs ne sont jamais affectifs, ni évaluatifs. C'est en termes de style personnel et d'expertise qu'il les qualifie. Chacun excelle dans une spécialité : celui qui suit à la trace, celui qui suit au vent, celui qui va seul, etc. Ce n'est faire offense ni à Séraphin, ni aux chiens, ni aux enfants, que de rapprocher ce discours de celui qu'il tient sur les enfants (rarement). Les chiens, comme les chevaux, appartiennent au monde domestique et cultivé. Ils sont capables d'entendre, comprendre, faire ce que l'on attend d'eux. Ils sont aussi capables d'être têtus. Pour les écoliers comme pour les chiens de chasse, il n'existe pas de compétences générales. Pas plus on ne parle de bons ou de mauvais, mais de compétences situées : « Tu verras untel faire ceci ou cela dans telle ou telle situation, mais dans la même situation, tu ne verras pas l'autre le faire ; par contre dans une autre situation, celui-là sera capable de faire quelque chose que le premier ne fera pas, etc. » Il faut aussi ménager les chiens, ne pas les faire chasser trop souvent, une fois par mois, pas plus, sinon ils meurent jeunes.

Séraphin parle-t-il des chiens comme des enfants ou des enfants comme des chiens ? Également.

*En relisant ce passage dont je suis, autant l'avouer, encore satisfait, je pense à ce qu'écrit M. Sahlins à propos de la distinction homme/animal, dans un précieux petit livre intitulé* La nature humaine, une illusion occidentale *: « Il s'agit d'une métaphysique propre à l'Occident, car la distinction entre nature et culture qu'elle suppose définit une tradition qui nous est propre, nous démarquant de tous les peuples qui considèrent que les bêtes sont au fond des êtres humains et non que les êtres humains sont au fond des bêtes*[8]*. »*

8. Paris, Éditions de l'éclat, 2009, p. 7.

## Dimanche 3 mai 1998
## De la maison au HLM

### *Misunderstanding* : fausse initiation

Dans la matinée, Séraphin vient me voir avec sa petite carabine à balle et me fait tirer sur le poteau dont il m'a fait mesurer l'éloignement hier (70 mètres). J'ai le sentiment de passer un examen important. Je rate la première balle et mets la seconde dans le mille. Tout fier – intérieurement – mais l'air détaché, je m'attends à une déclaration solennelle concernant mon aptitude à la chasse ou je ne sais quoi encore. Rien. Séraphin se contente de vérifier l'impact et va ranger la carabine.

*Je croyais alors qu'il y avait derrière cet exercice quelque chose comme une épreuve initiatique qui ne voulait pas dire son nom. Je n'étais pas pour la première fois, ni pour la dernière, victime de ce qu'on pourrait appeler une illusion ethnographique (Bazin a bien écrit là-dessus) qui veut qu'il y ait partout du sens caché. Pourquoi n'ai-je pas tout simplement demandé à Séraphin pourquoi il me faisait tirer ? Sans doute par crainte de dissoudre l'illusion.*

### Une résidence secondaire à Nouméa

[...] Nous repartons à Koné et de là, direction Nouméa, Séraphin, Marie-France et moi. Arrivée en fin d'après-midi. Installation dans le HLM de Pierre-Lenquette que Séraphin loue à l'année pour la famille. Lui-même y va peu. Il s'agit d'un F4 dont les seuls meubles fixes sont une chaise sur laquelle repose un poste de télévision et un fauteuil de jardin en plastique qui s'effondrera sous le poids de Séraphin. Une cuisine avec un réchaud à gaz. Pas de frigo. Des chiottes, un lavabo et une douche. Par contre moult matelas à même le sol ou dressés contre le mur. La raison de cet inconfort est simple et pragmatique : le but de cet appartement est de pouvoir accueillir le plus de monde possible. Donc pas question de le meubler. Cela nous contraindra pendant plus d'une semaine à vivre debout, accroupis ou couchés à ras le sol.

*Jusqu'à ce jour, Pierre-Lenquette était pour moi un mythe dangereux : quartier chaud des Kanak dans lequel les Européens ne s'aventuraient pas sans risque. Lors d'un de mes premiers séjours en 1987, le quartier avait été bouclé par les gardes mobiles pour empêcher les « indépendantistes » de venir manifester « en ville ». Qu'on se rassure, les dits « indépendantistes » faisaient le détour par les « brousses » dans lesquelles les mobiles, prudents, ne risquaient pas de s'aventurer. Toujours est-il que tous les soirs de la semaine que nous avons passée sans confort mais sans encombre à Pierre-Lenquette, c'est en cachette que je verrouillais les portières de la voiture de location pour ne pas offenser nos voisins d'immeuble.*

## Lundi 4 mai 1998
## Au Centre Tjibaou

Matinée passée à l'ADCK en quête du « précieux sésame[9] ». Dur, dur, les places sont rares et la gestion rigide. Finalement, je récupère la carte d'un journaliste que j'avais rencontré en 94 et qui a deux invitations à son nom. Sur l'une il barre son nom et écrit le mien. On verra bien... Visite chez André[10] qui a une invitation ès qualité. Je propose de lui servir de chauffeur, ce qui nous permet de passer les premiers contrôles sans problème. À l'entrée de l'aire coutumière, André rejoint sa place et m'abandonne. Je suis à deux doigts de me faire jeter ; on m'accuse de « prendre la place d'un vieux Kanak » ; finalement je me fais tout petit au milieu de la presse.

La cérémonie : avoir réussi à faire tenir en 3 h une cérémonie coutumière sans tomber dans le folklore ni dans un « émotionalisme facile » ; je retrouve le sens de l'organisation moins les interminables temps morts des cérémonies « classiques » ; on n'a pas l'impression d'assister à un spectacle mais bien de participer à une cérémonie.

Émotions : c'est un enfant qui pénètre le premier sur l'aire coutumière. Marie-Claude Tjibaou qui rentre et s'installe au milieu de sa tribu, laissant vide la chaise qui lui est réservée à droite de Jospin. Plus tard, c'est elle qui tient le discours le plus émouvant. Au bout de deux heures, elle prend Madame Trautmann[11] par la main et l'emmène cinq minutes : probablement pipi : affaire de femmes...

---

9. Pour assister à l'inauguration solennelle du Centre Tjibaou. La cérémonie devait se dérouler dans une petite aire coutumière entourée de gradins ne contenant que 1 500 places. [2012]
10. André a été un des premiers 400 cadres à venir à Bordeaux. Par la suite, il est devenu le premier inspecteur de l'Éducation nationale mélanésien. À l'époque des faits rapportés il était directeur de l'ITFM (Institut territorial de formation des maîtres) qui avait succédé à l'École normale d'instituteurs où j'avais fait mes débuts en 1986. [2012]
11. Ministre de la Culture du gouvernement Jospin.

**Troisième entretien avec Billy Wapotro**

Rencontre de Billy que je comptais bien voir pour lui poser trois questions :

1. À propos de mon attitude quand je m'étais fait chahuter dans la classe de William au mois de décembre. Billy me dit que je m'étais comporté « comme un Kanak ». Je lui demande si c'est un compliment. Il se contente de rire. Je fais alors remarquer que c'est dommage que les instituteurs kanak ne se comportent pas comme des Kanak. Pas de réponse.

2. À propos de ma visite à Bopope, du champ d'ignames de l'école et du petit qui pisse au beau milieu. Billy ne bronche pas et me demande seulement l'âge du gamin. « Sept, huit ans – Alors ce n'est pas grave, à cet âge-là l'enfant ne sait pas la gravité de son geste. » Je réponds : « Pourtant on leur a appris à l'école ce qu'était un champ kanak ! Aurait-il fait la même chose dans le champ de son père ou de son oncle ? » Billy me fait une réponse à la Antoine : on lui aurait expliqué ! Moralité, coutumièrement, les jeunes enfants n'ont jamais tort !

**Énigme théologico-culturelle (III) : suite et fin**

3. À propos de la Sainte Cène. Billy me confirme ma première impression : il s'agissait bien de limonade qui représentait le sang du Christ. Un peu bêtement, je lui parle d'inculturation, de pied de nez fait à la culture des Blancs. Je n'avais rien compris : « Pour vous les Européens, le vin est symbole de vie, pour nous Kanak le vin est symbole de mort avec le problème de l'alcoolisme, c'est pourquoi on se sert de la limonade. »

*L'énigme est enfin résolue : ce que j'avais bu au temple de Montravel n'était pas du lait de coco fermenté comme je l'ai cru chez le Tonton (inculturation simple) pas plus que du vin blanc piqué, mais bien de la limonade : bel exemple de contre-inculturation avec un zeste de théologie morale.*

# Tiaoué VI, mai 2000

## Contrats didactiques et contrats coutumiers

« Comment veux-tu qu'ils parlent de quelque chose
alors qu'ils n'ont pas les mots pour.
Putain, mais c'est moi qui vais bloquer les enfants ! »
Séraphin

*Pour ce Tiaoué, j'étais accompagné de mon collègue et ami Bernard Sarrazy dont j'avais fait passer des questionnaires de sensibilité au contrat didactique dans Tiaoué IV et avec qui j'avais écrit l'article sur les billes. C'était son premier séjour en Nouvelle-Calédonie. Il avait lu les cinq premiers journaux. Les premiers jours, je lui ai fait visiter Nouméa, le Centre Tjibaou, la bibliothèque Bernheim, rencontrer les amis André, Joël, Billy et surtout Jacques toujours aussi accueillant et bien informé. Nous étions hébergés par Richard, directeur de l'IUFM, spécialiste de didactique de la physique. Richard est le premier – et le seul – « institutionnel » à avoir pris contact et sollicité ceux des « 400 cadres » passés par le département des Sciences de l'Éducation à Victor Segalen Bordeaux 2.*

## Vendredi 5 mai 2000
## La petite fille de Nouville

Repas au *Fun Beach*, c'est le Nouméa chic. Visite de Nouville, c'est le Nouméa choc : en prenant un peu de hauteur au-dessus du petit port aux allures asiatiques, nous nous arrêtons dans un virage pour prendre des photos. Sur le talus, une petite fille de sept-huit ans, assise sur une natte, tournée vers la route, fait ses devoirs entourée de deux petits chats maigres. Bernard et moi nous approchons d'elle, surveillés par deux clébards un peu grognons. Elle nous dit spontanément : « Vous venez voir la vue, c'est joli. » Nous, un peu bêtement, la complimentons sur la tenue de son cahier, impeccable comme toujours. « Tu attends le bus pour rentrer à la maison ? – Non j'habite là, derrière, dans le camion ! » Effectivement derrière le talus, il y a une vieille Estafette Renault recouverte d'une bâche en plastique. Elle vit là, elle est jolie, habillée d'une petite robe à fleurs bien repassée, son cahier est bien tenu, elle a au moins trois crayons à bille en état de marche : bleu, rouge, vert, rangés dans une trousse. Quel avenir ? On ose espérer un papa venu à Nouméa gagner momentanément des sous et qui repartira ensuite dans la tribu. Ça se fait, mais c'est l'hypothèse haute. Nous avançons jusqu'à un cul-de-sac pour voir le coucher de soleil un peu raté, nous repassons dans le virage de la petite fille, il fait déjà nuit, elle n'est plus là.

## Lundi 8 mai 2000
## Retour à Tiaoué (5) => p. 211

[...] Départ pour le Grand Nord. Arrêt à la Roche percée de Bourrail. Bain, ce sera le seul. Déjeuner au snack du Ch'timi à la sortie (c'est devenu presque une tradition). Poya et son banian aux moustiques. Il me tarde d'arriver. Pourtant en entrant dans Koné et surtout au départ de la piste je ralentis, ralentis. J'ai envie de décrire à Bernard mètre par mètre, mais j'ai peur de l'emmerder, de lui faire croire que cela m'appartient en propre et que je le fais pénétrer dans un territoire secret.

Entrée dans la tribu. Une troupe de gosses : « Pierre ! Pierre ! » C'est Christopher dit Doudou, le petit muet qui m'a reconnu le premier. Je ressens la fierté du Père Blanc revenu de métropole et acclamé par ses jeunes ouailles restées au pays. Trêve de néocolonialisme : d'un côté je suis très heureux qu'on se souvienne de moi et d'un autre inquiet de savoir ce que Bernard peut penser de ce type d'accueil.

Arrivée chez Séraphin. La disposition de la cour a encore changé. Camille sort lentement de la maison. Sans un mot, elle vient se serrer contre moi. Je sens sa joue trempée de larmes : « J'avais peur qu'on ne passe pas 2000 et que tu ne reviennes plus ! – J'avais peur que vous restiez en bas à Koné et que vous ne reveniez pas habiter à la tribu ! » Alors, je peux présenter Bernard. Miranda est là, pas intimidée pour un rond, deux ans et demi, bonne petite Kanak avec le sourire de sa mère et le côté morpion de son père. Elle parle mieux le paicî que le français mais comprend parfaitement ce dernier.

Comme d'habitude, Séraphin n'est pas là à mon arrivée, mais cette fois il a un alibi solide : un deuil dans la tribu de Koniambo. Je plaisante : cette fois ce n'est pas mon arrivée qui fait mourir les gens. Je demande des nouvelles de la famille.

Séraphin n'est plus ni directeur de l'Immaculée, ni directeur de l'internat. Il a repris un CE2. Sa dernière passion (la musique reste néanmoins la principale) : un camion benne Mercedes avec lequel il transporte personnes et biens de toute la tribu.

Nous nous installons dans la maison du fond impeccablement rangée, moi dans la chambre de Nadia, Bernard dans celle de Michel. La grande table de la pièce du milieu nous servira de bureau. Les ordinateurs sont rapidement branchés. Bernard a amené quelques CD : les sonates pour violoncelle et piano de Brahms seront notre tube ou, pour faire plus chic, notre *haunting melodie* partagée, particulièrement le 3e mouvement de la première. Séraphin arrive avec son camion. Par exprès, je ne sors pas à sa rencontre. J'attends, puis j'entends son rire quand il rentre dans la petite maison. Comme à son habitude, il veut que nous nous asseyions pour « discuter un peu » avant de rejoindre Camille.

### *Misunderstanding* : le cadeau de Miranda (I)

Nous rentrons dans la grande maison ; je fais une coutume pour introduire Bernard. Nous retournons dans la petite maison ; Miranda vient nous inspecter, je lui donne le paquet cadeau. Il s'agit d'une espèce de Colorédo[1] pour plus petits, fait de pastilles de plastique de couleurs variées que l'on fixe sur les petits plots d'un plateau pour reproduire des dessins d'animaux. Cette fois, j'ai bien pris soin de dissocier coutume et cadeau. La petite part en courant, sans rien dire. Je ne reverrai plus le paquet de la soirée. L'expérience m'a appris que je ne dois attendre aucune parole à ce propos.

1. À l'origine (1947 !) jeu d'allumettes en bois colorées que l'on place sur un support en plastique pour y faire des dessins. [2012]

# Mardi 9 mai 2000
# Séraphin dans sa classe

***Misunderstanding* : le cadeau de Miranda (II)**

Départ de la tribu à 7 h 10. Séraphin, Camille et Miranda sont déjà partis. Camille a emporté dans un pochon le paquet donné hier soir à Miranda. Il n'est donc pas pour elle, mais pour les enfants de la classe : Miranda n'y verra que du feu, à la tribu du moins.

Nous allons dans la classe de Séraphin. [...] Exercice sur la lettre *p* rédigé par Séraphin qui s'arrête pour parler boulot avec Bernard. Les enfants attendent en chuchotant. Cela dure plus de huit minutes : Séraphin possède une autorité que n'ont pas les autres enseignants ; pourtant il ne gueule pas. Suit un exercice de lecture, très lent. Séraphin encourage le récitant avec des « oui » comparables aux « hm » accompagnant les discours coutumiers.

[...] 14 h, reprise avec la classe de CE2. Correction d'un « texte libre » commencé ce matin :

*Papa Richard il était devant avec sa Nissan...*

– Fais sauter le *il*, c'est pas français !

On passe aux maths : le mot *Problème* est écrit avec une majuscule ; s'agit-il d'un nom propre ? Benoît demande, tout bas pour faire rigoler les copains, s'il existe des noms sales ! Pendant que Séraphin algorithmise la règle des majuscules, Angelo et Benoît me questionnent. C'est une des premières fois que les enfants me parlent en classe autrement que pour me demander d'où je viens et constater que « c'est trop loin la France ! ». Comme leurs parents, ils me demandent combien j'ai d'enfants : « Trois et deux petits enfants. » Ils en concluent : « Tu as cinq enfants. »

[...] Fin de la journée scolaire. Finalement cette classe tourne. Les enfants travaillent à tour de rôle, mais est-ce spécifique de l'école kanak ?

*C'est la première fois que je voyais Séraphin faire la classe. Ce qui m'apparaissait d'entrée c'est le comportement des enfants différent de ce que j'avais pu voir ailleurs.*

[...] Classique « thé/Sao/fromage » de retour de classe. Ce goûter est toujours un grand moment réflexif pour Camille et moi-même. Apparemment on parle de tout et rien, mais la préoccupation de l'école et de l'éducation est toujours en arrière-plan. Ce soir, Camille revient sur deux de ses thèmes récurrents :

– les enfants qui bougent à l'école, c'est ceux qui savent, « on apprend en mouvement » ;

– les enfants qui n'ont pas de stratégie.

Pour elle, la question éducative renvoie à l'échec de la coutume. L'enfant qui échoue, c'est l'échec du maître qui n'arrive pas à « faire faire ».

Les deux risques pour le maître : l'enfant trop indépendant, le « têtu », et celui qui n'entend rien – entend avec les yeux dirait Antoine.

Séraphin arrive, prend part à notre conversation. Ce qui « l'emmerde » c'est le manque de pouvoir du maître pour faire apprendre. Il conclut, comme à son habitude, que « c'est toujours l'instit qui a tort ! ».

***Misunderstanding* : le cadeau de Miranda (III)**

Repas. Miranda réclame quelque chose à sa mère et revient avec... la boîte de jeu que je lui avais donné hier et dont je croyais qu'elle n'en verrait que du feu. Ma fausse interprétation de ce matin est énorme et symptomatique : ce n'est pas à l'école, comme je l'interprétais spontanément, que Camille emportait la boîte, mais tout simplement chez la gardienne ! Pan sur le bec, tu te croyais à l'abri de l'illusion du *grand partage* ! Que ça te serve de leçon !

En fait de leçon, c'est une récompense inespérée quant à mes hypothèses sur les apprentissages coutumiers précoces qui advient. Au lieu d'empiler les jetons comme le font d'abord tous les gosses avec ce genre de jouet, Miranda joue à nous faire coutume avec Bernard et moi, elle a dégoté dans la boîte les deux petits bons de garantie, de type *Si malgré tous nos soins vous remarquiez une imperfection dans cette boîte de jeu, retournez le présent...* dont elle se sert comme manous sur lesquels elle a posé un jeton en guise d'argent. Cela fait beaucoup rire Camille qui, pour autant, ne la félicite pas, mais dit simplement qu'elle a « appris le partage ». Je doute que ce soit Viviane [la nounou] qui lui ait appris ce jeu. Tout simplement, elle a vu faire coutume et elle le mime avec le matériel dont elle dispose (c'est assez Vigotskien). Personne ne lui a dit ce que cela signifiait.

Allez, cette soirée pluvieuse n'est pas perdue !

## Mercredi 10 mai 2000
## Confiance : lâcher la main

[...] Camille est fatiguée, elle veut remonter à Tiaoué après être passée à la pharmacie de Pouembout. Je n'ai plus de bagnole[2]. Je vais dans la classe de Séraphin lui demander les clés du camion Mercedes assez imposant que je n'ai jamais conduit. Séraphin me dit simplement que la clé est sur le tableau de bord. Je ne lui ai pas dit : « Est-ce que tu peux... ? » mais « Passe-moi... ». Séraphin ne me fait aucune recommandation. Du coup je n'ai aucune appréhension. Plus on donne de conseils aux gens, plus on leur fout la trouille, et plus ils risquent de faire des conneries. C'est à celui qui fait une chose nouvelle de demander s'il y a quelque chose de particulier à faire, ce que je fais. Séraphin me dit alors simplement que, pour passer la 3$^{e}$, il faut faire le double débrayage.

## Jeudi 11 mai 2000
## Charline et les deux contrats

*Charline, que nous connaissons déjà par l'affaire Doria & Sonia, a tenu une grande place durant ce Tiaoué. Bernard et moi voulions voir ce qu'il en était du rapprochement/distinction entre ce que j'appelle contrat coutumier et ce que la* Théorie des situations didactiques *nomme* contrat didactique. *Nous avons décidé de passer du temps dans sa classe de CM2. Comme à mon habitude, je m'installe à la place d'un élève manquant ; aujourd'hui à côté de Jenny. Jenny est une bonne élève. Dans la première partie de la matinée, la leçon de français porte sur la distinction des types de phrases : déclarative, impérative, interrogative, exclamative. Jenny réussit l'exercice.*

*Vient ensuite le calcul : addition en ligne des nombres décimaux, soustractions en colonne des mêmes décimaux. Grâce à de petites astuces pratiques Jenny réussit à déjouer les pièges de virgules.*

[...] Il est 9 h 15, et c'est l'heure de la récréation ! Charline me parle d'abord de l'hétérogénéité du groupe qu'elle doit gérer enfant par enfant. Je lui parle alors de la difficulté des opérations en ligne. C'est la première

2. La veille, « notre » voiture, prêtée par Richard, est partie dans les brousses devant l'école, le frein à main s'étant desserré du fait de la chaleur. [2012]

fois qu'elle les posait : c'était « le petit piège du jour ». Elle n'en a pas encore parlé et pourtant elle l'a mis en premier dans les exercices. Moi, pas très finement : « Pourtant c'est comme ça qu'on voit s'ils ont compris. » Je lui suggère qu'il faudrait « peut-être » commencer par là et qu'il serait intéressant d'en parler à Bernard...

*À la relecture, je me rends compte combien j'étais quelquefois lourd et prétentieux, et Charline, de bonne composition...*

Nous sortons dans la cour. Je lui dis que ce matin, je commence vraiment à me sentir en forme, lui montre un petit endroit sur le trottoir au coin de la classe et lui dis que c'est là que nous avons eu notre première discussion en 1993 et que j'avais alors très peur. Elle rit. Alors je me mets en face d'elle et avec un grand geste du bras droit, je lâche mon projet : « Voilà, il y a quelque chose qui me trotte dans la tête depuis plusieurs années et je suis revenu surtout pour essayer de voir ça : c'est de voir les relations entre le contrat coutumier et le contrat didactique. »

Charline me regarde en fronçant les sourcils. Aussitôt je contextualise en lui racontant l'anecdote de Miranda hier soir. Charline me fait remarquer que chez Séraphin c'est particulier parce qu'il s'occupe beaucoup de coutume. Je lui rétorque que tous les enfants assistent aux coutumes et surtout aux préparations, redistributions, entendent parler des hésitations, des prises de décisions, etc. Elle acquiesce. J'esquisse alors une définition des deux contrats en termes d'attentes réciproques et lui demande si elle voit un rapport ; elle me fait le signe zéro avec le pouce et l'index de la main gauche !

J'insiste en précisant les attentes réciproques. Du côté de l'élève : les enfants qui confondent ce qu'il y a à faire et ce qu'ils croient que le maître attend d'eux. Du côté du maître : toutes les petites ruptures de contrat dont il se sert pour faire avancer la leçon, mais qui troublent les enfants.

Le visage de Charline s'éclaircit. « Ah oui maintenant je comprends un peu, mais ça dépend des situations ! – Il y a des situations qui pourraient être exploitées en classe, les redistributions par exemple. » Immédiatement, Charline parle des mariages à Pouébo dont elle est originaire :

– Si tu es avec la mariée, enfin les invités, tu récupères le double de ce que tu as donné, 1 000 F tu récupères 2 000, un manou deux manous. Si tu es avec le marié, tu récupères la moitié.

– Exactement ?

– Non, pas exactement, un peu plus ou un peu moins. De toute façon c'est le groupe !

J'ai gagné ma journée.

**Mesurer la mer, technologie Fiction**

*Retour en classe après la récréation, Charline distribue un tableau polycopié de transformation des distances du millimètre au kilomètre et s'adresse à un garçon :*

– À propos de distance tu demanderas à Pierre pour la distance entre la Nouvelle-Calédonie et la France : 22 000 km. Tu lui demanderas si c'est vrai.

La veille, lors d'une leçon de géographie, le garçon avait douté de cette distance. Il faut dire que cette distance est quelque peu mythique puisque théoriquement sur terre un point ne peut être éloigné de plus de 19 999 km d'un autre ! On dit pourtant dans les conversations « à 22 000 km de la France », alors que, par avion, la distance Paris-Nouméa est de l'ordre de 18 500 km. Les 22 000 km remonteraient-ils au temps de la marine ? À voir. Toujours est-il que, en tant que Français, donc celui qui sait puisqu'il a parcouru ladite distance, on me questionne :

– Pierre, Pierre !

Charline me fait signe qu'elle me laisse la main.

– Moi je sais pas si c'est vrai. On va voir si on peut savoir si c'est vrai ou faux. Comment on peut savoir si c'est vrai ou faux ?

– Mesurer.

– Comment ?

– Avec une règle sur la mer.

– Oui on va essayer comment on peut...

– Sur la carte.

Charline intervient :

– C'est une autre idée, on va la noter et revenir à l'idée de la règle.

La classe est en effervescence.

– Est-ce qu'il va y avoir des problèmes ?

Les enfants énumèrent des obstacles : tempête, ouragan, requins...

– C'est trop long !

– On suppose qu'on a tout le temps.

– C'est trop haut.

– Quoi ?

– Le bateau, le bord du bateau est trop haut pour pouvoir poser la règle sur la mer.

– On prend une barque.

Un des garçons fait des essais sur sa table : il pose son double décimètre à plat, le bloque avec son index droit, et le fait passer de l'autre côté avec la main gauche. Manifestement il a saisi le problème du point fixe. Je l'interroge du regard et du menton en fixant son doigt : comment ?

– Mettre un piquet !

Se pose alors de nouveau le problème de la longueur de l'opération : disproportion entre la longueur du piquet et l'effort pour le planter – surtout quand il y a des rochers – et la faible rentabilité du double décimètre. Une fille propose la solution de la corde. Je lui demande la longueur d'une corde.

– Un mètre.

– Y a plus long.

– 20 mètres.

Et ils me montrent la cour : il y a quelque temps Charline leur avait fait mesurer la largeur de la cour avec une corde. Un enfant très rapidement et en faisant des gestes :

– Y a un bateau, pi y met un piquet, y met la corde, il emmène la corde, un autre piquet, accroche la corde pi revient la chercher, et pi y recommence.

– On jette des cailloux au fond de la mer et puis on plonge pour mesurer.

– Et les requins ?

– On met un truc là en fer.

– Un scaphandre.

Charline intervient :

– On pourra continuer. Maintenant on va voir l'idée de la carte.

Charline a repris la main. Elle appelle deux garçons qui se plantent devant le planisphère, montrent la France et la Nouvelle-Calédonie et prennent un double décimètre.

– Comment on va faire ?

– L'échelle !

Effet de mémoire didactique, on rentre dans le rang...

– Prenez plutôt la grande règle plate.

En la plaquant sur le planisphère pour l'orienter vers l'Europe, la règle coupe l'Australie. Un des deux garçons demande la distance entre la Nouvelle-Calédonie et l'Australie.

– Pierre y est allé, vous n'avez qu'à lui demander la distance.

– Il y a des gens de votre famille qui ont dû y aller pour des maladies...

– Mon grand-père !

– Eh bien tu lui demanderas !

Je retourne à ma place pour noter. Charline continue avec les deux en disant aux autres de reprendre l'exercice sur les distances. Au bout de quelques instants, en s'adressant à moi :

– On peut pas se servir de l'échelle, il faut passer par l'équateur, tout à l'heure on va les faire en sciences avec le globe et une ficelle.

La séquence a duré à peu près 20 minutes. Neuf enfants sur 21 ont participé de manière explicite à l'interaction.

**Le cartable d'Ézéchiel (I)**

[...] Vers 4 h, je descends à pied voir Jeanne. Nous parlons alors d'Ézéchiel son petit-fils (2 ans et demi) qui joue entre nous sur le banc, avec une petite voiture. Théoriquement, Ézéchiel va à l'école quatre jours par semaine, mais pas en ce moment. Pour la rentrée, on lui avait acheté un cartable neuf. Dans un petit accrochage entre enfants, une bretelle du cartable a été déchirée. Pas question de venir à l'école avec un cartable abîmé. Donc Ézéchiel vient sans. Séraphin a dit alors à Jeanne : « Comment ! Ézéchiel vient à l'école sans cartable ? C'est pas bien ! » Donc, Ézéchiel ne va plus à l'école et en pleure. Ce matin, Jeanne et lui ont couru les magasins de Koné : pas de cartable à sa taille ! Elle va téléphoner à Mariline de lui en ramener un de Nouméa.

## Vendredi 12 mai 2000
## Gaffe (4)

[...] À la sortie de l'école, nous rencontrons Antoine qui attend la navette de Netchaot assis sur le petit banc de *L'Escale*. Je l'embrasse presque fougueusement – peut-être est-ce une erreur que cette manifestation publique d'affection, et lui présente Bernard. Antoine se montre distant pour ne pas dire froid en lui donnant du « Monsieur », lui qui, en bon Kanak, retient immédiatement les prénoms. Bernard, à qui j'avais fait d'Antoine une présentation idyllique, s'en est rendu compte. Nous mangeons à *L'Escale*. J'explique à Bernard ce que je pense être la raison de l'attitude peu amène d'Antoine : être présenté à Koné, « en ville », ce n'est pas être présenté. « Il faut que je t'introduise coutumièrement au plus vite. » Bernard qui n'avait pas l'intention de venir avec moi tout de suite à Netchaot pour ne pas troubler notre relation familière, a l'air un peu sceptique, mais me fait confiance. Le soir même, je téléphone à Antoine pour lui demander un entretien. Ça sera pour dimanche après-midi.

## Samedi 13 mai 2000
## Igname et plaisanterie

Grasse matinée : réveil à 8 h 30.

Camille parle de son père qui plantait des arbres à fruits partout (ici il n'y en a pratiquement pas). « Les enfants adoraient les fruits ; maintenant c'est les bonbons ; ils vendaient les plus rares aux colporteurs pour les restaurants de luxe ; avec les pièces, il y avait pas grand-chose à faire : on achetait un beau stylo ou une boîte de crayons de couleurs. » Elle parle des difficultés des enfants de maintenant.

BERNARD : Pourquoi ?

SÉRAPHIN : Les jeunes font des enfants trop tôt.

MOI : Alors Miranda devrait entrer à Polytechnique[3] !

SÉRAPHIN éclatant de rire : Toi, tu réponds vite ! Les jeunes font des enfants et puis ils retournent à l'école, c'est les grands-mères qui s'en occupent : ici tu peux toujours retourner à la tribu – air connu.

SÉRAPHIN à BERNARD : On va goûter l'igname, on va aller le tirer là-haut, tu pourras photographier.

Je veux aller prendre une douche. Je ramasse les bols, me lève et esquisse un mouvement vers la cour/vaisselle[4].

SÉRAPHIN : Tu viens de faire un geste là. C'est à moi qui suis au coin de la table de le faire, comme si toi tu es à côté du frigo.

Sans un mot, je lui plante bols et cuillères sous le nez et m'en vais prendre la douche. Séraphin, avec un grand rire : « Ah l'mec ! »

*Jamais je n'aurais risqué ces deux plaisanteries dans les premiers Tiaoué. J'y vois maintenant le signe d'une progression dans ce que les ethno-méthodologues appellent* becoming member.

Après déjeuner, j'entends Séraphin prononcer le mot champ. Je sors : « Ah, on va y aller, il est là Bernard ? »

Je vais chercher Bernard qui travaille et lui demande de préparer fissa son appareil. Nous montons. Miranda, accroupie sous le nez de Séraphin, son front frôlant la barre à mine, tire elle-même des petites herbes et écarte des petites mottes de terre : magnifique scène de tirage d'abord de deux ignames un peu difformes, puis d'un (à ce moment Séraphin dit

---

3. Miranda est une petite retardataire. Séraphin est en butte à des moqueries comme « dernière cartouche ! ». Les plaisanteries à connotation sexuelle sont courantes, même devant les enfants. [2012]
4. Dans toutes les maisons, on fait la vaisselle dehors, côté cour. [2012]

« il ») très beau long et régulier (8 kg d'après Camille). Séraphin prend la terre à pleines mains puis pleins bras, le caresse ensuite. C'est la première fois que j'assiste à la scène, du Haudricourt *live*. Séraphin prend l'igname dans les bras comme un bébé, puis me le confie. J'ai peur de me casser la gueule. Redescendus, il le lave en le caressant : « On le mangera grillé avec les roussettes et les notous. »

Comme pour rompre avec la solennité de la scène précédente, Séraphin met sa casquette verte à rabat, sa sono avec de la musique tahitienne à la con. Je lui demande s'il n'a pas autre chose de moins tarte. Il passe un CD enregistré par G. Haman[5] : les généalogies et le *Aé Aé* chanté avec ses élèves de CM2 à Nouville en 93. Magnifique suite de la séquence de l'igname, peut-être voulue. Séraphin n'en serait pas à ça près.

## Dimanche 14 mai 2000
## Connectique, ingénierie

*Petit déjeuner sympa avec Séraphin qui me parle de Laval*[6] *comme d'un grand technicien.*

– Toi aussi tu aimes tout ce qui est technique.

– Moi, surtout tout ce qui est branchements[7] !

Réflexion personnelle : la société kanak – Séraphin en étant un idéal type – est une société de connecticiens. Je ne suis pas mécontent de mon idée qui colle avec celle de rapidité dans l'organisation, quand les choses en valent la peine. Séraphin poursuit sur le thème de la technique. Les nouveautés techniques vont lui faciliter les conditions de son travail. Par exemple, les transparents et le rétroprojecteur : « J'aurai pas besoin de me lever tout le temps pour montrer ! » Pour lui la technique est primordiale. Sans que je sollicite, il passe à la technique opératoire : « Pour enseigner la technique de l'addition, j'enseigne que la technique : “là, il faut mettre ça là, ça là...” »

5. Ethnomusicologue suisse, ami de Séraphin. [2012]
6. Laval est un bon copain de Séraphin, instituteur dans le public, féru d'informatique.
7. À propos de branchements, je pense maintenant au livre éponyme de J.-L. Amselle *Branchements. Anthropologie de l'universalité des cultures* publié un an plus tard (Paris, Flammarion). Quant à l'importance de la technique pédagogique, il en sera longuement question dans les Tiaoué suivants. [2012]

## Dimanche après-midi
## Cinquième entretien avec Antoine Goromido

Repas de bonne heure. Camille parle de son pays, l'aire Ajé, sa tribu Goapin. Il me tarde de voir Antoine. Nous partons.

[...] Antoine est seul. Il nous attend. Je lui fais une coutume pour lui présenter Bernard. Sa réponse et son sourire en direction de Bernard me rassurent ; j'avais raison vendredi. Nous entrons travailler dans le bureau. Antoine est habitué au magnétophone, pas moi : c'est la première fois que je m'en sers avec lui. Je suis très intimidé, et par le magnétophone, et par l'enjeu de ma première question. Je ne suis pas certain que la transcription littérale rende compte de la tension du début : Antoine va-t-il accrocher ? Ne suis-je pas très loin de ses préoccupations ?

MOI : C'est une question qui me tourne dans la tête depuis plusieurs années que je suis venu là et que j'ai du mal à formuler.

ANTOINE : Avec ton frère ?

MOI : Oui même avec mon frère, même avec Bernard. Voilà...

*Je lui fais maladroitement mon baratin contrat coutumier/contrat didactique. Antoine répond après six secondes :*

ANTOINE : Alors Pierre on va d'abord voir pour la relation coutume : « ça c'est comme ça, j'ai compris ». Tu as cité le contrat, le contrat d'école.

MOI : Et puis les deux ensemble.

BERNARD : Est-ce que je peux ?

MOI : Vas-y bien sûr.

BERNARD : C'est la question qui me préoccupe aussi. Je la formulerai de façon naïve. Dans l'apprentissage de la coutume, on fait confiance à l'enfant et, à l'école, on dit tout à l'enfant comme si on ne lui faisait pas confiance, comme s'il ne pouvait pas penser par lui-même. Voilà c'est ça, hein Pierre ? Il y a un contraste très fort sur la manière dont on apprend la culture kanak et la manière dont on apprend à l'école[8].

*Après le* têrê/tämägööri, *entendre/comprendre de Tiaoué II, la distinction* wii/tii, *recopier/écrire de Tiaoué III, voici le troisième volet du triptyque Antoine, le* cipété-hî, *apprendre en joignant des bouts.*

8. À ce moment du séjour, Bernard a fait à peu près le tour des classes mais n'a pas été voir celle de Séraphin. [2012]

**Apprendre à raccorder les bouts**

Antoine réfléchit, chasse le chien :

– Le mot, Caa Bwëé, qu'on a toujours entendu avec mon frère Alban, c'est sur les coutumes : on dit *cipété-hî*[9] : c'est à toi à raccorder les bouts. Mon père me disait : « Y va à Nétéa ou bien y va à Koniambo, alors il suffit simplement de regarder ce qu'il a fait et faire pareil. Pourquoi il va à Nétéa ? Eh bien parce que, là-bas, à Nétéa, il y a des gens qu'on doit aller [voir], on doit les fréquenter. Si y a deux [de] *chez nous* ou trois, on sait que c'est six pour y aller. Il faut surtout regarder comment ils se déplacent, pourquoi ils se déplacent, ou bien essayer de comprendre son comportement, son déplacement. » Il disait : « Il faut regarder cela. » Alors les *cipété-hî* là, ça veut dire que toi tu vas dire, et puis tu vas t'arrêter. Y en a un autre, d'un autre clan, qui a rapporté un autre bout, et puis alors toi, tu te dis : « Ah tiens ! C'est le bout de ce que je disais hier ! » Et c'est ça le mot *cipété-hî.*

MOI : Comment tu traduis littéralement ?

ANTOINE : Joindre les bouts. Une corde par exemple Caa Bwëé.

Antoine me fait le geste avec les deux mains de joindre comme pour faire une épissure.

ANTOINE, après 35'' de silence : Pierre pardon, les relations de coutume c'est quelle part ? Relation, famille, parenté ou bien des coutumes ?

MOI : Les deux !

ANTOINE : Parce que... Oui y a deux coutumes quoi ! ... Alors, comme disait mon père, y suffit de bien regarder comment y vont manipuler les présents qui sont là pour faire l'échange entre les maternels et les paternels.

*Antoine nous explique alors par le menu, avec des exemples, les mécanismes d'équilibrage et rééquilibrage instables pour joindre les deux bouts. Finalement dans ces cérémonies – je l'avais déjà observé à propos d'un mariage à Tiaoué – l'important c'est ce qui se passe avant, hors du regard du « grand public ». D'où les longues attentes.*

[...] MOI : Je vais dire une grosse bêtise. Est-ce qu'on peut considérer que la relation pédagogique dans la classe entre le maître et les élèves a quelque chose à voir avec ces relations de deux camps qu'on trouve partout ?

ANTOINE, après 12'' de réflexion : Tu vois Pierre, quand on était à l'école, on pose pas beaucoup de questions, ou bien on charge l'autre de poser la question. C'est ce que je disais tout à l'heure, tu regardes faire et

9. Le terme est un mot de langue cèmuhî : J.-C. Rivierre (1994).

puis tu essaies de faire pareil. Alors, une des fonctions de maître : on laisse de côté un peu, puis on fait la solution du problème, et les autres, y suivent ! C'est un peu comme pour la coutume : on les regarde faire et puis on se demande pourquoi. Essayer de comprendre pourquoi ont fait untel, untel, untel. À l'école aussi, on suit le maître, on pose pas beaucoup de questions.

BERNARD : À l'école, c'est ça aussi que le professeur demande « c'est à toi de raccorder les bouts », c'est-à-dire le professeur va faire une leçon, sur l'addition et puis après il va poser des problèmes mais aussi voir si l'enfant a appris ; il va lui laisser raccorder les deux bouts. On sait que quelqu'un a appris quand il sait raccorder les deux bouts. Eh bien en ce moment, à l'école, le professeur c'est lui qui raccorde les deux bouts, à la place de l'enfant. L'enfant connaît les règles, mais il sait pas s'en servir !

ANTOINE : C'est vrai que, à l'école, c'est pas tout à fait pareil, parce que le rapport de joindre deux bouts, tu peux trouver, c'est un bout chez Pierre, un bout chez toi, et puis l'année d'après un trouvera un autre bout à Paouta ou bien un autre bout à Ouaté. Tandis que là, c'est le même prof, c'est le même.

BERNARD : D'accord, merci !

**Les coutumes comme problèmes scolaires ? (1) => p. 237**

[...] MOI : Est-ce qu'on peut revenir sur les coutumes au sens des dons qui sont échangés et des retours ? Est-ce que ça te paraîtrait quelque chose de sacrilège si – c'est dur pour moi de dire ça parce que peut-être que tu vas me tirer un coup de carabine, avec tes yeux ! – si un enseignant prenait une situation de don ou d'échange et de répartition comme un problème qu'il poserait, à l'école, dans sa classe ?

ANTOINE : Non ! Au contraire Pierre, je pense, c'est bon, ça donne déjà une idée aux enfants de ce qui est l'échange/coutume.

MOI : Que ça soit un problème d'arithmétique ! « Untel a donné tant de nattes, tant de manous, tant d'argent ; et puis alors il y a les clans, et, comment on va répartir ? » Tu vois, vraiment un petit problème de calcul. Est-ce que pour toi, ça paraîtrait quelque chose de sacrilège par rapport au geste coutumier ? Pourquoi les maîtres ne le font pas d'après toi ?

ANTOINE : /[10] Ah mais ils peuvent introduire dans leur programme/

MOI : /Mais ils le font pas !

ANTOINE : /Ils le font pas, voilà ! On a toujours tendance à prendre ce qui est déjà écrit sur le cahier d'arithmétique et ne pas imaginer d'autres... J'crois qu'enfin ils peu[ven]t le faire.

10. Le signe « / », veux dire réponse immédiate, à la limite du chevauchement.

MOI : Et est-ce que tu crois que ça serait un moyen de trouver un intérêt pour certains enfants qui s'intéressent pas aux problèmes d'arithmétique alors qu'ils voient chez eux les coutumes, ils voient même les cahiers de coutumes. Je ne sais pas si je m'exprime bien/

ANTOINE : Si, si c'est très bien Caa Bwëé parce que, quand on rassemble les coutumes, Bernard il va amener sa coutume, toi tu vas amener la tienne et puis c'est moi le décideur, c'est moi qui vais organiser par exemple pour faire un mariage. Alors je note *Bernard, Pierre*, et puis je vais dire 10 000 francs à Pierre pour prendre la femme, payer la femme. Enfin payer c'est pas un bon mot, mais prendre. Les 5 000 à toi Pierre, on va dire merci aux parents de la fille ; l'autre c'est récompense. Puis, c'est au mariage de mon fils et je vais lui dire « mets-toi dans la tête que les 10 000 francs à Bernard, c'est avec ces 10 000 francs qu'on a payé ta femme... et puis le jour où il y aura mariage chez Bernard, nous aussi il faut apporter aussi, comme Bernard a apporté quelque chose. Et puis après ce calcul-là tu vois d'échange de... Demain quand Bernard va partir on va pas lui donner les 10 000 francs, on va peut-être lui donner 5 000 francs et puis toi 2 000 francs ». Et puis, il lui il dit « mets-toi aussi dans la tête que, dans ton mariage, Bernard a consacré 5 000 à lui, pour ton mariage et puis il y a 5 000 de retour, mais il y 5 000 de... faudra penser les jours qui vont venir »... Là, ça aussi, on trouve des tas problèmes de la classe, non ?

*La discussion s'enlise un peu autour de la distinction enseigner et apprendre. Je crois que nous ne nous sommes pas entendus. Leçon : certaines distinctions qui nous semblent aller de soi ne sont en fait que des naturalisations. Je reviens un peu lourdement sur mon problème de tout à l'heure. C'était vraiment les années didactiques !*

MOI : Si, au lieu de faire comme on disait tout à l'heure, au lieu de construire un problème classique on fai[sai]t avec des coutumes. Si on posait un vrai problème réel, coutumier, qui ressemblerait à la situation, des hommes qui sont dans la case, avant de sortir, pour poser les coutumes...

ANTOINE : Oui, oui parce que dans les classes c'est bon parce que y a des Bai puis y a des Dui. On peut les...

MOI : Que le problème ne soit pas un problème fictif, mais un problème réel (*sic*).

ANTOINE : Je crois que de ce côté-là Pierre, le maître il peut leur dire heu, je crois au cours moyen par exemple de porter chacun une pièce ou un billet... Puis, je sais pas, séparer en deux groupes ou trois pour faire...

*Antoine – quelle mémoire ! – me rappelle alors l'épisode du tableau cartésien que Camille avait fait au moment du voyage à Bélep cinq ans auparavant. Il essaie d'aller dans mon sens par gentillesse mais n'est pas très convaincu. Manifestement, il cherche une sortie et la trouve :*

ANTOINE : Bernard, le soleil là !
MOI : T'es pas trop au soleil Bernard ?
BERNARD : Non, ça va. [Antoine va tirer le rideau] C'est gentil.

[...] BERNARD : Je me sens en lien avec ce que disait Antoine tout à l'heure. Ce qui manque à l'école, pour que ça marche, c'est le lien. Dans la réponse que vous m'avez faite au début de l'entretien, vous m'avez dit « Oui, mais en classe ça peut pas marcher, parce que le professeur il est tout seul alors que dans la vie heu, on trouve un bout là, un bout là, un bout là. » Et c'est vrai que la coutume, c'est le lien, enfin d'après ce que j'ai compris/

ANTOINE : /Oui, oui.

BERNARD : C'est le lien, y a un bout là et puis il faut raccorder, et on peut pas emporter ça dans la classe. La classe elle a pas de liens. Les liens ils sont dehors.

ANTOINE : Mais, il y a des élèves avec leur maître !

BERNARD : Ce qui fait la vie sociale dans les tribus, c'est les alliances, c'est les liens qui raccrochent avec tel clan ou tel autre clan ou telle tribu ou telle autre tribu et c'est un équilibre. J'ai l'impression que dans la classe on peut pas porter ça parce que, dans la classe, il y a des liens qui vont se faire mais qui vont durer un an !/

ANTOINE : /Oui c'est ça.

BERNARD : Le petit enfant, il va partir, il va passer dans l'autre classe, après/

ANTOINE : /Tout à fait.

BERNARD : Et donc, ça peut pas être pareil que dans la vie.

ANTOINE : Oui.

*Antoine est fatigué. Il faut conclure.*

[...] BERNARD : Je sais pas si c'est une question bête, mais c'est une question qui ressemble un petit peu à une question de journaliste. Voilà : imaginons que demain vous ayez le pouvoir de changer l'école en Nouvelle-Calédonie, qu'est-ce que vous feriez pour améliorer l'école ?

ANTOINE : Je vais te répondre Bernard. Longtemps, y a pas l'ombre d'un programme. Par quel bout on va commencer ? Y a pas de programme. Ce n'est qu'après la guerre. C'est Griselli qui nous a apporté le programme Letelier. Un inspecteur nous a fait recopier *la méthode* en nous faisant payer. On était obligé de payer sinon on te tire sur ta paye. Il s'appelait Desjardins. Après il y a eu dénonciation et il s'est fait renvoyer... Les programmes, c'est là qu'il y a du retard. Je suis resté moniteur huit ans à Paouta sans voir l'inspecteur.

MOI : *Wadé.*

*Cette réponse inattendue d'Antoine sur l'absence et la nécessité d'un programme continue de me poser question, elle vient en décalage avec le « raccrocher les bouts ». Est-ce une affaire purement conjoncturelle renvoyant à l'état de dépendance des moniteurs de son époque ? Mais la question de Bernard est actualisée. À la nécessité du programme Antoine associe la question de la méthode que l'on peut prendre au sens de réflexion sur le chemin (μετά οδός en grec) c'est-à-dire parcours qui orienterait le maître vers ses buts. Pourtant j'ai pu observer la présence insistante des progressions affichées dans les classes au-dessus du bureau des maîtres... Antoine n'est plus là pour répondre.*

## Lundi 15 mai 2000
## Ézéchiel et son cartable (II)

[...] En descendant à Koné, nous prenons Jeanne au passage : toujours pas de cartable pour Ézéchiel, donc pas d'école pour Ézéchiel !

## Mercredi 17 mai 2000
## Ézéchiel et son cartable (III)

[...] Nous partons solennellement dans la classe de Camille (maternelle, petite section) : c'est mercredi matin, la demi-journée de Miranda[11] ! Tiens, Ézéchiel est là ! Aurait-il un cartable ?

11. Miranda n'a pas trois ans mais fait la comédie pour aller à l'école... Elle est autorisée une demi-journée le mercredi matin dans la classe de sa mère, ce qui n'est pas une sinécure. Le reste du temps elle est chez une de ses tantes. [2012]

Nouveauté : il y a un miroir sur un mur de la classe, mais accroché à 1 m 50 environ : à qui/quoi peut-il servir ? Il y a aussi une pendule murale mais, comme dans la classe de Charline, elle est arrêtée !

7 h 45. 10 enfants présents pour le moment. Je suis content de revenir voir les petits, ça me rappelle Tiaoué I et II. Miranda est au coin peinture avec un petit Blanc. Sérieuse, elle est quand même venue se frotter à moi quand je suis rentré dans la classe. Elle recouvre consciencieusement une feuille de peinture bleue. Dès que c'est fini, elle traverse la classe, joue un instant avec le téléphone, rejoint l'atelier Lego, et tente de monter sur les genoux de sa mère.

7 h 58 [...] Miranda sort toute seule se laver le bout des doigts puis court sous la véranda jusqu'à la classe des CP puis revient.

– *Yaya* [diminutif de Pouya] *Ga ta abé* [Ne va pas traîner là-bas !], *Tambo* [assieds-toi !].

Camille lui donne une feuille A3. Miranda trafique les pinceaux, fait de la lavasse et dit « *Mamie, ya nabwe* ». Elle va alors chercher sa mère pour aller se relaver les mains et surtout faire caca.

[...] 9 h 50. Les enfants battent des rythmes syncopés : *Le moustique, La petite souris, Monsieur Pouce, Le facteur*. Enfin, on répète la poésie pour la fête des mères. Miranda essaie de téter sa mère qui lui donne un biberon.

À ce moment-là, mon regard tombe sur le portemanteau. J'aperçois un magnifique cartable neuf rouge bordé de noir. Le cœur battant je me dirige vers l'étiquette : « Kevin ! », c'est le prénom « chrétien » d'Ézéchiel. Pourvu qu'il n'y ait pas deux Kevin dans la classe ou que le cartable ne soit pas accroché à la mauvaise patère !

Pendant le reste de la matinée, je tremble... 10 h 20. « Apportez vos feuilles, c'est bientôt l'heure ! Miranda va préparer ton cartable ! » Ézéchiel va droit vers le cartable rouge et l'enfile fièrement. Ça ne suffit pas encore à mon bonheur : il faut vérifier si tous les élèves ont un cartable pour valider l'hypothèse : résultat concluant 10 sur 10 !

Pour venir à l'école quand on est un petit Kanak, il faut avoir un cartable et de surcroît en bon état de marche. CQFD.

## Jeudi 18 mai 2000
## Premier entretien didactique avec Séraphin

### Question de langue française

18 h. Séraphin rentre dans le « bureau » où je suis en train de recopier mes notes. Il s'assoit dans un fauteuil et spontanément, je crois que c'est une des premières fois, se met à me parler de problèmes didactiques.

– C'est dur la conjugaison.

– Pour moi aussi c'était dur !

– Il me semble avoir vu quelque part que le français est un langage mathématique.

Séraphin stigmatise. J'essaie de le détromper. Je lui fais un petit discours à la F. François[12]. « Les règles du français sont pleines de trous. Par exemple, je vais, tu vas... nous allons ! » Séraphin se lance alors dans un grand discours pédagogique sur la compréhension. « La gestion mentale, qu'est-ce que t'en penses ? » Je lui dis doucement mes réserves puis, sur un ton docte : « La bonne méthode c'est celle qu'on fabrique nous-mêmes à partir des problèmes qui se posent. »

– C'est parce que tu connais les enfants !

– Dans *la langue*, il y a que l'infinitif, c'est peut-être pour ça que nos conjugaisons sont difficiles.

Séraphin me donne des exemples en langue puis parle des difficultés qu'il a en rééducation avec les dyslexiques : « Par exemple les voyelles avant les consonnes [par exemple] *la*, l'enfant dit *al*. C'est moi qui induis l'enfant en erreur, c'est pas l'enfant. À l'entretien du matin, l'enfant veut parler des travaux du champ, il a pas les mots pour dire ça ! Alors je lui donne les mots pour : *pioche*, *butée*, *barre à mine*. Je me suis buté là-dessus. Comment veux-tu qu'ils parlent de quelque chose alors qu'ils ont pas les mots pour. Putain mais c'est moi qui vais bloquer les enfants ! »

Ce n'est pas la première fois que Séraphin s'impute l'échec, mais c'est la première fois qu'il me parle des « mots » (français) qu'il « donne » aux enfants pour qu'ils puissent parler de leur culture ! Je pense à Wittgenstein, aux enfants de paysans de l'école de Trattenbach. Toutes les conneries sur l'adaptation des programmes, le « bi multi pluri lingue », tombent devant ce qu'il vient de me dire. Il faut que je retourne dans sa classe.

---

12. F. François, *J'cause français non ?*, La Découverte, 1983. Livre aussi indispensable qu'introuvable.

*C'était le premier dialogue didactique initié par Séraphin. Le moment des longs entretiens comme avec Antoine n'est pas encore venu. Il faudra attendre...*

## Netchaot, vendredi 19 mai 2000
## Sixième entretien avec Antoine Goromido

Antoine nous fait immédiatement rentrer dans le « bureau ». Il a un cahier d'écolier ouvert devant lui. Je n'ose pas essayer de regarder les quelques lignes qui y sont écrites. Antoine nous demande si nous avons regardé José Bové[13] à la télé. Antoine trouve qu'il parle bien. Il nous dit qu'il est allé dans le massif de Koniambo avec les gens de Falconbridge[14] et se réjouit de savoir maintenant que l'exploitation est rentable. Antoine est d'un optimisme rare chez les locaux, du moins sur cette question. Bernard met le magnétophone en route. D'emblée Antoine se met au travail.

ANTOINE : Bon dernièrement Caa Bwëé, il m'a semblé que tu avais parlé de contrat.

MOI : Oui.

ANTOINE : Y'en a eu deux. Tu as vu ton frère pour le contrat aussi non ?

MOI : Un p'tit peu.

**Le contrat pédagogique rompu**

Antoine nous montre des notes qu'il a devant lui et qu'il a préparées pour cet entretien.

ANTOINE : Ça parle d'expériences que j'avais eues à l'école. Un jour j'ai trouvé... non, plutôt mes nièces ont trouvé un bout de papier qui a été écrit par l'un de mes élèves. Il écrivait à sa sœur, là en bas, à Donéva. Il lui raconte que j'ai triché dans les annotations et la place que je lui ai donnée ; c'était pas ça, parce que j'ai pas triché dans ses notes. Alors il m'a traité de voleur ; il disait que j'étais pas moniteur que j'étais un voleur, que la place c'était pas la place, qu'il méritait plus que ça, et même il serait le premier. Alors il a quitté l'école.

---

13. José Bové est en tournée sur le Territoire. Il a connu Tjibaou au moment de l'affaire du Larzac.
14. Entreprise canadienne qui vient négocier l'installation d'une usine de traitement du nickel dite usine du Nord. [2012]

MOI : Est-ce que l'élève était un « mauvais coucheur » comme on dit, ou bien est-ce qu'il pensait que toi tu pensais qu'il valait mieux que ce qu'il valait, mais que tu ne lui donnais pas les notes qu'il méritait.

ANTOINE : Je ne sais pas, je suis en train de me demander, d'ailleurs y'a un cousin qui m'avait dit « il faut porter plainte », je lui dis oh ! ... parce qu'il m'a traité de voleur ou de...

MOI : Il pensait peut-être que tu volais quelque chose ?

ANTOINE : Par rapport à d'autres élèves, il pensait que je favorisais d'autres... questions de parenté, famille.

MOI : Est-ce que c'était un bon élève ou un mauvais élève ?

ANTOINE : Non il était pas... du tout.

MOI : Parce que quelquefois, quand le maître attend beaucoup d'un élève, il a tendance à le noter moins élevé parce qu'il attend beaucoup de lui.

ANTOINE après 18'' de réflexion : Dans ce mot contrat, Caa Bwëé, je voudrais [faire] un petit peu une comparaison. Tu prends la marchandise chez quelqu'un et puis tu le payes alors « les bons comptes font les bons amis ». C'est quelque chose de réciproque envers le commerçant. Y'a pas ça entre l'élève et son enseignant. Parce que là, regarde, le petit que j'ai dit tout à l'heure, il trouve que... le contrat n'était pas bien.

**Capital économique, capital social**

[...] MOI : Quand il y a un élève qui réussit bien, dans ta tête tu te dis ce p'tit mec-là, il devrait faire encore mieux, je pense qu'il a la possibilité de faire mieux. Comment tu t'y prends ?

ANTOINE, après 8'' de réflexion : Non, je continue ; mon enseignement est toujours un enseignement surtout quoi ! Mais l'élève, lui, je vois qu'il continue à étudier, à acquérir, à mieux acquérir que d'autres... Je comprends pas bien la question.

MOI : Si, tu as très bien compris. Ça veut dire que tu ne le pousses pas plus qu'un autre.

ANTOINE : Non, non... Mais là je voudrais vous dire, c'est que je pense aux moyens à la maison ! Parce que moi j'étais à l'école, j'avais un logement tout près de l'école et puis j'avais aussi des dames, des moyens, pour acheter du pétrole et travailler un peu le soir alors que d'autres, dans d'autres habitations, dans d'autres foyers, ils ont pas des moyens pour suivre leurs enfants le soir quand ils reviennent.

BERNARD : Par rapport à ce que vous venez de dire, j'ai regardé des résultats des élèves et, avec Pierre, on a regardé le lieu d'habitation et on s'est rendu compte que plus les élèves habitaient loin de Koné, moins ils réussissaient à l'école.

ANTOINE : Mon fils Jojo[15], il avait le même âge qu'un autre garçon aussi, alors j'ai appelé son père ici. Ils étaient très brillants, ils étaient bien copains et puis un peu familiers aussi avec moi. Alors je lui ai dit : « Écoute ton fils il va aller à Sambat, mon fils à Do Néva, vous savez ils ont toujours été ensemble, alors c'est mieux de les envoyer ensemble comme ça là-bas ils vont pouvoir... » Son père y m'a dit : « Non, non, non, non, non [*ton doux mais scandé : noire noire croche croche croche*] mon fils, ici... y fera comme moi, un cultivateur : manioc, patate... » Il y a eu beaucoup de cas comme ça.

MOI : Est-ce que, pour toi, s'engager dans le savoir des Blancs, s'engager dans le savoir des Européens, c'est forcément abandonner la coutume ou en perdre un p'tit peu ?

ANTOINE : Non, pour moi. Peut-être d'autres, ils ont cette idée-là. Quant à moi, je pense pas comme ça. Je pense que, au contraire, si tu as un savoir, il peut t'aider à mieux comprendre la coutume.

*Antoine est fatigué, nous prenons congé et rentrons à Tiaoué. Le week-end est touristique ; il fallait bien montrer la côte Est à Bernard. Bien entendu pas question de coucher à l'hôtel. Nous passons la première nuit chez Noël à Poindimié. Bernard, qui a mal retenu mes cours accélérés d'anthropologie mélanésienne pratique, a le malheur d'apprécier une sculpture exposée dans le jardin – fort belle effectivement – et se la voit attribuée en dépit de ses protestations. À la réflexion, il m'était arrivé la même aventure à Do Néva. Le lendemain, pèlerinage à Tiendanite dans la tribu de J.-M. Tjibaou. Arrêt devant les voitures rouillées des petits frères assassinés. Pour la première fois j'ose y attacher un manou.*

## Dimanche 21 mai 2000
## Totem, tabou et Baron d'Arignac : la parole libérée

[...] À table, de bonne heure comme tous les dimanches : Séraphin Camille, Edmond, Sébastien, plus une bonbonne en carton de cinq litres de Baron d'Arignac, « le robinet », belle métonymie. Je n'avais encore jamais vu de vin chez Séraphin. Sur la table, les notous tués par Edmond, du cerf, du poisson frais : un vrai festin, tout à fait inhabituel chez les Méréatu. Bernard et moi nous servons du notou. Bien que j'aie raconté à

15. Joseph Goromido est actuellement maire de Koné. [2012]

Bernard l'histoire du bois du notou, nous l'attaquons au couteau de cuisine. Séraphin n'est pas encore à table. Camille nous dit qu'on ne mange pas avec ça : « Le notou est un animal totem à Tiaoué, c'est tabou de le manger avec un couteau. Il a été découpé avec un roseau affûté. » Les roussettes « on peut ». Nous posons immédiatement nos couteaux et les attaquons avec doigts et dents. Les notous se défendent. Bernard accepte un grand verre de Baron d'Arignac, moi pas, je me méfie...

EDMOND : Arignac, Aurillac !

MOI : À Aurillac, on ne fait pas de vin mais du fromage, le cantal.

EDMOND poursuit : « Clermont-Ferrand, service militaire. »

Je parle du climat de Clermont : pas de réaction. Il revient sur la chaîne Arignac/Aurillac/Clermont-Ferrand.

EDMOND : Près de chez toi ?

MOI : Non.

J'essaie de donner des équivalences en distance. Je précise là où je suis né, le lieu de ma famille, là où j'habite maintenant.

EDMOND : Et Bernard ? (Bernard n'est pas dans la pièce : *il se connecte*).

MOI : Au Sud, entre Bordeaux et Toulouse, à Agen.

Le visage d'Edmond s'illumine : « Toulouse c'est bon ! » Il y a vécu. Je reparle du climat et reviens sur Clermont. Edmond se serre la poitrine avec ses bras, parle du verglas. Le lien est établi avec Bernard.

Séraphin entre sur ces entrefaites et nous entreprend sur la préparation du pèlerinage de Tèné[16]. Il a été désigné comme responsable par les femmes et leur chef Jeanne de la part d'organisation qui revient à la tribu de Tiaoué. Suit alors tout un discours sur cette préparation, occasion d'extérioriser la rivalité des deux clans, les Bai (entreprenants) et les Dui (hésitants et palabreurs).

Mon hypothèse de la religion comme forme publique et laïcisée de la coutume, se confirme. La religion est un moyen de réguler sans trop de risques des problèmes coutumiers.

MOI (exprès) : Il y aura des coutumes pour le pèlerinage ?

SÉRAPHIN (solennel ou pince-sans-rire ? Les deux) : Le pèlerinage, y a pas de coutume, le pèlerinage c'est pour prier !

Pensant que la soirée ne s'achèvera pas avant la fin du « robinet », nous prenons congé. Peu de temps après, Edmond rentre dans le « bureau » où je recopie rapido les notes prises sur le repas, pour me dire bonsoir : il ne m'a jamais tant parlé que ce soir...

---

16. Hippodrome de Bourail, le pèlerinage annuel a lieu au mois de mai et mobilise fortement les paroisses catholiques de tout le Territoire. [2012]

**Le nom de Bernard (I)**

9 h. Je sors me laver les dents au jet avant d'aller me coucher. Alors Séraphin sort de la nuit et se plante à 2 m 50 de moi et parle. Il veut donner un nom à Bernard. Sébastien n'a pas de fils, alors Bernard sera le papa du papa d'Edmond – qui doit bien avoir une vingtaine d'années de plus que Bernard.

MOI : Pourquoi pas Edmond ?

SÉRAPHIN, sur un ton qui n'appelle pas de commentaire : Edmond, c'est pas possible. Bernard s'appellera *Caa Dogo*. J'en ai déjà parlé au vieux, il est très content. Antoine sera content lui aussi. Tu dois prévenir Bernard.

Toute cette soirée exceptionnelle s'éclaire : Le Baron d'Arignac a servi à libérer la parole d'Edmond et surtout celle de Séraphin pour dire la relation projetée avec Bernard, ou plutôt dire de l'annoncer.

N'y tenant pas, je réveille Bernard pour lui annoncer ce qu'il appelle un baptême. J'essaie de répondre à son anxiété. L'important pour Séraphin était de trouver à Bernard une place compatible avec des intérêts coutumiers – une relation d'un étranger avec un maître de la terre. « Que faire ? me demande Bernard – Accepter sans se poser de question, être humble. » Il va se coucher.

Je réfléchis et joue un peu les « Indiens » comme dirait Alban : ce soir Bernard a mangé de l'animal totem, le notou, avant de recevoir un nom.

## Lundi 22 mai 2000
## Grand récit de chasse

Réveil à 6 h 15. Il fait frais. Émoustillé par notre conversation de mercredi soir je retourne, seul, dans la classe de Séraphin.

7 h 45. Entretien du matin. Première intervention : récit classique d'un incident de voiture du week-end. Suit un très beau récit de chasse dialogué, très Freinet (Séraphin s'en réclame), entre Rodrigue et Séraphin que j'essaie d'attraper au plus près.

RODRIGUE : Vendredi à cinq heures, on boit du café pur, on monte à Pamalé [de l'autre côté de la chaîne !].

SÉRAPHIN : Avec papa ?

– Lui il est à cheval. On arrive à minuit. On desselle le cheval. On allume un feu pour manger, dormir un peu.

– Combien ?
– Trois heures. On laisse le cheval et on part au cerf.
– Avec les chiens ?
– Oui.
– Combien ?
– Sept.
– Comment ils s'appellent ?
Rodrigue énumère les noms des sept chiens puis :
– Bobby a levé le cerf. On l'a tiré. On l'a tué[17].
– Combien ?
– Trois !
– Avec des cornes ?
– Deux avec des cornes.
– Deux cerfs, une biche. Comment vous avez fait pour les porter ?
– On a pris les deux cerfs et on a laissé l'autre.
– Vous êtes arrivés quand à Tiaoué ?
– Dimanche [hier soir !] à minuit.
– Vous les avez touchés où les cerfs ?
– Le premier au garrot, le deuxième au garrot, le troisième à la tête.
– Vous avez pris une selle ou un bât ?
– Une selle. Au retour on a tiré quatre notous et dix roussettes.
– Vous avez distribué ?
– Oui.
– C'est bien ! Il faut pas manger tout seul.

Séraphin n'a pas dit « il faut partager ». S'adressant à moi : « Il y a une différence entre ceux qui sont dans la chaîne et ceux qui sont au bord de mer. » Désignant un élève qui manifestement s'ennuie avec cette histoire de chasse « Et lui, il a pas vu ! Il est jamais sorti de sa case ! » Séraphin manque de charité après avoir félicité Rodrigue. Nous sommes dans une *shame society*, société à honte ; je ne m'offusque plus de ce genre de remarque, peut-être devrais-je ?

Durant cet entretien, Séraphin ne questionne pas, il s'informe, s'adresse à Rodrigue comme à une personne compétente (nous sommes en CE2, Rodrigue a 8 ans, 9 ans au plus), non comme à un élève ou *un apprenant* comme on dit. Séraphin se renseigne et c'est la situation dialogique qui enseigne. En aparté, Séraphin me glisse que Rodrigue raconte bien parce qu'il est toujours en compagnie de grandes personnes. La situation est-elle a-didactique ? Toujours est-il que là, non pas se

17. Le terme « le cerf » est générique, c'est pourquoi le dialogue « on a tué le cerf – combien ? », est tout à fait cohérent.

réconcilient – terme condescendant – mais se tissent les liens, se lient les bouts, comme dirait Antoine, entre école et culture.

**Le nom de Bernard (II)**

[...] Je dis à Séraphin que j'ai parlé à Bernard pour le nom. « Sa réaction ? – Émotion, honneur – C'est bien. »

En posant la main droite sur le haut de son ventre : « Qu'est-ce qu'il ressentira là ? »

## Mardi 23 mai 2000
## Culture et dévolution

*Depuis quelques jours Bernard observait les leçons de mathématiques dans la classe de Charline CM2 et lui parlait de la théorie des situations didactique et de dévolution. Je lui demandais de conduire lui-même une leçon. Après plusieurs refus – il ne voulait pas se mettre en avant – et devant mon insistance – c'était notre dernier jour à l'école, il a accepté enfin !*

**Le nom de Bernard (III)**

Réveil 6 h. Séraphin me parle de son projet de construire une grande case : je pourrais y loger à mon prochain séjour. Tout à coup : « Aïe je lui ai pas parlé de ce qu'on a dit ! Je lui parlerai ce soir ! » Pourtant Séraphin et Bernard ont parlé hier soir jusqu'à minuit. De la difficulté de dire les choses les plus importantes.

**Histoire de poissons rouges**

7 h 40. Classe de Charline. C'est le jour de Bernard, à qui Charline laisse la classe : « Aujourd'hui c'est moi qui vous propose des problèmes. C'est pas un contrôle. Y aura pas de notes. »

C'est parti pour 12 problèmes pendant près d'une heure. Bernard ramasse les feuilles et transcrit au tableau le problème n° 6 :

> Depuis la naissance de Martine ses parents lui achètent pour chacun de ses anniversaires deux poissons exotiques. Cette année elle compte 24 poissons dans son aquarium. Quel est l'âge de Martine cette année ?

« Ben alors c'est difficile ou pas ? Est-ce qu'on peut savoir l'âge de Martine et est-ce qu'on peut prouver que c'est vrai ? »

Bernard relève trois propositions de solution et les inscrit au tableau :

Impossible 12 ans 48 ans[18]

La discussion démarre. Je ne peux pas suivre à la main et vais fouiller dans le sac de Bernard à qui je fais des signes désespérés pour lui demander où est le magnéto et surtout de ralentir un peu, le temps que je le branche...

*Le script intégral occupe neuf pleines pages avec quelques passages difficilement interprétables. Il serait fastidieux de le reproduire intégralement. Comme celui des billes dans Tiaoué IV, le problème des poissons exotiques a fait l'objet de communications scientifiques et d'une publication cosignée de Bernard et moi-même en anglais ayant pour titre « Occurrence of typical cultural behaviours in an arithmetic lesson : how to cope ? (Elementary school, Melanesian culture) ». Je donne en suivant la traduction du § III intitulé « leçon ».*

BERNARD : Maintenant vous devez prouver que votre solution au problème de Martine est la meilleure. Non seulement vous devez le trouver ! Mais vous avez pas à le prouver à moi parce que moi je connais la solution mais je ne peux pas le dire. Vous devez convaincre les autres.

Quatre élèves vont participer principalement à la discussion qui suit :

– Glenn et Rezzia qui ont une position scolaire classique *internaliste*, et défendent la solution *12 ans*.

– Fabrice et Eddy qui ont une position plus atypique *externaliste*, et défendent la solution *impossible*.

Le rôle de Bernard consiste à ne pas tuer la dévolution : i. en maintenant le dialogue sur un plan horizontal, ii. en préservant le sens mathématique, iii. en faisant avancer le savoir.

À première vue, la séquence est une sorte de match, mais Bernard n'est pas l'arbitre ; il est plutôt une sorte de coach des deux équipes. Son but n'est pas de voir une équipe battre l'autre, mais de voir la bonne solution (le savoir mathématique) reconnue comme vraie par toute la classe.

C'est ce que nous allons voir dans la séquence qui suit ; Bernard aurait pu prendre les choses en main en peu de temps et convaincre les élèves rapidement de manière superficielle. Son attitude a consisté à toujours

18. Il ne sera plus question de cette réponse dans la suite de la leçon. [2012]

éviter d'interrompre la dévolution. Mais en même temps son attitude n'est pas non directive, il a la responsabilité de faire avancer le savoir. Il aménage la situation de telle sorte que les *losers* ne *perdent pas la face*.

Ce pseudo-match peut être divisé en 6 séquences :

1. Dévolution de la preuve I : externalisation
   Fabrice et Eddy donnent les raisons externes de leur position.
   FABRICE [se tournant vers Bernard] : On peut pas parce que y a des poissons y sont déjà partis.
   BERNARD : C'est pas à moi qu'il faut le prouver. C'est tes copains que tu dois convaincre que c'est toi qui as raison. [silence de 6''] On va faire autrement. Qui croit que Fabrice s'est trompé ?
   Une *internaliste*, Rezzia proteste et propose de faire une opération. Bernard prétend n'avoir rien entendu ! Il aurait pu alors conclure et bloquer la dévolution de la preuve.

2. Dévolution de la preuve II : première internalisation suivie de *switching*
   FABRICE : Les poissons peuvent mourir !
   REZZIA : Le texte ne le dit pas.
   BERNARD approuve : Le texte ne le dit pas. Disons que les poissons ne meurent pas.
   Du point de vue de la biologie, Fabrice a parfaitement raison ! Un poisson exotique ne peut pas vivre plus de 3 ans dans un aquarium. Restons-en à l'internalisation de Rezzia et le recadrage de Bernard qui entraînent un débat sans fin !

3. Pseudo-preuve : le vote
   Devant les oppositions, Bernard demande aux élèves de discuter afin de se mettre d'accord. Les élèves proposent de voter. Cette décision qui constitue un crime mathématique, va devenir une excellente décision didactique ! Le résultat du vote est le suivant :
   Solution 12 ans : 15 voix
   Solution calcul impossible : 3 voix
   Les défenseurs de la solution 12 ans, applaudissent !
   BERNARD : Ok, mais je suis pas d'accord parce que ça veut dire qu'il y a encore trois élèves qui ne sont pas d'accord. On va continuer jusqu'à ce que tout le monde soit d'accord.

4. Dévolution de la preuve III : externalistes *vs* internalistes
   Bernard donne 5 minutes à chaque groupe pour prouver qu'ils ont raison. La discussion continue entre les tables et devient plus dure. Alors commence un comportement typiquement culturel :
   EDDY : Mais sa mère, sa mère depuis qu'elle a né [Martine], sa mère elle est peut-être mort !
   GLENN [depuis sa place à l'autre table] : Sa mère elle est pas vieille encore !
   EDDY : Quand elle est née ! Mais ça fait qu'elle est déjà vieille. Quand elle a deux ans [Martine], elle [sa mère] commence à être vieille, à 3, 6 ans, 7 ans, elle commence à mourir. On peut pas savoir. Si on calcule les poissons, mais on peut pas calculer de la même manière. Faut calculer de la même manière les machins. La fille, elle va en avoir marre d'avoir toujours des poissons et pi elle va décider sa mère d'acheter une voiture ou un vélo... À six ans les poissons, ils vont grandir, ça va être trop gros dans l'aquarium... Ou sinon les chats vont le manger... Ça se peut que quelqu'un casse l'aquarium...

Eddy est-il un acteur social défendant sa place dans une lutte de prestige face à Glenn et Rezzia ?

Ou bien se place-t-il consciemment dans une argumentation mathématique ?

La réponse anthropo-didactique est : *les deux*. Opposé à Glenn, leader de la classe, Eddy est aussi un bon élève ; Rezzia, brillante mais timide, est fille d'un pasteur. Les trois viennent de la même tribu. Argument anthropologique : adultes et surtout enfants ne doivent pas se mettre en avant devant un autre adulte surtout s'il est d'un rang coutumier plus élevé. Eddy aurait eu probablement une autre attitude à l'égard de la maîtresse Charline. La situation de dévolution lui permet de se mettre en avant face son groupe de paires. Eddy essaie de ne pas perdre la face mais d'une manière anthropo-didactique :

– Anthropo : « Elle commence à mourir ». Dans la culture kanak, la mort n'est pas un accident mais un processus ; quand on prend de l'âge on commence à mourir...

– Didactique : « Faut calculer de la même manière les machins. » Eddy se sert de sa mémoire didactique comme argument : la maîtresse leur a fait des leçons méta-didactiques[19].

19. C'était à la mode à l'époque d'apprendre aux enfants à se défier de prétendus « énoncés pièges » en vue d'éviter les Effets Capitaine. [2012]

5. Preuve et validation
   Bernard commence à être fatigué et demande si quelqu'un n'a pas « trouvé une autre méthode pour prouver ».
   « Si ». L'internaliste Rezzia a pris des cubes en plastique qui étaient sur la table et elle a commencé à regrouper les cubes par deux !
   BERNARD : Viens, viens... Comme ça tout le monde pourra voir ! Montre ta méthode.
   JENNY [une autre internaliste] : Deux cubes c'est une année [elle prend deux cubes], quatre cubes c'est deux ans [et ainsi de suite dans un silence de cathédrale].
   BERNARD : Quand elle a un an Eddy, combien il y a de poissons dans l'aquarium ?
   Réponse chorale : Deux, deux !
   BERNARD [en jetant au fur et à mesure des cubes, puis des cailloux] : À trois ans, deux poissons, 4 ans, deux poissons, 5 ans, 2 poissons. Je triche pas ! 6 ans, 2 poissons [...] 12 ans, 2 poissons. J'ai triché là ou pas ?
   Réponse chorale : Non !
   [...] BERNARD : Il y a 24 poissons... Et Martine, quel âge elle a ?
   Réponse chorale : Douze ans.
   BERNARD : T'es d'accord là Eddy maintenant ou non ?
   EDDY : Oui.

6. Conclusion et institutionnalisation
   Au tableau institutionnalise la division en colonnes par la méthode des quotients. La séquence a duré 45 minutes. [...]

**Le nom de Bernard (IV)**

Fin de soirée à Tiaoué dans le « bureau ». Il est question de notre départ. Séraphin me dit solennellement de m'asseoir sur le banc à côté de Bernard. Je pense qu'il va parler du « nom » comme il l'a dit ce matin. D'ailleurs il me fait un clin d'œil en me montrant Bernard qui ne s'aperçoit de rien, penché sur son écran d'ordinateur. Soudain, il lève le nez pour demander un renseignement à Séraphin sur un des élèves de la classe de Charline. C'est loupé. Séraphin s'allonge sur le lit en m'interrogeant du regard. Je lui fais signe d'y aller. Rien. Camille vient nous chercher pour dîner. À table Séraphin parle du vieux Michel le papa d'Edmond. « Le vieux Michel est veuf, Edmond célibataire : il faut lui trouver une femme... » Le nom, c'est pour demain ou jamais !

## Mercredi 24 mai 2000
## Le sang et la terre (le nom de Bernard [V])

18 h 30. Je tourne en rond, syndrome du départ. Sébastien passe me dire au revoir.

21 h. Séraphin est venu nous voir dans la maison du fond où nous commençons à ranger. Cette fois il va parler, debout entre le bureau et la porte des chiottes ; plus il parle, plus il recule vers la sortie. Je ne sais plus combien de temps il parle.

Je voudrais avoir tout retenu en me disant que j'étais malhonnête d'écouter comme un chercheur, alors qu'on était au-delà, tous les trois, comme des frères en humanité.

Rarement Séraphin ne s'était tant livré (le terme est maladroit). En tout cas pas avec moi seul : peut-être fallait-il précisément un tiers pour libérer ses paroles ? Je ne peux transcrire un mot à mot trop dense ; j'ai juste griffonné quelques noms de lieu sur ma petite fiche bristol.

Voici le contenu des propos de Séraphin :

Finalement Bernard ne sera pas *Caa Dogo*, le papa du vieux Michel, papa d'Edmond. C'était pourtant le projet initial de Séraphin : intégrer les *maîtres de la terre* dans l'alliance qui nouait les Méréatu et nous. Tout le monde était d'accord sauf Camille qui préfère que Bernard soit *Caa Pwiaa*, le papa de Miranda. Bêtement je pense alors à une solution de symétrie : moi Pierre, l'aîné, je suis le papa de Michel l'aîné (Pwöpi, Nadia adoptée, est hors jeu), Bernard, le cadet sera le papa de Miranda la cadette ! Explication simpliste ! *Pwiaa* c'est le caillou. C'est d'abord le nom de Nastasie, la sœur aînée. Ensuite, le caillou c'est l'origine de la famille Méréatu. (Une origine ! Je n'ai aucunement la prétention de croire que ce soir-là Séraphin nous livre tout du nom et de l'origine – ce qui, si j'ai bien compris Alban, veut dire la même chose)[20].

Entre la terre et le sang, Camille a choisi le sang. Et voilà comment Bernard devient le papa d'une petite fille de deux ans maligne, effrontée, désobéissante, bourreau de petits chats...

Dans sa réponse, Bernard dit qu'il a peur de sa responsabilité. Séraphin lui répond : « Tu crains rien tant que je suis devant ! »

Avant de nous quitter Séraphin, sur un ton sans réplique : « Demain, pas d'coutume ! »

---

20. Pwiaa, prénom féminin et nom du premier des lignages du clan Garaatü cités dans les discours. Le clan Garaatü a pour origine (« totem ») le caillou. Les Méréatu relèvent de ce clan [note A. Bensa].

BERNARD : Moi, je veux !
SÉRAPHIN : Oui, toi !

*Le lendemain, nous repartions vers Nouméa.*

## TIAOUÉ VII, OCTOBRE-NOVEMBRE 2000

### ANNUS HORRIBILIS

Une stagiaire de l'IUFM :
« Vous parents, qu'est-ce que vous attendez du collège ? »
Camille : « Rien ! »

*Ce Tiaoué est le séjour dont je garde le plus mauvais souvenir, principalement en raison d'événements dramatiques survenus dans la famille de Camille et Séraphin quelques semaines plus tôt, mais pas seulement. Pourtant les choses se présentaient bien. Comme dans Tiaoué III et Tiaoué V, j'étais accompagné de mon épouse. Le motif officiel de la mission était alléchant. À la fin de Tiaoué VI, Richard, directeur de l'IUFM, m'avait proposé de diriger un séminaire d'une semaine intitulé « culture mélanésienne » à destination des futurs professeurs faisant suite à leur stage dit « de Brousse » en Province Nord (Koné et Poindimié). J'acceptai à la condition de suivre les étudiants durant leur stage afin de contextualiser mon propos.*

### Samedi 14 octobre 2000
### Nouméa new look

Journée chez Jacques. Auparavant Marie-France m'emmène place des Cocotiers dans une bonne librairie, Calédolivres, qui vend entre autres des livres sur la Nouvelle-Calédonie. J'y trouve une édition reliée et dédicacée de *Gens de la Grande Terre* que je cherchais depuis longtemps. Un peu chère, mais bon, un Leenhardt dédicacé place des Cocotiers à Nouméa ça ne se laisse pas passer. Je trouve aussi le livre de Clifford sur Leenhardt. En plus de l'édition reliée de *Gens de la Grande Terre*, le libraire avait deux autres exemplaires brochés, du même. Ceci veut dire que sur le Territoire il y a des gens qui s'intéressent à la culture kanak. Une telle librairie aurait été impensable il y a dix ans !

Jacques nous amène manger au bord de plage à l'hôtel Méridien : piscine, seins nus, faré ombragé, petites serveuses kanak souriantes. Jacques nous montre le PDG d'ERAMET[1] qui déjeune avec le jeune PDG de la SLN[2]. C'est la nouvelle Nouvelle-Calédonie. Demain nous serons à Tiaoué sur une autre planète. Jacques nous parle de « la difficulté de faire un pays ». Il me tarde de retrouver Tiaoué.

## Dimanche 15 octobre 2000
## Triste Tiaoué

Arrivée à Tiaoué à 16 h. Camille est seule, le visage livide. [privé]

## Lundi 16 octobre
## Un collège « moderne » en brousse

[...] Je rejoins les stagiaires à la mairie de Bourail où ils sont reçus par le maire. Pêle-mêle :

– Éloge de l'école laïque, école de la République, mais, dans le secondaire, les écoles privées sont meilleures que les écoles publiques...

– Les projets du maire ? L'informatisation des écoles...

Pique-nique, baignade à la Roche percée. À la Caldoche : 4x4 portes ouvertes avec la radio à fond, petits groupes d'affinité : bonjour l'esprit de promo !

Retour à Koné sous la flotte.

Visite protocolaire au proviseur adjoint du collège. Construction neuve, imbécile, sans un poil d'ombre, le plus loin possible du village.

1. Acronyme d'un grand groupe métallurgique et minier français.
2. Société Le Nickel.

Propos également imbéciles sur les élèves kanak : « Ils sont gentils, il faut les apprivoiser, les socialiser avant de leur apprendre, etc. »

5 h et demie. Retour à Tiaoué : tout le monde est devant la télé. Séraphin est fatigué, ne parle pas.

## Mardi 17 octobre 2000
## Les petits Kanak au collège « moderne »

À 7 h et quart, je suis au collège. Le proviseur adjoint me largue dans la salle des profs plutôt sinistre. Entrée du CPE qui n'est au courant de rien ; il me sort la liste des élèves de Tiaoué présents au collège et me laisse seul. Les stagiaires que je suis censé accompagner me saluent vaguement. Dehors, j'entends des élèves parler « en langue ». Je vais dans le bureau du CPE lui expliquer le sens de ma présence. C'est dur. Il ne faut surtout pas que je m'emballe.

9 h 10. Discussion avec un prof vietnamien « broussard ». D'abord les poncifs : le niveau baisse, ou, plutôt, l'écart se creuse. Les résultats catastrophiques des élèves de Séraphin, totalement asociaux, qui se battent, montent sur les tables... Légende ou réalité ? « Ils arrivent en 6e sans savoir lire, écrire, compter. Je pense qu'ils désapprennent. » J'imagine mal les élèves de Charline se comporter de la sorte. Le collège est totalement ouvert : on ne voit personne et on ne peut se dérober au regard. La vraie rupture dont parle Jacques, c'est le collège. La culture kanak n'a aucune prise dessus. Sur l'ensemble des profs du collège, deux seulement sont kanak, et encore maîtres auxiliaires.

Je discute coutume avec des filles du stage ; elles n'en ont vu qu'à la télé ! Pour la première fois, elles veulent « en faire une (*sic*) » et voudraient bien aller en tribu pour de vrai. Je vais essayer de ménager une rencontre avec des parents d'élèves à la maison commune de Tiaoué demain.

## Mercredi 18 octobre 2000
## Quand deux mondes parallèles se rencontrent...

8 h 10. Classe de 6$^{e}$ en anglais. Le prof est un peu réticent à me recevoir, mais finalement accepte. Je me présente et demande s'il y a des Tiaoué. Il y en a deux, Isabelle la fille du catéchiste et Jean Yann. Ils ne me reconnaissent pas, ou ne peuvent pas, ou ne veulent pas me reconnaître *là*, ou plutôt, probablement, ne veulent pas dire aux autres qu'ils me connaissent – ne pas se mettre en avant. Par contre, en dehors de la classe, même s'ils sont dans un groupe, ils me sourient et me saluent, avec une certaine fierté même.

Le prof positive, encourage, fait de l'humour : l'activité roule bien. Quand il met les enfants à l'écrit ceux-ci s'exécutent rassurés ; par contre à l'oral, ça coince : les enfants sont exposés. Pour débloquer, le prof demande : « Quelle est la règle ? » Réponse immédiate : « Ne pas se moquer des autres ! »

J'observe des petits circuits d'entraide parallèles. Le prof manage la classe habilement, il rassure les élèves en leur rappelant qu'ils ont le droit de regarder dans leur cahier : c'est rassurant.

Fin à 9 h 10. Les séquences durent 50 minutes et les élèves changent de classe à chaque fin de cours. Vu la dispersion des bâtiments, on peut imaginer la perte de temps d'enseignement.

*À la sortie du cours, les stagiaires échangent sur les trucs à ne pas faire avec les Kanak :*

Ne pas donner de punitions à tout va, ne pas humilier, pas de « Kanak gamelle », c'est de là que sont partis les incidents récents dont on me parle à demi-mot : des élèves kanak des grandes classes ont agressé des profs. On en reste là, je remonte à Tiaoué.

### L'IUFM « en tribu »

Après-midi. Arrivée des stagiaires à la Maison commune. C'est moi qui fais la coutume en tant qu'intermédiaire, chemin. Comme gens de Tiaoué, il y a Séraphin, Camille qui se présentent, comme parents, et une maman. Seule Camille prendra la parole. Me considérant dans l'affaire comme *insider*, je ne prendrai ni la parole, ni de notes. Les débuts sont compassés, les stagiaires intimidés, les Tiaoué laconiques. On échange des propos convenus pour ne pas dire retenus. Au bout d'une bonne demi-heure, une stagiaire pose la question : « Vous parents, qu'est-ce que vous attendez du collège ? » Réponse du tac au tac de Camille : « Rien ! » Silence gêné. Quelques minutes plus tard une autre stagiaire montre les portraits de Jean-Marie Tijbaou et de Yewene Yewene punaisés au mur : « Mais enfin, vos leaders ont fait des études poussées, sont allés étudier en métropole ! » Réponse tout aussi immédiate mais cette fois de Séraphin : « Jean-Marie et Yéyé, c'était pas des intellectuels mais des militants ! »

Fin de la réunion. Congratulations. Une stagiaire me dit timidement qu'elle voudrait bien voir une habitation, mais n'ose pas demander. J'en parle à Camille, un peu étonnée de cette demande : « Y a pas de problème, ils n'ont qu'à suivre – On ne voudrait pas vous déranger – Mais non, mais non. » Tout le monde remonte en caravane jusqu'à la maison. Les stagiaires ouvrent des yeux comme des étudiants parisiens débarquant dans un village Bororo. On arrive à la maison ; le bordel Méréatu les déçoit un peu – ce n'est pas l'image de la publicité pour les week-ends en tribu – mais, je crois, les rassure. Réflexion con mais à mi-voix à la vue de la parabole : « Ils ont Canal Sat ! » Ça me rappelle le dessin humoristique des Africains, cachant transistor et poste de télé avec la légende « Rentrez tout, voilà les ethnologues ! » Question anxieuse d'une autre : « Est-ce qu'il y a des toilettes ? » Je la rassure. Tous sont étonnés qu'il y ait autant de bols pour le thé... Bon j'arrête là.

*Le stage proprement dit se terminera le jeudi soir. Regroupement sur la côte Est pour le débriefing du lendemain à Poindimié. Nous suivons les stagiaires et passons la soirée et la nuit chez Noël. Le lendemain, premier bilan lambda au collège, puis...*

## Vendredi 20 octobre 2000
## Un sauveur de plus !

Rencontre avec le proviseur du lycée professionnel de Touho qui nous fait le cinéma du *j'ai tout compris, je sais comment il faut faire*. C'est le 7e proviseur en six ans d'existence du lycée. Tous les autres ont abandonné suite à diverses affaires coutumières, violences et autres. Lui est « volontaire ». Et tout y passe : « On n'aligne pas des paquets de riz en forme d'élèves. L'éducation c'est plus que l'enseignement. Il faut considérer la globalité de la personne. J'ai partagé quatre jours de mariage en tribu... » Pour lui, la tribu a toutes les apparences du paradis. (C'est moi qui le dis : ça doit être un catho.) « Les élèves ont des savoir-faire fabuleux...

Dans la culture kanak, l'individu n'existe pas (Salut Maurice[3] !). Chez les élèves il y a un fond qui est sain, et ils sont en train de se pervertir par rapport à notre culture. » (Bravo Jean-Jacques, t'as encore des fans !)

[...] Les stagiaires sont sous le charme. Ils ont trouvé le gourou idéal qu'on doit mettre en avant à chaque visite d'un « non-broussard », et n'ont aucune question à lui poser. J'ai tellement conscience que le volontarisme naïf et généreux de ce brave type va se casser la gueule que je n'ose pas intervenir[4].

La semaine suivante est consacrée à la partie « théorique » du stage : pas terrible. Je fais de l'anthropologie et de l'anthropologie de l'école, illustrée par mes observations. Ce n'est manifestement pas ce que, à une ou deux exceptions près, les étudiants attendaient : comment faire, comment s'y prendre avec « *eux* » ?

*Peu de notes sur cette semaine morose. J'en garde une impression d'échec alors que je pensais au départ que ce que je faisais depuis quelques années allait peut-être servir à quelque chose.*

## Vendredi 3 novembre 2000
## Antoine...

[...] Visite à Antoine, Vallée des Colons. Il se montre très affectueux avec Marie-France qu'il appelle « Niââ Bwëé[5] », c'est le seul. « Tu diras bonjour à mon frère [Alban]. Je crois qu'il va venir au mois de décembre. »

*Deux mois plus tard, je suis réveillé par un coup de téléphone de Séraphin m'annonçant qu'Antoine venait de mourir quelques heures plus tôt. Je suis chargé d'annoncer la nouvelle à Alban.*

3. Leenhardt. [2012]
4. J'ai appris depuis que j'avais hélas raison : il n'a pas tenu six mois, déprime, problèmes locaux... [2012]
5. Maman de Bwëé. [2012]

TROISIÈME PARTIE

# 2002-2007
# LES ANNÉES ANTHROPOLOGIE

# Tiaoué VIII, juin 2002
## L'agriculteur, l'instituteur et le coutumier

« Ta grande question c'est : quand on arrive en bas
[à l'école de Koné], on n'est pas comme à la tribu...
Quand tu es dans un cadre de vie imposé, tu changes. »
Séraphin

## Jeudi 6 juin 2002
## Retour à Tiaoué (6) => p. 243

Nouméa. Glandouille dans le studio. Je vais partir à Tiaoué et c'est seulement maintenant que je sais que je suis parti. Quand partir pour ne pas arriver trop tôt ? Je vais affronter ma « solitude culturelle » sans Marie-France. Pour l'affronter j'ai amené un baladeur avec 16 CD dans une housse. Lequel va être le leitmotiv comme l'avait été la première sonate pour violoncelle et piano de Brahms avec Bernard ? Peut-être l'octuor de Mendelssohn. Wittgenstein a dit de lui qu'il « manquait de courage », sévère et injuste. Et moi en ai-je vraiment, du courage ? Pourquoi suis-je parti ? Qu'est-ce que je veux faire de ce séjour ? Suivre Séraphin pas à pas. Assumer l'absence de la référence d'Antoine. Séraphin va-t-il accepter ou fuir ?

Chaque fois que je vais à Tiaoué, j'ai l'impression d'une possible dernière fois. Le dernier Tiaoué a été sinistre. Comment vais-je m'y prendre cette fois ?

[...] Arrivée à 14 h 30, je m'arrête devant l'école et vais discrètement aux chiottes. Je remonte à Tiaoué avec Camille. En route on fait le point sur les enfants. Camille me reparle de la venue de Nadia et Michel à

Bordeaux : pour eux ce passage a été un « rééquilibrage » après le choc de l'Europe (Paris, l'Italie)[1]. Je pense à la théorie de Sahlins de *l'à-coup* historique[2]. Et Miranda ? Plus sage. Elle dit que Séraphin n'était pas son papa, que son papa était en France et qu'il s'appelait Bernard.

Tiaoué : les tôles ont encore changé de disposition. (À défaut de changer de lieu on change de disposition de l'espace.) Ma remarque fait rire Camille. Je donne les cadeaux de Bernard pour Miranda, le plus discrètement possible. Cette fois on les regarde, rapidement. Nadia fait semblant d'être jalouse. Séraphin a acheté un nouveau tracteur. Avec la restitution des terres il a un nouveau terrain en bas à Koniambo ; ils vont y construire.

Je vais dormir dans la chambre de Michel. Pas de table, pas d'interrupteur non plus : l'inconfort gagne.

## Vendredi 7 juin 2002
## Écriture, calcul et agriculture

Réveil 6 h et demie. Petit déjeuner avec Séraphin. Il me demande « quel est ton programme ? – Te suivre, *toi* – OK c'est bon ». Il va « prendre le relais de Netchaot. Tu veux discuter le soir ? – Oui, à partir de la classe ». Séraphin a un *projet* de journée, me montrer le nouveau champ !

*Cet échange est déterminant. Avant, entre l'école et Séraphin il y avait Antoine. Antoine n'étant plus là, il n'y a plus d'intermédiaire.*

Arrivée à l'école. Classe de CP (nous sommes au début du second trimestre). Séraphin n'est pas dans la classe ; les enfants sont silencieux ; les matériels individuel et collectif sont impeccablement rangés (contraste avec le bordel de la maison). Séraphin rentre, je me présente.

---

1. Michel (Bwëé) et Nadia ont fait leur premier voyage en Europe à l'occasion des JMJC (Journées mondiales de la Jeunesse chrétienne) qui se sont tenues à Rome au mois d'août 2000. À leur retour d'Italie, leur groupe a séjourné quelques jours à Paris où je suis allé les chercher pour un séjour « familial » à Bordeaux de 48 heures. [2012]
2. *Des Îles dans l'histoire*, Paris, Gallimard, Le Seuil, 1989. [2012]

**Training**

Lecture d'un texte écrit par Séraphin sur un panneau de papier, texte très contextualisé, à la Séraphin, sur la chasse.

*Je suis parti à la chasse avec mon papa, ma maman, mon frère et les chiens. Les chiens ont fait sortir le cerf de la forêt. Le cerf a sauté par-dessus la barrière. Mon papa est posté juste à cet endroit et il l'a abattu. C'était un gros mâle. On l'a découpé. La tête a été donnée aux chiens. Le reste du cerf a été mis dans les sacs pour ensuite venir à la maison.*

Séraphin fait lire « doucement » puis « vite » !

Les enfants ont chacun une collection de petits cartons sur lesquels figurent les lettres de l'alphabet, les voyelles accentuées et quelques diphtongues. Séraphin fait disposer les voyelles sur une ligne et les consonnes en colonne sous le *a,* sans jamais prononcer les mots *voyelle* ou *consonne*.

– Dépêche-toi, dépêche-toi, ne traîne pas... Je veux avoir *ir... ri... rita...* Séraphin ne vérifie pas systématiquement, sinon visuellement, de loin.

[...] Écriture : les enfants doivent faire trois lignes de *u* bien superposés, séparés chacun de deux carreaux :

*u u u u u u u*
*u u u u u u u*
*u u u u u u u*

Nouvel exercice : Séraphin prononce une série de mots : « Si on entend le son *u* on lève la main. » Puis il distribue à chaque enfant la fiche qu'il a fabriquée lui-même ce matin et qu'il était allé photocopier quand je suis arrivé dans la classe :

– Si on entend le son *ou*, on met une croix dans la case...

| *Maman* | *coup* | *poux* | *Rivière* |
|---|---|---|---|
| *Trou* | *camarade* | *choux* | *Tout* |
| *Simone* | *arme* | *lave* | *Urne* |

9 h 10. Sonnerie de la récréation. Je demande à Séraphin pourquoi il a fait faire aux enfants cette plantation de *U* qui ressemble aux carrés de salade du Chinois de Boulouparis[3] : « C'est de l'écriture ou de l'agriculture ? – Un peu des deux... » Séraphin m'annonce qu'il va s'absenter un peu avec Camille, s'occuper d'un petit groupe électrogène pour son champ. Quelqu'un d'autre prendra la classe, les fera jouer dehors. Activité professionnelle et activité privée continuent de se mélanger sans que cela fasse apparemment problème. Séraphin est vite de retour et me demande si je vais aller *ailleurs* (dans une autre classe). Je lui explique que je veux rester chez lui pour parler *après*, ça « l'inquiète ».

**L'addition à retenue (1)** **=> p. 225**

9 h 55, rentrée en classe. Mathématiques. Les enfants ont chacun un jeu d'étiquettes bleues de 0 à 9 et un jeu d'étiquettes rouges de 0 à 9.

– On prend les étiquettes chiffres, on les étale vite ! [Les rouges en lignes par ordre croissant et les bleues en colonne par ordre décroissant.] Vite, faut pas traîner. Allez, on monte [met] les bleues ensuite en descendant.

*Je suis à côté de Cheyenne : dictée de nombres, très rapide. Séraphin improvise, note en même temps sur sa propre feuille pour corriger. Arrive le clou de la matinée avec la méthode Séraphin :*

$$\begin{array}{r} 47 \\ +59 \\ \hline \end{array} \quad \begin{array}{r} 87 \\ +36 \\ \hline \end{array} \quad \begin{array}{r} 59 \\ +28 \\ \hline \end{array} \quad \begin{array}{r} 63 \\ +56 \\ \hline \end{array} \quad \begin{array}{r} 89 \\ +58 \\ \hline \end{array} \quad \begin{array}{r} 86 \\ +29 \\ \hline \end{array}$$

Les enfants appliquent l'algorithme suivant :

3. Le « Chinois de Boulouparis » est un personnage bien connu des automobilistes qui, empruntant la grande route vers le Nord, le saluent d'un coup de klaxon en passant devant son grand jardin maraîcher (immense en comparaison du « champ kanak ») où sont alignés au cordeau des centaines de plants de salades, qu'il passe ses journées à arroser, repiquer et encaisser, abrité par son couvre-chef national, pour les vendre avec un bon bénéfice sur le marché de Nouméa. Il est le symbole de la ténacité et du sens commercial asiatique. Et que croyez-vous qu'il demande à ses enfants quand ceux-ci rentrent de l'école ? Qu'ils l'aident au jardin ? Que nenni ! Il leur demande de lui raconter ce qu'ils ont appris dans la journée. Dixit Jacques. [2012]

1. Entourer la colonne des unités, compter « 7 dans la tête, 9 dans mes doigts »
2. Écrire la somme en bas
3. Si cette somme est > 9, faire monter le 1 en haut de la colonne des dizaines et... ne pas oublier de rayer le 1 du bas
4. Entourer le 1 et le premier chiffre de la colonne des dizaines, compter « 1 dans la tête, 4 dans les doigts »
5. Écrire la somme à côté
6. Entourer cette somme avec le deuxième chiffre de la colonne des dizaines, compter « 5 dans la tête, 5 dans les doigts »
7. Écrire la somme en bas
8. Si cette somme est > 9, faire monter le 1 en haut de la colonne des centaines et... ne pas oublier de rayer le 1 du bas
9. Faire redescendre le 1

Les enfants travaillent seuls, se font avoir par la gestualisation de l'algorithmisation, ce que Séraphin appelle manipulation. Ils se trompent de colonne, oublient de barrer les deuxièmes chiffres quand ils font monter les dizaines...

Je suis le travail de Cheyenne. Les trois premières opérations se passent bien. Arrive la quatrième :

$$\begin{array}{r} 63 \\ +\ 56 \\ \hline \end{array}$$

Elle entoure 6 et 3, pose 9 en bas, puis, hélas, remonte le 9 sur la colonne des dizaines à côté du 6 :

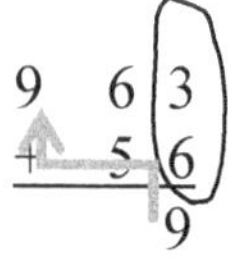


*Cheyenne n'a pas respecté ou peut-être pas compris la règle 3 de l'algorithme. Cette règle implicite que si la somme est ≤ à 9, on n'y touche pas ! Séraphin aurait-il dû l'expliciter ? Je ne lui ai pas posé la question, tout simplement parce que je m'en aperçois maintenant. Mais, en y réfléchissant, je pense que non, en référence au fameux texte de Searle sur le sens littéral qui montre que plus on explicite une consigne,*

*plus on rajoute de l'implicite*[4]*. En fait, Séraphin a très probablement volontairement tendu le piège après trois opérations pour lesquelles il suffisait d'appliquer l'algorithme à la lettre.*

[...] Repas à *L'Escale*. Séraphin est inquiet de ce que j'attends de lui.
– Remplacer Antoine.
– Pour la coutume ou l'école ?
– Les deux.
– Pour moi, fini la musique, fini la coutume, maintenant le tracteur !
Séraphin parle des enfants nerveux dans la classe : Lorenzo (originaire de Bélep) qu'il a mis deux fois à la porte, ce qui ne lui arrive jamais. Raisons invoquées : 1) Une de ses tantes va partir (affaire d'équilibre !) ; 2) Le temps : peut-être l'annonce d'une dépression (au sens météorologique du terme).

Rentrée en classe. Séraphin me laisse la classe pour aller voir les résultats d'un test de déchiffrage. Je dois faire face aux petites bagarres, petites dénonciations. Je me lance à leur apprendre mon tube, la comptine des doigts : *Voici ma main, elle a cinq doigts...* ça prend seulement un petit moment... Je les fais dessiner. Je suis un peu comme Coluche dans *Le maître d'école*. Séraphin rentre au bout d'une demi-heure, ouf, je trouvais le temps long. Il distribue une fiche à colorier (case, flèche, cocotier, route, rivière) avec des consignes écrites précises : la porte rouge, le toit jaune...

13 h 45. Stop. Coup de sonnette juste au moment où les enfants avaient commencé à travailler. Ils s'arrêtent : ménage de la classe. On sort. Je suis fatigué. Sport : deux tours de terrain suivi d'un relais mixte garçons/filles, puis par deux. Je perds vite le sens des exercices ; il fait un sacré cagnard.

Foot sauvage sans buts : les équipes se constituent en jouant ! (Garfinkel.) Tout se passe comme si le but du jeu était de dribbler/passer à un ami. Cela ne va pas sans conflit, par exemple entre Lorenzo et Anderson. Séraphin régule : « Serrez-vous la main et regardez-vous longuement les yeux dans les yeux. »

**Bienvenue à Charente Aloès**

15 h, sortie de classe. Séraphin est dans son camion, il n'est déjà plus *là*. Il embarque Miranda et Ézéchiel (celui du cartable), nous dit de le rejoindre avec Camille devant Konemat[5]. Je vais acheter du tabac et à la

4. Searle, *Sens et expression*, Minuit. [2012]
5. Magasin de matériel agricole. [2012]

pharmacie pleurer le Clamoxil[6] que j'ai oublié à Bordeaux. Au retour de la pharmacie, Séraphin n'est plus sur le parking. Nous prenons la direction de Netchaot : pas de Séraphin. « Il a dû passer devant. » On s'engage dans le petit chemin vite impraticable. On continue à pied avec Camille un peu essoufflée qui me passe la bouteille d'eau du Mont-Dore qu'elle a prise pour moi. Elle croit reconnaître la trace du camion ; je ne la trouve pas bien fraîche. Elle parle de la terre, des couleurs différentes, des feuilles, des plantes, de Michel quand il était petit. Partout où il passait, il ramassait un peu de terre et la ramenait à la maison. Il comparait les couleurs, les sentait, disait que chacune avait une odeur et une couleur différentes.

Au bout d'un petit moment, nous apercevons Sébastien et un copain qui chassent dans le coin. Séraphin n'est pas passé. Enfin, en entend le camion. Séraphin en descend avec un Tiaoué et les gosses. Pas un mot du rendez-vous manqué, du fait que nous avons dû marcher longtemps, monter, descendre. Camille ne fait aucune remarque. Tout cela qui, chez nous, ferait un petit drame, n'a ici aucune importance. Je pense aux temporalités enchevêtrées dont parle Alban. Camille me pèle une orange. Je photographie Ézéchiel et Miranda. Séraphin me fait monter dans le camion et m'emmène sur la terre où il va s'installer : terre de colons « revendiquée », rétrocédée et redistribuée. Comme les colons, il clôture la terre, pour y mettre du bétail, comme les colons. C'est le moment qu'il attendait depuis mon arrivée, m'amener *là*. Le reste, le rendez-vous manqué, il s'en fout ; peu importe comment on est arrivé là : on y est.

**Instituteur ou paysan ?**

Séraphin est rayonnant. Il se fait photographier, à condition que je ne lui « prenne pas son âme ! ». Là, il sera bien, loin de « l'agitation de Tiaoué » (*sic*). Il parle comme un parisien banlieusard qui a décidé de s'installer à la campagne pour sa retraite [...] Manifestement il attend que je parle. Je ne trouve pas mieux que la question un peu conne (journalistique) : « Est-ce que tu es un instituteur paysan ou un paysan instituteur ? » Il réfléchit deux secondes puis donne la réponse attendue : « Paysan instituteur ! » et me sort une phrase tout aussi attendue sur *Le* Kanak et la terre. Je lui réponds que « *Le* Kanak n'existe pas ! – Quoi ? – Il existe *Des* Kanak, sinon vous êtes une espèce animale. » Ça le fait rire.

On remonte à l'entrée et il se met au travail des piquets : alignement, travail de géomètre. Camille participe, tient, redresse pendant qu'il met la terre au fond du trou creusé à la barre à mine. Miranda suit en mimant : regarder comment les adultes font. Il faudrait parler longuement de cette

6. Antibiotique passe-partout.

pédagogie de l'ostension opposée à nos pédagogies de la découverte et de la démonstration.

Arrivés au poteau d'entrée, Séraphin me dit solennellement : « Et là il y aura un panneau "Bienvenue à Charente[7] Aloès !" Quoi répondre après ce nouveau signe d'alliance ? Rien. Ce que je fais, tout retourné à l'intérieur. On peut repartir. Séraphin me fait faire une marche arrière impeccable « au pouce » dans les brousses.

On rentre à Tiaoué. Dans la voiture, on parle d'équilibre.

À partir de maintenant, je suis bien.

## Samedi 8 juin 2002

**L'école catholique dans les tribus**

Aujourd'hui, l'école de l'Immaculée commence sa « tournée des tribus » pour rencontrer les parents. Les deux premières tribus visitées sont Atéou (je m'en réjouis, le point de vue est magnifique) et Koniambo. Arrivée à Atéou. Un vieux me demande où est Alban !

En attendant, je discute avec Charline ; ses élèves réussissent bien au collège ; ça ne m'étonne pas et surtout me rassure. Nous parlons aussi du travail d'Eddy[8] : à Pouébo, l'école est située à côté du cimetière : « Il ne faut pas déranger, l'école, et les morts. » L'école au centre risque de « bouffer la tribu ».

Quelques parents sont arrivés : 8 mamans qui restent entre elles, chuchotent en souriant, 4 papas qui se taisent. La réunion commence. Séraphin est furieux : le directeur ne s'est pas présenté, personne n'a accueilli personne (pourtant j'ai vu Camille avec une coutume dans un pochon achetée en passant à Koné). Dehors des vieilles ont préparé l'eau chaude et le café. Les instits sont assis sur un banc derrière une table, les parents assis par terre ou debout sur les côtés.

---

7. Mon *tertre d'origine* est en Charente. J'ai dû le dire il y a longtemps, Tiaoué I ou II.

8. Eddy Wadrawane, dernière promotion 400 cadres, entreprend à l'époque une thèse sur l'emplacement des écoles de brousse. Il en sera question dans les prochains Tiaoué. Un premier article sur la question est paru dans la revue *Les Sciences de l'éducation, pour l'ère nouvelle*, « Emplacement et déplacement des écoles en milieu kanak », 2008, vol. 41, n° 1, p. 115-139. La thèse intitulée *L'école aux marges de la tribu. Approche anthropologique des stratégies d'accueil et d'intégration de l'institution scolaire en Nouvelle-Calédonie (Provinces Nord et Îles)* a été soutenue en 2010 à l'université Victor Segalen Bordeaux 2.

[...] Philippe, le directeur s'adresse aux parents : « Avez-vous des questions ? », fait les demandes et les réponses : que veut dire le mot réussite ? Avoir des diplômes, le Bac, ou donner un minimum de connaissance ? Philippe en remet une couche sur la vulgate kanak : maîtriser la lecture pour ne pas se faire avoir par les « escrocs ».

J'en ai un peu marre ; je sors pisser et fumer ; Camille, qui a elle-même fermé mon cahier, me suit. Nous descendons à la belle petite église, cadre idyllique. Ne pas photographier sans nécessité.

11 h. Ça se tire... On rentre à la maison. Fin de samedi classique et tristounette.

## Deuxième entretien avec Séraphin : l'astuce et la règle

Soirée. À la fin du repas, comme souvent, Camille parle pédagogie : discours sur le bon vieux temps où les enfants écoutaient, apprenaient sans difficulté. Je tape en touche. Séraphin rentre. Même air : « Ils savent plus les conjugaisons. » Je ne marche pas dans la combine :

– Avant comment tu faisais ?

– Avant on trouvait des astuces. On faisait chanter les conjugaisons. Il faut un cadrage : par exemple, le règlement de la classe : « Je ne parle pas à mon camarade. » Si l'enfant le fait, je ne le fais pas copier ! Non ! Je lui fais simplement redire. Pareil pour « je lève le doigt pour parler ».

– Tu mets l'astuce avant, la règle après.

– Par exemple s'arrêter au STOP : d'abord on s'arrête, on fait, puis la règle vient. (Si c'est pas du pur Wittgenstein ça !)

– Et à la maison ?

– Papa fait la coutume, tu regardes, tu te poses des questions ; pourquoi dans le mariage y a deux coutumes ?

Je sens que ça devient intéressant et vais chercher cahier, magnétophone et un exemplaire de Tiaoué VI...

– Je dis que pour apprendre à l'enfant quelque chose tu vois, il faut trouver des astuces pour faire rentrer la chose. Quand ça ne rentre pas, il faut chercher une autre démarche pour que ça rentre.

– Bon d'accord ! Mais tu venais de me dire par rapport à...

– Papa il fait la coutume !

– Non, c'est autre chose, mais c'est pareil !

– Moi, jusqu'à maintenant, j'ai jamais demandé à quelqu'un comment il faut faire tel truc, comment on fait la coutume, comment on fait la coutume de mariage, comment on fait la coutume de naissance, comment on fait la coutume pour une levée de deuil, comment on fait la coutume quand quelqu'un est décédé. J'ai jamais demandé, je regarde. J'écoute les gens qui parlent. J'ai jamais demandé. Juste mon père a dit : « Tu regardes et puis c'est tout... c'est toujours pareil, tu répètes, tu dis : “Ah c'est pareil que la dernière fois...” » Maintenant l'école c'est autre chose parce qu'à l'école tu apprends à quelqu'un. Là, tu es obligé d'apprendre. Mais la coutume, il n'y a pas d'école pour la coutume. On ne dit pas : « Voilà pour faire un mariage, il faut faire d'abord ça, ça et ça. » Non ! Non...

– Mais quand tu es le *maître* à l'école !... Tu penses qu'ils vont passer d'eux-mêmes de l'astuce à la règle ?

Séraphin, après 5'' de réflexion : Ah oui ! Ah oui !

*Séraphin explique comment, du vivant de son père, il ne prenait pas la parole dans les coutumes, ce que d'autres maintenant se permettent.*

[...] D'emblée, si tu commences à prendre les rênes quand il est là ! Mais il t'a pas tout dit ! Il t'a pas tout montré encore ! Mais quand il est mort ça y est ! Les gens, ils m'ont entendu parler. « Mais quand son père était là, il parlait pas... »

– Et tu ne crois pas que tout ça a de l'influence sur la façon dont tu fais l'école ?

– Non, je pense pas. C'est tout à fait autre chose ! Moi, tu vois, quand je fais quelque chose, quand je vois que l'enfant ne saisit pas, ça m'emmerde ! L'enfant qui ne sait pas faire par exemple une addition, je peux pas sortir de ma classe sans le faire...

– Si tu reviens à notre problème de tout à l'heure, de l'addition /

– Mais justement, il ne doit pas sortir tant qu'il n'a pas acquis ça, mais je vais chercher les astuces pour justement faire entrer le/...

– Quand tu parles tu utilises ces mots « emmener », « emmener une barre » /

– Une dizaine... en base dix.

– Je vais te dire le fond de ma pensée : quand tu dis « emmener », « porter », « on peut pas emmener », « on peut pas porter... », quand tu dis « Pour telle ou telle coutume, il faut amener là ou pas emmener là ».

– Bon, je t'explique d'abord ça. Je t'ai dit : « C'est pas l'endroit où il doit être, ce n'est pas sa maison. »

– Donc quand tu dis ça, tu emploies un vocabulaire de coutume !

– Ah çà, c'est toi qui fais les relations !

– Ah ben oui.

Séraphin après 7'' de réflexion : Parce que doit y avoir quelque chose derrière : Je vais essayer de chercher. Normalement, je leur avais dit que c'est comme le couloir là. Y a le fait qu'il y a deux chiffres en bas, dans la colonne. Il ne peut pas y avoir deux chiffres...

– Oui, ça c'est la règle générale...

– Oui, oui, je sais pas. Quand je dis : « Si c'est dix-neuf, il peut pas y avoir deux chiffres dans la colonne. » Donc forcément, il y a quelque chose qu'il emmène là-haut, donc c'est la première /

– Là, tu parles comme un coutumier !

– [rires] Qu'est-ce que c'est que tes coutumes ? Hé eh eh !

– À force, quand tu voyais faire les choses, tu ne demandais pas pourquoi, mais tu les faisais d'abord et tu comprenais après pourquoi, dans le mariage il y a deux coutumes...

Séraphin en écho : Pourquoi, dans le mariage il y a deux coutumes... Oui, oui, mais après, ils parlent dessus. Donc je sais que telle coutume, quand tu la mets, il y a des paroles qui l'accompagnent, tu vois ?

*Séraphin revient sur sa relation avec son père, expert en coutume, sur le mode du tout ou rien : on sait et on fait ou bien, on sait pas et on ne fait pas, sinon il y a une « couille » (sic). Suit une explication détaillée de la « couille » à propos d'une coutume lors d'un mariage. Il insiste bien sur le fait que la règle vient après l'observation :*

[...] Moi, très lentement et avec beaucoup d'hésitations : Je suis persuadé que [vous] les enseignants, pour apprendre aux enfants, à la fois vous appliquez des choses qui sont de la coutume, mais sans le dire... Tu me disais tout à l'heure : « C'est pas pareil ! » C'est pas pareil parce que ton papa, pour t'éduquer dans la coutume, il t'a pas appris des règles : « Il faut faire comme-ci, il faut faire comme ça. » D'accord ?

– Hm ! oui, oui.

– Alors qu'un instituteur lui, il est payé et c'est son devoir d'instituteur : il doit avec les enfants faire pour qu'ils apprennent les règles. Les règles, le plus difficile, c'est de bien les appliquer.

*Voilà que je me remets à faire la leçon et que Séraphin se laisse faire...*

– Oui, de bien les appliquer, oui.

– Ce que j'ai remarqué depuis que je viens ici, c'est pas que les gosses n'appliquaient pas les règles, c'est qu'ils les appliquaient d'une façon automatique. Parce que la couille, si on reprend l'expression, la couille qu'a faite la petite Cheyenne, c'est que, finalement, elle a appliqué une règle alors qu'il n'y avait pas besoin de l'appliquer.

– Oui, voilà.

– Alors que toi, tu pensais que, en faisant ce système d'entourer et de faire monter... Que montrer un chemin... Une astuce [c'était] pour arriver au bon endroit...

– Oui.

– Et puis là, l'astuce, elle s'est retournée contre elle. Elle fait monter quelque chose qui devait pas monter.

– Hm hm... Elle a appliqué la règle quoi, alors que ça ne l'est pas ! La règle ne doit pas exister à ce moment-là, c'est ça. Enfin je commence à comprendre la chose. C'est parce que je pense, qu'avant de faire les choses, on leur donne la règle, avant de faire ce que moi j'ai dit « Tu le fais d'abord ! ».

*Séraphin ne rend pas pour autant les armes : si le primat du vécu sur la règle ne marche pas toujours pour les maths, il fonctionne avec l'orthographe.*

– Tu penses que ça va marcher, comme ça ?

– Ah oui, ça marche : ils l'ont vécu d'abord, ensuite on arrive. Tu peux pas dire : « Quand il y en a beaucoup, on met un *s.* » Ils l'ont vu, ils l'ont écrit, ils l'ont constaté, etc., ils l'ont fait. Dans toute chose quand tu fais quelque chose, il faut manipuler parce qu'il le vit, tu arrives à la chose après. Et c'est pour ça je fais les étiquettes.

– Vous, justement dans la coutume, du moins ce que j'ai compris, il y a des grandes règles, des grands principes, et après, ces principes, dans telle ou telle situation, il faut leur donner du sens. Quand on dit que tu vas parler sur la coutume, tu regardes vers quoi ? Vers la règle générale ou la situation ?

– La situation du moment ! Parce que c'est dans les circonstances. Si tu récites comme une poésie, ça devient barbant et ça n'a aucun sens. T'intéresses pas les gens. Mais quand tu surprends, mais tu diras pas toujours la même chose. Là je dis ça quand *t'as compris...*

– Quand tu me dis ça, je vois un rapport immédiat avec la situation scolaire, je dis pas des petits Kanak, mais en général, des enfants. L'important c'est l'application du savoir aux circonstances, au moment /

– Voilà ! Qu'ils puissent l'appliquer oui !

– Et la difficulté, c'est ça /

– Ah moi c'est ça que je fais, qu'ils puissent réagir dans les circonstances... La rivière, tu dis : « Ben on va faire un barrage là ! Normalement, la rivière va passer là ! » Et ben mes couilles, inondation, elle passe à côté ! [...] Oui, j'ai dit que tu donnes un bagage de connaissances à l'enfant pour confronter les difficultés que lui réserve la vie de demain, mais tu donnes pas des modèles tout faits parce qu'il y a pas de modèles tout faits dans la vie. [Rires devant la tête que je fais sans doute !] Pierre t'es en train de me faire sauter la cervelle là avec tes questions !

– [...] Et les répartitions, est-ce que tu les suis ? /

– Ah oui ! Ah oui !

– Et si c'est un ordre qui, pour toi, n'a pas de sens par rapport aux circonstances, tu l'appliques comme les couillons qui apprennent la coutume par cœur et qui /

– On ne peut pas faire autrement parce que c'est dans le milieu où je vis, extérieur à ma vie de tribu et cetera, y a une loi... C'est tout à fait un autre cadre...

[...] – Est-ce que tu te souviens, la dernière fois que je suis venu dans ta classe, pas cette fois-ci mais l'autre, l'histoire du petit qui avait raconté qu'il était allé à la chasse dans la chaîne ?

– [Doucement] Je m'en souviens.

– Et là, tout d'un coup, quand tu lui posais des questions, sur les fusils, sur les animaux, sur le temps, je me suis dit : « Tiens, là, maintenant, Séraphin est en train de basculer. C'est encore un maître d'école mais, en même temps, c'est le Kanak qui aime la chasse, qui aime les chiens. » J'ai eu l'impression qu'il y avait un moment extraordinaire parce que tu n'avais plus en face de toi un élève. C'était un petit de la tribu à qui tu parlais.

– Je vais te dire une chose, c'est que, quand ils sont en classe, c'est un autre milieu ; donc y a un cadre qui a été mis en place parce qu'il faut une discipline... Mais qui dit « maître » [dit] aussi « relation » et quelque part y a de l'affectivité. Quand je parle de relation, relation au maître scolaire, mais relation aussi [à l'] être humain, relation aussi de par la situation familiale, papa aussi. Ça, faut pas oublier, « je suis de la tribu ». Donc tout ça, ça joue et, des fois, quand tu te dis « je suis maître » et rien que ça, pas autre chose, tu peux pas aller loin. Y a des moments, je dis être maître pour seulement pour donner une astuce, Non ! Ça passe pas. Y a des choses qui sont au cœur du maître, le savoir, etc. Mais y a l'affectivité qui passe, y a des moments où moi, ça m'arrive, je viens, je frotte la tête des gosses derrière les oreilles, puis je rigole. [...]

« Ta grande question c'est : quand on arrive en bas [à l'école de Koné], on n'est pas comme à la tribu... Quand tu es dans un cadre de vie imposé, tu changes. »

## Dimanche 9 juin 2002
## Dimanche connexion

Dimanche midi, après un repas cerf, les hommes regardent un kung-fu. J'écoute du Webern. Je n'ai même plus de bureau où poser l'ordinateur ! Obligé de tirer un fil et de travailler assis sur le lit, l'ordinateur sur les genoux ; c'est la première fois que je l'allume, il faut bien retranscrire les fiches sinon je suis foutu. Pan sur le bec une demi-heure plus tard ! Séraphin s'est réveillé de sa sieste devant la télé. Il m'a aperçu travaillant sur le lit. Immédiatement, sans me dire ce qu'il va faire, avec l'aide d'Edmond, il me réinstalle le grand bureau avec un tableau de branchement et un néon ! Il a raison. Il voit. Il ne dit rien. Il fait !

## Lundi 10 juin 2002
## Collaboration pédagogique

Réveil merdeux à 6 h 15 (arrêt du somnifère sans doute). Je descends lentement à l'école. En arrivant dans la grande descente vers la rivière Camille dit : « Voilà la Charente ! »

7 h 50, j'arrive devant la classe de CP : j'entends la voix très calme de Séraphin : « Quel est le bruit qui se répète ? *fe*, *fé*, *fem*, *fffron*. » Séraphin fait monter et descendre le son. Je rentre. Séraphin demande aux enfants de poser trois stylos à bille espacés devant eux sur le bureau, et de les montrer selon qu'ils entendent le son *f*

[...] « On va écrire une histoire. » Il écrit au tableau :

*Félix fait du feu dans la case*

« On prend le cahier d'écriture, on écrit et on dessine. Est-ce qu'on dessine un cocotier ou autre chose ? Non, non, non. On dessine Félix qui fait du feu dans la case. »

Séraphin sort. Il sort souvent sans prévenir. Il revient. Il veut m'embarquer dans le « faire-la-classe avec lui ». Il veut que je fasse un texte avec les enfants qui servira de référence (allusion implicite à la méthode naturelle). Je suis coincé. Chez lui, je ne peux plus être simple spectateur même bienveillant, même participant occasionnel. En fait, je crois aussi qu'il va s'absenter pour s'occuper de son groupe électrogène neuf qui ne marche pas. Quand il était directeur, il était tout le temps dehors. Il n'est plus directeur, mais ça le démange toujours quand il a un souci en tête. Peut-on parler de confusion entre activité professionnelle et activité privée ? Quand il fait la classe, il la fait *pleinement*.

9 h 15. Récré. Rentrée en classe. Je suis tout seul et j'ai du mal à tenir la baraque sans user de menaces. *On produit* le texte suivant au tableau :

*Le foot.*

*Hier le Brésil a gagné 4-0. Ronaldo a marqué un but. Zidane est guéri. Il s'entraîne pour jouer mardi contre...*

La France va jouer. Tout le monde est au courant. Mais contre qui ?
– Bleus contre rouges...
– Contre Houailou[9] !
– Contre le Sénégal[10].
Finalement je crache le morceau : [contre] « le Danemark » (comment ça s'écrit Danemark ou Danemarck ?). J'écris au tableau Danemarck. Séraphin rentre. J'en profite pour lui demander l'orthographe de Danemark. Ça le fait rigoler ; il pense qu'il ne faut pas de *c* avant le *k*. Je corrige...

**Addition à retenue (2)**

*Après le français, les maths. On reprend l'exercice de dictée de nombres avec les étiquettes chiffres de lundi matin. Le rythme s'accélère. Et on revient aux fameuses additions à retenues. On va voir où l'on en est de l'astuce et la règle...*

9. Une des 32 communes du Territoire, un peu isolée sur la côte Est. Le collège de Do Néva est situé sur la commune.
10. La France a effectivement joué contre le Sénégal, mais quelques jours plus tôt en match d'ouverture (0-1).

La première : 49 + 26. Je suis à côté de Cheyenne qui s'exécute sans un mot et vient au tableau :

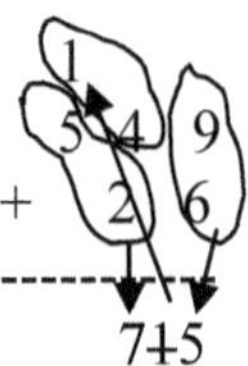


La méthode de l'algorithme de Séraphin a marché ! Nouvelle opération : 45 + 26. Même manip, ça marche. Nouvelle opération avec, bien sûr, le piège : 56 + 22. Cheyenne commence :

```
  5  6
+ 2  2
------
     8
```

SÉRAPHIN, montrant le 8 : Est-ce qu'il faut emmener quelque chose là ?

CHEYENNE : Non parce qu'il y a le 8 tout seul.

Elle termine tranquillement :

```
  5  6
+ 2  2
------
  7  8
```

Comme quoi, l'astuce et la règle, ça marche ! Séraphin félicite les enfants (c'est la deuxième fois depuis que je suis là). Petit chant et sortie.

J'emmène Séraphin et Camille déjeuner aux *Flamboyants* à Pouembout. Séraphin se marre de notre matinée, du texte sur le foot, de l'orthographe de Danemark, de Cheyenne. Il commente, c'est passionnant. Je lui dis que je croyais qu'il m'avait laissé tout seul avec les gosses pour me faire payer mes questions sur sa méthode pour l'addition à retenue. Pas du tout, c'est simplement qu'il voulait s'occuper de son groupe électrogène. Séraphin ne dit jamais *pourquoi* il dit de faire ça, ou qu'il va faire ça ou ça ; on ne le sait *qu'après*. Question récurrente : est-ce un trait de son caractère, ou bien est-ce un trait *culturel*? J'ai l'impression que, moi par exemple, j'ai tendance à dire avant, pourquoi je vais faire telle ou telle chose alors que chez Séraphin ce serait plutôt l'inverse... Eston devant une opposition *Européen* vs *Kanak* ou bien *Pierre* vs *Séraphin* ? Je décide de faire l'après-midi buissonnière.

## Mardi 11 juin 2002
## Ennui, humour et temporalités enchevêtrées

Arrivée dans la classe à 7 h 30. Les enfants sont seuls. Ils lisent. Il me semble que les enfants n'ont plus ces gestes de repli, de retrait qu'ils avaient dès qu'on s'adressait à eux en classe dans les années 90. C'est moi ou eux qui ont changé ? Les deux mon général.

Séraphin distribue les fonds de tableau qu'il a fabriqués sur son ordinateur tout à l'heure avant de descendre :

| | | | | | | | |
|---|---|---|---|---|---|---|---|
| | | | | | | | |

Chaque case correspond à un mot que Séraphin va prononcer : « Si on entend *f* dans la première case, on met un point, si on ne l'entend pas on n'en met pas. » Séraphin reprend pour Doudou Christopher (le neveu sourd) qui ne comprend pas bien. Je l'aide simplement du regard. Puis il fait tout seul. À la deuxième ligne, ça marche tout seul.

*Je ne reproduis pas ici l'exercice qui a suivi. Je m'ennuyais ferme. Par moments dans les classes, tout le monde, maître et élèves, s'ennuient ensemble. Cela fait partie, je m'en rends compte maintenant de la* forme scolaire. *Seul Freinet s'est indigné de cette prétendue normalité de l'ennui en traquant ce qu'il appelait* la scolastique. *Séraphin était le premier à s'ennuyer...*

9 h 15. Récré. Il était temps. « Sortez, vite, vite, vite ! » Séraphin téléphone à propos de son groupe électrogène. Morpion comme à son habitude, il fait tourner « les Blancs » en bourrique à propos de la couleur : le premier modèle étant défectueux, on doit lui faire parvenir de Nouméa un nouveau groupe, mais d'une autre couleur lui dit-on (le premier était rouge). Séraphin exige qu'il soit de la même couleur, laissant croire qu'il croit que la couleur influence les caractéristiques de l'engin...

*La séquence qui précède est pour moi* typique *au sens que l'ethnométhodologie donne à ce terme. Pour deux raisons :*

*1. Le « sortez, vite, vite ! » de Séraphin. Généralement quand arrive le moment d'aller en récréation, les enseignants demandent aux enfants de sortir silencieusement et dans le calme, voire retardent la sortie jusqu'à ce que celui-ci soit convenable. Là au contraire, Séraphin accélère le mouvement (il faut reconnaître qu'il aime la vitesse). Pourquoi ? Le coup de téléphone au magasin... Je comprends maintenant que ce que je soupçonnais il y a encore deux jours comme l'expression d'une non-différenciation entre sphère privée et sphère publique de l'action, relève de ce qu'Alban nomme « les temporalités enchevêtrées ». D'où l'intérêt* scientifique *de passer* tout le temps *auprès des* mêmes gens, *même si ce n'est pas* très longtemps.

*2. Le récit du dialogue téléphonique avec le magasin que Séraphin me raconte avec gourmandise : en faisant croire qu'il tient à ce que le groupe électrogène qui doit arriver de Nouméa ait la même couleur que l'exemplaire défectueux, qui a été renvoyé, Séraphin joue* au *Kanak en jouant* Le Kanak. *On connaît les petits plaisirs du colonisé : mettre en rage le colonisateur (arriver en retard, ne pas se rendre au rendez-vous). Une autre manière, plus subtile, consiste à passer pour un imbécile, renvoyant à l'interlocuteur la représentation qu'il est censé se faire, non pas d'une personne mais d'une figure,* Le Kanak, *celui qu'on appelait dans les années 90 à Nouméa le « Melaméla ».*

Repas à *L'Escale*. Camille est fatiguée. On parle un peu politique.

Retour dans la cour de l'école, sous le manguier : il est encore question d'équilibre. À propos de la notion de retenue. Séraphin dit qu'il ne prononce pas le mot [retenue], simplement « quand il y a deux dans une case, il faut faire monter ».

13 h. Après-midi. Après le lavage de dents, petite sieste les bras croisés sur la table. J'y vais de mon petit roupillon. 13 h 30, Séraphin réveille les enfants très doucement : « Oh oh, on se réveille. » Il leur gratte doucement le derrière de l'oreille : « On ne dort plus, on se réveille. » Ça me rappelle les réveils dans la case de Hnatchaom lors de mon premier séjour en tribu en 1987.

Anderson se réveille, lève le bras droit, puis le gauche, regarde au-dessus de sa tête, se met sur le pied droit, saute un peu. « Ça y est, il est réveillé. »

**Soirée : surprise et solitude**

[...] À la mi-temps de France-Danemark, je vais voir Séraphin qui travaille sur son ordinateur. Il rédige un emploi du temps de sa classe pour chaque jour de la semaine. Sur le « bureau », il y a un fichier intitulé *Généalogie* ; je lui demande si je peux l'ouvrir. Pas de problème. En fait il s'agit d'un texte intitulé *Popai* : le début d'un discours de deuil rédigé par lui en paicî. Il commence à me le traduire mot à mot. Il faudra que je lui demande une traduction complète et un commentaire. Pour cela, il faut trouver le bon moment, le *kairos*. Je retourne au match que Séraphin vient regarder épisodiquement. Dérouille de la France (0-2). Adieu la Coupe du Monde. Séraphin va se coucher, puis se relève et cherche un « texte pour demain ».

Avant de m'endormir je lis du Conrad (comme Malinowski...) *Un paria des îles*, en écoutant la grande symphonie en ut de Schubert (Malinowski, si je me souviens bien, n'avait que des partitions de Chopin...).

*Pourquoi garder cette dernière phrase ridicule et pédante ? Le soir après avoir mis mes notes à peu près au propre, je me retrouvais seul, très seul : seules la lecture et la musique me permettaient de ne pas cafarder.*

## Jeudi 13 juin 2002
## Une journée ordinaire au CP

Quand j'arrive à l'école, c'est la fin de la prière. On m'a préparé une petite chaise entre Cheyenne et Margot.

**La lecture sans les livres**

[...] Maintenant seulement je remarque que, jusqu'à présent (depuis la fin de la semaine dernière), ni Séraphin ni les enfants n'ont été en contact avec un livre « de classe » ou de lecture. Pourtant, il y a des livres dans la classe. Je pose naïvement la question pourquoi. Réponse : « L'animateur va donner la méthode pour *rentrer* dans le livre. » C'est bien la première fois que Séraphin dit avoir recours à l'aide des gens de Nouméa. Je rétorque : « Y a pas de méthode pour *rentrer dedans*. » Rire.

Séraphin leur demande [aux élèves] de tracer des carrés et des rectangles. En même temps, il les fait chanter « doucement » (ce qui est exceptionnel, d'habitude c'est *fortissimo*). Le temps n'avance pas ;

Séraphin me demande l'heure toutes les cinq minutes. Pour rompre, petit exercice de gymnastique dans la classe. Séraphin invente une espèce de jeu de *Jacques a dit* sans donner vraiment la règle et me passe la main pour une petite séquence de *Voici ma main elle a cinq doigts.*

Enfin, sans doute suite à mon intervention, Séraphin donne aux enfants la possibilité de prendre chacun un livre « sans déranger. Pour connaître à lire (*sic*), faut pas écrire dessus, pas salir, pas déchirer. »

**Leçon de *langue* sous le manguier**

Sortie. Achat de casse-croûte au garage Mobil et pique-nique derrière le Monitel en plein cagnard. Retour à l'école à l'ombre sous le manguier : petite leçon de « langue ». Il y a cinq langues représentées dans la classe (paicî, cèmuhî, bako, drehu, bélep) ; c'est Lorenzo de Bélep qui sait le mieux la sienne (Séraphin lui fait répéter certains mots et imite l'accent chantant des Bélep). Cette leçon improvisée sous le manguier se fait de manière très proximale alors que les relations dans la classe restent distales.

13 h 10. Retour en classe. Pas de sieste. Collage de travaux sur le cahier. Les enfants chuchotent – à cause de la chaleur (j'ai du mal à respirer, qu'est-ce que ça doit être en décembre ?). Cérémonie de la date. Lorenzo, le petit Bélep vient spontanément me voir. Il s'appuie sur mon bras gauche, son pied touche le mien. Cela a sans doute à voir avec l'épisode sous le manguier durant lequel il a été mis en valeur...

[...] Je repars à Netchaot faire ma visite de deuil. Cette fois Jean-Marie Goromido et Christine sont là. Je fais, je crois, un bon discours... malgré l'émotion ou grâce aux souvenirs d'Antoine.

Je rentre à Tiaoué. Bonne journée en somme ; je me sens comme libéré.

## Vendredi 14 juin 2002
## Phonétique et onomastique

Descente à Koné. C'est mon dernier jour à l'école. Je passe au magasin acheter une coutume et un goûter pour cet après-midi. Quand je rentre dans la classe, Séraphin s'est absenté. Les enfants sont silencieux, bien plus que quand je suis censé les garder. Lorenzo le Bélep m'a vu passer devant l'internat de Tiaoué. Je découpe des lettres. Les enfants sont en « travail individuel ». Depuis que je leur ai dit hier qu'ils pouvaient prendre des livres, ils le font spontanément, surtout les filles – comme partout ailleurs. Quand on dit une fois « tu peux », ça suffit...

*Revenu, Séraphin fait un exercice de discrimination de son v/f en se servant de vignettes lettres prédécoupées (toujours le groupe « astuce/ manipulation ») suivi d'un exercice de lecture de petites phrases qu'il écrit au fur et à mesure pour tester les discriminations : il/ille, b/p, an/om. Je ne pense pas qu'il ait lu Jakobson, je crois que c'est son oreille très musicale...*

Récréation. « On n'a pas appris certains sons, il y a des difficultés an/on, ça c'est les Kanak ! » Moi : « Et avec on/in ! » [Je pense à Antoine.] Séraphin, *illico* : « Ça c'est les Cèmuhî. » [La langue d'Antoine...]

9 h 30. Rentrée en classe. Math. : correspondance nombres en chiffres/ nombres en lettres. Unités, dizaines, c'est difficile... J'aide Lorenzo qui alterne le meilleur et le pire. Je me rends compte combien les enfants sont à *fading*. Les gamins ont maintenant compris le parti qu'ils peuvent tirer de ma présence. Il est temps que je me tire...

**Histoire de prénom : distinction et affiliation**

[...] Je passe chez Jeanne. Elle me demande de trouver un prénom en G (Goromoédo !) pour son petit-fils qui va naître en septembre. L'aînée s'appelle Gladys. Je flaire quelque arrière-pensée dans sa question, mais quoi ? En fait je me pose une question pour rien[11]. Il s'agit tout simplement de trouver un prénom en G, « français ou américain », qui ne soit pas encore dans la tribu. On tombe sur Giovanni, prénom plutôt italien mais tant pis. Le petit s'appellera Giovanni (l'échographie a fait la moitié du boulot). Alors que chez nous on choisit un prénom *comme* untel, ici on choisit un prénom *autre* que ceux de la tribu, indépendamment de tout critère esthétique ou de mode. Mais ceci ne vaut que pour le prénom chrétien. Le prénom kanak – le vrai – est lui *comme* quelqu'un du clan. En résumé, le prénom chrétien sert à se *distinguer*, et le prénom kanak à *s'affilier*.

11. *L'instinct anthropologique* dont parle Bazin ! [2012]

# Samedi 15 juin 2002
# Faire sans dire et dire ce qu'on fait

### Miranda et le bougna

Réveil à 7 h 30. Nous allons avec Séraphin faire du bois pour le bougna à « La Charente ». Il me montre le jardin de forêt de Viviane, très beau, coupe des taros sauvages : « On les plantera là-haut » (cf. Haudricourt), me fait tirer [à la carabine] sur un niaouli à défaut de notou. Il parle, je donne la main, il me laisse faire ne commande rien. Il parle de Pamalé, des grottes où *est* son grand-père : « Là-bas, tout pousse. »

17 h. On met le feu au bougna. *Miranda n'aide pas au bougna, elle fait le bougna avec.* On ne lui dit rien. Elle-même s'affaire, à la limite du danger, ne questionne pas, ne commente pas. On ne la réprimande pas quand elle s'approche de pierres chauffées à blanc. On ne lui donne pas d'ordre. Tout au plus Séraphin lui montre du doigt un emplacement à recouvrir. On ne la félicite pas non plus. Je mitraille.

Pendant que j'écris ces lignes, elle vient me porter un yaourt frais.

Quand le feu retombe, Séraphin m'annonce qu'il va se doucher et qu'on va « faire le truc » (traduire le texte du discours de deuil).

## Troisième entretien avec Séraphin

Après la douche, Séraphin revient dans le « bureau ». Je lui tends la feuille. Il la relit plusieurs fois en marmonnant en paicî. Il appelle Camille pour lui demander des conseils de traduction. Ensuite, nous allons nous installer dans la cuisine pour être tranquilles, loin du bruit de la télévision.

Avant de commencer Séraphin me redit qu'il ne va pas faire une traduction mot à mot comme Antoine et Alban ou Jean-Claude : « Ce bordel-là ! Après les gens y comprennent plus rien[12] ! »

Séraphin prend un ton solennel très différent de celui de l'entretien de samedi dernier : « Oui, ce sont des expressions que je note, très recherchées même. Quelquefois, c'est difficile à traduire. C'est très particulier au langage paicî. Donc ça concerne les discours de *deuil* » :

---

12. L'orthographe paicî de S. Méréatu a été ici conservée.

*Ipitije nabe baa toduwe â topege* : on se rassemble aujourd'hui pour parce qu'un événement important, c'est-à-dire la mort. Il est arrivé un événement subit.

*E tu gje neije* : un de nos enfants, un fils ou sinon si c'est un oncle, un grand-père, est tombé.

*Je ôu du êrê poromé* : ses yeux se sont refermés.

On peut dire aussi : sa bouteille s'est cassée, sa bouteille d'eau est cassée.

On peut le dire aussi : il a dormi loin de sa taie d'oreiller.

On peut dire aussi : ses épaules se sont repliées.

On peut dire aussi : ça veut dire son souffle l'a quitté, sa tête s'est éclatée.

*E je nëo naa nëo kârâ wââru* : son arbre, l'arbre de la vie meurt puisque, à la naissance, le papa et la maman, son clan, apportent à ses oncles maternels l'arbre de la vie *kârâ wââru* pour le planter. Donc aujourd'hui, il est mort. Donc l'arbre de la vie s'est fané.

Cet arbre de la vie que ses oncles maternels ont planté.

Il suit ses ancêtres qui ont déjà quitté ce monde.

Il s'est mis avec les cailloux et les arbres.

Il est maintenant dans les clans des lutins et des esprits.

Il rentre dans le royaume des ténèbres, là où sont ceux qui sont déjà morts.

Il se repose maintenant où se reposent ceux qui nous ont déjà quittés.

Il quitte le monde des vivants pour aller dans le monde des morts.

Il est descendu dans la terre qui a été fendue.

Il est descendu dans la tombe que les oncles utérins ont préparée.

De cette tombe sort la poussière que les oncles utérins ont enlevée.

Il est mort parce que celui qui l'a décidé, il est plus haut que nous.

Il a décidé donc il a retiré de terre un vivant.

Il enlève une branche du sapin.

Il a pris un des bourgeons de ce sapin.

Il l'a jeté sur l'inondation qui coule à flots et sur le courant.

Et il s'est perdu dans le grand tourbillon de la mer.

Et maintenant, là où il a été enseveli, pousse maintenant l'herbe.

Ça veut dire qu'il n'y a plus rien.

Et ainsi, une image maintenant, pour symboliser – je ne sais plus comment il faut dire – la case.

Maintenant les poteaux de la case qui ont été épluchés.

Les traverses de la case qui ont été épluchées.

Sur cette case, on a mis la peau de niaouli, même si c'est au bon endroit ou pas au bon endroit.

Sur cette case on a mis la paille.

On met la toiture en mettant à l'envers où on met à l'endroit la paille.

À l'entrée de la case donc il y a ce qu'on appelle le chambranle.

Ipitije nabe baa toduwe â topege
E tu gje neije
Je ôu du êrê poromé ...... tabiti nagoé i jawé wâdoé
Cokuru êrê jakê (cokuru nemârâ kê)
Mâbi ârâ parui kê
E je mâru i neporo me poâro kê
Enâ rê cemi tèpa gyimu je me upè je

E je pucö kârâ jimuê me upè
E je û nâgoro atu me bere urâ
E je béré u me dué
E je du nâne wâru kârâ bë
E je nëo naa nëo kârâ wââru
E tanemi nâ pidrè
E demâ nâ ucu
Ucu nâ ne pâréa

E je conemi nâ ne pu papegë **note** : pu me topia – mudo me kiri
E tuu nâne ola pokëmâri ije urâ udomoâ
muru pu në pokömâri je pemu terâ nepô
Pituâ kê në tâjai jë je âroâ
Je ö terâ nepô
Pituâri â é cêu jë neporomé
E aru jê mâcêu kê
E pétâ jë pârâ téa kê
A étu nâgoro jawé
E wâri pâgoro jëpé
Jë wâri tiéu awé
Cipurê tiéu nâbë

Baa wâdè ne ceu
Wâroé ne papege
Wâdè ne waadé
Wâdè ne wâdela

A ne né âroâ kâje ne caapogari
Né itéa kâje ne cacéitiri
Në ârâboé iteu kâje ne poara ceué me araé
Motö me ciéa kâje ne api doé me api pêié
Jopo me ârâwâ kâje nepi araé dere
Duru me meru ne cebu me piara wânido gopararé neo
Paé ârê mâ piba cimâ neparawéré âboro
Moto kê nere ceu goro pârâ kê
Têpé në poaanemere
Ciura nâne poârâ tépo go

Göni iteri i pârâto me paci géni ....... (tâ me wâo)
Cë wâo ne go pi èdi neri
Ce wâo ne go conemeri

Ce chambranle, on peut trouver seulement le dessin d'un humain simple, ou la langue, il tire sa langue.
Au-dessus de la case, on a la flèche faîtière où sont accrochées les conques et tout ce qui comprend l'argent indigène.
Parce que la case est l'image de l'homme kanak.
Et on peut faire les cérémonies coutumières de celui qui est mort à l'intérieur de la case parce que nos aïeux l'ont fait.
Et cette coutume on *le* donne aux oncles maternels.
Je suis là aujourd'hui parce qu'on nous a appelés pour être là aujourd'hui.
Si aujourd'hui je parle de clans et si je me trompe, j'ai mis ensemble des clans qui ne doivent pas être ensemble, je m'excuse de le faire, vous me comprendrez.
Si je mets ensemble encore les clans, vous m'excuserez encore une fois une deuxième fois, plusieurs fois même.
Parce que, ici nous sommes tous chefs de clan.
Les clans concernés sont là et sont venus pour être avec nous dans ce grand deuil.
Le clan que vous représentez là.
*Nabwé* ! Fini.

Après 6'' de silence, rire un peu nerveux de Séraphin : « Parce que là, quand j'arrive là, je commence à dire [nommer] les clans qui arrivent ! Par exemple, si je vois un Goromoto, alors je mets ensemble les deux clans ; les clans ici, ils vont par paires. Donc il ne faut pas se tromper, y en a d'autres qui écoutent mais qui contestent des fois parce qu'ils ne connaissent pas les clans. Bon, mon clan à moi si jamais, je le dis, bon je dis... » Séraphin prononce alors une longue phrase en paicî, presque dans un souffle. Pourquoi ne traduit-il pas ? Je ne sais pas, mais n'ose pas l'interrompre.

– Ce texte-là, à quelle occasion tu l'as écrit ?

– Je l'ai écrite[13] quand ils sont venus avec la coutume pour me dire [que] c'est moi qui va parler sur la coutume de deuil pour le vieux Waka et je l'ai fait. Je l'ai fait sur un papier et ensuite je l'ai mis sur l'ordinateur un peu plus tard. Puis à chaque fois, quand je vais pour un deuil /

– [Moi en montrant la feuille] Tu reprends ça ?

– Je reprends ça mais pas tout à fait parce que le vrai conteur faut pas qu'il suive une poésie, non, non. Je sais pas l'occasion, quand il voit comment ça se passe. Des fois je regarde sur le visage des gens, ils pleurent. Là, je sais que je suis à fond dans le truc.

13. Séraphin a effectivement prononcé « écrite ». [2012]

**Instituteur et/ou coutumier**

[...] – Dans la classe, est-ce que tu fais comme ça : t'adresser à quelqu'un, pour que les autres suivent ? Tu parles à quelqu'un ou à tout le monde ?

– [en chuchotant] Je parle à quelqu'un ou à tout le monde ? Ça dépend : si je parle à quelqu'un qui ne sait pas, qui ne connaît pas quelque chose d'autre, donc je lui parle, mais obligatoirement les autres, ils écoutent ce que je dis. Quand tu parles à quelqu'un par exemple au niveau de la classe, il y a tout ce qu'y a autour ben bien sûr ! Ça m'arrive quelquefois de parler à quelqu'un : je dis : « Bon ben ! C'est un neveu ou un cousin, etc. » Donc, je me retiens des fois quand je suis très, très vif ou quand j'ai été agressé un peu, je vais m'arrêter, je dis : « Bon, ben, il est ici dans la classe, mais il représente tout un clan puisqu'il est de notre famille quoi » [...] T'as toujours ce truc-là. Moi, je te le dis parce que, comme on parle de coutume tu vois, ça me fait dire des choses que... [grand rire, un peu nerveux]. La dernière fois quand on a discuté, j'étais très loin du truc-là ! Maintenant ben je suis rentré dans le truc, je commence à voir au niveau de la classe. Parce qu'on a parlé du truc-là la dernière fois quand tu m'as posé la question /

– Est-ce que tu penses que tu es une exception ou que les autres [instituteurs] sont pareils ?

– Non, non, je crois que les autres ne sont pas pareils, non, je crois pas. À partir du moment où tu fais pas ça, tu peux pas ressentir, tu peux pas ! Camille si ! Camille si parce qu'elle est venue d'une éducation que, aussi elle a que moi j'ai. Donc, elle a été tout le temps avec moi pour les coutumes, donc elle m'entend parler. Elle est plus proche des enfants elle, très, très proche.

– Pourquoi ? Parce que c'est des petits ou quoi ?

– Parce qu'elle est maman d'une part et puis de par son statut coutumier, la grande chefferie... On dit que tu es chef ! Et pourquoi t'es chef ? Parce que t'as des sujets. Si t'as pas des sujets, t'es plus chef de quelque chose. Si les autres ne disent pas que tu es leur chef, tu es pas chef, tu es rien ! Comme ceux qui sont chefs, elle a l'habitude de faire attention, faire gaffe à ce qu'ils disent, aux comportements, etc. La chefferie, c'est comme ça. Ils doivent pas intervenir tout de suite quand il s'agit de dire sa parole pour quelque chose, non ! Ils doivent intervenir en dernier lieu, sinon, s'ils interviennent tout de suite, les autres ne peuvent plus parler. Sa parole est quelque chose en dernier, et c'est pour ça qu'elle fait plus attention par rapport à moi, des fois, je parle trop vite et...

– Et je vais t'emmerder encore ! Dans la coutume tu transmets un certain type de savoir et à l'école, c'est un autre type de savoir. Pour toi, c'est un peu pareil ?

– Je pense à travers le truc scolaire, il y a un truc coutumier qui passe aussi. Tu peux pas ne pas être en classe avec un comportement... Tu peux pas, sinon je suis un mec vide... Je vois, par exemple, quand je suis à l'école, y a des gens qui viennent frapper à l'école. Quand les parents ils arrivent, moi étant un enseignant – je fais partie du corps enseignant –, ben, ils viennent me dire de parler sur la coutume, même s'ils sont des vieux qui viennent de la tribu. [...] Et même, des fois, des enfants dans ma classe, au lieu de dire « Monsieur Séraphin » ils disent *Ao*, ils disent « grand-père », etc.

– Et avec les petits Blancs ?

– Ah, les petits Blancs, je leur parle comme si je parle à des enfants quoi, mais j'ai toujours mon truc de relation. Parce que je vois, en bas y a des petits Européens dans l'école, par exemple le petit comment il s'appelle ? Simari, moi je vais vers lui, je l'attrape bon y a un truc papa. C'est ça les relations que j'ai moi au niveau de la coutume... [à voix basse en me faisant un clin d'œil]. C'est un enfant comme les autres [rires] Il est différent de la peau c'est tout, mais... Mais je reviens à ce que tu disais la dernière fois tu vois, maintenant qu'on est dans le truc-là.

– Hm.

– Je resterai kanak coutumier même si je suis en bas.

*Nous échangeons quelques plaisanteries pour détendre l'atmosphère. Nous étions tous les deux très concentrés, sentant que des choses importantes se disaient en relation avec la semaine que nous avions passée ensemble à l'école. Après la première discussion technique sur l'astuce et la règle, il me tardait de faire ouvertement le lien Antoine/Séraphin.*

**Les coutumes comme problèmes scolaires (2)**

– À propos de ça, la dernière fois, j'avais demandé à Antoine s'il pensait que, à l'école, on pouvait prendre comme exemple d'un problème, un problème d'échange coutumier, de partages égaux, inégaux.

– Ah moi je pense que c'est très possible : « Tu es venu avec 4 nattes ; on a pris de tes 4 nattes, 2, et on a donné aux autres. Tu repars maintenant, combien il te reste ? »

*Séraphin m'a fait le même type de réponse stéréotypée qu'Antoine. Au lieu de m'apercevoir qu'il s'agit bien là pour Séraphin comme pour Antoine, d'une* limite, *non pas culturelle encore moins cognitive, mais proprement épistémique au sens de Foucault, je m'énerve et j'insiste bêtement pour ne pas dire plus.*

– C'est pas le reste, les divisions, les partages, des bordels comme ça !

*Au lieu de m'envoyer promener, Séraphin qui a bien compris ma déception, affine sa réponse en glissant du problème de math à l'éducation coutumière très contextualisée comme d'habitude...*

– Non, je vais dire que tu es venu pour offrir, tu as amené pour la coutume aujourd'hui, maintenant on te retourne... On te dit : « Ben voilà : il faut donner au clan de la fille. On a pris quelques nattes. Tu repars avec ça. Il te reste pas. Bon enfin, il te reste ça comme on dit, mais tu partiras avec ça. Quand tu arriveras à la maison, tu peux encore tresser des nattes pour demain. Il te reste quand même des nattes pour partir. Tu reviens avec ça, qu'on t'a donné. » Tu peux faire un problème à partir de ça.

– Est-ce que tu l'as fait déjà ?

– Non, je l'ai pas fait déjà...

– Est-ce que tu crois que ça peut faciliter l'apprentissage des enfants ? Ou bien on dit que l'apprentissage doit être décontextualisé pour que les gamins aient compris/

– Non justement, non, non, non ! Je pense qu'il faut rentrer vraiment dans la vie des enfants quand tu fais quelque chose. Moi, quand je fais des problèmes, je fais sur les achats, le machin à la coopérative le jeudi. Ce qu'ils ont fait avec leur maman quand ils vont au magasin, c'est tout. L'enfant, il dira : « Ah voilà comment ça se passe, voilà comment j'ai fait ça. » Il le vit, la situation.

– Quand tu fais monter et descendre des 1, c'est pas des choses qui se vivent ! /

– Parce que, après je vais avoir besoin de ça pour faire les situations problème, des situations problème de la vie de tous les jours. Je peux pas aller vers la recette tout de suite, je peux pas.

– Ce que tu as fait cette semaine, c'était quand même très abstrait l'apprentissage de la soustraction, de l'addition avec /

– Mais oui, mais c'est normal ça, parce qu'après je vais *rentrer* dans les situations vécues par l'enfant. Je suis obligé de leur dire par exemple. Tu vois Pierre, quand je suis obligé de dire par exemple : « Maman elle a acheté des bonbons, 5 bonbons. Ensuite elle a donné 3 bonbons à..., combien il lui reste ? » C'est vite, ça rentre dans quelque chose de vécu /

**Didactique et vie quotidienne**

– D'accord, ça c'est bien joli, mais quand tu arrives aux retenues, ou quand tu vas arriver aux virgules, quand tu vas arriver aux nombres décimaux [Séraphin essaie vainement de m'interrompre]. Tu les fais pas là, mais tu les as faites, les fractions, comment tu te démerdes ?

– Non, je l'ai pas fait.

– Tu l'as pas fait avec le CP, mais tu l'as fait avec d'autres classes /

*La réponse de Séraphin que je retranscris ci-dessous* verbatim *est à la fois difficile à suivre et très subtile. Séraphin regrette de ne pouvoir s'exprimer « en langue » et j'ai du mal à rendre le* ton. *Contrairement à ce que j'ai cru sur le moment et encore longtemps après, Séraphin comprend parfaitement l'enjeu. Le rapprochement lecture/addition en témoigne : l'apprentissage des diphtongues pose aux enseignants de gros problèmes que Séraphin résout à sa manière grâce à des « astuces » décrites plus haut. Je ne connais pas la phonologie et le regrette ! Le /n/ dont parle Séraphin est à la fois « concret » en début de mot par exemple et « abstrait » dans les diphtongues. Les /a/ et les /u/ servent en quelque sorte d'étayage. La suite, pour peu qu'on la relise avec en arrière-plan les séquences pédagogiques retranscrites, est d'une parfaite logique pragmatique. Chez lui, les « je peux pas » sont en fait des « je ne peux pas faire autrement » et les « c'est pas la peine » des « ça ne sert à rien ».*

– Mais moi je dis. Je ne peux pas, comment y faut dire ? Le /n/ par exemple, c'est quelque chose d'abstrait. Mais il faut qu'il ait le /a/, le /u/ pour que ça donne des mots pour pouvoir comprendre quelque chose, pour rentrer dans le truc. C'est pareil avec l'addition. Je leur fais ça, parce qu'il faut que ça rentre ensuite dans le truc du problème, justement pour que je prenne la vie de tous les jours, quelque chose que l'enfant a vécu. Sinon, si je dis par exemple : « Maman va au magasin, elle a pris 2 pommes, ensuite... », tu vas faire quoi après ? C'est obligé de faire quelque chose pour que ça arrive à quelque chose. Comment je vais expliquer ça ? Si on pouvait parler à la langue ! [rires]... C'est pas le plaisir d'apprendre comme ça, puis, ensuite, faire la réclame. Faut que ça sert à quelque chose, voilà ! Il faut avec des mots, ensuite on rentre pour faire une histoire. C'est obligé sinon, c'est pas la peine ! Sinon j'aurais dit « Maman est allée au magasin. Elle a pris des pommes, ensuite elle a donné des pommes à lui... » Ça y est ! /

*Bêtement, je ne lâche pas mon os et, au lieu de le laisser souffler ou de lui demander de réexpliquer ce qu'il vient de dire de manière explosive, j'insiste sur mes restes de dada didactiques, à la limite de l'acharnement. Heureusement qu'il y a l'humour de Séraphin et que je le connais maintenant depuis huit ans...*

– Quand tu fais les rationnels et les décimaux, comment tu t'en tires ?
– [en chuchotant] Les rationnels et les décimaux...
– Les fractions, les virgules, parce que dans la réalité ça existe pas.
– Pour le moment, j'arrive pas à avoir l'esprit disponible. Je peux te répondre ça demain...
– *Nabwé* ! [Grands rires de soulagement.]

Dégustation (le mot ne convient pas, il faudrait pouvoir dire « mangeage ») du bougna : banale. J'y suis maintenant habitué : l'important ce sont les préparatifs et dans les circonstances cérémonielles – ce qui n'est pas le cas – l'ordre de distribution. Pour animer un peu, Séraphin mime son grand-père « anthropophage » !

## Dimanche 16 juin 2002
## Dans le clan de Camille

*Depuis quelques jours, Séraphin répétait qu'il fallait aller rendre visite à la famille de Camille, mais ce n'était jamais le bon moment. Je pensais que le projet était définitivement ajourné. Finalement nous y sommes allés ce dimanche, sans Camille fatiguée. J'ai fait la connaissance de deux frères aînés de Camille qui m'ont chaleureusement accueilli.*

## Lundi 17 juin 2002
## Cérémonie des Adieux

Réveil 6 h. Matinée de départ, toujours difficile pour tout le monde. Séraphin me donne deux coutumes, une pour Bernard et une pour moi parce que je vais « avoir froid dans l'avion ». Je mets un billet dans la poche de Miranda. Tout le monde part à l'école. Je reste seul avec Nadia toujours très affectueuse. Elle me donne un tee-shirt. Je lui donne une casquette du Gremio de Porto Alegre.

Adieux déchirants à Nastasie. Larmes sans sanglots. Je l'ai connue jolie. Aujourd'hui, vieille femme en larmes, assise sur sa chaise (les Kanak sont mal sur des chaises), ses vieux seins pendants dans l'échancrure de son tee-shirt noir. Elle me donne une robe mission pour Marie-France. Je ne peux qu'essuyer ses larmes. Armand avait dit l'autre jour que c'était grâce à Marie-France à Nouméa qu'elle était en vie[14]. Je ne prolonge pas. Il n'y a rien à dire sinon promettre de revenir.

*Je n'ai pas revu Nastasie vivante. Elle est morte une nuit, quelques mois plus tard, à l'hôpital de Koumak. Son fils Jean-Paul, qui la veillait, lui en veut beaucoup d'être « partie » pendant qu'il dormait.*

14. Lors de la deuxième partie du sinistre Tiaoué VII, nous étions allés plusieurs fois rendre visite à Nastasie à l'hôpital de Nouméa. Marie-France s'est occupée des conditions de son retour en pré-convalescence dans l'appartement de Pierre-Lenquette mal adapté pour accueillir une grande opérée. [2012]

# TIAOUÉ IX, DÉCEMBRE 2004
# PETITES CÉRÉMONIES EN GRANDE FAMILLE

« Quand tu reçois pas ce qui t'est dû, tu t'élèves. »
Séraphin

*Ce neuvième journal est composé de deux séjours à Tiaoué entrecoupés d'une semaine de cours à Nouméa.*

## Vendredi 3 décembre 2004

Vol Paris-Hong Kong. Quand Nadia[1] a quitté la maison hier matin pour aller à ses cours, elle avait des larmes sans sanglots comme Nastasie et les actrices américaines des vieux films en noir et blanc.

## Samedi 4 décembre 2004
## Retour à Tiaoué (7) => p. 251

Arrivée cata à Tontouta : pas de valises, personne ne m'attend, rentrée dans Nouméa dans un taxi qui me dépose à Point Rouge où je dois récupérer une voiture pour filer à Tiaoué. Fermé. Pas de Jacques au téléphone.

1. Nadia est pensionnaire à la maison toute cette année universitaire. Elle prépare une licence professionnelle « Formation insertion » après avoir passé une année de mise à niveau à Poitiers. [2012]

Je passe deux heures au France à dépouiller les *Nouvelles calédoniennes* et le *Chien bleu.* Retour à Point Rouge. Ouvert, ouf ! Je file direct sur Tiaoué.

Arrivée dans la grande nuit sur le chemin de la tribu. Il y a une vague lumière sur le plateau entre le terrain de volley et la maison communale. Je m'arrête. On a organisé une fête terminée par un bal pour ramasser des sous pour le mariage de Patricia[2].

Camille est restée à la maison avec Miranda. Quand j'arrive en haut, elle m'inonde de larmes sans sanglots, comme Nadia, comme Nastasie... Le devant de la maison est encore réorganisé...

## Dimanche 5 décembre 2004
## Un beau dimanche

*Les dimanches à la tribu sont généralement tristounets et je m'y ennuie ferme. Celui-là s'est révélé particulièrement riche à plus d'un titre.*

Réveil à 9 h. Camille vient, elle aussi, juste de se réveiller. « Ils » sont rentrés se coucher à 5 h ; Séraphin est encore à la *dalle*[3] ; Miranda, mal réveillée, cogne la tête contre sa mère comme un petit veau.

**École et cimetière (1) => p. 279**

[Il y a quelques jours] Eddy Wadrawane est venu passer une journée à Tiaoué pour ses recherches sur l'emplacement des écoles. Camille parle de l'école publique dite des Cigales sur la route de Koniambo. Je ne connaissais que l'école des Flamboyants dans le virage au-dessus du Monument aux morts. Cette nouvelle école a été créée pour accueillir les élèves du cycle 1. Les gens de Tiaoué qui avaient leurs enfants à l'école de l'Immaculée, les en ont sortis et les ont mis là-bas parce que c'était sur *leur* terrain « c'est sur un cimetière, c'est là qu'est le savoir ! ». Je lui fais remarquer que l'Immaculée risque de se vider. « Non, à l'Immaculée c'est les fidèles, l'école dispense quelque chose en plus, un cadre. »

Je reviens sur l'emplacement [actuel] de l'internat, lieu de l'ancienne école de Tiaoué. Réponse immédiate : « L'école est à la frontière des

2. Voir plus loin. [2012]
3. Expression métonymique. La dalle est à proprement parler le terrain de volley ball bétonné. Par extension, l'espace où se déroulent les manifestations sociales, publiques (hors coutume), de la tribu. [2012]

tribus Bai et Dui construite sur un cimetière de *combattants.* » C'est la première fois que j'entends parler de ce cimetière et de ces combattants.

Camille poursuit sur l'école de son enfance, Goapin : « L'école est à la fois dans la tribu et en retrait, sur le flanc, le cimetière est en haut, juste au-dessus de l'école. À Nekliai aussi le cimetière est au-dessus de l'école. On nous disait faut pas aller traîner là-haut. Avant on n'enterrait pas, on déposait dans les cailloux sous les arbres, à la lisière[4]. »

Je parle alors à Camille de l'article que je viens d'écrire sur la familiarité[5], ce que je dis d'eux, de ma relation : « De toute façon, ce que vous ne voulez pas que je sache, vous le cachez. » Camille ne désavoue pas, elle sourit. Je continue en lui disant qu'avec mes fiches, je n'étais jamais en vacances à Tiaoué. Ça la fait plutôt rire. J'évoque le paradoxe de Bazin vivre/observer[6].

### Miranda et le français

Alors elle démarre sur les problèmes d'appropriation de Miranda : « Miranda a une difficulté par rapport au français. – Qu'est-ce que tu veux dire ? – Elle a une autre stratégie que les deux grands : Nadia, elle avalait toutes les règles ; Michel, c'est les idées générales ; Miranda se construit son français à elle, elle décide de l'orthographe. – Y a pas qu'elle ! » Camille va me chercher son dernier message griffonné sur une petite feuille de papier *Maman geu tême bocou.* On remarquera la conscience phonétique de Miranda avec l'accent circonflexe sur le /e/.

---

4. Ce thème est largement développé dans les travaux d'Eddy Wadrawane dont il sera question plus loin.
5. Il sera question de cet article dans Tiaoué X. À l'époque, il n'était pas encore publié. J'ai toujours laissé en évidence dans le « bureau » un exemplaire de mon journal mis au propre du *Tiaoué* de la visite précédente. Je le retrouvai à la même place, couvert de poussière. [2012]
6. « Les événements que je m'efforce de noter au jour le jour tant bien que mal et sans toujours savoir de quoi il s'agit sont pour la plupart des *actions* (y compris des actes de langage : des paroles, des récits, etc.) et ces actions tiennent compte d'une situation qui, entre autres déterminants, a ceci de particulier que je m'y trouve. J'ai beau m'efforcer de me conduire en simple observateur (par exemple en évitant de prendre parti) tout ce que je fais, ne serait-ce que dans le but de comprendre ce qui se passe [...] est *aussi* une intervention dans cette situation. »
   « Interpréter ou décrire. Note critique sur la connaissance anthropologique » (1986), superbe texte de J. Bazin repris dans le volume posthume *Des clous dans la Joconde, l'Anthropologie autrement*, Toulouse, Anacharsis, 2008, p. 347-433. J'ai choisi de citer cet extrait, je ne sais évidemment pas si c'est ce passage qui m'était alors venu à l'esprit. Tout le texte de Bazin serait à lire en filigrane de mes modestes carnets. Ce qui est certain, c'est que le titre que j'ai donné de la troisième partie du livre : « Les années anthropologiques » est une référence explicite ainsi qu'un hommage posthume à J. Bazin. [2012]

**Recopier ou s'exprimer : *wii/tii* (VI)**

– Un jour, son père lui crie dessus à l'école. Elle est en conflit avec lui (curieux ce terme politico-coutumier de *conflit* pour désigner la relation de Miranda avec son instituteur de père). Le soir, elle vient se coller contre lui à la télé et Séraphin l'a repoussée. Alors elle a écrit sur un papier : *Papa tu é trop nul* et elle a posé le papier sur l'ordinateur. Elle sait que Séraphin va toujours à l'ordinateur le matin. Séraphin en a ri. Elle est très « message » : hier soir, elle était en colère, elle m'a envoyé : *Maman tu é une grosse patate* ! Elle a compris le sens du message différé. Elle a un carnet intime.

– C'est *wii* ou *tii* ? /

– Elle c'est *tii.*

– Les deux grands ?

– Eux c'était « message enveloppé ». Miranda, si le message est pas compris, elle le retourne. Elle a commencé à écrire partout, par terre, sur les murs : MINAA puis MIRANA. Elle a hérité de son père ce côté « anti-conventionnel ».

– Elle aime lire ?

– Oui, mais elle sélectionne. On lui dit : « Va choisir un livre. » Elle revient et elle lit : « En France, les statistiques des prostituées... » Elle tombe sur un livre et puis aller vas-y ! Elle touche à tout, je sais pas si ça va être une passion. Par contre c'est Miss Télé. Quand on l'appelle au téléphone, « Un instant j'arrive ! », « Veuillez patienter s'il vous plaît ! ».

Pas si con que ça de regarder la télé, on devrait s'en servir plutôt que de l'accabler de tous les maux...

**Séraphin et les Caldoches : la revanche**

À 11 h, Séraphin rentre et ne fait pas plus de cas de moi que si j'étais là depuis toujours. Je lui en fais la remarque. Réponse : « Et tes fiches, elles sont restées dans l'avion ? – Exact. »

Il me raconte ensuite par le menu l'achat de son nouveau tracteur qu'il avait vu à Koné « quasi neuf, un vrai bijou » ; Séraphin va voir le proprio (un Blanc) qui est malade. Il en veut 5 millions 600 [soit environ 46 000 €]. Le lendemain Séraphin offre 5 millions cash. OK. À demain ! Le troisième jour, il offre 4 millions ! OK. Le quatrième jour, il ne propose plus que 3 millions. Toujours OK. 2 millions 5 ? Non, 3 millions. OK. Marché conclu à 3 millions [25 000 €] !

Moralité : « Avant c'était le Blanc qui bourre le Kanak, maintenant c'est l'inverse ! Ah l'enculé ! Depuis on est copains. »

Sur le plateau, le nouveau tracteur « quasi neuf », rouge flamboyant, trône à côté de la carcasse rouillée du vieux tracteur kaki – on dirait qu'il est là depuis vingt ans. Les Kanak n'aiment pas ce qui est vieux, sauf « les vieux ». Chez nous, c'est plutôt le contraire.

14 h 15. Je rentre. Séraphin veut prendre sa retraite, mais les parents ne veulent pas avant qu'il ait « fini leurs enfants ».

[...] Je fais un aller-retour avec Camille à Koné pour aller acheter de quoi manger pour ceux qui restent. Quand nous repassons sur le plateau, Séraphin est déjà remonté. C'est un organisateur plus qu'un participant. Il se tient toujours à la lisière des manifestations, un peu en retrait, mais prêt à intervenir, si on le lui demande.

## Lundi 6 décembre 2004
## Séraphin pédagogue

**Entretien du matin**

Je descends à l'Immaculée avec Miranda. Une *maxi-crèche* est installée dans la cour d'entrée. Les personnages sont faits de mannequins de magasin de vêtements vêtus à la romaine ; le petit Jésus, un gros baigneur qui a reçu comme un pétard sur le front (plus qu'un acte blasphématoire, sans doute un retour de fête). « C'est un petit Jésus palestinien » dit Séraphin. Je rencontre Charline qui me parle du fameux « mur mitoyen » : « On en parle à l'Université[7] ! »

La journée commence par une répétition de chants pour Noël dans l'église. Séraphin est aux manettes. Je profite de la répétition pour faire un tour au village, téléphoner, acheter *Les Nouvelles* et des coutumes.

8 h 30. Je rentre dans la classe de Séraphin (CP en fin d'année). Comme toujours la classe est silencieuse. Comme d'habitude je m'assieds à la place d'un absent. « Qui le connaît le monsieur ? Qui se souvient ? » Cinq ou six mains se lèvent.

Séraphin demande systématiquement à chacun ce qu'il a fait durant le week-end : sur les seize élèves, sept sont partis, dont trois à Nouméa. Le

7. À la demande de la Direction de l'Enseignement catholique, j'avais mis sur pied une maquette détaillée et chiffrée de licence de sciences de l'éducation en Nouvelle-Calédonie. Dans des circonstances peu glorieuses, l'Université Lyon 2 a emporté le marché, reproduisant notre maquette au titre de l'UV près. Les collègues lyonnais qui m'ont avoué ne rien connaître du pays ont néanmoins eu l'idée de faire travailler mon article de la *Revue française de pédagogie* !

nomadisme est bien structurel, même dans les familles modestes comme celles qui fréquentent majoritairement l'école de l'Immaculée.

Séraphin fait la classe et me la commente. « Vous allez prendre un papier et raconter ce que vous avez fait. À la fin, il faut un point et on revient en dessous. On fait des phrases l'une au-dessus de l'autre dans un premier temps. Ensuite, l'une à la suite de l'autre. On transmet à la maîtresse de CE1 pour le passage de la phrase au texte. Les phrases commencent par *je*. »

Miranda se met au travail rapidement. Ça donne ceci (orthographe respectée) :

> J'ai été à la dale / J'ai bu du coca / J'ai mangé det frit poulet / J'ai bu du café / J'ai joue au bingo / J'ai joue au lous / On a a lumé le fedare tifise / J'ai regarde la télé / J'ai bu de l'aus / J'ai ecrit les nombre.

Pas si mal pour une fin de CP, fille de l'instituteur certes, mais quand même. Je crois que les Kanak préfèrent écrire que lire.

**Le nouveau *truc* de Séraphin : la pédagogie des baffes**

Récréation. Je félicite Séraphin pour le calme des enfants. Réponse : « Pierre tu vas pas m'engueuler. J'avais un problème avec le silence. Si tu fais un règlement ça sert à rien. Si tu leur tires l'oreille ou si tu donnes une baffe, t'as les parents sur le dos. Alors j'ai une technique, un truc quoi : celui qui parle, celui d'à côté lui donne une baffe. Depuis c'est *caalme* ! »

– Ils se donnent effectivement des baffes ?

– Oui. Quelquefois juste comme ça [il me montre]. Je dis « tape plus fort ! » Après ils oublient, il y a pas de rancune. Au bout de deux mois c'est fini, il y a plus besoin de baffes. C'est calme, t'as vu, je peux sortir deux jours de la classe. Tu peux demander à Charline.

– Pas de règlements de compte à la récré ?

– Non non, ils oublient. Maintenant il y a plus de baffes. Du coup, pas de règlement sur la discipline.

– Bon parce que moi, je suis un inspecteur de l'UNICEF, je vais faire un rapport et écrire au *Chien bleu*[8].

– *Le Chien bleu* on s'en fout. L'UNICEF, ils peuvent venir.

– Ça marche parce que vous formez une communauté.

– Oui.

– Ça serait pas par...

Rentrée en classe *subito*, je ne connaîtrai pas la suite...

---

8. Hebdomadaire satyrique qui se voudrait un pendant de notre *Canard enchaîné*, mais plutôt marqué à droite.

**Annonce**

[...] Sous le manguier, Séraphin me demande ce que je fais des « observations », des conférences ? Non, je m'en sers pour mes cours, des articles. Je lui parle de mon article et de sa structure : accueil ⇒ adoption ⇒ familiarité ⇒ amitié.

Séraphin a quelque chose à me demander, à me proposer pour je ne sais pas quoi, mais il « ne l'a pas encore formulé, ne l'a pas encore formulé... ».

*Sur le moment j'ai cru que Séraphin faisait allusion à une question d'ordre pédagogique. Il n'en était rien. La demande était d'un bien autre ordre, on le verra plus loin, mais comme pour toute affaire sérieuse, il faut du temps pour* formuler *(cf. le nom de Bernard dans Tiaoué VI).*

## Mardi 7 décembre 2004
## Mises au point

**Le retour du politique**

Je rejoins l'école au moment de la répétition de Noël : grande ambiance dans la cour au manguier. Tous les classiques y passent : *Il est né le divin enfant*, *Les anges dans nos campagnes*, *Petit Papa Noël...* Ensuite les numéros : le seul numéro politique est un ballet de la classe de Séraphin sur une chanson de Bob Dylan avec Miranda en solo : *Combien de temps faudra-t-il à l'esclave / Avant d'avoir sa liberté ? / [...] Écoute mon ami / Écoute dans le vent...* J'en fais la remarque à Séraphin : « Il n'y a que toi qui restes un vrai politique kanak : esclavage, liberté. » Séraphin éclate d'un grand rire, il s'attendait à ce qu'on lui fasse des réflexions. Le reste des numéros est gnangnan, disco et rock. Cette répétition n'en finit plus. Je vais acheter une pellicule photo et *Les Nouvelles calédoniennes*. On finit par rentrer en classe. Miranda appelle son père « Monsieur » (métier d'élève).

Repas au nouveau resto Trombala : 1. Séraphin paye un impôt foncier pour son terrain restitué « La Charente » : 1 500 FCFP par an (environ 13 €). C'est pas rien mais ce n'est quand même pas prohibitif. 2. Il est toujours LKS « jusqu'à la mort ! ». Mystérieux engagement que je ne comprends toujours pas.

Retour à l'école : sous le préau, les enfants de grande section de maternelle font les mêmes constructions en équilibre instable qu'il y a dix ans dans la classe de Camille.

**Adieux à Nastasie**

[...] J'ai rendez-vous avec Armand pour aller sur la tombe de Nastasie. Je pose maladroitement un manou. Je ne savais pas quel était l'usage, et j'ai improvisé ; je me souviens qu'à Futuna, Soane[9] avait entièrement recouvert la tombe de sa sœur qu'il n'avait pas connue avec un grand manou dont il avait coincé les bords avec des cailloux – là j'ai été plus économe des gestes... (Kanak « sobre » *vs* Wallisien « voyant »...)

À la maison, je distribue les cadeaux récupérés le matin dans la valise en rade : un petit costume de Bernard, et un Monopoly. Miranda veut jouer tout de suite : elle déchiffre la règle du jeu en prononçant très bien. Elle lit lentement mais en comprenant au fur et à mesure.

## Mercredi 8 décembre 2004
## La religion reléguée

Messe à l'église de Koné : c'est la fête de l'Immaculée Conception (officiellement c'est le 8, mais on profite du mercredi). Miranda a mis l'ensemble offert par Bernard. C'est la première fois que je vois un vêtement offert porté si tôt. Camille avait dit qu'elle l'étrennerait à Noël. Sans doute a-t-elle voulu faire plaisir à Bernard.

En fait, de la messe, tout le monde s'en fout. Le vieux curé ne fait aucune intervention hors liturgie. Pas d'homélie, alors que l'église est pleine d'enfants, pas une parole, rien. L'important c'est les chants, et là ça marche. Je suis à côté de Jeanne qui chante la voix de seconde à tue-tête. Mon point de vue sur la religion se confirme. Pas de sacré, rien à voir avec la tension d'une cérémonie coutumière. Le tout est plié en 40 minutes sans émotion sauf les voix des enfants. Je file vers Nouméa.

---

9. Étudiant wallisien, avec qui j'avais séjourné à Wallis-et-Futuna en 1992, pour lui donner un coup de main pour son DEA et produire un rapport commandé par le ministre des DOM-TOM d'alors, L. Le Pensec, *Les jeunes enfants wallisiens et futuniens en situation familiale et scolaire* (1993). [2012]

*Je garde un mauvais souvenir de la fin de semaine à Nouméa : accueil froid à l'*IUFM *(Richard a pris sa retraite) ; on me colle deux ou trois cours non programmés et dont les étudiants se foutent royalement. Par contre, les trois premiers jours de la semaine suivante furent encourageants : il s'agissait en fait du premier regroupement d'un master à distance intitulé « Conseil Pédagogique et Formation d'Enseignants » destiné aux enseignants formateurs (maîtres formateurs, conseillers pédagogiques) que nous venions de créer depuis Bordeaux. Six enseignants avec des expériences variées, tous préoccupés par leur difficulté à faire leur métier en brousse, tous calédoniens ou « métro ». Comme le dit un ami kanak : « Nous, on laisse toujours les Blancs passer devant ! » Prochain regroupement à Poindimié, près de chez moi...*

## Jeudi 16 décembre 2004
## Retour à Tiaoué (8) => p. 282

[...] Je quitte Nouméa en plein cagnard : passage à Tontouta à 15 h 40. Pourquoi les larmes me montent-elles aux yeux lorsque j'approche de la tribu ? Arrivée à Tiaoué, personne. Je m'installe sans prévenir, comme un Kanak (en fait, je suis « chez moi »)... Tout le monde est « en bas » (début de la première partie du mariage de Patricia – fille d'Armand et Nastasie – avec un *mec* de Lifou). Devant la maison, il y a déjà foule ; on m'interpelle comme n'importe qui, *i.e.* un familier.

### Tentative de situation a-didactique

[...] Je tente une partie de greli-grelo avec les maisons du Monopoly et le sachet du jeu[10]. À 8 maisons, ça marche. Je passe à 12. Miranda essaie

10. Le greli-grelo est un petit jeu pour l'apprentissage de la soustraction : on prend une collection homogène d'objets quelconques (cailloux, billes, ici figurines). Après les avoir fait compter et si besoin recompter, on les dissimule dans un sac ou une boîte. On s'assure auprès de l'enfant que le nombre n'a pas changé pendant la dissimulation. Ensuite, l'adulte plonge la main dans le sac ou bien ouvre la boîte, et en retire un nombre quelconque d'objets sous le regard de l'enfant. On referme boîte ou sac et, en secouant le tout pour faire entendre le bruit des objets qui s'entrechoquent, on prononce la formule magique « Greli-grelo, combien y a-t-il de... dans mon... ? » Après réflexion – plus ou moins longue – l'enfant donne un nombre. On lui demande alors de vérifier lui-même la justesse ou fausseté du résultat. C'est cette auto-vérification – ce que les didacticiens appellent rétroaction – qui fait l'intérêt ludique et pédagogique du jeu. Ce jeu réserve les plus grandes surprises à

de compter à travers le tissu. Je l'en empêche. Maintenant elle répond au pif, constate son erreur mais ça la fait rire. J'aurais dû la laisser essayer de compter à travers le tissu. Quel piètre didacticien je fais ! Camille observe la scène et ne dit rien (c'est là où je vois que c'est une bonne instit).

9 h. Séraphin rentre : « On va discuter. » Il commence à me « raconter le mariage » : « Les Lifou seront de l'autre côté [de la route] dans la maison de Jeanne. On les appellera. Il me tarde que ça soit fini. [...] C'est une première première (*sic*)[11]. Toi, tu fais partie des oncles. Avec les Lifou, avant de partir [avant que les Lifou repartent], il y aura des relations. Il y a des veuves des deux côtés. Ils prennent des filles chez nous, on pourra en prendre chez eux. Pour le Pilou, le Aé Aé, y a que moi, aou ! On s'est entraînés avec mes grands cousins... On est soulagés. Je profite de l'occasion pour réunir les gens de mon clan, ceux qui ont amené ma mère. Ce n'est pas des Bai, mais on ne se marie pas avec eux. Ils sont proches *depuis l'origine*. Nous, on est des petits, mais on a beaucoup de relations. Les autres sont plus grands, mais ils ont moins de relations. »

## Vendredi 17 décembre
## Préparatifs

### Camille chez les Caldoches

Réveillé par la télé vers 8 h. Séraphin est parti dans la nuit. Je descends à Koné avec Camille acheter d'énormes pastèques chez un vieux couple de Caldoches derrière l'école de l'Immaculée. Je monte les pastèques dans le coffre de la voiture. Pour plaisanter, je lance : « Maintenant c'est les Kanak qui font travailler les Blancs. Je vais fonder l'USTFE (Union socialiste des travailleurs français exploités) ! » Dans la voiture, Camille : « Le fils de ce monsieur est au Front national. Il s'est présenté aux élections. Il est cultivateur. Au marché, il exposait de belles ignames. Personne lui achetait parce qu'il est au FN. Moi, je me suis arrêtée et j'ai acheté des ignames. Après, tout le monde lui en a acheté. – Tu lui as parlé ? – Non, je respecte le travail. Il travaille dur, je lui achète. »

---

qui le propose à des enfants à partir de 5 ans. On apprend beaucoup sur les stratégies de résolution de problèmes... [2012]

11. Le mariage entre un Tiaoué et un « mec de Lifou », du moins c'est ce que je croyais sur le moment... [2012]

Je remonte à la maison avec Camille. Il fait très chaud. Séance de mots croisés des *Nouvelles* sous les tôles avec Camille.

Redescente à Koné avec Mariline. Ravitaillement en rab de bière, whisky, en grande quantité. « Un mariage coûte cher » me dit-elle. Remontée chez Armand. On me parque sur une chaise : je n'ai le droit de ne rien faire parce que je suis du côté des tontons.

## Samedi 18 décembre
## Le jour où j'ai failli « lancer la coutume »

Miranda me réveille à 8 h et demie. Je prépare ma valise : je dois partir dans la nuit. Séraphin est en bas depuis longtemps. On descend. Repas : service impeccable rapide et sans presse vu le nombre de gens, c'est l'organisation Séraphin (encore une fois contraste entre le bordel spatial et le sens de l'organisation rationnelle).

### On ne parle pas en mangeant

*Ce n'était pas mon premier repas coutumier mais je ne savais toujours pas comment me comporter : je me sers, peu – je n'ai pas d'attrait particulier pour la nourriture kanak, fût-elle festive. Beaucoup mangent debout ; je ne sais pas faire. Manger seul dans un coin ne se fait pas – du moins je le croyais. Je suis allé me poser le cul sur un caillou rugueux à côté d'un vieux que je ne connaissais pas. Poliment – du moins je le crois – je tentai d'entrer en conversation avec lui, sans succès. Cette fois, j'ai compris que manger et converser étaient des activités kanakement disjointes. Il m'a fallu du temps.*

### Si les cousins étaient venus...

On « attend les Lifou » comme s'ils allaient débarquer du bateau ; en fait ils sont de l'autre côté de la route ! Ce genre de mise en scène m'émeut moins que lorsqu'elle se déroule de nuit. Pourtant, je ressens la même tension construite comme dans une grande mise en scène (P. Chéreau). À 2 h pile, ils sont là ! La cérémonie commence. On m'a fait placer à côté des Tontons, je me mets un peu en retrait mais pas trop loin pour rester « dedans » : question de *sitio*[12].

12. Terme tauromachique désignant l'art du matador de trouver la distance idéale entre lui et le taureau.

Entre paicî et lifou, c'est le français qui sert de langage véhiculaire. De ce fait, la coutume est beaucoup plus longue. Discrètement, les Tiaoué se moquent des Lifou qui « ne savent pas bien faire ». On est toujours l'inculte de quelqu'un. Les chants lifou et tiaoué se mélangent. On dirait du Ch. Ives.

Après la coutume publique, les familles proches se retrouvent un peu à l'écart dans une case pour une autre coutume de partage, intime, pleine d'affection.

[...] La soirée avance : un énorme gâteau arrive dans le coffre arrière, grand ouvert de la voiture de Line, klaxon plein pot. Ambiance Disco. Je danse un peu, maladroitement.

Séraphin commente son organisation : « une première ». Il s'est arrangé pour que les femmes « ne soient pas coincées à la cuisine » comme c'est le cas dans ce genre de fêtes.

« Tout mon clan a été décimé dans la révolte de 78 [1878]. » Séraphin vient s'asseoir à côté de moi sur un banc et me tend une canette de bière que je prends sans retenue. Lui en a déjà éclusé quelques-unes. « Quand tu reçois pas ce qui t'est dû, tu t'élèves. Faut pas recevoir ce qui est à toi... Les danses, tu vois, je suis de loin. J'y vais pas trop parce que je suis l'oncle maternel, alors tout ce que je dis c'est parole d'évangile... »

Arrive alors le grand moment qui me sidère. « J'avais pensé que c'est toi qui lances la coutume. Mais c'est parce que c'est un cran au-dessus... On est frères, mais on peut pas dire [qu'] on est fait du même sang. C'est parce que les cousins de mon père étaient pas là [C'est ça le cran au-dessus]... Mais toi, tu m'as devancé parce que tu as pris Nadia chez toi. Ah l'enculé, tu m'as bourré ! J't'avais dit la dernière fois [le lundi 5, mais précisément, il n'avait pas "dit"], mais mes oncles étaient pas là, ah purée ! »

On se lève pour se détendre, on regarde les danseurs. Séraphin lance quelques piques.

Il parle d'une histoire de 6<sup>e</sup> degré où il faut mettre une barrière pour pas mélanger le sang... Le temps que je lui demande une explication il me présente à un cousin, vante sa fille qui vient d'avoir le Bac S et veut faire un CAPES de maths. Il fait mon éloge en disant que je suis simple (déjà entendu ça ne me fait plus rien) et surtout en imitant ma tenue pendant les coutumes, les yeux baissés, d'un pied sur l'autre : « Tu le vois lui, il prend l'air con, Pierre c'est le Kanak blanc... Tu vois, lui, il aurait jeté la natte. Ah putain, si les cousins ils viennent ! »

Sans que je ne m'en rende compte (comme les danses, les chants et les cérémonies toujours déjà commencés, jamais totalement finis), un petit groupe se forme autour de nous trois, Camille, Séraphin et moi. On me fait signe de me lever. Séraphin me fait le plus beau discours de coutume qu'il m'ait adressé. Bouleversé, je réponds tant bien que mal. Sur le banc, à côté de la coutume, il y a une monnaie.

Minuit, je remonte à la maison avec Camille. Elle me propose de me reposer une heure avant de partir. Je refuse, préfère parler avec elle, écouter l'enregistrement de la cérémonie que j'ai fait sur mon petit magnétophone à quatre sous. À une heure du matin, je charge mes affaires et nous redescendons à la noce.

Cérémonie des adieux un peu alcoolisée. On me reconduit jusqu'à la voiture et puis là, vite, je pars dans la nuit vers la Tontouta.

# Tiaoué X, juin 2005
## Intimité

« Papa, il fait des dictées de coutume à Caa Bwëé. »
Miranda, 7 ans

*Ce dixième Tiaoué débute avec le second regroupement du master* CPFE *à Poindimié – à une heure de Tiaoué, juste de l'autre côté de* la Chaîne *– suivi de deux séjours à Tiaoué interrompus par une petite semaine à Nouméa pour quelques cours et une conférence au Centre culturel Tjibaou.*

## Dimanche 5 juin 2005
## Détour par Tiaoué

Voyage : RAS, si ce n'est une valise qui n'a pas suivi, j'ai l'habitude. Pour apaiser les perdants, on leur donne 1 000 FCFP et une trousse contenant divers objets de toilette et, un préservatif. Tout est maintenant prévu dans ce pays.

Je quitte Nouméa vers 15 h 30. La grande nouveauté est le lecteur de CD dans la voiture, ce qui rend le voyage vers le nord moins monotone. Petit arrêt à Bourail. La nuit tombe vite. Chez Méréatu, tout le monde dort. Je dois être à Poindimié demain matin pour le regroupement du master... Séraphin me propose de dormir à la maison et de partir demain matin, mais n'insiste pas. J'arrive à dix heures moins le quart au Monitel de Poindimié où on m'a retenu une chambre. Tout est barricadé. Je dors dans la voiture.

## Jeudi 9 juin 2005
## Coutume didactique

[...] Fin du regroupement qui s'est bien passé. Dans l'après-midi, je remonte lentement la transversale (2e quatuor de Brahms puis la symphonie *Du nouveau monde* par Karel Ancerl).

Arrivée chez Armand. En attendant je ne sais quoi, Sébastien, frère de Séraphin, et des « coutumiers » jouent à la pétanque, les femmes au bingo. Il y a toujours une bonne raison de jouer au bingo. Sébastien me demande plusieurs fois : « La fille, ça va ? » Quand Doudou me voit, ses yeux s'illuminent, et il me dit simplement : « Nadia ! » Je suis *bien* dans cette brousse des Kanak de tribu[1].

Je m'apprête à repartir pour la maison quand Séraphin arrive au volant d'un camion plein de riz, sucre, ignames qu'il est allé chercher au bateau à Nouméa. C'est le « retour » du mariage de Patricia à Lifou. En plus des denrées basiques, force nattes, manous, monnaies, nourritures diverses, « une tonne » au dire de Séraphin. Plus de l'argent : un million de francs CFP [l'équivalent de 8 300 € !] qui « sont revenus à Tiaoué ».

Pendant le débarquement, Armand découpe des étiquettes et écrit des noms qu'il reporte d'un grand cahier. On installe une trentaine d'étiquettes sur une grande natte. Les enfants mettent un paquet de riz sous chaque étiquette. Ça c'est « pour les porteurs ».

Les choses sérieuses n'ont pas commencé ! La véritable répartition de retour va commencer ; d'autres tas ont été faits, inégaux et sans étiquette. Séraphin rassemble tout le monde, les femmes et les enfants qui « vont apprendre la coutume (*sic*) ». Séraphin va « parler en français, parce qu'il y en a quelques-uns qui ne comprennent pas bien le paicî ». En fait de personnes ne comprenant pas le paicî, il y a moi, seul au milieu d'une bonne cinquantaine ! Séraphin *parle* sur chaque coutume avec un petit mot, une petite plaisanterie sur chacun des récipiendaires. À côté de moi, un coutumier balance des vannes sur les parentés à plaisanterie.

1. Par opposition à la brousse « de village », en l'occurrence Poindimié où je viens de passer quatre jours. [2012]

Dans tout cela, mélange de sérieux, plaisanterie, dérision, ironie : *l'âme kanak* avec un patron, Séraphin, qui, plus avant dans la soirée, dira qu'il me regardait du coin de l'œil pendant qu'il faisait ses discours, mais que je le « bourrais » en regardant mes pieds, la tête tournée vers la gauche...

Séraphin a fait sa répartition des « retours » en fonction de critères économico-coutumiers. Morpion, comme d'habitude, il a fait des portions plus importantes pour ceux qui n'étaient pas venus, les obliger à venir les rechercher plus tard et leur faire la leçon.

## Vendredi 10 juin 2005
## Marginalia I

Réveillé par la télé à 8 h.

10 h 30. Je demande à Séraphin de m'installer un bureau. Il transbahute la grande table qui avait atterri sous le nouvel abri. Elle a un pied cassé ; on rafistole. Finalement Séraphin m'installe confortablement dans le *bureau*[2] appelé ainsi depuis que cette pièce constituait notre QG quand j'étais venu avec Bernard, face au passage, « pour que tu voies passer les gens ».

J'allume l'ordinateur et donne à Séraphin mon article « qui parle de toi[3] ». Il lit le titre, me demande la signification de « Victor Segalen » et « DAEST » puis retourne à la maison copier des CD : « Je le lirai plus tard. – Comme ça tu pourras me faire un procès ! – Rien que le titre, ça me tire là ! répond-il en touchant son front de la main droite largement ouverte[4]. »

Miranda tourne autour de moi pour faire une partie de Monopoly. Je cède et lui confie la banque. Elle ne sait pas rendre la monnaie (donc elle n'a pas bien intégré la soustraction pensais-je). Erreur didactique de ma part : à table, Camille me dit qu'elle lui avait simplement appris à « casser » un plus gros billet pour payer quand elle n'avait pas le compte

2. Les lieux sont souvent nommés ou renommés en fonction d'une circonstance. Antoine me disait la même chose à propos des chiens à qui on donne le nom du lieu où on les a adoptés...
3. « Parler de ceux qui vous ont adopté ? Expérience et réflexions sur la relation de familiarité en anthropologie de l'éducation », *Les Sciences de l'éducation – Pour l'ère nouvelle*, vol. 38, n° 1, 2005, p. 11-40. L'article en question est reproduit *in extenso* dans l'annexe II.
4. Voulant clairement signifier : ça me prend la tête. [2012]

exact disponible. J'aurais dû me souvenir *qu'on ne lâche la main que quand on sait que l'autre sait.*

[...] 15 h 45. Nous prenons l'eau chaude et le Sao dans la cuisine. Séraphin a des problèmes de connectique avec sa « machine » et d'amortisseurs avec son camion.

Je rentre bosser sur la conférence que je dois faire au Centre Tjibaou jeudi prochain[5]. En fin d'après-midi, je retourne à la cuisine. Je me fais battre aux dominos par Miranda. [...] Miranda continue de me battre aux dominos. Camille : « Pourquoi Pierre ne gagne pas ? » Miranda : « Parce qu'il n'est pas motivé ! » Effet télé ?

## Samedi 11 juin 2005
## Marginalia II

Repas en tête-à-tête avec Camille. Séraphin arrive et parle des paniers de la ménagère complets faits par les gens de Néami en guise de lots[6] : « Nous on donne des conserves, de la vaisselle, ha là là ! » Il vante les mérites de la production locale... tout en reconnaissant l'attrait de la boîte de sardines ! Et puis, sans transition, me dit qu'il a lu mon texte ! C'est la première fois que Séraphin lit quelque chose que j'ai écrit : moment attendu et redouté. À vrai dire, j'espérais secrètement qu'il ne le lise pas et que je le retrouverais l'année prochaine couvert de poussière sur un tas de papiers divers comme tous les textes que je lui avais laissés !

– J'ai lu une partie seulement, c'est pas facile !

– [Moi, bêtement empressé] Alors ?

– C'est bien tes impressions sur nous, c'est bon [*Wadé*]. Est-ce que je peux dire ce que je veux ?

– Bien sûr, surtout tes critiques.

– Ton texte c'est un peu comme un récit, un récit de ton... ah non non, pas « intégration », j'aime pas ce mot-là !

– Heureusement que je n'ai pas employé le mot.

---

5. Lors de Tiaoué IX, j'avais discuté avec une jeune secrétaire du Centre Tjibaou ; elle avait pris mes coordonnées... Dans l'hiver, j'ai été contacté officiellement pour donner une conférence au centre. Cette seule idée d'être invité pour parler dans ce lieu prestigieux, à l'inauguration duquel j'avais eu le bonheur d'assister, m'avait rempli d'orgueil. [2012]

6. Pour la fête patronale qui devait avoir lieu la semaine suivante. [2012]

– Pourquoi tu n'as pas abordé la question du rapport à la terre, enfin de mon rapport à la terre ?

– Tu ne m'as jamais amené à ton champ.

– Si, à côté [Séraphin me montre du doigt] ; ton champ ! Tu as planté [Tiaoué IV] ; t'as tiré l'igname [Tiaoué VI].

– Oui mais pas ton champ là-haut !

– La Charente, tu es allé à la Charente ! [Tiaoué VIII et IX]

– Mais pas ceux de là-haut.

– Tu es jamais allé ?

– Non. Tu m'en as souvent parlé ; tu me disais toujours que c'était loin, fatigant. J'ai cru que tu ne voulais pas m'y amener, que tu trouvais des prétextes.

– On va y aller. C'est vrai qu'à La Charente, y a pas d'histoire. Là-haut, y a les histoires. Je raconterai l'histoire.

Séraphin tiendra-t-il sa promesse ? Affaire à suivre[7]... En attendant, il émet une réserve sur l'autorisation d'Alban Bensa à propos du « privé ».

– J'ai hésité à te demander la permission, mais ça aurait mis trop de temps et tu n'aurais pas lu le texte.

– Pas d'importance.

Camille dit que j'écris bien et Séraphin qu'il a cherché les petits trucs, les fautes. Je leur avoue que j'ai beaucoup travaillé sur le texte, réécrit, coupé, pour que les gens puissent comprendre, et qu'eux, s'y retrouvent.

– Est-ce que je peux faire une photocopie ?

– Tant que tu veux, il est à toi.

– C'est bien parce que tu ne généralises pas.

C'est le plus beau compliment anthropologique que l'on puisse me faire. On revient sur ma gêne par rapport au privé. Séraphin et Camille ont fort bien compris mon dilemme : en dire trop ou trop peu. Séraphin parle des fiches que je sortais à tout bout de champ. Ils regrettent que je ne le fasse plus.

Camille : « Caa Bwëë il faut que tu continues, que tu écrives encore plus en détail. »

Je ne m'attendais pas à cette injonction ; s'ils savaient tous mes brouillons, mes bouts de plans, mes réticences, et ma paresse jusqu'à la commande des *Sciences de l'Éducation, l'ère nouvelle* !

Séraphin, en rigolant : « Mes voyages en Kanaky. »

– Plutôt : « J'ai rencontré le dernier vrai Kanak ».

– Après on va me mettre dans le formol !

*Nabwé* pour aujourd'hui.

7. Je ne suis pas allé au champ d'en haut et je crois que je n'irai jamais. [2012]

**Prise de son et équilibre (7)**

On va faire un tour au Bingo de Koniambo. *Bingo à Koniambo* ça sonne comme une Série noire. En fait, le bingo est un peu cafardeux. Retour à la tribu. Pour la première fois je vois Séraphin lire une notice technique. Il vient d'acheter une console avec 300 boutons... À table, je le charrie sur les boutons : « Tu dois toujours te servir des mêmes ! » Il me fait alors très sérieusement un grand discours sur les techniques de prise de son, le réglage de la table de mixage, les principes de la balance. Il insiste sur la « recherche de l'équilibre » (encore ce terme qui revient, dans un nouveau contexte) entre les basses (guitare, synthé), le médium (les voix, le micro *leader*) et l'aigu (caisse claire – twiter). Séraphin combine ici son sens musical, son « connexionnisme » et sa quête « kanak » de l'équilibre.

**Zapping**

Camille et Miranda regardent M6. Miranda et la télé : c'est là qu'elle fait sa culture « occidentale ». Quel sens donner à son zapping continuel ? Je crois qu'elle sélectionne des *cadres* (au sens Goffmanien) plutôt que des *histoires*. Sinon, pourquoi zapperait-elle d'une chaîne à l'autre – en fait d'une *télénovela* à l'autre ou *téléréalité* à une autre – pour y revenir ensuite dans une boucle comme on égrène un chapelet ? Miranda se socialise avec :

1. La télé, de préférence les séries US *teenager* ;
2. Son père, qu'elle suit tant qu'elle peut dans ses multiples déplacements ;
3. Avec sa mère Camille, il doit se passer d'autres choses, mais on (je) les vois moins.

Toute son éducation se fait par *bouts* (Antoine dans Tiaoué VI).

## Lundi 13 juin 2005
## Interprétations en tous genres

[...] Je vais passer un moment dans la classe de Séraphin : c'est la seule classe où il fasse toujours silence. Séraphin, un peu fier, me montre 5 ou 6 gamins qui étaient *au public*, ont été « radiés et récupérés à l'Immaculée ». Leçon d'écriture : une page de *M.* Séraphin, comme à son habitude, procède par petits bouts, mais tous ensemble (contre la mode détestable de la « pédagogie différenciée » – c'est moi qui le pense).

Séraphin a toujours sa même autorité tranquille : j'irai dans sa classe plus tranquillement la semaine prochaine.

9 h et quart. Sortie en récré, calme, les garçons devant, les filles derrière. Je vais faire la bise à Rose, la cuisinière que je connais depuis le début, Chantal qui sort de déprime et qui me dit combien Camille et Séraphin l'ont soutenue (Chantal est une Caldoche de chez Caldoche).

[...] Déjeuner au Tumbala avec Séraphin. Pour la énième fois il m'interroge sur le cursus universitaire, puis sur le sujet de ma conférence au centre. « *Savoirs de la tribu, savoirs de l'école, approche ethnographique et didactique*. Tu sais déjà ce que je vais dire... »

**Vous partez quand ?**

En partant, j'achète les *Nouvelles* et du tabac et remonte seul à Tiaoué en écoutant le 1er concerto pour piano de Brahms (Arrau/Giulini). Arrivée en plein cagnard ; je fais les mots fléchés puis croisés des *Nouvelles* assis sur le socle en béton de la statue de la Sainte Vierge, cafard, solitude. Qu'est-ce que je fous là ? Pourtant j'ai du boulot, ma conf, des traductions. Paulo me demande l'heure, allume un petit feu au débouché du chemin. « Pourquoi ? – Faire venir les gendarmes. » Il s'en désintéresse, s'en va, revient, chantonne.

2 h et demie. Je rentre travailler dans le « bureau » en écoutant les sonates pour cello de Brahms par Jacqueline Dupré. Je m'habitue à écrire dans une semi-obscurité.

15 h. Paulo passe : je lui montre le terme *cipété-hî* sur lequel je travaille pour ma conférence. Il me dit simplement : « Ça se dit pas toujours ce mot-clé [*sic*]. » J'interprète cette réponse comme : terme rarement usité...

Je travaille en écoutant la 6e de Beethoven par Carlos Kleiber et Munich. J'attends 4 h pour le thé que Paulo m'avait proposé à 3 !

4 h, il n'y a plus de thé, plus de beurre ! Paulo me propose du café, en fait Nescafé, ou du Milo. Je tords le nez. Il me propose de me faire une tisane avec des herbes. Il sort et revient trois minutes plus tard avec une plante qu'il a joliment nouée et fait infuser à couvert. Je lui demande le nom de la plante. Il ne donne pas de nom mais me dit simplement où elle pousse « juste là où j'ai allumé un petit feu tout à l'heure. Ça calme, tu vas bien dormir, ça fait pisser – C'est important à nos âges de bien pisser ». Suit une conversation à bâtons rompus, au cours de laquelle je dis à Paulo que la Calédonie a bien changé depuis que j'y viens, bientôt vingt ans. Sentencieusement, comme dans une discussion de comptoir, j'aborde les questions *kanakaly correctes* : d'abord la guerre (les « événements »),

puis la paix, maintenant la construction du pays... Paulo opine avec des réserves pour ce qui est de la paix...

MOI, toujours sur le même ton docte : Ça prend du temps, c'est plus vite fait de faire la guerre, la paix ça prend du temps...

PAULO : La guerre en Province Nord, c'est pas fini. Il y a des gens qui envahissent. Nous on surveille d'en haut des montagnes [Qui sont ces Tuniques bleues guettées par les Sioux ?] Les Wallis, ils viennent au village : ils s'installent. Quand ils arrivent on leur dit : « Vous partez quand ? »

Euréka ! Depuis que je viens ici, chaque personne que je rencontre (hormis Séraphin et Camille qui ne me questionnent jamais à ce sujet) me demande, et c'est même souvent les premiers mots que l'on me dit : « Tu pars quand Pierre ? » Quelquefois, je plaisante : « Je suis à peine arrivé que tu veux que je reparte ! » Les gens rigolent mais ne protestent pas. Jamais on ne m'a dit que je ne restais pas assez longtemps. Cela ne voudrait-il pas signifier : « Quand est-ce que nous serons entre nous à la tribu, sans les étrangers, si sympathiques et connus de nous qu'ils soient ? » C'est un peu comme pour le savoir des Blancs : c'est bon, mais pas trop longtemps et le plus loin possible. En somme, les visites de l'étranger, proche comme le Lifou, ou plus éloigné comme le Wallis, ou très éloigné comme le Blanc, constitueraient une parenthèse amicale ou dangereuse dans la vie des Kanak[8].

Seuls les intimes vivent la perspective de mon départ comme un événement triste, en disant quelque chose comme : « Tu t'en vas déjà ! » Jeanne le formule sur un mode grave : « Il n'y a plus que x jours pour profiter de toi. » Anastasie le formulait sur le mode humoristique : « Quand tu reviendras, j'aurai les claquettes à l'envers. » Séraphin, lui, le masque, s'arrange pour ne pas être présent, ni quand j'arrive, ni quand je m'en vais.

### Pédagogie de la frustration

18 h. Séraphin, Camille et Miranda arrivent, tardivement. Miranda entre dans le « salon » et sort son cahier ; elle fait la lecture d'une petite histoire de 10 lignes, lentement, mais en y mettant le ton ; Séraphin me sourit d'un œil entendu. À la fin, au lieu de dire « c'est bien » comme je m'apprêtais à le faire, il lâche sèchement : « C'est tout ? C'est fini ? Tu

8. Jacques, à qui j'ai raconté la chose, conteste mon interprétation du « tu pars quand ? ». Quand il était instituteur à Néami, il fallait au contraire faire une coutume pour demander l'autorisation de partir ! Mais c'était à Néami dans les années 70 et les visites d'étrangers, mêmes proches, étaient rares.

vas aller pour le relire plus vite. Tu mets le ton mais tu ânonnes, allez vite ! » *Shame society* : la petite part sans moufeter.

## Quatrième entretien avec Séraphin : savoirs, légitimité, alliance

Séraphin : « Les instits croyaient que ta conférence était au Centre culturel ici à Koné ; elles allaient toutes venir : il faudra aller à Nouméa, ah ah ah ! »

Il a réfléchi au titre « savoirs de la tribu/savoirs de l'école » et s'interroge sur les différents publics qui peuvent assister à ce genre de conférence : « celui qui sait rien, celui qui croit savoir, celui qui est dedans (lui par ex.) ». Il a foutrement raison. Le problème, c'est que je vais dire les mêmes choses aux trois !

[...] « Le savoir de la tribu et le savoir de l'école... Tu vois l'histoire avec le Sénat coutumier[9]. Il y a deux districts, Bacco et Poindah ; nous on est Baco avec Atéou, Tiaoué. Ceux qui sont ici, ils veulent faire des tas de choses. [...] C'est difficile ! Ils n'ont pas [reçu] une éducation coutumière. Ils sont venus me voir pour que j'assiste à leur réunion. J'ai dit oui, mais j'ai trouvé un prétexte ! Les gens étaient gênés, ils n'ont pas fait la réunion. Tout ce que j'aurais dit c'est que ce que j'ai appris de mes parents, que je n'aurais pas à divulguer dans des assemblées. Dans ce truc, il y a une part de généalogie à faire, c'est pas tabou mais, [...] dévoiler quelque chose du clan, c'est ton identité, ta raison d'être, quand tu parles des terrains, des sentiers... Méréatu c'est un nom attaché à un caillou. Tehin, c'est mon grand-père. Séraphin ça veut rien dire, c'est un archange ; mon petit nom c'est Tehin, c'est Kanaki, [...] Quelqu'un dit : "Pierre Clanché c'est qui ? – Il vient de Bordeaux ; il vient tout le temps chez lui [Séraphin] ; il a une propriété [La Charente]." Ça met en valeur le bonhomme.

---

9. Le Sénat coutumier a été créé en 1999 à la suite de accords de Nouméa. Composé de seize membres représentant les huit aires coutumières, il remplace l'ancien conseil consultatif coutumier. À l'intérieur de chaque aire les districts sollicitent un représentant par tribu. Les groupes locaux ont, entre autres missions, la diffusion de la culture coutumière dans les tribus (j'ai eu l'occasion d'assister à une réunion de ce type à Atéou). Séraphin contacté pour représenter Tiaoué a décliné l'offre... [2012]

[...] Il y a des relations différentes : les relations par le sang et les relations coutumières. Ici, c'est Paici : l'origine des clans Bai et Dui. Ça justifie le truc de la création, Adam et Ève ! Au début Bai et Dui c'est les mêmes, c'est un seul. » Séraphin dessine et me montre :

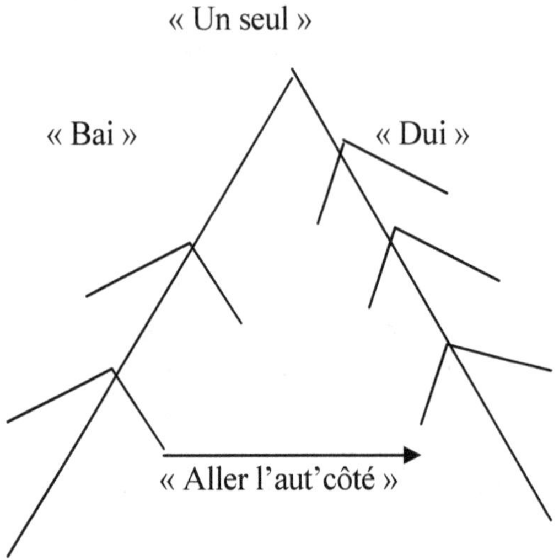


« Pour se marier, il faut aller l'aut'côté, c'est la relation mariage, mais il y a aussi des sous-clans Dui où tu peux pas aller chercher. »

Miranda rentre dans le salon. Elle est venue nous chercher deux fois pour nous dire de venir manger ! Séraphin continue, imperturbable.

[...] Je fais signe que j'ai des crampes dans les doigts à force d'écrire. « Tu prends ton carnet, on va continuer [à table]. »

Arrivés dans la cuisine, Camille nous raconte les rapports de Miranda à la suite de ses venues au « bureau » : « Papa dit qu'il faut pas se marier entre les Dui et les Bai... Papa il fait des dictées de coutume à Caa Bwëé ! »

**Écouter / Connaître / Savoir / Comprendre. *tämägööri* (4)**

La soirée n'est pas finie. Au cours du repas, on revient sur l'article et sa compréhension. Digression sur le fameux *tämägööri* et la distinction entre connaître et savoir.

SÉRAPHIN : Ça dépend des situations ! Par exemple une nouvelle, un décès : *magorï* : il sait, il a déjà entendu. Autre sens : il connaît, c'est un savoir.

MOI : Le mot « vous avez compris » ?

CAMILLE : Ça n'existe pas chez nous « vous avez compris ? ».

SÉRAPHIN : On dit : « T'as bien entendu ? » C'est englober entendre et comprendre. On dit : « Est-ce que tu as entendu, est-ce que tu as bien entendu ? » On dit ça à un enfant, pas à un adulte, c'est le prendre pour un con ! Je vois pourquoi les enfants quand on leur dit « est-ce que tu as compris ? », les enfants, ils sont gênés parce que, dans la langue, ça existe pas. Pour nous « est-ce que ? » c'est trop direct. On s'englobe, on dit : « Est-ce que nous tous, avons très bien compris ce que le grand-père a dit ? » Une fois de plus Séraphin glisse de la situation scolaire à la situation coutumière.

**Marginalia III**

Je suis fatigué. J'en ai déjà assez entendu pour aujourd'hui. Pourtant, avant d'aller « m'allonger un peu », je demande à Séraphin et Camille s'ils ont fini de lire le texte. Camille l'a lu en entier, l'a relu, elle « redécouvre ». Séraphin, lui, a tendance à zapper. Il va chercher le texte, chausse ses lunettes et lit un passage en rigolant :

> « Deux événements viennent "perturber" l'idylle Bougainvilienne de ma vie en tribu et m'introduire dans le familier [...] Voici les deux événements dramatiques en question :
>
> – un événement public : la mort subite de l'ancien maire de la commune, cousin et proche voisin des Méréatu. Cette mort entraînera plusieurs journées de deuil, donc pas d'école, donc de l'information en moins...
>
> – un événement privé : la maman de Séraphin, Adèle, qui habite juste en dessous des Méréatu, de l'autre côté de la rivière, trébuche dans sa case, tombe dans le feu, sa robe mission en mauvais acétate s'embrase, on la transporte à l'hôpital de Nouméa où elle décédera quelques jours plus tard. En attendant Séraphin et Camille feront plusieurs allers-retours à Nouméa en nous laissant sous la protection d'une grand-mère avec une ribambelle de neveux qu'elle amène avec elle : mes interlocuteurs foutent le camp, ils ont d'autres soucis que l'école... ( : 19). »

Premier motif de rigolade : « la maman de Séraphin, Adèle, qui habite juste en dessous des Méréatu, de l'autre côté de la rivière ». Séraphin n'a pas compris pourquoi j'employais les termes « juste en dessous des Méréatu » alors que la grand-mère est elle-même une Méréatu et que la maison touche en fait celle de Séraphin et qu'on l'appelle tout simplement « l'aut'côté ». Il se demande si je n'avais pas compris ça. Bien sûr que j'avais compris, mais le problème était de l'écrire. Je me justifie du point de vue de l'écriture anthropologique : ou bien on décrit avec précision et les lecteurs se lassent, ou bien on ne décrit pas assez et le lecteur ne comprend pas non plus. Donc il faut écrire entre deux : pas tout à fait exact, pas faux non plus. Séraphin en convient.

Deuxième motif : « Cette mort entraînera plusieurs journées de deuil, donc pas d'école, donc de l'information en moins [...] mes interlocuteurs foutent le camp, ils ont d'autres soucis que l'école... » Séraphin a bien compris que mon propos était ironique.

[...] – J'ai pas compris le titre [d'un alinéa] « De Séraphin frère et directeur à Séraphin ami et instituteur ». Je comprends pas pourquoi tu dis que la familiarité vient avant l'amitié. Pour moi on est d'abord ami, puis on entre dans la famille.

– Tu as raison, mais ce qui s'est passé avec toi, c'est l'inverse. D'abord vous m'avez adopté, enfin vous m'avez donné un nom, après nous sommes devenus vraiment amis, on se parle comme des amis, des vrais amis, on se dit ce qu'on pense, par exemple à propos de l'école, de faire l'école, on n'est pas toujours d'accord...

### Les bénéfices de l'alliance en question

Séraphin revient sur un passage sur les bénéfices de l'alliance qu'il lit *in extenso*.

> « Les spécialistes de la culture mélanésienne disent en gros que la richesse et donc le pouvoir d'une personne résident non pas dans la possession de biens matériels mais dans l'extension et la diversité des liens d'alliance (Bensa, Rivierre, 1982 ; Haudricourt, 1964). Certes les bénéfices de l'alliance avec un Européen ne sont pas superposables avec ceux tirés de l'alliance avec un clan éloigné. D'ailleurs Séraphin ne me présente jamais comme Caa Bwëë, les gens concernés l'ont appris par un autre canal. Écartons au passage les arrière-pensées intéressées que, comme d'autres, j'ai rencontrées en d'autres lieux post-coloniaux : celle d'une familiarité à laquelle naïvement on croit et qui, vous attribuant un pouvoir que vous n'avez pas, se termine tristement par une demande de piston.

> Rien de cela dans notre relation. Je crois plutôt que, me donnant un nom, Séraphin se place dans une perspective de rivalité déférente avec son oncle maternel Antoine : l'alliance qu'il noue avec moi sera en quelque sorte le symétrique de celle, ancienne et prestigieuse, d'A. Bensa depuis longtemps frère d'Antoine Goromido. »

– Qui c'est les spécialistes de la culture, les coutumiers ?
J'explique que je fais référence aux gens qui ont écrit sur eux.
– C'est bon, c'est pas des conneries.
Il relit ensuite en riant le passage sur le piston et, d'une voix solennelle, répète : « Rien de cela dans notre relation. » Par contre, il n'est pas du tout d'accord, je m'y attendais un peu, avec ma comparaison Antoine/Alban, et Séraphin/Pierre : « Faut être assez con pour écrire ça ! Ça me fait dresser les cheveux ! » Je tempère et m'explique sur la relation à la fois respectueuse et rivale qu'il entretenait avec son oncle Antoine. Séraphin admet un peu, mais récuse : « Pour moi, c'est pas copier avec l'alliance Antoine/Alban. »

**Parenté et amitié**

Je pousse le bouchon encore plus loin. Nous sommes bien dans une relation d'amitié – Séraphin vient de le montrer en me disant qu'il fallait « être con pour écrire ça ». Je lui demande s'il m'aurait donné un nom s'il n'y avait pas eu auparavant la relation Antoine/Alban. Je lui rappelle au passage que c'est bien lui, Séraphin, qui m'a demandé d'annoncer à Alban le décès d'Antoine et que c'est Alban qui m'a préalablement recommandé auprès de lui. Je sais que ça l'énerve chaque fois que je lui rappelle ce *fait* pourtant indéniable. Il me répond *illico* que cela n'a rien à voir, et qu'il m'aurait fait entrer dans la famille même si rien ne s'était passé entre Antoine et Alban. « T'as dit que je ne te présentais jamais comme Caa Bwëé, mais comme Pierre Clanché, professeur à l'Université de Bordeaux. Mais les gens, ils nous voient ensemble, ils vont finir par dire c'est deux frères ! Ils vont finir par nous attribuer un *terme de relation* sans que nous, on le dise. »

Séraphin continue avec l'épisode du séjour dans les familles. Il apprécie peu mon interprétation qu'il reprend à haute voix en martelant certains passages qui lui déplaisent particulièrement :

> « En fait, je ne mettrai pas longtemps à m'apercevoir que la sélection des cinq enfants que je devais aller observer relevait d'une tout autre logique, que je n'hésite plus à qualifier de coutumière : sur les cinq enfants sélectionnés, quatre étaient en lien familier étroit avec Séraphin ; [...] Le

but de Séraphin était je crois, à l'occasion de ma demande, de tester l'alliance nouvellement conclue en la faisant fonctionner. C'est Séraphin Méréatu du clan Bai de Tiaoué qui construit sa sélection arguant sans doute de sa position professionnelle d'expert en éducation pour justifier ces intrusions violentes bien que consenties dans l'intimité des familles. »

Ce qu'il n'aime pas, mais en rit, c'est l'expression « position professionnelle d'expert en éducation ». Il pense que je suis allé chercher bien loin et que son seul but était de faire fonctionner ce que je demandais. Il ne comprend pas bien pourquoi je parle « d'intrusion violente dont j'ai honte ». Je lui explique que je ne voulais pas bouleverser la vie des enfants et que le fait d'avoir voulu dormir avec eux a été pris au pied de la lettre par les familles : « Aujourd'hui, on m'accuserait à tous les coups de pédophilie ! »

Camille intervient alors pour commenter la suite qu'elle lit à haute voix et dont elle se dit fière – moi aussi :

> « Paradoxalement, ces excursions hors la maison ont contribué à renforcer mon sentiment d'affiliation avec Séraphin et Camille : le simple fait de découcher une ou deux nuits entraîne, lors du retour, une agréable impression de revenir-à-la-maison. Cette dernière a des conséquences positives sur mes attitudes et mon regard : quand je suis dans une famille fût-elle proche, je soigne continuellement ma "présentation de soi", essaie de ne pas être trop culturellement maladroit, trop intrusif, ces efforts mêlés d'angoisse et de culpabilité (qu'est-ce que je viens faire là, de quel droit ?) me contraignent à m'observer en train d'observer, bref m'empêchent d'être tout simplement moi-même. Quand je reviens chez moi ou à l'école, mon lieu quotidien de travail, je me détends, et ça se voit. »

Finalement, c'est ce passage qui nous permet de saisir à tous les trois une progression dans la familiarité. C'est le retour dans la famille qui définit la familiarité et qui me met en meilleure position de « chercheur ».

### Écriture et mémoire

Suit immédiatement l'évocation d'un épisode dont Séraphin et Camille ne se souvenaient même plus :

> « À propos d'une affaire de deuil, elle [mon épouse dont c'est la première venue dans la tribu] va recevoir une belle leçon de parenté et d'alliance : une vieille femme originaire de la tribu vient de mourir à

l'hôpital de Nouméa : sa généalogie est tellement compliquée qu'on ne sait pas bien quel clan doit accueillir sa dépouille. »

C'est moi qui leur rappelle l'affaire : il s'agit de la vieille Reine dont on ne savait plus trop si le corps devait être amené chez les Bai ou chez les Dui, ce qui avait provoqué une tension entre Séraphin et un de ses beaux-frères Silo. Pas peu fier, je vante l'utilité de mes fiches qui suppléent la mémoire kanak défaillante ! La soirée se termine dans une sorte d'euphorie.

## Jeudi 16 juin 2005
## Débuts au Centre Tjibaou

Grande journée pour moi qui commence tristement avec l'annonce de la mort de Carlo Maria Giulini. La conférence est programmée pour 18 h 30. J'arrive au Centre à 18 h. Assistance : 70 personnes environ[10]. Je tiens le temps convenu, une heure et quart. Questions (je n'aime pas ça) ? Grand silence, puis les conneries pleuvent (les Blancs d'abord, les Kanak... après) :

– Pourquoi dire des choses de manière si compliquée ?

– Parce que c'est compliqué.

– Quelles sont vos solutions ?

– Ce n'est pas à moi à donner des solutions. Je cite les propos de Bourdieu : « Je ne peux pas donner les clés de la prison, mais je peux essayer d'en dessiner les plans. »

– Vous voulez foutre la coutume en l'air !

– Vous avez mal compris ou je me suis mal expliqué !

– Qu'est-ce que ça veut dire « folklorisation de la coutume » ? (C'est déjà mieux !)

Quelqu'un vient me faire le coup de l'apprentissage vicariant. Pour le coup, personne n'y comprend rien, mais ça ne fait rien.

Une conférence ici est beaucoup plus risquée qu'une communication dans un colloque scientifique. Personne ne me dit qu'il a appris quelque chose, qu'il se pose de nouvelles questions. Belle leçon d'humilité.

---

10. La publicité de la conférence intitulée « Savoirs de l'école, savoirs de la tribu, approche ethnographique et didactique » avait été organisée de manière très « professionnelle » comme on dit aujourd'hui par les divers services du Centre, par ailleurs très accueillants et chaleureux.

## Samedi 18 juin 2005
## Fête patronale : accueil et entre-soi

[...] Voyage sans histoire jusqu'à Tiaoué. Grand rassemblement autour de « la commune ». C'est la fête patronale ; les femmes sont sapées. C'est l'heure du repas, abondant et pas bon. C'est aussi le jour qu'ont choisi les profs du collège de Koné pour rencontrer les parents d'élèves de la tribu. Cela change de l'attitude épouvantable relevée au moment de Tiaoué VII, il y a 5 ans. L'effet chef d'établissement y est certainement pour quelque chose. Toujours est-il que, suite à un malentendu, ils n'arrivent pas au bon moment. Parmi les profs, je retrouve un des étudiants du master qui avait participé au premier regroupement de Nouméa mais pas celui de la semaine dernière à Poindimié pour des raisons personnelles. Il a une image idyllique de la vie en tribu, très étonné quand je lui parle du stress des familles. Les profs s'en vont, ravis. Ils me demandent comment présenter la coutume d'au revoir. Quand ils sont partis, on passe des « petits gestes » aux *vraies* coutumes de tous côtés : je n'y comprends pas grand-chose et on ne m'explique pas.

À la nuit, nous redescendons à la commune. Les vieilles ont allumé des feux. Elles blaguent, couchées sur les nattes. Elles vont dormir là, rester là demain toute la journée, et encore et encore. Elles sont bien. Aïe aïe aïe l'exotisme !

## Dimanche 19 juin
## Bach et le froid

*J'ai perdu les fiches de cette journée au cours de laquelle nous avons raccompagné Paulo chez lui à Goapin. Je me souviens seulement de deux choses :*

*1. Musique classique. À part les « valses musettes tahitiennes », Séraphin n'aime pas la musique classique occidentale. Les symphonies ? « De la bouillie, ça fait trop de bruit. » Les sonates ? « Toujours pareil. » Dans la voiture du retour, je fais une nouvelle tentative avec les Variations Goldberg par Tatiana Nikolaieva. J'explique le contexte : la commande faite à Bach par un monsieur qui avait des insomnies, le thème énoncé seul, puis les 30 variations sur le thème de base. J'enclenche le* CD. *Écoute silencieuse. Vers la 8ᵉ ou 9ᵉ variation, je ne me souviens plus exactement laquelle, « Hou la la, là, j'ai perdu le thème ! » Il y a bien longtemps que je ne l'avais plus moi-même.*

*2. Toponymie. Sur le même chemin du retour, je remarque un nom de tribu qui ressemble à Tiaoué. Séraphin : « Le vrai nom de Tiaoué c'est Cëwé : gémir à cause du froid*[11]*. »*

## Mardi 21 juin 2005
## Dernière matinée à l'école

Réveil tardif à 7 h.

Ce matin, on travaille sur le son *ou*. La photocopieuse tourne. Séraphin, instituteur à l'ancienne, use de son autorité coutumière, avec des fulgurances modernes (on lui a parlé de Freinet dans l'enseignement catholique). Il a du mal à faire la relation (distinction) manipulation – abstraction ; pour lui la première est la garante de la seconde...

**Affaire de culpabilité**

À la table à côté de celle à laquelle je me suis installé, un petit garçon pleure silencieusement. Il a fait pipi par terre. Je fais discrètement signe à Séraphin. D'un geste, Séraphin l'envoie aux toilettes. Le garçon y va sans rien dire. En fait c'est la petite fille assise à côté qui a fait pipi. Ce sont les autres gosses qui l'accusent bruyamment (encore la *shame society*). Séraphin essaie de traiter le problème avec la petite fille qui commence par nier, puis avoue sous la menace de « le dire au papa ». Il l'envoie dans la classe de Camille ; elle a un short de rechange dans son cartable. Remarque : le premier élève accusé à tort, non seulement n'a pas dénoncé la coupable, mais on ne lui a pas rendu justice.

Récré longue (une demi-heure). Les enfants de la maternelle continuent de construire des édifices en équilibre instable avec cubes, boîtes, bouts de bois... La petite qui avait fait pipi attend dehors sous le préau, s'estimant sans doute punie. Je la fais rentrer avec son cartable, puis ressortir en récréation avec les autres.

11. Après tout, c'est peut-être pour ça qu'on me disait qu'il fait froid dans les tribus ! [2012]

**Dessiner, écrire, décrire**

10 h 50. Séraphin distribue une feuille à chaque élève :

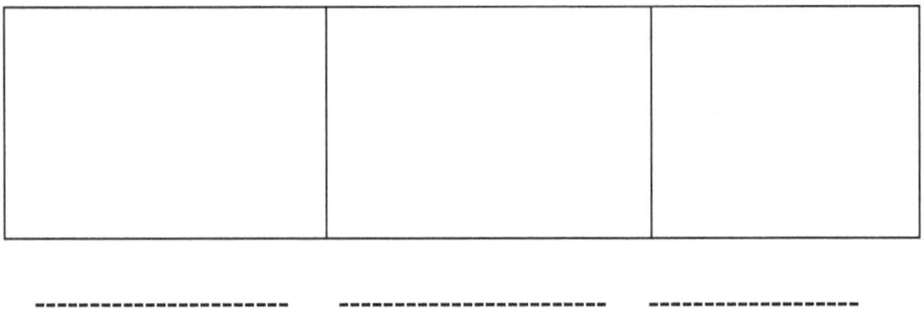

| | | |
|---|---|---|
| | | |

---------------------- ----------------------- -------------------

Consigne : dessiner dans chaque case ce qu'on a fait à la maison : « C'est comme si on raconte, mais on n'écrit pas. On met des numéros aux cases. » Une petite fille n'a pas eu de feuille. C'est son voisin, un garçon, qui demande pour elle. Le problème se pose pour savoir quoi écrire sur les pointillés... référence à la bande dessinée : écrire ce que les personnages disent (le phylactère) ou l'histoire (la légende).

Les enfants s'y mettent avec entrain. Je bosse comme un fou avec eux. Séraphin est enthousiaste : « Il y a de la demande ! » Demande de quoi ?

Je suis K.-O. de travail. Séraphin stoppe l'activité. On passe à un exercice de psychomotricité : marcher dans la classe sans se suivre et sans se toucher. « Au stop, on s'arrête. » Je participe à l'exercice. 11 h : « Il est quelle heure Pierre ? » On passe à un nouvel exercice d'écriture. Je vais pisser. Je reviens. Séraphin est sorti... Je dois faire face à une épidémie de demandes à aller faire pipi. Je laisse les filles sortir une par une en leur disant vite, vite. Aux garçons, je dis de retenir le robinet : ça marche. J'encourage les enfants à la Jacques, en disant à tout propos : « C'est bien, c'est bien. » Le but est de faire deux lignes d'écriture. J'essaie de faire arriver tout le monde au bout. Je suis arrêté par la sonnerie de onze heures et demie. Il n'en restait plus que deux à finir !

## Mercredi 22 juin 2005

Réveil à 4 h et demie : c'est le jour du départ et j'ai des RV à Nouméa. Séraphin se débrouille pour partir avant moi... Je démarre à 6 h.

Tontouta 0 h 20. Suite au prochain Tiaoué, si Tiaoué XI il y a. Eddy m'a bien parlé d'une mission dans les Îles, mais on m'a fait le coup assez de fois pour que je reste sceptique.

# Tiaoué XI, août-septembre 2005

## Un simple week-end à Tiaoué et trois histoires des Îles

*Le projet d'Eddy s'est concrétisé. J'ai été invité officiellement pour animer deux stages de formation dans la Province des Îles, une semaine à Lifou et une semaine à Maré. Une occasion de plus pour faire un tour à Tiaoué. Mon épouse m'accompagne.*

## Vendredi 26 août 2005
## Petit retour à Tiaoué

Dans notre chambre de l'hôtel Nouvata. Il est 10 h 10, Marie-France dort. Voyage sans histoires par Osaka. Arrivée à Nouméa à minuit. C'était la première fois qu'on arrivait si tard. J'ai bien dormi et me suis réveillé à 9 h. Il me tarde de monter à Tiaoué, à Nouméa je me sens toujours en transit. J'ai intitulé ce cahier Tiaoué XI. Pourquoi Tiaoué ? En fait, je n'y serai que peu, un petit week-end. Mais après tout ma mission de formation à Lifou et Maré concoctée par Eddy est un prétexte de plus pour revoir les Méréatu.

Le journal proprement dit s'arrête là. Nous sommes restés très peu à Tiaoué, jusqu'au dimanche matin. Marie-France était fatiguée et l'inconfort de la literie n'a pas arrangé son dos. Nadia a peu parlé, nous a juste dit qu'elle commençait à envoyer des CV[1]. Nous avons passé le

1. Nadia avait obtenu sa licence en juin et était rentrée aussitôt à la tribu après deux trop longues années pour elle.

samedi au congrès de l'USTKE à Baco sonorisé par Séraphin... Par la suite, il n'y a que des notes éparses concernant les cours à Lifou puis à Maré. J'étais trop fatigué en fin de journée pour tenir un véritable journal.

Je me suis contenté de retranscrire quelques événements d'un intérêt dépassant le strict boulot... À Lifou, nous avons passé deux très belles soirées souvenir : une chez Pierre, lieu de mon premier séjour en tribu en 1987, l'autre chez le diacre de Dokine chez qui nous avons séjourné une semaine avec son neveu Joël.

## Mercredi 31 août 2005
## Lifou : la *vraie* mort d'Ataï

La journée est consacrée au thème : savoir local, savoir académique. Je demande aux stagiaires de me donner des exemples...

L'un d'eux, Michael, originaire de La Réunion, instituteur à Thio, raconte les faits suivants : durant l'année, il fait une « recherche » avec ses élèves sur la révolte d'Ataï : recherche de documents, de témoignages, d'images, etc. Les élèves sont passionnés. Le maître organise une petite exposition que les familles sont invitées à visiter. Le lundi qui suit, un élève dit que son grand-père avait trouvé l'expo très intéressante mais lui avait dit que la mort de Ataï tué par les Canala, c'était « l'histoire des Blancs », et que la « vraie histoire » c'est que c'étaient les Blancs qui avaient tué Ataï.

Les stagiaires (pas moi !) demandent à Michael ce qu'il a répondu. Michael dit qu'il n'a pas su quoi répondre. Ce qui est à mes yeux la réponse la plus intelligente qu'on puisse faire.

## Mercredi 7 septembre 2005
## Maré : histoires d'*s* et de sépulture

### Le triple effet Topaze (3)

À propos de l'effet Topaze, je raconte l'anecdote de César pensant faire mon petit effet. Ça tombe un peu à plat : l'histoire est connue. Un stagiaire m'en donne une autre version. Le début est le même, mais la variante est croustillante : l'élève appliqué – sensible au contrat dirait Bernard Sarrazy – rajoute un *s* chaque fois que le maître répète « moutonss ». Au bout d'un certain temps, le maître passe dans le dos de l'élève qui collectionne les *s*, lui tire l'oreille : « Eh, chez les Kanak on partage un peu les *s*, donnes-en à celui qui n'en a pas ! »

**École et cimetière (2)**

[...] Eddy me conduit à une petite école : le bâtiment lui-même est situé en retrait de la route. Entre route et bâtiments, un vaste espace herbeux fait office de cour de récréation. De la voiture qui me précède, Eddy me fait signe d'avancer pour me garer près des classes, ce que je fais prudemment en évitant des sortes de tumulus en forme de calottes circulaires de 80 centimètres de hauteur à peu près, et de 2 à 3 mètres de diamètre. Je m'arrête enfin et sors de la voiture. Eddy, souriant, attend ma réaction. « C'est des tombes ? – Oui, je ne t'avais pas raconté de blagues. – Et les gamins ? – Ils jouent au foot comme si de rien n'était. – Et les vieux ? – Ils ne disent rien. »

## Lundi 12 septembre 2005

Tontouta. J'aurais bien aimé remonter à Tiaoué pour le week-end, mais Marie-France, non. Comme elle nous l'avait promis, Nadia nous attend avec une coutume à l'embarquement.

# TIAOUÉ XII, JUIN 2007
# COMME UN PRESSENTIMENT

« L'enfant aussi, quand tu es avec lui et que tu n'es pas "avec lui", il sent, il sait, il voit et il entend. »
Séraphin

*Un petit problème de santé a fait que je n'ai pu revenir à Tiaoué plus tôt, comme c'était prévu. Sinon, la formule est la même que pour les Tiaoué IX et X, sauf que cette fois je dois rester un peu plus longtemps à Nouméa pour travailler avec Eddy sur sa thèse et un projet de colloque.*

## Vendredi 8 juin 2007
## Politicocotiers

[...] Nouméa centre, kiosque des Cocotiers : meeting de Charles Wachetine FLNKS pour les législatives[1]. Petite assistance, mais les gens sont loin. Certains, on dirait, se cachent pour entendre, ou tournent le dos. Pour entendre comme pour se parler, pas besoin d'être près, au contraire on se tient à distance, on s'espace.

« Avec les accords de Nouméa, le peuple kanak a fait le choix de s'unir aux "autres" [...] Non au communautarisme ! » Ça fait plaisir d'entendre cette lucidité face aux dangers de ce que j'appelle le *culturalisme*... Le discours dénonce les attaques contre le non-décollage des Provinces Nord et Îles, dirigées par les Indépendantistes : les difficultés de

1. Nous sommes au lendemain de l'élection de N. Sarkozy. [2012]

ces provinces sont liées au statut colonial de Nouméa. Il revient sur les railleries à propos du Vanuatu : « Ils ont été nos fers de lance. »

## Samedi 9 juin 2007

Ma chambre au 9e étage sur la mer orientée au sud : la vraie couleur de la mer à Nouméa n'est pas le bleu du plein soleil, ce bleu vulgaire, mais le gris ardoise.

Repas chez Jacques et Saripa, ravis de leur séjour au Vanuatu ; Jacques y a pensé à moi, voudrait que nous y allions ensemble : les Vanuatais sont des Kanak comme il les aime. [Jacques est] assez désabusé sur la politique, effaré par la façon dont est gobé le libéralisme de Sarkozy, désabusé aussi par la politique locale : les dirigeants de l'USTKE qui font fortune et se présentent contre le FLNKS ; les Blancs qui se disent eux-mêmes « gavés de fric » !

## Dimanche 10 juin 2007

Résultats des élections législatives locales à la télé : toujours les mêmes tronches ; la pauvreté du débat est affligeante, la médiocrité des candidats de droite est insondable... Tout cela est minable et fait frémir ; tout le monde se fout de 1984, 88, 98. On va où là comme dirait Jacques ?

## Mardi 12 juin 2007
## Retour à Tiaoué (9) => p. 295

Eddy n'en finit pas de ne pas me laisser partir. Enfin il me lâche après un café au faré. J'ai Camille au téléphone : bonne voix qui me rassure. Arrêt traditionnel au péage (Sao/Coca light) : l'autre pays commence *là* : les Kanak n'ont plus la même tête, la même démarche, la même façon de s'interpeller : y aurait-il un habitus [kanak] hors Nouméa ?

Bourail. On m'interpelle : « Eh Alban ! » C'est Chantal la directrice de l'Immaculée. « Non c'est pas Alban ! – Ah, c'est le copain de Séraphin, Pierre. On savait que tu étais là. Tu montes à Koné ? »

**Camille « branchée »**

Ça y est, je suis « chez moi », sentiment un peu bébête mais qui me saisit *subito*. Je continue doucement la route et, *exprès*, j'arrive directement à Tiaoué pour voir Camille seule en me demandant si ce n'est pas mon dernier *Tiaoué*. Camille sort de la maison, cheveux courts, le visage barré par un masque à oxygène (deux petits bouts de tuyau dans les narines accrochés à un collier de tuyau nylon passant sur les lèvres supérieures) qui ne cache pas son sourire éblouissant[2]. Je croyais devoir être encore plus ému. C'est ce sourire qui me désarme. On s'assoit sous les tôles.

Camille est *branchée* depuis deux ans au gros appareil électrique installé dans la maison du fond, le *bureau* de Séraphin transformé en chambre à coucher. Elle a une vingtaine de mètres d'autonomie !

**Miracle**

Camille me raconte alors *le miracle* : « Grâce aux prières des enfants de l'école. Je ne sais pas si tu vas me croire... » Camille était à l'hôpital à Nouméa depuis plusieurs semaines, Séraphin à son chevet. À un moment, elle s'est sentie très mal : « j'ai compris que j'allais mourir ». Elle a fait signe à Séraphin pour lui dire d'appeler un prêtre. L'aumônier de l'hôpital est arrivé et, au moment où il commençait à lui donner l'extrême-onction, elle a senti que la vie revenait...

Je souris et ne réponds rien, je ne réponds rien car il n'y avait rien à répondre, rien auquel je crus ou ne crus pas, sinon que Camille était en vie alors qu'elle aurait dû être morte. D'ailleurs Camille ne questionne pas ma croyance ou ma non-croyance. Elle n'en rajoute pas avec des explications mystiques. Tiaoué reste toujours un autre monde.

**Vocation**

Sur ces entrefaites, comme on dit dans la sous-littérature, Séraphin arrive de l'école avec Miranda grandie et embellie.

Comme d'habitude à mon arrivée, on va *discuter au salon*. Séraphin me fait un numéro extraordinaire de rationalisations enchevêtrées comme

2. Camille a toujours eu de gros problèmes respiratoires dont elle parlait peu. Les choses ont empiré depuis mon dernier séjour. C'est Miranda qui m'a dit au téléphone que sa maman était « branchée » quand j'ai demandé des nouvelles de la famille en arrivant à Nouméa. [2012]

dirait Alban. Je commence par le lancer sur sa méthode de lecture/calcul. Il répond en parlant des transferts d'enfants de l'école publique vers l'école privée en cours d'année scolaire. Au lieu de se réjouir du succès de son école (l'Immaculée a été obligée de dédoubler le CP !), en bon Kanak (coutumier ? chef de clan ?) Séraphin s'en inquiète : c'est le signe de mauvaises relations entre les enseignants, et entre enseignants et parents.

Puis il me parle de sa passion : la musique. C'est le Séraphin technicien, technophile, perfectionniste. Il va passer de l'analogique au digital pour avoir une plus grande précision dans la gestion du son. Il va une fois par mois suivre des cours payants à Nouméa avec un ingénieur du son espagnol. Moi, un peu flatteur : « Tu en sais autant que lui – C'est pour apprendre la théorie, l'impédance et tout ce bordel ! » Miranda prend aussi des cours à l'école de musique de Koné : elle commence à savoir lire les notes. Séraphin l'envie.

[...] C'est la nuit (6 h et demie) : repas en tête à tête avec Séraphin à base de riz complètement sec ; peu importe. Je vis alors un très rare moment, plus que d'intimité, de confiance totale. Pourquoi se livre-t-il si nuement à moi ? Il doit savoir – et pour cela il est très fort – que je peux entendre ce qu'il va me dire.

Il commence par me re-raconter le miracle dans les mêmes termes que Camille, puis il crache le gros morceau : son projet de devenir diacre, « non pas curé non, hou la la ! » ni remplacer le catéchiste, ça il sait déjà le faire : c'est lui qui se tape les enterrements quand le père n'est pas disponible ; mais il veut animer, *servir*. Il a fini sa carrière professionnelle ; il a de l'argent ; il va être disponible. Il a reçu de la religion une grande force intérieure (il me montre sa poitrine nue, bouclée) et veut la rendre, en faire profiter les autres.

Il insiste sur la distinction intérieur/extérieur : ce qui vient de l'extérieur ce sont les circonstances de la vie, la culture, le métier, l'argent : ça on peut le rendre facilement ; mais ce qui vient de l'intérieur (il fait le geste de presser et d'ouvrir les côtes) c'est ce que lui a donné la religion et qu'il veut rendre. [...] Il n'y a dans le discours de Séraphin aucune présence de dolorisme ou d'oblation, encore moins d'une quelconque faute à racheter.

Séraphin revient sur la force de la religion en citant de la manière la plus explicite (Ah si j'avais un magnétophone ouvert !) l'épisode de Moïse et du buisson-ardent[3].

---

3. « Moïse faisait paître le troupeau de son beau-père Jéthro, prêtre de Madiân. Il mena le troupeau au-delà du désert et parvint à la montagne de Dieu, à l'Horeb. 2 L'ange du Seigneur lui apparut dans une flamme de feu, du milieu du buisson. Il regarda : le buisson était en feu et le buisson n'était pas dévoré. 3 Moïse dit : "Je

Il mélange une théologie de haut niveau : la relation extérieur/intérieur, le buisson qui ne se consume pas, la force de la parole ; et une religiosité désuète : l'enfer, les âmes du purgatoire, la force de l'eau bénite.

Il a déjà parlé de son projet au père Wagner (le vieux curé de Koné, paternaliste et pas très malin) qui a été évasif, verra plus tard, a promis de répondre sans répondre alors Séraphin attend une réponse. Je lui dis qu'il peut s'adresser à d'autres prêtres, pourquoi pas l'évêque ou le père Apikaoua : « Ah oui, celui-là je le connais, il est super. »

J'aborde alors le sujet de la coutume : *la coutume ne lui suffit plus* (par rapport à la religion). Il rend hommage à son père, ses secrets médicaux, sa théorie sur le cancer – que je connaissais déjà, maintenant il veut laisser faire des gens plus jeunes qui savent.

– Et ta succession dans le clan ?

– [évasif] On est en bout de course...

– Et par rapport aux Bai ?

– Les Méréatu sont ceux qui disent qu'ils ont été accueillis [les premiers ?]. On est la branche la plus archaïque. Mon grand-père était anthropophage. On a la valise magique. C'est une connerie de dire que la valise vient de la religion. Y en avait bien avant.

Je vais dormir épuisé, angoissé ; je ne suis pas au bout de Tiaoué, de sa familière altérité. Comment exercer correctement l'interprétation ? Je vais devoir me faire à un nouvel inconfort.

*Depuis, Séraphin a effectivement entrepris une formation de diacre de l'Église catholique. Les propos qu'il m'a alors tenus sur la différence entre religion et coutume mettent à mal, pour ne pas dire plus, mes « interprétations » répétées de la religion comme forme laïcisée ou apaisée de la coutume. Séraphin m'a sévèrement rabroué quand je comparais les deux. Alors,* misunderstanding *de première ? Oui et non. Comme toujours*

---

vais faire un détour pour voir cette grande vision : pourquoi le buisson ne brûle-t-il pas ?" 4 Le Seigneur vit qu'il avait fait un détour pour voir, et Dieu l'appela du milieu du buisson : "Moïse ! Moïse !" Il dit : "Me voici !" 5 Il dit : "N'approche pas d'ici ! Retire tes sandales de tes pieds, car le lieu où tu te tiens est une terre sainte." 6 Il dit : "Je suis le Dieu de ton père, Dieu d'Abraham, Dieu d'Isaac, Dieu de Jacob." Moïse se voila la face, car il craignait de regarder Dieu.7 Le Seigneur dit : "J'ai vu la misère de mon peuple en Égypte et je l'ai entendu crier sous les coups de ses chefs de corvée. Oui, je connais ses souffrances." 8 Je suis descendu pour le délivrer de la main des Égyptiens et le faire monter de ce pays vers un bon et vaste pays, vers un pays ruisselant de lait et de miel, vers le lieu du Cananéen, du Hittite, de l'Amorite, du Perizzite, du Hivvite et du Jébusite. 9 Et maintenant, puisque le cri des fils d'Israël est venu jusqu'à moi, puisque j'ai vu le poids que les Égyptiens font peser sur eux, 10 Va, maintenant ; je t'envoie vers le Pharaon, fais sortir d'Égypte mon peuple, les fils d'Israël », *Exode*, 3, 1-15 trad. T.O.B.

*quand on s'intéresse au monde kanak, les choses se compliquent au fur et à mesure qu'on s'en approche. Il convient je pense de distinguer les usages sociaux de la religion et ce qui relève de la croyance intime ou, plus exactement, de la foi. Le moins que l'on puisse dire est que les anthropologues, à l'instar des sociologues de la religion, ne se sont guère embarrassés de cette question. Dans* Le cru et le su, *J. Pouillon, après avoir cité Evans-Pritchard « [...] les anthropologues, dans leur majorité, sont indifférents sinon hostiles à la religion », avance pour son propre compte : « Un ethnologue n'adhère pas aux idéologies de la société qu'il étudie – à supposer que cela lui arrive, ce n'est pas d'entrée de jeu – et il n'a pas non plus à s'en détacher puisque par position elles lui sont étrangères ; il commence par ne rien y comprendre et ne voit pas les raisons de leur emprise. » J'ai choisi de ne pas tomber dans ce laïcisme anthropologique, intenable dans ma relation avec Camille et Séraphin*[4].

## Mercredi 13 juin 2007
## L'école, le champ, la maison

École de l'Immaculée, CP. J'arrive un peu en retard. Repérage du son *ou*. Séraphin encourage la nouvelle, Océane, transfuge du public qui a toujours un temps de retard. Très important et, je crois, nouveau : quand un enfant répond juste après avoir rencontré une petite difficulté, Séraphin dit : « c'est bien, allez, on frappe dans les mains ! »

À un enfant qui n'a pas bien suivi la consigne : « La maman poule a fait caca dans les oreilles à lui, c'est pour ça qu'il entend pas bien ! »

Séance de soustraction. Séraphin a trouvé une nouvelle astuce pour le comptage : mettre les étiquettes nombres dans l'ordre vertical descendant : 10, 9, 8, 7... au lieu de : 1, 2, 3, 4..., comme avant. « Qu'est-ce qu'on est cons ! Les enfants sont logiques. C'est une question d'espace... »

Après-midi. Séraphin m'amène à faire un tour à « La Charente ». On dit bonjour aux trois chevaux (père, mère, fille), les « mecs » comme dit Séraphin. Visite à Jeanne qui me parle longuement de Nadia et ses

4. À ma connaissance, un seul anthropologue a traité sérieusement la question, Rodney Needham dans *Belief, language and experience*, Basil Blackwell, Oxford, 1972 assorti d'un incipit suggestif, « To the memory of Lucien Lévy-Brhul (1857-1938) and of Ludwig Wittgenstein (1889-1951) » ! L'ouvrage est quelquefois cité, jamais commenté. J'en ai entrepris la difficile traduction, par petits bouts... [2012]

deux papas, Séraphin et moi ! Nouveau repas en tête à tête avec Séraphin. Il me pose les sempiternelles questions sur les diplômes universitaires, la thèse d'Eddy, ses hypothèses.

Au « salon » devant la télé, j'apprends la crapette à Miranda (je lui ai apporté deux jeux de patience). Je donne le projet de congrès à lire à Séraphin : il commence à le faire très attentivement, ce qui n'est pas son habitude quand je lui montre quelque chose... Du coup, je lui annonce une interview magnétophone pour demain.

## Jeudi 14 juin 2007
## Méthodologie

Réveil 6 h. Petit déjeuner. Séraphin reparle de sa méthode. Sa « méthodologie » : souligner, compter les carreaux ; pour souligner, on commence par marquer deux points et on les relie.

– On commence par donner des repères ; après ils disparaissent. On est obligé de passer par le matériel pour passer à l'abstraction. Après je vais vite.

– Qu'est-ce que tu veux dire quand tu dis « je vais vite » ? Un enfant ne peut pas lire vite.

– Pour eux c'est pas la même vitesse. Chacun a sa vitesse.

– Chez toi c'est la vitesse de mise en action qui compte. Ta méthode, elle est où ?

– Dans ma tête[5].

Il rit, on part à l'école. Je suis assis à côté de Zidane (redoublant, famille très pauvre, vient de perdre sa maman, son papa vit de la pêche et des « feuilles »). Je l'aide comme je peux ; il accepte après que je l'ai aidé à écrire son prénom sur son poignet au stylo à bille.

Repérage du point dans le plan. Quand Séraphin va au tableau, on a l'impression qu'il réfléchit avant d'écrire. Je ne dois pas me demander s'il réfléchit : il ne *sait* pas encore ce qu'il va écrire avant de l'écrire. Il est dans la temporalité de son projet didactique, c'est tout. C'est pas idiot ce que je dis là : il y a quelques années je n'aurais pas dis ça... L'important

5. Depuis qu'il est à la retraite, Séraphin a été officiellement sollicité par la DEC pour former à sa méthode les futurs maîtres de l'enseignement catholique. [2012]

n'est pas d'essayer de *voir* ce que les enfants comprennent, mais de voir ce qu'ils *font* après ce qu'ils ont fait, et avant ce qu'ils vont faire après !

J'essaie de suivre Zidane. Séraphin me demande l'heure : 10 h 50... Pour la méthode Séraphin, les demi-journées sont trop longues.

Repas plateau sous le préau. Les repas arrivent de Bourail par camion frigorifique ! On est loin du temps où les gens de Néami venaient vendre les taros et les ignames derrière la cuisine, pour « préparer l'indépendance ».

Pour son départ à la retraite, l'année prochaine, Séraphin ne veut pas de fête, coutume « tout le bordel », ce qu'il fait lui-même depuis des années pour les autres... Il veut être nommé ailleurs, d'ailleurs il va « demander sa mutation pour éviter ça ». Je lui dis que c'est par manque de modestie : « Tu n'as pas le droit de refuser aux autres le plaisir que tu as toi de vanter leurs mérites... »

[...] Je remonte à Tiaoué fatigué, juste le temps de l'opus 110 de Beethoven par Tatiana Nikolaïevka. Camille m'attend en lisant le « projet[6] » ; Eddy a téléphoné pour dire qu'il – le projet – avait été diffusé auprès du sénat coutumier. Longue sieste jusqu'à 15 h ! J'écris sous les tôles : il y avait longtemps que je n'avais pas travaillé là.

Fin d'après-midi paisible avec Camille dans la cuisine. Elle me montre ce cahier, *Tiaoué XII*, et me rappelle les premiers cahiers et les fiches bristol que je sortais à tout moment, en 94. Nostalgie.

Dîner en tête à tête avec Séraphin. J'accepte pour une fois de boire le vin qu'il me propose parce qu'il est dans une bouteille et non pas dans un carton... et que c'est – apparemment – du vin espagnol « *Romero* » ! Il n'est « pas trop dégueulasse » à mon avis. Séraphin est rassuré ; du coup, il me demande des informations sur le « goût du vin » et pose la question cruciale : « Qu'est-ce qu'un "bon vin" ? » J'essaie de répondre tant bien que mal. Je n'ai jamais posé la question : « Qu'est-ce qu'un bon igname ? » Et pourtant...

6. Il s'agissait de vendre un projet de colloque, international s'il vous plaît, dont j'avais eu l'idée en décembre 2004 (à l'époque de Tiaoué IX) après avoir consulté des documents au Centre Tjibaou et que j'intitulai bravement : « Scientific and technologic knowledge's transmission in everyday live and in schooling in Southern Pacific Countries ». Je trouvais que ça avait de la gueule. J'en ai discuté, affiné le projet, constitué un comité scientifique légitime du point de vue scientifique, et un comité d'organisation local au moment de Tiaoué X en juin 2005.

# Vendredi 15 juin 2007
# Dans la famille et à l'école et *vice versa*

6 h. Tout le monde dort dans la maison... 7 h et quart, Séraphin est à la bourre ; il n'a toujours pas de montre. Il descend rapido à l'école ; je le suis quelques minutes plus tard avec Miranda. Nous arrivons à l'école à 32[7]. Je rentre dans la classe : Séraphin n'est pas là ! Je fais une petite séance de : « Voici ma main, elle a cinq doigts ». Séraphin arrive : il a rencontré quelqu'un en arrivant à Koné et a pensé que je prendrais la classe...

Leçon de lecture : repérage des sons *ou* à l'intérieur d'un mot. Je m'ennuie : Séraphin est un trop bon instituteur. Il contrôle toutes les situations. Il vient me parler, me dit que, de la part des enfants, « il apprécie (Séraphin ne dit pas *évalue*) : tout est un effort, un travail. » (Camille et le Caldoche FN *in* Tiaoué X).

Je suis fatigué, je sors, j'ai un peu mal au bide : trouille d'une crise de coliques néphrétiques[8]. Je vais faire le plein d'essence au Mobil. Expresso au bar du Monitel. Retour à l'école.

– Il est quelle heure Pierre ?

– Dix heures et demie.

– On a encore une heure ?

Séraphin me demande de trouver une idée pour leur faire écrire des textes de manière vivante. Il faut que j'improvise quelque chose... J'ai une idée de correspondance improvisée : on invente le début d'une histoire qu'on va envoyer au CP dédoublé (de l'autre côté du mur) et on leur demande de continuer l'histoire. Séraphin est d'accord. Fin de la matinée. Repas sous le préau, café chez Nadia[9] et... au lieu de remonter à Tiaoué faire la sieste comme je l'espérais, je tiens seul la classe pendant une heure et demie (Séraphin est parti voir pour acheter une imprimante laser – la sienne est en rideau). Texte collectif :

Le petit cheval

Le petit cheval court à côté de sa maman. Il s'arrête pour manger de l'herbe et boire de l'eau. La maman continue et le petit cheval se perd. Sa maman s'inquiète. Suite lundi.

---

7. La classe commence à 7 h 30. [2012]
8. J'ai eu deux crises rapprochées juste avant mon départ en Nouvelle-Calédonie.
9. Nadia a une profession en relation avec la licence obtenue à Bordeaux, elle loge dans un petit studio moderne à deux pas de l'école. [2012]

Chaque enfant recopie le texte, le met dans une enveloppe et l'adresse à un des élèves de la classe d'à côté. J'improvise une boîte aux lettres. Il faut deux facteurs : un garçon et une fille. Les filles désignent l'une d'elles, un garçon s'autoproclame. Les deux vont dans la classe d'à côté. Séraphin n'est toujours pas là ! J'improvise une partie de greli-grelo à 11... Ça marche relativement bien : on arrive juste à dépasser le stade initial de la devinette pour arriver à la soustraction[10].

Récré [...] Séraphin arrive au moment de la rentrée en classe. Ouf ! Je remonte à Tiaoué : il faut exactement 25 minutes en roulant normalement (le temps du 2e mouvement de la 5e symphonie de Chostakovitch). Sieste jusqu'à 4 h. Eau chaude avec Camille : je lui dis que je crois que Nadia voudrait que j'aille manger chez elle, mais je ne sais pas comment m'y prendre.

Camille : « Oui, elle me dit : "Quand est-ce qu'il vient Caa Bwëé ?" Tu peux arriver quand tu veux comme un papa chez sa fille. Elle parle souvent de vous, Antoine, les petits, Émile, lui manquent[11]. »

Il est 5 h. « Tu as l'air bien reposé Caa Bwëé. » Camille a toujours bien vu si j'étais tendu ou détendu. Au bout de quelques jours de *Tiaoué*, je suis moins à me poser la question qu'est-ce que je fais là de nouveau, d'utile ? Qu'est-ce que je pourrais retirer pour ma recherche ? À me regarder penser, à essayer de mettre de l'ordre dans mon bordel de valises (plus j'essaie de ranger, moins je m'y retrouve). Au moment de Tiaoué I, je disais : « ma maison c'est mes poches ». Cette fois, j'ai intégré les nouveaux espaces – ils se sont un peu déplacés depuis la maladie de Camille : Séraphin, elle et Miranda dorment maintenant dans l'ancien bureau (ordi, matériel de musique), la pièce télé/salon est réinvestie par Camille – on s'y tient essentiellement par terre, moi sur un vieux fauteuil en rotin délabré dont les pointes me piquent régulièrement le cul au plus grand rire de mes hôtes ; alors que la cuisine qui était le centre de la vie familiale, est redevenue salle de repas – c'est dire qu'elle sert moins qu'avant. Du coup cette cuisine me sert maintenant de bureau. C'est devenu le *seul* endroit où je dispose d'un espace plan suffisant et d'un siège, non pas confortable ce serait un bien grand mot, mais solide, le banc. À la cuisine, je ne suis pas *seul*, mais je peux y être *seul* pour écrire.

*Je m'étais habitué depuis longtemps aux modifications de l'espace externe, l'emplacement des tôles dans le « jardin » ; avec ces modifications internes intra muros, je me rends compte de la grande flexibilité des espaces domestiques ; ce sont les circonstances qui commandent*

10. Sur le jeu de greli-grelo, voir *infra*, Tiaoué X. [2012]
11. Mes enfants et petits-enfants qu'elle a connus à Bordeaux. [2012]

*provisoirement l'usage des surfaces. Même sur place, les Kanak sont nomades. On pourrait en dire autant de l'usage des quelques meubles, ou faisant office. J'ai longtemps déploré l'absence de meubles de rangement, armoire ou penderie. À quoi bon vu le vestiaire uniforme et l'absence de changements de saison ?*

Ce soir – c'est la première fois depuis mon arrivée – Camille fait un peu de cuisine ; ça sent bon l'oignon : omelette ? Les chiens ont bouffé la margarine qui avait dû être mal rangée. Je vais chercher le magnétophone et propose une interview à Séraphin : c'est parti.

## Quatrième entretien avec Séraphin

Je pose le magnétophone – un petit Sony à quatre sous – au milieu de la table sur la toile cirée entre Séraphin et moi. Je fais un essai « 1, 2, 3, 4 » et le mets en route pour de bon. C'est Séraphin qui commence « Tiaoué, le 14 mai 2007 ». Séraphin parle du premier tour des élections législatives... On entend un chat qui miaule, Camille qui parle en langue en préparant le repas et s'énerve après Séraphin parce que le véritable entretien ne démarre pas.

– Mais attends, mais lui il est en train de réfléchir, il a pas la tête encore pour boire de l'eau chaude, attends, attends [...] Maintenant ça y est ça va.

Je sifflote.

– Quand je le vois siffler là, ça veut dire que là...

Je rigole en continuant à siffloter. Séraphin se met à chanter : ...

– Qu'est-ce qu'il est embêtant ce chat ! [On chasse le chat] Oui Pierre ?

**Papa et/ou instituteur**

– Bon, c'est toujours la même question qui me préoccupe : les relations que tu fais entre la façon dont un papa apprend dans les familles, et puis ce que tu fais à l'école, ta méthode ; est-ce que c'est pareil, différent ? Est-ce que tu peux donner des exemples ?

– [7''] Hm, c'est pas pareil. Premièrement parce que, à l'école les enfants sont disposés d'une certaine manière : ils sont dans un local, la situation n'est pas la même, tandis qu'ici, y a pas une école proprement dite, y a pas un moment où tu dis à l'enfant « assieds-toi là, je vais te dire quelque chose ». Voilà, non, ça c'est la première des choses. Quand mon père il était là, il m'a pas appris la coutume ; il m'a dit écoute, regarde, c'est tout. Ce qui est sûr c'est que, ici quand on parle à un enfant, quand on lui dit quelque chose, il s'arrête, il t'écoute.

– Toujours ?

– J'exige quand je m'adresse à un enfant qu'il s'arrête, même si il ne me regarde pas. Il baisse la tête et il m'écoute. Il écoute d'abord les consignes et il part ensuite. Aujourd'hui, la plupart des enfants quand tu leur dis quelque chose, ils écoutent en jouant, en marchant, ce qui pour moi n'est pas une bonne chose...

– Me fais pas le discours des vieux en disant que maintenant les gens sont plus comme avant.

– Non non, jusqu'à maintenant moi, voilà ce que je fais... Je reviens à la question de tout à l'heure, non ce n'est pas la même chose ici et là-bas. Ici c'est un autre cadre...

– C'est vrai l'école c'est un autre cadre : les enfants sont là, ils sont obligés. Comment toi est-ce que tu essaies de reconstruire les conditions qui pourraient ressembler à la façon dont tu enseignes, dont on enseigne, les choses de tous les jours, la politesse, mais aussi des savoirs sur la nature, sur les objets, sur les animaux ou sur la parenté, enfin...

– Comment est-ce que j'essaierais de le faire ?

– Oui, à l'école.

– C'est plus difficile parce que le public qu'on a à l'école, ça vient de différentes ethnies. On a les Européens, y a les Indonésiens, y en a qui sont métissés. C'est compliqué, dans le comportement dans tout ce qu'on entreprend, etc. T'as dû le voir, l'instit doit être comédien, y a des moments où tu fais le drôle, d'autres le sérieux, mais, être comique, c'est pas possible. Faut trouver le juste milieu, mais, quand il y a un enfant qui a réussi quelque chose, il faut à tout prix que tu saches, je dis pas faire des éloges, pas le mettre en valeur, mais le féliciter.

– Pourtant c'est quelque chose qui ne se fait pas en tribu ça.

– Si, ça se fait en tribu.

– Mais on le voit pas !

– On le voit pas, maintenant c'est dans la manière de dire, dans la manière de s'exprimer. Je dirai par exemple : [voix très douce] « Ahou ! Viens ici mon petit, viens ici mon papa, viens ici mon grand-père, Ahou viens ici ! » Oui !

– Mais ça nous on le voit pas, de l'extérieur. Y a que l'enfant qui le voit.

– Oui ! Oui parce que quand tu vois ce qu'on fait avec moi, y a un courant, invisible [à ce moment-là, je dois faire la moue] Si, si, il y a un courant invisible qui se transmet entre toi et l'enfant, et l'enfant le ressent.

Tu vois par exemple un cheval, tu sais quand on regarde, il sait, il sent je dirais pas une attraction mais un courant invisible qui passe entre toi et l'individu... L'enfant sait. Et l'enfant aussi sent quand tu es avec lui, quand tu n'es pas avec lui, il sent, il sait, il voit et il entend. Ce sont quatre aspects... Il y a un fluide.

[...] – Quand je t'ai posé la question des savoirs particuliers, tu m'as répondu, très justement : « Y a différentes ethnies. » Mais, en tant qu'instituteur, tu es en charge aussi de donner une espèce de culture commune à ces gens-là, même s'ils sont pas tous de Tiaoué, même le petit Européen il a le droit de savoir des choses sur la forêt sur un truc, même le petit Viet, même si c'est pas quelqu'un de ton clan.

– Hm (mi-compréhensif, mi-interrogatif).

– Je sais pas si tu te souviens. C'était un lundi, un gamin avait parlé, qui était allé à la chasse, tu te souviens pas ? On sentait qu'il y avait le courant, qui passait, ce que tu racontais là... Comment est-ce que tu peux favoriser des genres de moment comme ça pour que, toute la classe profite, de ces modes de vie, de ce savoir ?

– Je dirais que, y a des moments spéciaux pour faire ça, mais je vais dire que, pour l'enfant ce n'est pas un problème. Nous adultes il faut trouver des moments forts. Il y a des choses innées en nous qu'il faut éveiller, par exemple quand on raconte un peu les histoires de la chasse, ou bien les légendes, c'est des choses qui sortent un peu de l'ordinaire.

– C'est difficile ?

– Je peux pas dire que c'est plus difficile à un Européen comme je disais tout à l'heure. Mais, comme tu disais, c'est bien quand tu parles de chasse, l'autre il est intéressé, parce que, ça éveille quelque chose en lui, que justement ça n'a pas été travaillé, mais il est en lui.

– Oui mais « il est en lui », celui-là, et les autres ? Moi ça m'a intéressé tout d'un coup parce que je me voyais là...

– Les autres aussi.

– J'étais envieux, je me disais : « tiens j'aimerais bien vivre ça », d'ailleurs tu m'as jamais fait vivre des trucs comme ça !

**L'enfant ! (Idéologie kanak ?)**

– Je voulais faire comprendre que chaque enfant, en lui, il a des choses qui sont innées, qu'il faut éveiller. L'être humain il naît complet, mais il faut...

– C'est ta conviction. Mais toi quand tu vois un gamin qui est comme ça [mimique de désintérêt] qui comprend rien, qui a l'air de se foutre de tout, t'as beau raconter ton truc que c'est inné comment tu vas faire pour que ça sorte ?

– Je regarde, je vois l'enfant, là lui, il vit avec la nature, c'est le mec il a des champs à la maison, c'est un mec, son papa il est chasseur, son mec, je prends la discussion là-dedans. Les autres ils vont être là. C'est lui qui va être l'acteur parce qu'il va parler. Ah mais c'est dommage parce que je faisais ça quand j'étais en cycle 3 ! Là je peux pas, parce qu'on a des choses tellement importantes qu'il faut mettre [en place], qu'il faut travailler, par exemple la lecture, le déchiffrage, machin mort, c'est très mort comme chose tu vois, c'est /

– Tu viens de dire quelque chose de vachement important là !

– C'est mort, c'est mort comme chose parce que... c'est mort comme chose pour l'enfant... Moi ce que je disais c'est que : tu peux partir par exemple d'une histoire de chasse *et cetera* [...] Tu vois ce que je veux dire, voilà. Je prends l'intérêt de l'autre [très lentement] qui n'a jamais parlé *et cetera* [*accelerando*]. Ça va être lui l'acteur [très rapidement], il va parler tout de suite, il va parler de beaucoup de choses ; il va parler comment il a fait la chasse. D'ici jusqu'où ? Ça fait 10 kilomètres. Il a fait tel bruit. Je lui dis quel est le son de son fusil, le bruit des cartouches, le bruit de taper sur l'arbre, le bruit de l'eau, ça rentre dans la musique... Combien y a-t-il de roussettes ? Je rentre dans les machins, les problèmes à situation numérique ou j'sais pas, des trucs comme ça, voilà. J'essaie de partir de sa motivation, de son truc à lui.

– *Nabwé* [c'est fini].

On va regarder le *Journal* en famille. Je suis bien. Camille câline sa fille.

## Samedi et dimanche 16 et 17 juin 2007
## Stage et élections

Journées de travail à Poindimié avec les étudiants du master CPFE. J'apprends que, à Lifou, on purge les enfants avant la rentrée des classes.

Dimanche soir, plutôt que de rentrer directement à Tiaoué, je vais faire un tour à Koné assister au dépouillement des élections législatives[12]. Dans la grande salle de la mairie débarquent trois vieilles de Bopope toutes desséchées. Elles portent l'urne et se font chahuter avec tendresse. Je parle avec une, la plus vieille : elle est conseillère municipale Palika à Koné et ne manque jamais une réunion du conseil...

12. Deuxième tour. [2012]

## Lundi 18 juin 2007
## Marketing à Nouméa

France Inter : Bernard Laporte secrétaire d'État à la Jeunesse et aux Sports ! À quand Christian Clavier à la Culture ?

*Je passe une grande partie de la semaine à Nouméa pour travailler avec Eddy sur sa thèse et faire toute une série de rencontres protocolaires destinées à « vendre » notre projet de colloque. Partout, nous sommes reçus poliment, voire chaleureusement. « Comme c'est intéressant, voilà ce qu'il nous faut ! » J'avais déjà entendu ce refrain, mais cette fois j'y croyais... En dépit des belles promesses, des encouragements et malgré le travail de quelques-uns, le beau projet n'a pas, à ce jour, abouti. J'en ai perdu des jours et des jours à Nouméa, à courir d'hypothétiques rendez-vous souvent reportés, quelquefois décommandés, avec des « gens importants » qui vous écoutent courtoisement (ici on ne dit jamais non ! – Antoine avait raison), à la suite desquels (« vous partez quand ? ») rien ne se passe. Je regrette de n'être pas resté davantage à Tiaoué.*

## Vendredi 22 juin 2007
## Retour à Tiaoué (10)

[...] Je pars à Tiaoué. La route est toujours aussi longue. Quatuors 1, 2 et 6 de Mendelssohn, trio et quintette pour clarinette de Brahms : c'est fou ce qu'on entend, seul au volant. Arrivée à Tiaoué, je ne me suis même pas rendu compte du temps entre la grand route et la tribu. Séraphin vérifie son matériel de sono pour une fête à Néami.

## Samedi 23 juin 2007
## Jour de fête à Néami, Séraphin et les sons

Réveil 7 h et demie. Belle matinée de samedi. Séraphin charge le camion sono. Nadia est montée, elle tond la pelouse. Elle est joyeuse, Camille aussi : je fais des photos.

Miranda balaie « le salon ». Je lui montre comment faire pour ne pas soulever la poussière. Elle paraît dubitative. Une demi-heure plus tard, elle montre solennellement à sa mère « ce que lui a appris Caa Bwëé ».

Après-midi de fête à Néami. Je monte avec Nadia et Miranda. Les vieilles tiennent un stand d'ignames de Néami avec les prix inscrits au marqueur sur des bouts de carton. Tournoi de volley mixte inter-tribus (avec droit de jouer au pied) : mélange de sérieux, plaisir de jouer, plaisanteries. Séraphin met la sono au point comme un pro pour le concert du soir. Il caresse les curseurs comme des ignames. Je le mitraille. Les gens sont étonnés.

[...] Je ramène les filles à Tiaoué et repars seul pour le concert « de nuit ». On m'avait prévenu du pire. Rien de l'orgie annoncée : simplement un jeune un peu bourré me demande mon avis sur tout et veut que je le photographie : « un Kanak qui danse ». Quand je repars à 10 h, il n'y a pas encore la foule. Je crois naïvement que la soirée va s'effilocher. Erreur : en descendant sur la transversale je croise des familles entières – hommes, femmes et marmaille – qui montent en voiture, à pied, en vélo, et ça monte. Dans la soirée on m'avait bien dit : « Maintenant il n'y a pas grand monde. Ce soir, tu vas voir les Kanak sortir des brousses. » Ah, si le député et consorts voyaient ça, ils chieraient dans leurs frocs pleins de fric[13]. Retour délicieux à Tiaoué en écoutant *Ma Patrie*, plein pot.

13. Le lundi 18, j'avais eu dans un restaurant de Nouméa, une petite altercation avec un député de droite fraichement élu. Je lui avais fait remarquer comment, bien que légitimement élus, il étaient lui et son collègue, très minoritaires dans les tribus. Il avait mal pris la chose me disant que le vote en tribu n'était pas libre et, très sérieusement, que ceux qui se rebellaient risquaient d'être *emboucanés* ! [2012]

## Dimanche 24 juin 2007
## Se tromper ou mentir... et partir

Journée de travail avec les trois du master dans le studio de Nadia à Koné. Ils ont eu la bonne idée de porter une coutume pour remercier Nadia. Les enseignants métro de brousse savent vivre, maintenant.

À un moment du travail, une stagiaire fait remarquer que, quand les élèves se sont trompés, ils disent « je mens ! ». Ça n'est pas tombé dans l'oreille d'un sourd...

Je remonte à Tiaoué vers 16 h. Je prends Nadia à *la commune* en passant – c'est la fête votive. J'y étais il y a deux ans. Nadia a une très belle robe mission rouge. Camille est seule à la maison, puis arriveront Séraphin et Miranda avec le camion.

Je demande à Camille si, dans la langue, on emploie le même mot pour dire « je me trompe » ou « je mens ».

– Oui, attends, laisse-moi réfléchir... Oui, c'est le même pour dire, je me trompe... Non non, je ne pense pas. Je suis en train de chercher comment ils disent là-bas à Poindimié. Se tromper, se tromper... Peut-être dans la région de Poindimié.

Séraphin entre dans la conversation :

– Ça peut se dire, ça peut se dire pareil *go pwä* là-bas ou *go pi-tä-nämî* ici. Ou *go wa tio*. Les deux à la fois.

– Est-ce que la langue fait la distinction entre se tromper volontairement et involontairement ?

– *Go pwä, go*, c'est « moi ». C'est aussi feinter l'autre, passer derrière l'autre. Involontairement, ça dépend des situations : *Go wa tio*, « je me suis trompé, excusez-moi ». *Go wa tio*, « je te demande pardon parce que j'ai fait caca dans mon pantalon ; j'ai fait une gaffe ».

Je pars vite, exprès, avec Nadia que je vais laisser à Koné. Séraphin est ému. Long retour en partie dans la nuit (Dvorak, 8e et 9e symphonies, Schumann par Shura Cherkaski).

*Durant tout ce séjour, j'étais heureux et inquiet. À la fin de l'été 2010, j'ai été réveillé par un coup de téléphone de Séraphin m'annonçant le décès de Camille, survenu un mois plus tôt. Je ne suis pas retourné à Tiaoué depuis.*

Prague, décembre 2012

# Petit glossaire à l'usage des lecteurs non familiers des mondes kanak ou didactique

Comme tout glossaire, celui-ci, partiellement emprunté à diverses sources, n'a pas de prétention à l'exhaustivité. J'ai retenu les acceptions qui correspondaient le plus aux usages que je fais des termes, dans le corps du texte.

**Anthropo-didactique**. Concept construit par B. Sarrazy, au croisement de l'anthropologie wittgensteinienne et de la théorie des situations didactiques*. L'anthropo-didactique envisage les phénomènes d'enseignement comme le produit d'une double structuration didactique* et anthropologique. Dans toute séquence d'enseignement, les actions des partenaires (professeur et élèves) sont déterminées à la fois par le contenu et les propriétés spécifiques des savoirs en jeu, mais aussi par tout un ensemble de dimensions non didactiques indépendantes des savoirs en question : valeurs, croyances, désirs, etc., intimement liées aux « formes de vie » des sujets (Wittgenstein). Ces deux dimensions sont étroitement intriquées.

**Calédonien**. Désigne toute personne d'origine européenne née ou résidant depuis longtemps en Nouvelle-Calédonie. Le terme « Caldoches » soit désigne péjorativement les Calédoniens, soit fait référence à des familles implantées depuis la fin du XIXe siècle ; on dit par exemple « des vieux Caldoches ».

**Contrat coutumier**. J'ai moi-même proposé l'expression contrat coutumier par analogie avec celle, mieux établie, de contrat didactique*. Le contrat définit les comportements attendus entre les partenaires d'une interaction coutumière (qualité et quantité des dons, ordre et hiérarchie des prises de parole). À première vue, les gestes et paroles sont réglés par des systèmes d'algorithmes dont les variables sont fonction des positions respectives des acteurs. Ces algorithmes (un professeur de mathématiques kanak m'a fait l'amitié ou l'indulgence de valider cette acception) peuvent être décrits, ils ne sont jamais enseignés. Dans les faits, le contrat ne se réalise jamais exactement comme initialement prévu ; ceux qu'on appelle les « coutumiers » prennent des initiatives jusqu'au dernier moment et en cours de cérémonie, initiatives qui modifient plus ou moins profondément l'ordonnancement des dons et ordre de parole en fonction des circonstances (situations*) afin de maintenir un équilibre acceptable par les partenaires en jeu.

**Contrat didactique**. Introduit par G. Brousseau, c'est un des concepts majeurs de la Théorie des situations didactiques*. Il désigne l'ensemble des attentes réciproques de chaque partenaire de la situation d'enseignement (le professeur et les élèves) à propos d'une connaissance à acquérir. Le professeur attend des élèves qu'ils lui fassent confiance et se comportent de manière conforme à ses demandes explicites, réciproquement les élèves attendent du professeur qu'il leur enseigne les notions au programme et leur donne les moyens de répondre correctement à ses exigences. Mais ce contrat n'est pas en fait un vrai contrat ; il n'est ni explicite (ni explicitable), ni librement consenti ; il est en fait intenable et met professeur et élèves devant une véritable injonction paradoxale (inversion des rôles) : si le maître dit ce qu'il veut que l'élève fasse, il se prive de constater si l'élève sait faire seul. Et si l'élève ne fait que suivre à la lettre les consignes, en attendant que le maître lui enseigne les solutions, alors il ne pourra pas apprendre puisque, précisément, apprendre consiste à utiliser, dans des circonstances nouvelles, ce qu'on lui a enseigné. L'apprentissage repose donc, non pas sur le bon fonctionnement du contrat, mais sur ses ruptures et ses ajustements.

**Coutume**. À l'origine, le mot coutume est le terme que les premiers colons utilisaient pour désigner tout ce qu'ils ne comprenaient pas chez les Kanak. Les langues kanak se le sont approprié tel quel. Tout un chapitre érudit ne suffirait pas pour caractériser le terme. Je me risquerai, en simplifiant à l'extrême, à en donner quatre acceptions courantes qui peuvent s'entendre indépendamment, ou s'emboîter comme des poupées russes dont la plus grosse serait la (1) et la plus petite la (4) 1. Façon de vivre et de se comporter en société, propre à la tradition kanak ; un Kanak peut vivre « selon la coutume » ou non. 2. Cérémonie solennelle à l'occasion d'un mariage, d'un deuil, d'une levée de deuil ou de tout événement important de la vie sociale. 3. Geste individuel consistant à faire un don accompagné d'un discours, à une personne chez qui l'on va pour la première fois, ou pour demander, remercier, s'excuser, entamer une négociation, annoncer une nouvelle importante, commencer une réunion, etc. On dit « faire coutume » ou « faire un petit geste ». 4. Usage métonymique : pièce de tissu composant une partie de la coutume aux sens 2 et 3. Voir manou.

**Dévolution**. La dévolution est l'autre face du contrat didactique*. Puisque l'élève ne peut pas apprendre directement du professeur ce qu'il doit savoir, et que le professeur ne peut enseigner à l'élève tout qu'il doit savoir, alors le professeur abandonne momentanément et ouvertement (dévolue) sa position officielle de dépositaire et diffuseur du savoir en construisant une situation didactique* telle que l'élève se sente responsable de l'obtention du résultat proposé et agisse en conséquence c'est-à-dire sans solliciter l'aide du maître.

**Didactique**. Il existe de nombreuses acceptions du terme. J'en choisis deux qui correspondent aux usages qui en sont faits dans le texte. 1. En tant qu'activité scientifique, la didactique étudie les conditions dans lesquelles une institution ou une personne réalisent leur intention de faire naître ou de transformer les connaissances d'un sujet ou d'un groupe de sujets. 2. En tant qu'activité pratique, elle désigne toute action consistant à transformer intentionnellement un objet de savoir en situation d'enseignement.

**Do Néva**. Premier Collège ouvert aux Kanak en 1903 par le pasteur Leenhardt à Houaïlou sur la côte Est. Do Néva occupe une place particulière dans le monde kanak. Pour les familles dont les membres sont dispersés des deux côtés de la chaîne, il a longtemps constitué un passage obligé pour des raisons autant coutumières qu'éducatives. Pratiquement toutes les élites kanak y ont fait tout ou partie de leur scolarité secondaire.

**Eau chaude**. Expression métonymique désignant un bol de thé ou de Nescafé. Il y a en permanence dans toutes les habitations kanak une marmite d'eau sur le feu. À tout moment de la journée, quand un visiteur passe, on lui propose « l'eau chaude », accompagnée souvent de Sao, célèbre biscuit salé australien, quelquefois de pain beurré.

**Effet Topaze**. Guy Brousseau définit l'effet Topaze par référence à la première scène de la pièce éponyme de Marcel Pagnol où le maître dicte : « des moutons... des moutons... moutonss. C'est-à-dire qu'il n'y avait pas qu'un moutonne. Il y avait plusieurs moutonsse ». L'effet Topaze désigne plus généralement toute intervention du maître montrant de façon plus ou moins manifeste la bonne réponse à l'élève ou le comportement attendu en laissant croire que c'est l'élève qui les a trouvés tout seul.

**Magasin**. Terme désignant un commerce plus ou moins important en surface, où l'on trouve un peu de tout, nourriture, tabac, tissu, vêtements, quincaillerie, matériaux, etc. Dans les tribus (chacune possède le sien), ils ont la taille d'une petite baraque foraine avec une planche horizontale servant de comptoir et quelques étagères.

**Manou**. À l'origine, le terme désigne un pagne de tissu coloré noué à la taille, qui constitue encore une tenue « décontractée » pour les hommes et les garçons. Par extension, manou désigne le plus souvent la pièce de tissu constituant une partie de la coutume*. La longueur de la pièce est proportionnelle à l'importance de la situation ou de la personne à qui elle est donnée. Cela va du « bout de manou » pour une « petite coutume » à la longue pièce, déroulée dans les grandes occasions, et qui peut atteindre plusieurs dizaines de mètres. Chaque famille a sa propre réserve de manous ; l'étranger s'en procure au magasin*.

**Métro**. Abréviation de métropolitain. Désigne les Français en résidence provisoire sur le « Territoire », majoritairement fonctionnaires. Les Métro ne sont pas des Calédoniens*, encore moins des Caldoches !

**Moniteur**. Jusqu'à une époque récente, les maîtres d'écoles kanak n'avaient pas le titre d'instituteur. Recrutés au niveau du Certificat d'études et formés à Montravel à partir de 1913, puis à Nouville, lieu de l'ancien bagne, ils recevaient le titre de moniteur, terme qui doit être pris au sens littéral de répétiteur, et étaient placés sous la coupe de directeurs ou d'inspecteurs européens qui les visitaient épisodiquement. Le terme est encore employé par les anciens pour désigner les instituteurs.

**Monnaie ou monnaie kanak**. Objet à très forte valeur symbolique fabriqué avec des petits coquillages et des poils de roussette tressés, qui se présente comme la figuration d'un homme. La monnaie est un sceau par lequel un contrat est passé ou réaffirmé entre des groupes ou des personnes. Le don ou l'échange des monnaies au cours d'une coutume* n'est pas fréquent et revêt toujours un aspect solennel.

**Shame society**. Société à honte. Terme employé par certains anthropologues anglo-saxons culturalistes, pour désigner une culture dans laquelle inculquer un sentiment de honte à l'enfant qui se comporte mal ou qui se trompe constitue une réponse adaptée pour le punir ou pour qu'il s'amende. La *shame society* s'oppose à la *guilt society*, société à culpabilité (en fait nos sociétés occidentales), où dans les situations comparables on renvoie l'enfant à sa responsabilité plus ou moins consciente afin qu'il se repente ou corrige son erreur.

**Théorie des situations didactiques**. Élaborée dans les années 70 par G. Brousseau en réaction à une conception générale et purement spéculative de la didactique classique, cette théorie met l'accent sur les spécificités liées aux contenus enseignés, ici les objets mathématiques. Le terme de situation désigne l'ensemble des circonstances dans lesquelles une personne se trouve à un moment donné dans un lieu donné, et des relations matérielles, psychologiques et sociales qui l'unissent à son milieu. Une situation didactique est une situation dans laquelle se manifeste directement ou indirectement une volonté d'enseigner. Pour les raisons déjà explicitées (contrat didactique* et dévolution*), toute situation didactique comporte une dimension a-didactique (alpha privatif) dans laquelle, sous couvert d'un jeu/défi, l'élève doit assumer la responsabilité de la solution.

**Tribu**. Encore un terme allogène ! Fruit d'une sédentarisation contrainte par la colonisation, le terme tribu désigne le regroupement de familles se reconnaissant comme appartenant à au moins deux clans différents, autour d'une église ou d'un temple, quelquefois des deux. La tribu est commandée coutumièrement par un « petit chef » coopté et un conseil des anciens (un « grand-chef » étant nommé pour le district qui regroupe plusieurs tribus). La Nouvelle-Calédonie compte 340 tribus dont la population varie d'une cinquantaine à un peu plus de trois cents habitants.

# ANNEXES

ANNEXE I

# Didactique des mathématiques et anthropologie : la dévolution est-elle soluble dans la culture kanak ?

Bernard SARRAZY

Les deux articles qui suivent retracent en partie la genèse d'une approche théorique (appelée « anthropo-didactique ») qui émergera à la fin des années 90 ; ils ont contribué à asseoir des convictions anthropo-didactiques qui n'étaient alors que quelques intuitions intéressantes mais fragiles. Je souhaite dans cette présentation mettre en valeur la contribution de ces études à son développement, en montrant notamment l'intérêt de la prise en compte des arrière-plans pour une meilleure compréhension des phénomènes d'enseignement et plus largement d'éducation.

Le terme anthropo-didactique est, en fait, un véritable pléonasme. En effet, si une des visées de l'anthropologie est de décrire les conditions socio-historiques afin de rendre compte des systèmes de croyances, de pratiques (manières d'être de penser ou d'agir), la didactique (au sens où nous l'entendons) est une sorte d'anthropologie inversée dans la mesure où le didacticien cherche à modéliser les conditions spécifiques à une discipline académique qui permettront la genèse et le développement des connaissances (*i.e.* des manières de *faire*) ici, des mathématiques. Autrement dit, la didactique est fondamentalement une science qui vise l'étude des propriétés des milieux qui permettront la transposition, non des savoirs, mais bien des usages des mathématiques, contribuant ainsi à la diffusion d'une culture mathématique (au sens fort du terme).

Ma position dans les deux situations est fort différente : pour la première (au CP), je ne dispose que du script de la séance que Pierre Clanché m'a faxé de Nouvelle-Calédonie alors que j'étais en métropole. Pour l'autre (au CM), j'occupe la position du « maître du jeu » – ou du moins je le croyais puisque j'avais moi-même choisi les enjeux didactiques dont j'étais tout à la fois l'instigateur, le metteur en scène et l'un des acteurs principaux – pour le plus grand plaisir de Pierre Clanché qui me l'avait demandé.

C'était ma première expérience d'« anthropologue » sur un terrain tout à la fois familier par certains aspects visibles, mais en surface seulement (la langue, l'école et son organisation, les relations avec les collègues et les élèves, avec Séraphin, Camille avec qui j'avais rapidement sympathisé, les deux entretiens avec Antoine Goromido). Les différences que je percevais me paraissaient mineures, du moins toutes aussi secondaires que celles que j'avais l'habitude de connaître sur mes terrains habituels en métropole. Mais en même temps, j'avais le sentiment d'une étrangeté confuse qu'aucun élément objectif ne pouvait pourtant étayer (et pour cause) mais qui trouvaient leur consistance dans les moqueries (parfois sarcastiques) de ceux (comme Jacques Celle dont la connaissance qu'il avait de la culture kanak était indéniable) non à mon adresse mais à celle de « Métro » fraîchement arrivés et n'ayant jamais dépassé « Tontouta » qui prétendaient « savoir » ce qu'il convenait de faire pour résoudre des problèmes (d'éducation, d'enseignement ou de formation) dans l'ignorance ou d'une minoration qu'ils étaient des arrière-plans kanak, propres à l'ethnocentrisme et l'adhésion non critique au mythe d'un universalisme abstrait. On comprend du même coup ce que je pouvais ressentir à l'égard de Charline, la maîtresse de la classe de CM, en « prenant » les rênes de sa propre classe sur un scénario de ma composition. Mais l'envie de satisfaire la curiosité de Pierre, la crainte de le décevoir, et, disons-le, ma curiosité, l'emportèrent sur mes scrupules épistémologiques dont on peut trouver clairement l'expression dans cette déclaration d'Alban Bensa (1996 : 45) :

> « Le chercheur de terrain participe à la vie des hôtes moins comme le maître rusé de la situation, qui ferait mine de jouer à l'Indien tout en maintenant, caché mais vigilant, son quant-à-soi scientifique, que comme le pion fort peu averti d'une partie dont les tenants et les aboutissants l'englobent et souvent le dépassent. »

Mais revenons à nos séances. D'un point de vue didactique, ces deux leçons diffèrent sur un aspect qui nous intéressera ici : les conditions de la *dévolution*. De quoi s'agit-il ? Le professeur ne peut jamais enseigner ce qu'il attend de l'élève puisque ce qu'il attend est un usage nouveau dans une situation nouvelle et ne peut se réduire à une simple reproduction de l'élève de ce que son professeur a dit ou a fait. Ce paradoxe fait directement écho au célèbre paradoxe de la règle chez Wittgenstein (1961) : une règle est comme un poteau indicateur, il ne contient pas en lui-même ses conditions d'application. Autrement dit, le professeur ne peut *apprendre* à la place de l'élève et, qu'il le veuille ou non, qu'il en ait ou non conscience, il n'a pas d'autres choix que celui de faire dévolution d'une situation dans laquelle l'élève pourra apprendre ce qu'il ne peut lui enseigner. Nous y reviendrons.

Les conditions de satisfaction de la dévolution du problème « billes » ne sont pas vraiment satisfaites et la situation ne peut que déboucher sur une impasse didactique. Et c'est bien ce qui se produit après quelques vaines tentatives de la maîtresse. Tantôt elle fait appel à l'expérience quotidienne des élèves sur le jeu de billes (cadre narratif du problème) et les élèves adhèrent à son discours mais ils n'apprennent rien sur ce qu'elle cherche à leur enseigner, tantôt elle les invite à modéliser les relations de perte et de gain énoncées dans le problème mais les élèves ne rentrent pas dans ce nouveau jeu – hormis un qui semble vouloir jouer le jeu, mais la maîtresse le met rapidement hors-jeu. La situation est didactiquement bloquée. La maîtresse trouve une issue par une pirouette didactique qui lui permettra de garder la face « pédagogique » (au sens de Goffman) mais au prix du renoncement didactique – on peut se reporter à l'ouvrage d'Alain Marchive (2008) sur la question des rapports complexes entre pédagogie et didactique.

Au CM, la dévolution porte précisément sur la validation de la réponse au problème suivant : « *Martine a 24 poissons exotiques dans son aquarium. Sachant qu'elle a reçu 2 poissons pour chacun de ses anniversaires, quel est l'âge de Martine ?* » Que peut-on envisager pour prouver la justesse d'une réponse ? Tel est le problème dévolué aux élèves. J'attends un recours des élèves au milieu matériel (qui ne viendra pas) ; par exemple, représenter 24 poissons (par écrit ou par des objets) afin de dénombrer les paquets de 2 (les anniversaires). J'imposerai moi-même plus ou moins explicitement ce moyen après l'avoir largement suggéré par quelques euphémismes didactiques de moins en moins transparents : « Que pourrait-on faire ? », « Si vous avez besoin de matériel, je peux vous en fournir ? »... rompant ainsi délibérément l'enjeu didactique principal de la leçon. L'affaire sera conclue, didactiquement du moins, de la même façon que celle du CP : échec didactique mais maintien de la face pédagogique.

Doit-on en conclure que la dévolution est impossible ? Ce serait largement imprudent. Toutefois c'est probablement sur ce terrain calédonien que l'intuition anthropo-didactique s'est précisée : si les conditions didactiques, spécifiques au savoir en jeu, sont universelles (dans le cas des mathématiques du moins), les conditions non didactiques ne le sont. Ainsi avions-nous acquis la conviction que toute analyse de ces phénomènes devait impérativement se situer au *croisement* du didactique et de l'anthropologique. Deux raisons peuvent soutenir cette déclaration.

D'une part, la place de l'école au sein de la culture kanak (Wadrawane, 2010) n'est probablement pas étrangère à cette « prise de conscience » eu égard à l'extraordinaire contraste entre les conditions de la diffusion des savoirs coutumiers fondées sur une ostension non explicite, soutenue par une confiance assurée (autrement dit, fortement dévolutive) et celles des savoirs académiques telles que nous les apercevons dans ces deux épisodes (faiblement dévolutives).

D'autre part, il était apparu que les phénomènes d'*individuation didactique* par lesquels le professeur interpelle l'élève singulièrement, étaient souvent reçus par les élèves kanak sur un mode instrumental ; lorsqu'une injonction didactique est adressée à un élève – « Lou, combien font 6 fois 7 ? » – celui-ci ne peut se soustraire à cette injonction car c'est *sa* réponse personnelle qui est attendue par le professeur, contrairement aux injonctions du type « Lou, peux-tu effacer le tableau ? », pour lesquelles le destinataire peut être substituable. Un extrait de mon journal personnel illustrera cette idée :

> « *Hienghène, samedi 20 mai*
>
> Alors qu'on regardait les "vieux" jouer à un jeu d'argent, un jeune Métro, né à Nouméa, s'approche pour nous informer sur les règles de ce jeu (qu'il ne connaît que très mal en fait). C'est un fils d'instituteur et instituteur lui-même en CM2. [...] On échange sur l'école et rapidement la question de l'apprentissage en rapport avec le groupe apparaît comme une de ses préoccupations majeures : "Celui qui sait faire se met en avant : c'est le groupe qui réussit pas l'élève." Il suffit qu'un seul élève réponde à la question du professeur pour que les autres ne cherchent plus. Les autres n'en voient absolument pas la nécessité puisque c'est *la classe* qui doit répondre. Je rapproche cette observation à ce que j'avais perçu avec Séraphin : mes connaissances en informatique lui permettaient de résoudre ses problèmes et non d'apprendre à les résoudre lui-même. J'ai été rapidement identifié comme celui qui fait marcher les machines à Tiaoué. »

La perspective développée ici situe les phénomènes de diffusion de savoirs au croisement de logiques spécifiques aux savoirs *et*, nous l'avons vu, de logiques anthropologiques caractérisables par les arrière-plans culturels. S'il est toujours possible de désigner de façon explicite les enjeux didactiques d'une interaction (ce que les agents *font* du point de vue des savoirs en jeu), il est beaucoup plus complexe d'en saisir les aspects anthropologiques *stricto sensu* qui semblent organiser les rôles, la manière dont ils sont investis par les sujets. Expliquons-nous : les « savoirs » au sens où nous employons le terme, correspondent aux formes explicites que les sociétés et leurs institutions se sont données pour désigner des « connaissances » c'est-à-dire ce que font pratiquement les individus lorsqu'ils sont pris dans une action plus ou moins descriptible (faire une omelette, résoudre une équation, répondre aux questions du professeur, se présenter dans une cérémonie coutumière...). Wittgenstein s'interrogeait sur le fait de savoir si le fait de se gratter le crâne en écrivant devait ou non faire partie de la description de ce qu'est « écrire une lettre ». Toute action didactique prend sa source dans cette intention (explicite) de convertir des savoirs (se situant du côté de la culture), aux connaissances (se situant du côté du sujet) – tel est l'objet de la théorie des situations didactiques (Brousseau, 1998).

Le postulat anthropo-didactique est relativement simple : les sujets n'apprennent pas nécessairement et toujours ce qu'on souhaite qu'ils apprennent, mais bien ce qu'on leur *fait faire* ; et ce qu'on leur fait faire ne se réduit pas à ce que les agents déclarent qu'ils souhaitent leur faire faire. (Leur recouvrement est une illusion anthropologique qui aveugle souvent certains sociologues de l'éducation.) S'il est relativement facile d'obtenir des élèves une simple répétition des savoirs, on ne saurait en revanche exiger d'eux qu'ils comprennent, qu'ils apprennent (les connaissances) par la contrainte, tout simplement parce que l'ostension (au sens de mettre sous les yeux ce que l'élève devrait voir) est un des seuls instruments possible pour les professeurs mais combien impuissante pour engendrer *ipso facto* une connaissance, que Bourdieu appellerait un *sens pratique* (Sarrazy, 2007). Ceci ne veut pas dire que les connaissances ne peuvent pas s'apprendre, mais simplement qu'elles ne peuvent pas s'apprendre *au même sens* que s'apprennent les savoirs.

Quelles techniques pourrait-on enseigner à un élève pour qu'il puisse montrer à son professeur qu'il a compris ?

Pourrait-on sérieusement exiger d'un élève qu'il applique strictement un conseil du type « Ne récite pas mais montre que tu as compris » ?

Que devrait-on enseigner à ces élèves qui, pour reprendre une expression commune, « savent leur leçon mais ne l'ont pas comprise » ? L'appel à l'attention, à la concentration... bref à tout un ensemble de dispositions mentales est souvent de mise mais toujours impuissant : on ne peut pas jouer à *être* attentif. Sartre écrivait dans *L'être et le néant* (1943 : 96-97), « l'élève attentif, qui veut *être* attentif, l'œil rivé sur le maître, les oreilles grandes ouvertes, s'épuise à ce point à jouer l'attentif qu'il finit par ne plus rien écouter ». Antoine Goromido précise cinquante ans plus tard : « *E tamani jë goro i ârâporomê* / Il a écouté avec les yeux » ! Comme le rapporte Pierre Clanché (1999 : 96-97) : « Antoine parle de ces enfants qui "te fixent dans les yeux" et sidérés, ne font que répéter la consigne en écholalie et exécutent tout de travers [...] Ce qui explique pourquoi Camille me dit qu'elle préfère les enfants qui bougent pendant qu'elle explique à ceux qui restent "plantés devant elle comme des sacs de riz". »

De la même manière, on ne saurait régler la question de l'apprentissage à la manière d'une certaine psychologie normative qui tient pour acquis (implicitement) la décidabilité des critères par lesquels « on » reconnaît qu'un élève a appris telle ou telle chose[1]. Qui, et en vertu de quelle règle décide-t-on ? Laissons répondre Antoine Goromido : « – (*Pierre*) Est-ce que dans la famille on parle du

1. Wittgenstein en donne des exemples remarquables dans les *Investigations* (§ 157) et dans le *Cahier brun* (194 et *passim*). Sur cette question se reporter aux analyses de Rosat (2001, 33 et *passim*).

savoir appris à l'école ? – (*Antoine*) Pierre, je vais te raconter une anecdote : mon père me dit : "Tu vas aller au magasin chercher du sucre avec un billet". Le marchand, pour savoir si je savais calculer, ne m'a pas rendu la monnaie exacte. Il m'observe pour voir ma réaction. Je ramasse les pièces et je les compte : il manquait encore d'autres pièces. J'ai dit : "Papa, il manque des pièces [il l'appelle ainsi car c'était un oncle] – Combien ? – Cent." Il m'a dit : "Oui, c'est bien" et il est allé voir mon père : "Tu sais le petit mec il sait compter". Et la nouvelle a circulé. »

On aurait tort de lire cette anecdote de façon exotique : bon nombre de jugements professoraux ou même de spécialistes ou experts de l'évaluation, naturalisent ces critères et agissent comme si le « savoir lire, écrire, compter, jouer aux échecs... » pouvait être défini universellement, hors de toute situation, de tout contexte, et ne supporterait aucune élasticité. C'est selon moi une erreur dont les effets sont ravageurs (Chopin, 2011 ; Roiné, 2009). Wittgenstein montre bien comment cette élasticité permet à nos concepts de fonctionner comme *jeu de langage* : un mot, une expression peuvent être employés sans signification *ferme* sans pour autant affecter leurs usages. Cette imprécision « ne porte pas plus préjudice à son usage que ne le ferait à l'usage d'une table le fait qu'elle repose sur quatre pieds au lieu de reposer sur trois, et donc qu'il lui arrive parfois de branler » (Wittgenstein, 1961, § 79). L'affirmation de cette indécidabilité des critères est certainement un des traits les plus saillants de « l'anthropologisme » de Wittgenstein qui dans la seconde partie des *Investigations* (*id.*, 356 et *passim*) montre que la compréhension ou l'incompréhension d'autrui n'est pas affaire d'intériorité mais bien affaire de culture. Savoir si l'enfant a appris, ce n'est pas savoir ce qu'il dit en lui-même ou ce qu'il pense, c'est se reconnaître en lui à travers ce qu'il dit, ce qu'il fait ; l'enseigner, c'est lui permettre de partager avec sa communauté des manières communes de voir, un « voir comme » qui n'a pas d'autres fondements que le « c'est ainsi » wittgensteinien. Songeons à ce qu'il déclarait à propos de la mathématique : « Enseignez-nous-la et vous l'aurez fondée » (1983). Telle est certainement la belle leçon pratique que l'expérience calédonienne m'a offerte.

**Références**. Pour éviter les redondances, nous avons rassemblé l'ensemble des références bibliographiques à la fin de l'annexe I.

# Approche anthropodidactique de l'enseignement d'une structure additive dans un cours préparatoire kanak[2]

Pierre CLANCHÉ, Bernard SARRAZY

## Introduction

Les situations scolaires visent à terme l'adaptation de l'élève à des pratiques sociales spécifiques. Pour autant, à la suite des travaux sur le contrat et ses évitements (effet Diénès, effet abusif de l'analogie : Brousseau, 1998) ou ceux de Chevallard (1994) sur l'écologie didactique des savoirs, on ne saurait aujourd'hui affirmer sans examen attentif que la transposition *stricto sensu* de pratiques sociales dans le champ scolaire permet de favoriser l'appropriation des connaissances et des savoirs nécessaires à ces adaptations. Cette conception didactique spontanée, quasiment romantique, perdure pourtant chez les professeurs et parfois même chez leurs formateurs. L'objet de cette recherche ne sera pas de comprendre les raisons du maintien de cette conception, mais d'examiner les effets didactiques engendrés par une telle volonté transpositive. Nous montrerons qu'un certain nombre de ces effets ne sauraient s'expliquer seulement à travers un modèle didactique et que leur appréhension nécessite la prise en compte, dans l'analyse, d'arrière-plans anthropologiques. Si le regard du didacticien est indispensable pour identifier les conditions spécifiques de la diffusion d'une connaissance, sa focalisation a tendance à laisser dans l'ombre certaines conditions anthropologiques, tout autant spécifiques du cadre scolaire en tant qu'elles permettent aux élèves de s'y inscrire et par là même d'y construire et d'y attester leur affiliation. Cette orientation épistémologique dans l'étude des situations scolaires est, croyons-nous, relativement nouvelle, et correspond à l'un des axes de recherche du laboratoire « Didactique et anthropologie des enseignements scientifiques et techniques ».

2. Clanché P., Sarrazy B., 2002, « Approche anthropodidactique de l'enseignement d'une structure additive dans un cours préparatoire kanak », *Recherches en didactique des mathématiques*, vol. 22, n° 1, p. 7-30.

## I. L'anthropodidactique, un cadre théorique

Toute situation scolaire est doublement structurée : d'une part, elle se noue toujours autour d'un savoir (dimension didactique), d'autre part elle exige de ses membres la pratique d'un jeu de langage spécifique à la forme scolaire (dimension anthropologique). En ce qui concerne la première dimension, nous serons brefs : les cadres d'analyse auxquels nous nous référerons – théorie de la transposition (Chevallard, 1991), mais principalement théorie des situations (Brousseau, 1998) – sont aujourd'hui suffisamment connus pour n'avoir pas à être de nouveau présentés.

L'ethnographie de la communication (Gumperz, 1989 ; Philips, 1972) et l'interactionnisme social (Goffman, 1974) constitueront la seconde tradition de recherche à laquelle nous nous référons[3] pour analyser ce que Erving Goffman (1991) appelle des « conflits de cadrage » qui résultent de la fonctionnalisation « exogène » de la situation observée. Pour l'enseignante dont nous étudierons la leçon, tout se passe comme si la situation d'enseignement qu'elle avait aménagée (une histoire de jeu de billes) pouvait dans un premier temps être appréhendée par les élèves dans un « contexte zéro » (Searle, 1982). Or, comme nous le verrons lors de l'analyse de la séance observée (voir l'annexe), la participation à une interaction didactique et l'entrée dans le contrat exigent un certain nombre de savoirs d'arrière-plan (au sens de Searle : voir Sarrazy, 1995), censés être communément partagés par ceux qui y participent. Pour répondre aux questions que lui pose son professeur, l'élève doit préalablement « accepter » ou « reconnaître » les règles de ce jeu de langage spécifique de la classe, dans lequel c'est celui qui sait (le professeur) qui interroge celui qui ne sait pas[4]. On pourrait prendre d'autres exemples. Nous considérons alors que l'ensemble des dimensions qui « définissent » la situation (lieux, rôles, statuts des interactants, moments, etc.) ne sont pas de simples ingrédients qui viendraient se surajouter à la situation comme du poivre sur du poisson, mais qu'ils contribuent activement à sa définition, pour ne pas dire à son sens. Ainsi, on peut avancer raisonnablement l'idée d'une « culture scolaire » par laquelle l'élève peut « repérer » les différences pragmatiques mobilisées dans les énoncés, les déclarations ou les propositions du professeur. En d'autres termes, la prise en compte conjointe des conditions didactiques structurant le milieu et ce que nous appellerons des « conditions non didactiques » – c'est-à-dire toute condition non identifiée dans

3. Pour une explicitation des liens entre ce courant et les approches didactiques « classiques », notamment sur l'analyse des phénomènes liés au contrat didactique, voir Sarrazy, 1995.
4. L'expression *jeu de langage* est employée ici pleinement au sens de Wittgenstein, 1961.

un modèle didactique mais identifiable dans le cadre d'une approche anthropologique, repérable en tant que modalité d'assujettissement des individus à des formes culturelles – permet de repérer des effets didactiques qui n'auraient pu être perçus seulement dans l'un ou l'autre cadre.

Une troisième tradition, moins diffusée en France, est des recherches anglo-saxonnes : ce sont les problèmes sociopolitiques liés à l'échec massif des élèves des minorités et des classes pauvres qui ont amené les institutions éducatives nord-américaines à faire appel aux anthropologues en tant que tels pour étudier et proposer d'éventuelles solutions. Longtemps tournés vers l'éducation non formelle, ceux-ci ont commencé à s'intéresser sérieusement à l'éducation formelle. Longtemps sous l'influence du courant culturo-personnaliste de Margaret Mead, Abram Kardiner et Ruth Benedict, ils se sont aperçus qu'on ne pouvait se contenter de considérer l'École comme une institution parmi d'autres de la transmission culturelle. Si la dimension didactique, au sens où nous l'entendons, leur est encore peu familière, si pour eux les problèmes de transmission des connaissances académiques se ramènent principalement à des questions de *cultural discontinuities* (terme heureusement substitué à celui de *cultural deprivation*), certains d'entre eux ont construit des modèles plus autonomes appuyés sur des recherches de terrain « micro-anthropologiques » qui ne sont pas sans recouper les modélisations didactiques ou du moins entretenir avec elles un certain air de famille dépassant largement les simples rapports analogiques. L'un d'entre nous a commencé à développer ces croisements entre anthropologie de l'éducation et didactique (Clanché, 2000). Les trois modèles qui nous ont inspirés sont respectivement le modèle transactionnel de F.O. Gearing (1984), le modèle interactionnel-interprétatif de F. Mc Dermott et H. Varenne (1995) et le modèle écologique *multilevel* de J. Ogbu (1981, 1983, 1992).

Mais c'est du côté de trois anthropologues français non spécialistes de l'éducation (l'un, J.-L. Amselle, est africaniste, les deux autres, A. Bensa et M. Naepels, sont océanistes) que nous nous tournerons plus spécialement pour justifier notre conception de la présentation de la scène « ethnodidactique[5] ». Ces anthropologues se réclament d'une « anthropologie critique » rompant – respectueusement – avec les grandes fresques théoriques sur la culture dont le structuralisme de Claude Lévi-Strauss est sans doute l'ultime et génial représentant. Leur mode de relation impliquée mais douce avec le terrain, la prise en compte de l'histoire politique des sociétés décolonisées ou en voie de décolonisation qu'ils étudient, les ont conduits à une conception subtile du contexte et volontairement labile de la culture. Les implications méthodologiques de cette posture épistémologique sont particulièrement prégnantes dans la présente recherche. Ainsi, il ne s'agira pas ici de « tenir compte du contexte », pour reprendre ce lieu commun

5. Pour une présentation topique du fonctionnement de la communauté kanak, on pourra se reporter à Bensa et Rivierre (1982), et Bensa (1995).

de la recherche micro-anthropologique qui, le plus souvent, se limite à faire une simple liste des contraintes de situation, mais nous nous inscrirons pleinement dans la conception développée par Michel Naepels :

> « Le contexte ce n'est pas le décor stable d'une pièce de théâtre, ce ne sont pas les règles établies pour toujours d'un jeu, ce n'est pas ce cadre macroscopique de l'infinité des actions microscopiques des hommes – mais simplement l'ensemble de ce qui définit à un moment donné le possible et le légitime, et qui ne cesse de se transformer, ne serait-ce que très lentement, au fil des actions, des coups de force, des oublis ou des intérêts changeants de chacun » (Naepels, 1998, p. 18).

Cette conception du contexte associée à celle de culture proposée par Alban Bensa[6] nous semble très féconde en tant qu'elle contribue à déconstruire les conceptions essentialistes de la culture encore en vogue chez certains anthropologues de l'éducation et à affiner certaines conceptions du terme *institution* à l'intérieur même de la théorie des situations :

> « Le contexte ou la culture ne peuvent être assimilés à un cadre de référence : il faut plutôt les comprendre comme un ensemble d'attitudes et de pensées dotées de leur logique propre mais qu'une situation peut momentanément réunir au cœur d'un même phénomène. Les micro-historiens pensent la culture dans son immanence aux rapports sociaux ; ainsi redéfinie "comme la langue" fait remarquer Ginzburg "[elle] offre à l'individu un horizon de possibilités latentes – une cage flexible et invisible dans laquelle exercer sa propre liberté conditionnelle" » (Bensa, 1996, p. 44).

Le point de vue développé par ces océanistes est corroboré avec une certaine vigueur éthique par celui de l'africaniste Jean-Loup Amselle qui, récusant la raison ethnologique classique issue du colonialisme qui fige la culture dans une intemporalité apolitique, lui oppose une « logique métisse » qui envisage la culture comme une réorganisation continuelle « d'emprunts » aux cultures voisines ou antagonistes :

> « Tout anthropologue ayant une réelle expérience de terrain sait que la culture qu'il observe se dissout dans un ensemble sériel ou dans un réservoir de pratiques conflictuelles ou pacifiques dont les acteurs sociaux se servent pour renégocier en permanence leur identité. Figer ces pratiques aboutit à une vision essentialiste de la culture qui à la limite est une forme moderne du racisme. En ce sens, l'ethnologie peut déboucher sur une légitimation de l'exclusion (Apartheid) » (Amselle, 1990, p. 10).

---

6. On ne s'étonnera pas de savoir que le second est directeur de recherche du premier.

Enfin la position qui est la nôtre en tant que chercheurs de terrain (au sens classiquement ethnographique) n'est pas exactement superposable à celle de l'observateur didacticien le plus souvent soucieux de ne pas interférer avec les décisions de l'enseignant. Comme le dit Alban Bensa, une société de « l'ailleurs » est un « univers dans lequel les choses visibles sont difficiles d'accès », ce qui implique de passer par une « interlocution singulière » dans « une relation privée » (Bensa, 1999). En tant qu'« anthropodidacticiens », nous reprenons à notre compte les implications méthodologiques de cette position épistémologique :

> « Le chercheur de terrain participe à la vie des hôtes moins comme le maître rusé de la situation, qui ferait mine de jouer à l'Indien tout en maintenant, caché mais vigilant, son quant-à-soi scientifique, que comme le pion fort peu averti d'une partie dont les tenants et les aboutissants l'englobent et souvent le dépassent. La société d'accueil fait du séjour de l'enquêteur en son sein un événement qui prend place dans les enjeux du moment, dans l'histoire locale. Ainsi, les paroles et actions indigènes, que l'ethnographe tend à considérer comme des "données" indépendantes de sa présence [...] sont l'aboutissement le plus visible d'un travail conjoncturel de production des énoncés et des gestes » (Bensa, 1996, p. 45).

Cette position, qui récuse radicalement toute possibilité de « point de vue de Sirius », est en vérité quelquefois périlleuse et lourde à assumer au regard d'une certaine orthodoxie de l'observation didactique : de là que le script de la scène analysée ci-après ne se borne pas à la stricte présentation de la séquence de mathématiques et qu'on s'y autorise les références hors situation auxquelles nous faisons appel. Pour des raisons analogues, qui seront précisées ultérieurement, on comprendra aussi pourquoi l'observateur[7] est intervenu une fois dans la leçon elle-même. Condamnable au regard d'une certaine méthodologie didacticienne, cette intervention spontanée, face à une contingence didactiquement et anthropologiquement dramatique, est apparue, après coup, en accord avec la méthodologie anthropologique critique évoquée ci-dessus.

7. Il s'agit de Pierre Clanché, qui parle à la première personne dans la section II de cet article.

## II. Les cadres de l'observation

### 1. *Une séquence en classe*

La leçon qui sert d'argument objectif à notre propos est tirée d'un journal de recherche rédigé selon les lois du genre : tout décrire sans décider *a priori* de l'intérêt ou de l'utilisation du matériel. Au cours de ses séjours d'observation participante, l'ethnographe noircit des pages disparates et lacunaires pour, de temps en temps, rencontrer une situation qui deviendra une scène qui entraînera l'interprétation de l'ensemble des données.

La séquence rapportée ci-après a été prise intégralement au crayon sur le vif, sans autre outil d'enregistrement. Précisons que, comme dans toutes les écoles du Territoire, l'enseignement s'effectue en français selon les mêmes instructions officielles qu'en métropole[8]. À la différence de ce que j'ai pu observer dans d'autres écoles, notamment dans des « petites » classes, la maîtresse n'utilise jamais d'expression en langue paicî[9] comme éventuelle « béquille didactique ».

Mon but ce jour-là n'était pas d'observer une leçon de mathématiques, mais de passer une journée dans une autre école d'une autre tribu que celle dans laquelle je vivais et observais quotidiennement depuis trois semaines. Nous sommes début décembre, à quelques jours de la fin de l'année scolaire australe. C'est un peu par lassitude, mais aussi mû par le souci de voir « si ailleurs c'était pareil » que j'avais été conduit vers cette petite école privée protestante d'une petite tribu de 82 habitants.

J'ai pu y être accueilli pour une journée grâce à la médiation d'un « chemin coutumier », en l'occurrence une cousine de la famille dans laquelle je vivais, normalienne en stage dans l'école. Arrivé une demi-heure avant la rentrée, je fais « un geste coutumier » (offrande d'une pièce de tissu et d'un billet de banque, accompagnée d'un discours à la fois codé et contextualisé) à la directrice devant les élèves et l'autre institutrice. Elle me répond qu'elle ne s'attendait pas à ce geste (réponse convenue), mais que cela montre le respect que j'ai pour la culture kanak et qu'elle regrette de ne pas pouvoir la bénir (référence à une des deux fédérations protestantes à laquelle l'école est rattachée). « L » (désignée ainsi dans le script) est une jeune femme élégante d'une trentaine d'années. Dynamique, elle envisage de suivre un stage de formation à l'AIS[10] ; elle est en même temps l'épouse du chef du district coutumier (ce qui peut expliquer le maintien de deux classes pour une si petite population scolaire). Un peu en dehors

8. Depuis les accords de Matignon-Oudinot du 26 juin 1988, les instituteurs ont la liberté de consacrer cinq heures par semaine à la langue et à la culture kanak.
9. L'une des trois principales langues mélanésiennes, avec le dehu et l'ajië.
10. Adaptation et intégration scolaire.

de la tribu, l'école, vétuste, est exposée sur un plateau ouvert aux quatre vents et aux quatre soleils. Elle comprend deux salles de classe plus quelques dépendances. L me propose de passer la première demi-journée dans sa classe, celle des petits (8 élèves, dont 3 de maternelle et 5 de cours préparatoire). Sans que je lui demande rien de précis, elle me dit que, ainsi, je pourrai « voir les rites ». En fait de rites, il s'agit d'un rangement sur deux rangs par sexe, d'une séance classique de brossage de dents, d'une distribution de cachets de fluor, de la prière silencieuse suivie d'un chant. La classe est carrée, immense pour si peu d'élèves. Trois longues tables servant de bureaux sont disposées en U. Je m'installe au milieu des élèves de CP à un angle du U. La classe proprement dite commence par une séance d'instruction religieuse : commentaire d'un passage de l'Évangile – la « guérison de l'aveugle Barthimée » (Marc 10, 46-52). Suivent la correction de quelques exercices puis la récréation ; ceux qui n'ont pas fini restent à l'intérieur. Jusqu'à présent tout va bien : pas de surprise, ni bonne, ni mauvaise ! Je discute avec L : comme toujours, nous avons des connaissances communes... Nous rentrons en classe : c'est alors qu'advient la séquence ici analysée. Dans la nuit, je faxerai le script de la leçon à Bernard Sarrazy qui, par retour, me communiquera les premiers commentaires de ce qui deviendra la présente analyse. Au tableau L écrit le problème suivant :

> Paul a 24 billes. Pendant la récréation il a gagné d'autres billes. Maintenant il a 69 billes. Combien a-t-il gagné [de billes] pendant la récréation ?

Ce problème met en jeu une structure relationnelle (de type état-transformation-état) – étudiée par Kintsch & Greeno 1985, et Vergnaud 1990. Bien que cette structure soit acquise relativement tôt, la recherche de la transformation reste cependant difficile pour des élèves de 6 ans. On remarquera que la redondance de la formulation retenue (évocation du gain) peut conduire les élèves à se focaliser sur l'aspect calcul (combien a-t-il gagné ?) et à négliger l'aspect relationnel (Paul a-t-il gagné ou perdu ?) dont nous verrons ultérieurement l'importance.

La leçon s'ouvre de façon classique. Un problème est écrit au tableau. Son habillage évoque une situation sociale familière des élèves : le jeu de billes – ils y jouent effectivement, mais « pas pour de vrai » précise L. Cette thématique témoigne de sa volonté de faciliter la résolution, sinon la compréhension du problème. Qu'en est-il ?

Trois cadres distincts s'articulent autour d'un épisode didactiquement central (36-44) dans lequel L dessine les billes au tableau, prenant ainsi en charge le passage de la structure de surface (ce qui est narré) à la structure relationnelle du problème – étape essentielle de la résolution. L'évolution de ces cadrages se caractérise par le passage des contextualisations externes (centrées sur la narration ou son référent, dominant en début de séquence) à des contextualisations internes (centrées sur la situation d'enseignement elle-même, dominant en fin de séquence). Cette évolution constitue l'économie générale de cette leçon et corrobore l'hypothèse déjà avancée à propos du statut didactique d'une fonctionnalisation naturelle de l'objet d'enseignement, en faisant référence à son usage dans les pratiques quotidiennes (contextualisation externe).

### 2. *La dévolution du problème (1-34) et la formalisation analogique (35-43)*

Leçon de lecture ou de mathématiques ? Peu importe. L'important pour L est ici de faire comprendre le problème ou plutôt l'histoire qu'il évoque. Pour L, au vrai, il semble s'agir de la même chose : elle demande aux élèves de raconter (3, 16-18, 21, 26, 28). Les premières difficultés liées à la structure logico-mathématique du problème apparaissent (en 9) à propos du statut relationnel de « gagné » : les élèves confondent la mesure d'un état (il « a », il « possède »... 24 billes), et la transformation d'un état (« gagné ») (en 14). C'est ici que se situe la difficulté la plus importante du problème posé par L : quand on a gagné, on possède... ce qu'on a gagné ! Mais L ne semble pas l'identifier immédiatement. Convaincue des vertus didactiques de la contextualisation externe, L opère principalement des rétroactions sur la dimension linguistique (« Relis » : 11, 13, 21, 29) toujours associées aux aspects narratifs (16-18, 21, 23). Or le recours à la logique naturelle n'a pas les effets didactiques attendus : le passage 21 en témoigne par le conflit de cadrage entre cadre naturel et cadre didactique. La question de l'origine de 24 billes (les a-t-il gagnées ?) devrait rester sans réponse dans un cadre naturel (comme celui dans lequel s'inscrit la séquence 16-18) ; en revanche, si l'on se situe dans un cadre didactique, il convient de répondre qu'elles correspondent à la mesure de l'état initial. L s'en rend compte et pointe explicitement à la fin de cette séquence (en 31) le statut relationnel de l'inconnue, marquant ainsi l'abandon, du moins provisoire, d'une stratégie d'enseignement basée sur la contextualisation externe.

L'épisode didactique 35-43 marque une rupture dans la dévolution du problème. En écrivant au tableau, L traduit le problème pas à pas, de façon quasi analogique, en ne retenant que les éléments essentiels et en se focalisant sur la nature de l'inconnue. Du coup, elle suppose la question du statut relationnel de 24 résolue.

### 3. *Contextualisation croisée interne-externe : le switching (44-54)*

Cet épisode montre bien comment ce type de contextualisation interne-externe conduit les élèves, non à établir le lien entre l'histoire de Paul et le problème qu'ils doivent résoudre, mais à *switcher* entre deux cadres didactiques – comprendre l'histoire ou comprendre ce qu'il faut faire pour répondre à la question posée. Mais comment comprendre alors la réponse chorale des élèves (44-45 : « Vous avez compris ? – Oui ») alors même que ce qui suit semble témoigner du contraire ? Elle pourrait être interprétée comme une simple réaction de conformité. Pourtant c'est là qu'intervient un important arrière-plan anthropologique.

Dans un séjour précédent dans une école maternelle, j'avais observé qu'au moment d'une correction, alors que les enfants n'avaient pas compris un exercice, la maîtresse leur avait dit : « Il y en a qui n'ont pas écouté. » Je pose la question à mon informateur, lui-même ancien instituteur : « Je voudrais savoir si écouter et comprendre c'est la même chose ou bien si c'est une simple façon de parler. » Sa réponse est comme d'habitude d'abord indirecte et contextualisée : « Quand j'étais moniteur, un jour l'inspecteur nous avait dit : il faut se garder de dire aux enfants "Est-ce que vous avez compris ?" ». Dans la langue paicî, un même verbe désigne à la fois connaître, savoir, savoir faire, comprendre : *tä mägöri*. Un autre, très proche, moins cognitif et plus conatif peut-être, désigne à la fois entendre, écouter, savoir une langue (« l'entendre »), obéir (il peut s'appliquer aux animaux domestiques) : *têrê*. Si l'enfant a écouté, il a compris. C'est pourquoi les élèves ne peuvent pas dire qu'ils n'ont pas compris. Sa réponse ne me satisfaisant pas, je lui demande d'abord comment un adulte dirait qu'il n'a pas compris. Il me répond par une périphrase sémantique : « Je n'ai pas bouche pour ça : *ticè pwô nägo*. » J'insiste en faisant appel à son expérience d'instituteur : un enfant peut avoir écouté et ne pas avoir compris ! « Tout à fait [...] L'expression kanak, celui qui a entendu et qui n'a pas compris c'est "il a entendu avec les yeux" [...] Il est là, il te regarde bien dans les yeux, mais il essaye de reproduire, alors qu'il t'a bien observé pendant ton discours [...] Moi, pendant les années où j'enseignais, jamais je n'ai entendu un gosse qui dise "Je n'ai pas compris" ». Faut-il en conclure que dans la culture mélanésienne, il n'existe pas de représentation de la résolution de problèmes en tant que travail cognitif ? Les choses sont beaucoup plus compliquées que cela et il faudrait beaucoup travailler pour reconstruire la compréhension à partir d'autres observations ethnographiques.

Ce qui toutefois apparaît à peu près établi, c'est que l'idée de problème au sens où nous l'entendons – problème dont l'adulte connaît la solution mais qui est présenté de manière à ce que l'enfant ne puisse pas répondre immédiatement – est étrangère aux interactions coutumières : on ne peut demander que ce que l'on sait que l'enfant est capable de faire (les adultes ont tendance en cela à traiter les enfants comme des adultes dès l'âge de 6, 7 ans). Entre adultes, à la question « Est-ce que tu peux ? », on ne peut que répondre « Oui ». Seule une impossibilité physique pourrait justifier la réponse « Non » ; mais toute question est posée dans un cadre contextuel, coutumier, de telle façon que l'interlocuteur ne puisse que dire « Oui ». Qu'il se conforme à ce « oui » est bien entendu une autre affaire !

### 4. *Contrat didactique et contrat coutumier : la contextualisation interne (62-109)*

Les interactions didactiques seront désormais centrées sur la situation elle-même, hormis lors d'un court épisode où L a de nouveau recours à l'histoire de Paul (96-102) pour invalider la solution 24 + 69 (par une sorte de raisonnement par l'absurde). Si les élèves « comprennent » que « 24 + 69 » n'est pas la solution attendue, c'est davantage en vertu de leur culture scolaire que pour des raisons logiques.

On distinguera ici plusieurs séquences correspondant à des enjeux didactiques différents. Il y a tout d'abord, la séquence 62-109, où se côtoient contrat didactique et contrat coutumier, avec en particulier la sous-séquence 63-93 du double assujettissement (de l'épisode Guillaume, en 63-68, à l'épisode Benoît, en 70-83), puis, en 94-95, l'épisode « D'accord, pas d'accord ». Il y a ensuite la séquence 108-121, où L identifie, dans la culture scolaire, ce qu'il convenait de faire – une « addition à trou ». Suit alors, en 122-139, l'algorithmisation de la production du résultat, qui précède la production (de 140 à la fin) de la réponse selon la rhétorique scolaire ordinaire.

La question posée par le problème semble maintenant clairement identifiée (57-59). Mais l'identification explicite d'une question n'implique nullement les moyens de sa solution. La question de L (62 : « Qui veut venir marquer l'opération ? ») réalise une rupture dans le contrat qui permet à la leçon d'avancer : sa question clôt la phase de « recherche de ce que l'on doit chercher » et ouvre celle « où l'on doit rechercher comment le produire ». Si les conditions didactiques ainsi créées focalisent l'attention des élèves sur la recherche de moyens syntaxiques (l'opération), la situation scolaire – ce qui se passe *hic et nunc* – n'est pas vide de sens comme on serait conduit à l'affirmer dans un cadre strictement didactique. Comme on le verra notamment dans l'analyse des épisodes Guillaume (63-68) et Benoît (70-83), le cadre anthropodidactique permet de comprendre ce qui se joue dans cette séquence.

5. *Contrat didactique et contrat coutumier : le double assujettissement*

5.1. L'épisode Guillaume (63-68)

D'un point de vue anthropodidactique, la réponse de Guillaume est doublement prévisible (ainsi que l'accord de 4 sur 5 des élèves). À la question « Vous êtes d'accord ? » (60), on ne peut obtenir que la réponse collective « Oui » (61). Se plaçant dans une logique scolaire et non coutumière, L croit alors que la partie est gagnée et pose la question : « Qui veut venir marquer l'opération ? » (62). La réponse de Guillaume (« Moi », 63), porte-parole sûr de lui du petit groupe, peut s'expliquer par une extrême sensibilité au contrat (Sarrazy 1995) que les deux effets Topaze de L permettent de révéler : les élèves savent (arrière-plan scolaire) que si la réponse 24 + 69 avait été correcte, L n'aurait pas dit « lis » (66) mais « Bien », « Ah ! » ou « Enfin ! » ; et, de même, L n'aurait pas demandé « Vous êtes *tous* d'accord ? » (68) mais plutôt « Vous êtes d'accord ? » (avec une prosodie particulière, incitant à une approbation). Mais cette explication seule n'est pas suffisante.

Guillaume et, dans les secondes qui suivent, Benoît, sont aussi dans la logique coutumière dans laquelle ils baignent quotidiennement dès leur plus jeune âge. La logique coutumière oscille (au sens physique du terme) entre un extrême formalisme – dans chaque situation il faut respecter une forme qui se déduit algorithmiquement[11] d'un certain nombre de principes fonctionnant comme une sorte d'axiomatique sociale – et une tout aussi extrême attention au contexte de l'action – il convient d'adapter la forme à la contingence locale quitte à court-circuiter l'algorithme. Tous les élèves n'ont pas tous encore incorporé les finesses des jeux de langage scolaires pour exercer au mieux leur métier d'élève. L'effet Topaze n'atteint pas son but – la réponse de Guillaume fera la quasi-unanimité ! Elle est à ranger non dans une prétendue labilité, mais bien dans une logique de contextualisation : la réponse écrite 24 + 69 ne peut être comprise comme une réponse à « [On demande] de chercher les autres billes que Paul a gagnées à la récréation » (59), mais comme une réponse contextuelle au cadre induit par « Écrire l'opération ».

5.2. L'épisode Benoît (70-83)

Fort heureusement Benoît est là ! Lui seul semble avoir pressenti l'effet Topaze (« La maîtresse n'est pas d'accord avec Guillaume, alors je dis non »). Si,

---

11. L'usage dans ce contexte du terme *algorithme* a été validé par Élie Pouagoune, professeur certifié de mathématiques, au cours d'un entretien de recherche postérieur (2000).

logiquement, il ne sait pas pourquoi, il a toutefois de bonnes raisons (à la fois didactiques et coutumières) d'agir ainsi. Lentement, il écrit « Paul », puis efface. Il gagne ainsi du temps, espérant sans doute un nouvel effet Topaze de L en rétribution de ce qu'il croit être une complicité avec L – qui, rappelons-le, était, après l'épisode Guillaume, dans une impasse didactique dont elle devait absolument sortir. Benoît attend ce nouvel indice, qui ne vient pas ! L s'impatiente : « Ça y est, Benoît ? Nous, on t'attend ! » (74). L a-t-elle cru effectivement que Benoît savait ? Quoi qu'il en soit, à la lenteur de Benoît, à ce qu'il écrit, elle voit que ce n'est pas le cas. Du coup, elle désavoue publiquement celui en qui elle avait placé l'espoir de poursuivre sa leçon sans avoir le sentiment d'enseigner vraiment.

Mais le désaccord de Benoît avec Guillaume et ses camarades – qui, d'ailleurs, n'en savent pas plus que lui – ne porte pas sur le fond mais sur la forme. En effet, si le rituel scolaire semble respecté, la façon dont les choses, formellement, se déroulent n'est, pour Benoît, pas conforme au contrat coutumier : la ritualisation scolaire est didactiquement acceptable mais n'est pas coutumièrement correcte. Guillaume ne s'est pas trompé : il n'a pas respecté le cérémonial de la rhétorique du problème d'arithmétique, tel qu'il doit se dérouler selon la coutume dans la culture kanak. Sur le tableau au-dessous de l'énoncé il y a bien : « Réponse Opération ». Benoît a anticipé en écrivant des nombres (sous « Opération ») avant d'écrire des mots de « Réponse ». On peut ainsi considérer que le contrat coutumier surdétermine, ici, le contrat didactique : la scène didactique n'est qu'une sorte de trame sur laquelle se joue une autre scène, coutumière, dont Guillaume et Benoît représentent deux figures idéaltypiques.

### 6. *L'obligation d'enseignement (94-95)*

L a épuisé sa réserve de stratégies didactiques. La situation est maintenant bloquée et nul autre espoir de poursuivre la leçon n'existe en dehors d'un désaveu « public » de l'impasse dans laquelle elle se trouve. L'observateur, refusant de « jouer à l'Indien », pour reprendre ici l'expression d'Alban Bensa, sensible à ce qui est là en train de se jouer, ne peut pas ne pas intervenir pour marquer, par son intervention – « Moi non plus » (95) –, son appui complice et solidaire (au sens rortien du terme : Rorty, 1990, 1994), et atténuer, en quelque sorte, le malaise attaché à la pudeur didactique de L[12]. Cette phase marque une nouvelle rupture du

12. Il est à noter que mon « Moi non plus ! », s'il a peut-être rassuré celle chez qui je ne pouvais paraître comme un intrus au sens propre du terme, n'a eu strictement aucun effet sur les élèves ! M'ont-ils entendu ? Sans doute, mais ils m'ont identifié à ce moment-là comme comptant « pour du beurre » dans ce jeu.

contrat didactique, tout en assurant le lien entre la maïeutique qui a précédé et l'institutionnalisation qu'elle annonce.

Trois séquences vont alors se succéder. Tout d'abord prend place une séquence d'institutionnalisation (108-120) : L prend en charge la solution du problème en faisant identifier explicitement aux élèves l'objet culturel (« Ça s'appelle ? Une addition à trou... », 114-115) qu'elle attendait mais ne pouvait pas dire (« Il fallait faire quoi ? », 120). Maintenant, le problème n'est plus qu'un exercice. Le sens (l'usage) de l'addition à trou comme instrument de résolution d'un problème disparaît dans l'exécution de sa syntaxe algorithmique (122-139). Une fois le résultat établi (135-137), il s'agit maintenant de lui donner un sens, un statut (« Combien Paul a-t-il gagné de billes ? », 140). Le rituel de la production de la réponse, fortement codifié (comme nous l'avons vu dans l'épisode Benoît) est alors rappelé par L en plusieurs étapes : « Je ne veux pas un mot, une réponse. Quand on pose une question, on répond par une phrase » (142-143) ; « Qui veut écrire la phrase ? » (145). La leçon s'achève par le rituel de la « mise au propre » du problème sur le quasi sacré « cahier du jour », effaçant du même coup, pour les élèves comme pour L, les traces des pas hésitants, parfois déroutés, qui les ont conduits. Chacun a satisfait à ses obligations scolaires et coutumières, mais le contrat didactique n'est pas vraiment rompu : il est non avenu !

## Conclusion

« La nature du calcul, écrit Wittgenstein (1976), nous en avons fait la connaissance en apprenant à calculer. [...] C'est ainsi que l'on calcule. Et calculer, c'est *cela*. Ce que, par exemple, nous apprenons à l'école. Oublie cette certitude transcendante qui est liée au concept que tu as de l'esprit. » « Résoudre un problème d'arithmétique », note-t-il encore (Wittgenstein, 1961), est un jeu de langage qui ne peut se jouer que sur l'arrière-fond d'une forme de vie. Pour structurées qu'elles soient par leur cadrage didactique, les situations scolaires ne sont pas pour autant coupées de la culture de ceux qui y participent. Comprendre ce qui s'y joue revient à décrire les règles auxquelles semblent s'assujettir maître et élèves, et comprendre comment ces règles naissent ou disparaissent, se complètent ou s'opposent. Le cadre anthropodidactique sollicité dans cette recherche participe d'une volonté de comprendre en évitant le double écueil de la réduction de l'anthropologique au didactique, et inversement. Nous faisons le pari qu'il y a là une voie possible et nouvelle, à la fois pour l'anthropologie de l'éducation et pour la didactique des mathématiques.

## Annexe. Une séance en classe

La maîtresse est ici désignée par l'initiale de son prénom, L. Au tableau, L a écrit le problème suivant.

Paul a 24 billes. Pendant la récréation il a gagné d'autres billes. Maintenant il a 69 billes.

Combien a-t-il gagné [de billes] pendant la récréation ?

Réponse Opération

### Cadre 1. Contextualisation « externe » (1-34)

1 L. – On lit d'abord l'histoire.
2 *Lecture très lente d'un petit garçon.*
3 L. – Racontez l'histoire...
4 E. – Paul a gagné 24 billes pendant la récréation.
5 L. – Qui est d'accord ?
6 *Deux enfants sont d'accord, trois ne sont pas d'accord.*
7 L. – Paul est sorti en récréation.
8 E. – Paul a gagné 69 billes.
9 L. – Vous avez compris, mais pas tout à fait. On relit la première phrase.
10 E. – Paul a 24 billes.
11 L. – Elle se termine par un point. Est-ce qu'on dit « Paul a gagné » ?
12 E. – Non !
13 L. – Relis !
14 E. – Paul a gagné 24 billes.
15 *Rires*
16 L. – Qu'est-ce que ça veut dire « Paul a 24 billes » ? Paul est à la maison
17 ou à l'école ? Il va jouer aux billes en classe ou en récréation ? Il est
18 encore en classe, il va aller en récréation et jouer aux billes. Il a 24 billes... quand il va sortir en récréation ?
19 E – Non.
20 E – Si.
21 L – Avant de sortir, il a... Est-ce que les 24 billes, ce sont les billes qu'il a gagnées ?
22 E – Non.
23 L – Maintenant on lit la deuxième phrase.
24 E – Pendant la récréation il a gagné d'autres billes.
25 L – Maintenant, il va faire quoi ?
26 E – Jouer.
27 L – Perdre ou gagner ?

28 E – Gagner.
29 L – Combien ? *Pas de réponse*. Relis la deuxième phrase.
30 E – Pendant la récréation il a gagné d'autres billes.
31 L – Il a gagné « d'autres ». Est-ce que vous savez il a gagné combien ?
32 E – Non.
33 L – Gagner, ça veut dire d'autres billes en plus ou en moins ? *Pas de*
34 *Réponse*. Ça veut dire quoi, ça veut dire : il y a d'autres billes qu'il va avoir en plus ou en moins.

***Fin du cadre 1***

**Formalisation analogique (35-43)**

35 *L dessine les 24 billes au tableau sans dire ni demander combien il y en a :*
36 oooooooooooooooooooooooo
37 *Puis en dessous [le nombre est approximatif] :* oooooooooooooooo
38 L *montrant la dernière rangée*. – Est-ce qu'on sait combien ?
39 E. – Non.
40 L. – Est-ce qu'il en a toujours 24 ?
41 *Pas de réponse*
42 L. – On lit la troisième phrase.
43 E. Maintenant il a 69 billes.

**Cadre 2. *Switching* interne/externe : comprendre (44-54)**

44 L. – Vous avez compris ?
45 E. – Oui.
46 L. – Ça veut dire quoi ?
47 E. – Paul a 69 billes.
48 L – Tout à l'heure, il avait combien ?
49 E. – 24.
50 L – Parce qu'il a joué maintenant il a...
51 E – 69.
52 L – Il y en a beaucoup maintenant. On lit ce qu'on vous demande.
53 E – Combien a-t-il gagné de billes pendant la récréation ?
54 L – Voilà. On vous demande de chercher quoi ?

***Fin de l'épisode « Comprendre »* (55-61)**

55 *Pas de réponse.*
56 L. – Lisez.
57 E. – Combien a-t-il gagné de billes pendant la récréation ?
58 L. – On demande quoi ?

E. – De chercher les autres billes que Paul a gagnées à la récréation.
L. – Vous êtes d'accord ?
Les cinq élèves. – Oui !

**Cadre 3. Contextualisation « interne » (62-107)**

L. – Qui veut venir marquer l'opération ?

***Début de l'épisode « Guillaume »***

E. – Moi.
L. – Guillaume, va marquer l'opération !
*Guillaume va au tableau et écrit sans hésiter :* 24 + 69 =
L. – Lis !
Vingt-quatre plus soixante-neuf égale...
L. – Vous êtes tous d'accord ?

***Fin de l'épisode « Guillaume »***

Quatre des cinq élèves. – Oui.

***Début de l'épisode « Benoît »***

*Benoît fait signe que non de la tête.*
L. – Tu penses que c'est comment ?
*Benoît va au tableau et, très lentement, écrit « Paul » puis efface et écrit : « Combien de billes a-t-il gagnées »*
L. – Ça y est, Benoît ? Nous, on t'attend !
*Sans davantage se presser, Benoît finit d'écrire « à la récréation ».*
L. – Voilà ce que Benoît a écrit. Qu'est-ce que je demandais ?
E. – L'opération.
L. – Après j'ai demandé : qui est-ce qui est d'accord ? J'ai dit « Benoît, va écrire ton opération ». Est-ce que Benoît a écrit son opération ?
E. – C'est une phrase.
L. – Dans une opération, il y a deux nombres et le signe + [L n'a pas encore abordé officiellement la soustraction, mais l'addition à trou]. Ce n'est pas une opération ce qu'a fait Benoît. Qu'est-ce qu'on va faire ?
E. – Effacer.
L. – Je repose ma question. Vous êtes d'accord avec l'opération ?
Les élèves en chœur. – Oui.
L. – Benoît, tu n'as pas une autre opération ? *Benoît fait signe que non.* Vous êtes sûrs que c'est ça ?
Les élèves ensemble. – Oui.
L. – Vous êtes sûrs que c'est ça ?
Les élèves ensemble. – Oui.

92 L. – Toi, Benoît, c'est ça ou une autre opération ?
93 *Pas de réponse.*

### *Épisode « D'accord / pas d'accord » (94-95)*

94 L. – Vous croyez que c'est ça ? ... Vous ne trouvez pas ?... Moi, je ne suis pas d'accord.
95 L'Observateur (P. Clanché) – Moi non plus.

### *Interne / Externe (96-107)*

96 L. – Je vais vous expliquer ce que veut dire cette opération : que Paul
97 avant la récréation a 24 billes…
98 *L s'interrompt pour donner du travail aux petits.* Paul, avant de sortir, il a
99 24 billes. Il a joué à la récréation et a gagné 69 billes ; et maintenant combien il a de billes en tout ?
100 *L explicite le sens de l'opération 24 + 69, le ton de sa voix monte – en hauteur, pas en force.*
101 L. – C'est ça l'histoire : il a gagné 69 billes pendant la récréation ? C'est
102 ça que dit l'histoire ? Est-ce que, dans l'histoire, on dit que Paul a gagné 69 billes ? Oui ou non ?
103 E. – Certains disent oui, d'autres, non.
104 L. – Relis la phrase.
105 E. – Pendant la récréation il a gagné d'autres billes.
106 L. – On sait combien ?
107 E. – Non.

### Institutionnalisation (108-120)

108 L. – Qu'est-ce qu'on fait de 69 ?
109 E. – On l'enlève.
110 L. – On va mettre ?
111 E. – Zéro.
112 L. – On va mettre des petits points.
113 *L écrit au tableau :* 24 + ... =
114 L. – Ça s'appelle ?
115 E. – Une addition à trou.
116 L. – Maintenant, il a combien de billes en tout ?
117 E. – 69.
118 L. – Donc...
119 L. – Complète 24 + ... = 69.
120 L. – Il fallait faire quoi ?

### *Fin institutionnalisation*

121 E. – Une addition à trou.

### Algorithmisation de la production du résultat (122-139)

122 L. – Qui va la poser ? Myriam ?

123 *Myriam va au tableau et, sous « Opération », pose*

124 24

125 + ...

126 69

127 L. – Elle a terminé ?... Elle a tout écrit ?... Tu as tout écrit ?

128 Myriam. – Oui.

129 L. – Qu'est-ce qu'elle a pas écrit ?

130 E. – Les chiffres.

131 L. – Va chercher la craie verte.

132 *Myriam va chercher la craie, et compte sur ses doigts jusqu'à 4, bloque*
133 *le quatrième doigt sur son front, continue : 5, 6, 7, 8, 9 ; regarde les*
134 *doigts restants et dit 5, puis l'écrit. Avec la même technique : 1, 2 – blocage –, 3, 4, 5, 6 ; et écrit 4 :*

135 24

136 + 45

137 69

138 L. – Quel est le nombre ?

139 E. – 45.

### Rhétorique scolaire : production de la réponse (140-fin)

140 L. – Combien Paul a-t-il gagné de billes ?

141 E. – 45.

142 L. – Je ne veux pas un mot, une réponse. Quand on pose une question, on
143 répond par une phrase. Vanessa !

144 V. – Paul a gagné 45 billes pendant la récréation.

145 L. – Qui veut écrire la phrase ?

146 *Une petite fille va écrire la phrase sous « Réponse ».*

147 L. – C'est fini ? C'est bon. Prenez vos cahiers du jour.

148 *Il est 10 h 35. La séquence a duré 50 minutes.*

# Proceedings of the 10th International Congress of Mathematics Education Copenhagen (2004)

Pierre CLANCHÉ et Bernard SARRAZY

# Occurrence of typical cultural behaviours in an arithmetic lesson : how to cope ? (Elementary school, Melanesian culture)

En l'honneur de Guy Brousseau

## I. Questions

Si les mathématiques sont une science universelle, les conditions spécifiques de leur diffusion et les formes qui la permettent doivent aussi être spécifiques. Mais ce qui est vrai pour les mathématiques et leur didactique ne peut pas être revendiqué aussi loin que les phénomènes d'enseignement *lato sensu* sont concernés. En fait les conditions didactiques ne remplissent pas toutes les conditions de l'enseignement, loin de là. L'approche anthropo-didactique s'intéresse aux phénomènes reliés à ce domaine non rempli (non couvert) ; plus précisément elle s'intéresse au croisement entre les conditions didactiques et les conditions non didactiques – particulièrement aux conditions anthropologiques *lato* et *stricto sensu*.

Cette approche ne se situe pas exactement dans la perspective de l'ethnomathématique telle qu'elle est constituée avec les autres ethnosciences à l'intérieur de l'Anthropologie. Si nous nous référons aux deux ouvrages relativement récents de M. Ascher (1991) et U. D'Ambrosio (2001) – le premier plus prospectif et le second plus idéologique et polémique l'ethnomathématique consiste davantage à identifier une activité mathématique explicite (par conséquent un travail cognitif réel) dans des pratiques sociales qui sont clairement spécifiées, voire ritualisées. Ces pratiques concernent la numération, l'art, l'artisanat, la musique, les jeux, les organisations de la parenté... et peuvent quelquefois être transposées dans le curriculum scolaire formel. Dans un numéro spécial des *Educational Studies in Mathematics*, Bishop (1998) résume très bien les thèses qui font un lien entre ethnomathématiques, universalité des mathématiques et enseignement des mathématiques.

> « La thèse développée est que les mathématiques doivent maintenant être comprises comme un genre de savoir culturel, que produisent toutes les cultures mais qui n'a pas besoin de "présenter" (*look*) la même façade d'un groupe culturel à un autre. De la même façon que toutes les cultures humaines engendrent des langues, des croyances religieuses, des rituels, des techniques de productions agricoles, etc., il semble que toutes les cultures humaines engendrent des mathématiques. Les mathématiques sont un phénomène pan-humain. Plus, de la même manière que chaque groupe culturel engendre sa propre langue, ses propres croyances religieuses, etc., il semble que chaque groupe culturel soit capable de produire ses propres mathématiques. Manifestement ce type de pensée va nécessiter quelques réexamens fondamentaux de nombre de nos croyances à propos de la théorie et la pratique de l'enseignement des mathématiques. »

Étroitement lié aux pratiques effectives de l'enseignement formel, l'anthropo-didactique ne se préoccupe pas des questions aussi métaphysiques et oiseuses (complexes). L'Anthropologie poststructuraliste est plus modeste et pragmatique : les cultures ne sont ces machines isolées générant des algorithmes auxquels les gens se conformeraient à la logique inconsciente. En se frottant les unes aux autres et en prenant en compte les intérêts des sous-groupes et les changements de configurations à l'intérieur d'elles-mêmes, les cultures s'efforcent de préserver leurs identités multiples – fini le grand écart entre sociétés globales et sociétés segmentées – à travers croisement métissages plus ou moins réussis[13].

Pour dire les choses simplement l'anthropo-didactique considère les situations scolaires comme étant doublement structurées, (1) didactiquement et (2) anthropologiquement :

(1) Toute situation scolaire vise à ce que les élèves s'approprient un certain nombre de pratiques sociales – gestes, façons spécifiques de relation aux problèmes et de prises en compte de ceux-ci. L'usage de ces pratiques par les élèves doit être conforme à ceux de la communauté de la discipline donnée : on ne peut pas apprendre ou faire des mathématiques de la même manière que de la poésie ou de la mécanique. De plus : i. ces pratiques ne sont pas

13. « Il faut comprendre [le contexte ou la culture] comme un ensemble d'attitudes ou de pensées dotées de leur logique propre mais qu'une situation peut momentanément réunir au cœur d'un même phénomène » (Bensa, 1996 : 44).

directement enseignables – si elles l'étaient il n'y aurait aucun « problème didactique » ; ii. la transposition des cadres sociaux de ces pratiques dans le champ scolaire ainsi que le recours si fréquent « faire croire » ne favorise pas directement l'appropriation du savoir par les élèves. Comme cela a déjà été montré (Clanché et Sarrazy, XXX) une telle forme d'enseignement fait surgir plus de difficultés qu'elle n'en résout. Les situations d'enseignement ne sont pas isomorphes aux situations sociales de production et d'usage de la connaissance (ou savoir ?).

C'est pourquoi nous pensons que l'introduction « culturaliste », c'est-à-dire sans réflexion didactique *a priori*, des pratiques sociales ethnomathématiques exogènes au système scolaire peut manquer son but et « folkloriser » la culture locale que l'on souhaite légitimer.

(2) Si la *Théorie des situations didactiques* (Brousseau, 1997) rend possible l'identification et l'étude des conditions spécifiques de diffusion des connaissances mathématiques, ainsi que de prévoir les effets engendrés par telle ou telle situation, sa focalisation tend à laisser de côté quelques conditions anthropologiques sous-jacentes. Ces conditions sont également spécifiques dans le cadre scolaire dans la mesure où c'est par ces conditions que les élèves peuvent lui appartenir, en faire partie et donc développer leur affiliation en adoptant la même manière de faire pour résoudre les questions mathématiques. Les conditions anthropologiques ne sont pas établies une fois pour toutes et comme le cadre d'une représentation théâtrale. Elles se manifestent de manière désordonnée comme la configuration particulière surgissant de la mise sur le tapis d'une carte inattendue durant une partie, laquelle mise sur le tapis étant autorisée par les règles constitutives du jeu (Searle, 1969).

L'observation d'une leçon durant laquelle l'un d'entre nous (Bernard) joue le rôle du professeur illustrera notre propos.

## II. Conditions de l'observation

La leçon analysée est une introduction de la division euclidienne sans reste : la recherche du quotient « q » par construction des multiples du diviseur, également appelée « multiplication à trou » : D = q x d. L'observation a été faite dans une classe élémentaire (CM2, 10 ans) dans une école mélanésienne (Nouvelle-Calédonie, Province Nord, aire linguistique paicî).

En plus de la nouveauté liée à l'objet de l'enseignement, la leçon comporte deux ruptures par rapport aux habitudes scolaires des élèves : i. un changement d'enseignant : la maîtresse avait accepté que l'un de nous (Bernard) prenne la classe en charge après une semaine d'observation participante ; ii. un changement de culture didactique : c'était probablement la première fois que les élèves avaient à faire avec une situation ouverte (*vs* une leçon magistrale). Dans cette situation il leur était demandé d'établir par eux-mêmes la preuve de leurs décisions. Nous appellerons « dévolution de la preuve » le changement le plus important en référence à un des concepts centraux de la *Théorie des situations didactiques*.

> « La dévolution est l'acte par lequel le professeur fait accepter à l'élève la responsabilité d'une situation d'apprentissage ou d'un problème et accepte les conséquences du transfert de cette responsabilité ou en discussion » (Brousseau, 1998).

## III. Leçon

La totalité de ce paragraphe est transcrite *supra in texto* au chapitre Tiaoué VI.

## IV. Conclusion générale

La pratique quotidienne des professeurs est ainsi faite, même s'ils sont didacticiens ! Les professeurs n'ont pas d'autre choix que celui d'enseigner des mathématiques en faisant faire des mathématiques, et les élèves n'ont pas d'autre choix que de tenter de s'approprier une « manière de voir » au sens de Wittgenstein. Cette double nécessité place la question de l'enseignement au milieu du champ anthropologique : « montrer » pour « voir comme » – éventuellement être approuvé par Eddy – impose soi-même à l'élève comme une nécessité. Comme le disent Conne et Brun (1990), « la conceptualisation doit suivre l'initiation ». Revenons au paradoxe de la dévolution :

> « Le maître veut que l'élève veuille ne tenir la réponse que de lui-même mais en même temps il veut, il a le devoir social de vouloir, que l'élève donne la bonne réponse. Il doit donc communiquer ce savoir sans avoir à le dévoiler » (Brousseau, 1988).

Cette affirmation « le professeur veut que... » peut nous faire sourire. L'épisode Eddy montre que l'enseignant ne peut pas obliger les élèves à « voir comme ». Au § 35 des *Remarques philosophiques* (1975), Wittgenstein dit que les questions telles que « Qu'est-ce qu'un nombre ? Qu'est-ce que la signification ? Qu'est-ce que le nombre un ? nous donnent "des crampes mentales" » !

Apprendre les mathématiques devient apprendre un jeu de langage. La compréhension du processus de l'éducation aux mathématiques revient à décrire et identifier les conditions anthropologiques dans lesquelles ces jeux apparaissent et disparaissent.

**Bibliographie de l'annexe I**

AMSELLE J.-L., 1990, *Logiques métisses : anthropologie de l'identité en Afrique et ailleurs*, Paris, Payot.

BENSA A., 1995, « L'identité kanak : croquis d'une civilisation », *Ethnies-Documents*, 10 (19/20), p. 18-55.

—— 1996, « De la micro-histoire, vers une anthropologie critique », *in* Revel J. (éd.), *Jeux d'échelles. La micro-analyse à l'expérience*, Paris, Hautes Études/ Gallimard/Le Seuil, p. 37-70.

BENSA A., RIVIERRE J.-C., 1982, *Les chemins de l'Alliance. L'organisation sociale et ses représentations en Nouvelle-Calédonie (région de Touho - aire linguistique cèmuhî)*, Paris, SELAF.

BOURDIEU P., 1984, *Le sens pratique*, Paris, Les Éditions de Minuit.

BROUSSEAU G., 1998, *Théorie des situations didactiques*, Grenoble, La pensée sauvage.

CHEVALLARD Y., 1991, *La transposition didactique : du savoir savant au savoir enseigné*, Grenoble, La pensée sauvage.

—— 1994, « Nouveaux objets, nouveaux problèmes en didactique des mathématiques », *in* Artigue M. *et al.* (éd.), *Vingt ans de didactique des mathématiques en France*, Grenoble, La pensée sauvage, p. 311-320.

—— 1999, « L'analyse des pratiques enseignantes en théorie anthropologique du didactique », *Recherches en didactique des mathématiques*, 19(2), p. 221-266.

CHOPIN M.-P., 2011, *Le temps de l'enseignement. L'avancée du savoir et la gestion des hétérogénéités dans la classe*, Presses universitaires de Rennes.

CLANCHÉ P., 1999, « Un aspect du métier d'élève chez le jeune enfant kanak : écouter, comprendre, faire, écrire », *Revue française de pédagogie*, 127, p. 99-106.

——— 2000, « Anthropologie de l'éducation et didactique des mathématiques : pour une anthropo-didactique », 3e colloque international, *Recherche(s) et formation des enseignants*, Marseille.

CLANCHÉ P. et SARRAZY B., 2002, « Approche anthropodidactique de l'enseignement d'une structure additive dans un cours préparatoire kanak », *Recherches en didactique des mathématiques*, vol. 22. n° 1, p. 7-30.

GEARING F.O., 1984, « Toward a General Theory of Cultural Transmission », *Anthropology & Education Quarterly*, 15, p. 29-37.

GOFFMAN E., 1974, *Les rites d'interactions*, Paris, Éditions de Minuit.

——— 1991, *Les cadres de l'expérience*, Paris, Éditions de Minuit.

GUMPERZ J., 1989, *Engager la conversation. Introduction à la sociolinguistique interactionnelle*, Paris, Les Éditions de Minuit.

KINTSCH W., GREENO J. G., 1985, « Understanding and Solving Word Arithmetic Problems », *Psychological Review*, 92(1), p. 109-129.

MARCHIVE A., 2008, *La pédagogie à l'épreuve de la didactique. Approche historique, perspectives théoriques et recherches empiriques*, Presses universitaires de Rennes.

MC DERMOTT R., VARENNE H., 1995, « Culture as Disability », *Anthropology & Education Quarterly*, 26(3), p. 324-348.

NAEPELS M., 1998, *Histoires de terres Kanakes. Conflits fonciers et rapports sociaux dans la région de Houaïlou (Nouvelle-Calédonie)*, Paris, Belin.

OGBU J., 1981, « School ethnography: A multilevel approach », *Anthropology & Education Quarterly*, 12(1), p. 1-20.

——— 1983, « Cultural discontinuities and schooling », *Anthropology & Education Quarterly*, 14(4), p. 290-307.

——— 1992, « Les frontières culturelles et les enfants de minorités », *Revue française de pédagogie*, 101, p. 9-26.

PHILIP S., 1972, « Participant Structures and Communicative Competence: Warm Springs Children in Community and Classroom », *in* Cazden C., John V., Hymes D. (eds), *Functions of Language in the Classroom*, New York, Teachers College Press, p. 370-394.

ROINÉ C., 2009, *Effets de cécité didactique des discours noosphériens dans les pratiques d'enseignement en S.E.G.P.A.* : contribution à la question des inégalités, thèse de doctorat, Université Victor Segalen Bordeaux 2.

RORTY R., 1990, *Science et solidarité : la vérité sans le pouvoir*, Aix-en-Provence, Éditions de l'Éclat.

——— 1994, *Objectivisme, relativisme et vérité*, Paris, PUF.

SARRAZY B., 1995, « Le contrat didactique », *Revue française de pédagogie*, 112, p. 85-118.

—— 2007, « Ostension et dévolution dans l'enseignement des mathématiques : anthropologie wittgensteinienne et théorie des situations didactiques », *Éducation et didactique*, vol. 1, n° 3, p. 31-46.

SARTRE J.-P., 1943, *L'être et le néant*, Paris, Gallimard.

SEARLE J., 1982, *Sens et expression. Études de théorie des actes de langage*, Paris, Éditions de Minuit.

SENSEVY G., MERCIER A., SCHUBAUER-LEONI M.L., 2000, « Vers un modèle de l'action didactique du professeur. À propos de la course à 20 », *Recherches en didactique des mathématiques*, 20(3), p. 263-304.

VERGNAUD G., 1990, « Développement et fonctionnement cognitifs dans le champ conceptuel des structures additives », *in* Netchine-Grynberg G. (éd.), *Développement et fonctionnement cognitifs chez l'enfant : des modèles généraux aux modèles locaux*, Paris, PUF, p. 261-277.

WADRAWANE E., 2010, *L'école aux marges de la tribu : approche anthropologique des stratégies d'accueil et d'intégration de l'institution scolaire en Nouvelle-Calédonie (Provinces Nord et Iles)*, thèse de doctorat, Université Victor Segalen Bordeaux 2.

WITTGENSTEIN L., 1961, *Tractatus logico-philosophicus*, suivi des *Investigations philosophiques*, Paris, Gallimard.

—— 1965, *Le Cahier bleu et le Cahier brun*, Paris, Gallimard.

—— 1975, *Remarques philosophiques*, Paris, Gallimard.

—— 1976, *De la certitude*, Paris, Gallimard.

—— 1983, *Remarques sur les fondements des mathématiques*, Paris, Gallimard.

## Annexe II

# Familiarité, amitié et recherche

## Parler de ceux qui vous ont adopté ? Expérience et réflexions sur la relation de familiarité en anthropologie de l'éducation[1]

Pierre Clanché

« C'est avec les personnes dont nous sommes le plus proche que nous avons pu acquérir non seulement les éléments d'information les plus utiles et les plus clairs, mais aussi et surtout les plus indépendants des enjeux circonstanciels de la situation sur laquelle nous les interrogions, indépendamment même de l'ampleur de leur savoir. Ce paradoxe théorique a dans la pratique un nom simple et beau : c'est l'amitié. »

Michel Naepels, *Histoire de terres Kanakes*

Famille, n.f. est un emprunt assez tardif (1337) au latin classique *familia*, dérivé de *famulus* « serviteur », mot italique isolé dans l'ensemble indo-européen. La *familia* romaine est étymologiquement l'ensemble des *famuli*, esclaves attachés à la maison du maître, puis tous ceux qui vivent sous le même toit, maîtres et serviteurs, et sur qui règne l'autorité du pater familias, le père de famille...

Familier, ière adj. et n. est une réfection (v. 1240) de *famelier* (v. 1155) emprunté au latin *familiaris* « qui fait partie de la maison », d'où par extension « ami intime » dérivé de *familia*...

*Le Robert historique de la langue française*

1. *Les Sciences de l'éducation, L'ère nouvelle*, vol. 38, n° 1, 2005, p. 11-41.

## 1. Le droit d'écrire

Ce texte prendra la forme incertaine d'un itinéraire de recherche qui serait en même temps un vrai roman d'apprentissage. Il suivra un ordre à peu près chronologique dans lequel un *moi* que je voudrais modeste (« je déteste les voyages et les explorateurs » écrivait C. Lévi-Strauss en exergue de *Tristes tropiques*) s'autorise, en racontant son apprentissage culturel, à risquer quelques propositions de portée un peu générale[2].

[...]

### a. *4. La question du privé*

Deux événements viennent « perturber » l'idylle bougainvilienne de ma vie en tribu et m'introduire dans le familier. Je savais bien que la contingence qui vient contrecarrer le projet initial est le lot de l'anthropologue ; c'est aussi le lot de quiconque, étudiant apprenti chercheur ou chercheur aguerri, qui s'engage dans une recherche en rase campagne[3] ; sentencieusement je dis à mes étudiants qu'il faut faire son miel avec ces épines ! Dans *L'anthropologie n'est pas un sport dangereux* N. Barley, dont la lecture est recommandée aux apprentis étudiants ethnologues, nous régale de ces impedimenta dans un humour très british. La grande littérature anthropologique contemporaine est truffée de ces scènes fondamentales, la leçon d'écriture dans *Tristes tropiques*, la descente de police dans l'archi célèbre combat de coq à Bali chez Geertz (1983), etc.

Voici les deux événements dramatiques en question :

- un événement public : la mort subite de l'ancien maire de la commune, cousin et proche voisin des Méréatu. Cette mort entraînera plusieurs journées de deuil, donc pas d'école donc de l'information en moins...
- un événement privé : la maman de S, Adèle qui habite juste en dessous des Méréatu, de l'autre côté de la rivière, trébuche dans sa case, tombe dans le feu, sa robe mission en mauvais acétate s'embrase, on la transporte à l'hôpital de Nouméa où elle décédera quelques jours plus tard. En attendant S et C feront plusieurs allers-retours à Nouméa en nous laissant sous la protection d'une grand-mère avec une ribambelle de neveux qu'elle amène avec elle : mes interlocuteurs foutent le camp, ils ont d'autres soucis que l'école...

Ce sont ces deux événements qui vont m'immiscer dans le familier. Juste avant mon départ pour la France, Adèle meurt alors que je ne suis plus à Tiaoué,

2. La suite du paragraphe 1 ainsi que les paragraphes 2 et 3 reprenant les thèmes abordés dans l'Avant-propos, je ne les reproduis pas ici.
3. J. Wittwer distingue finement les recherches « forteresses » et les recherches « en rase campagne ».

je reviens de Nouméa pour donner ma coutume et assister à ses obsèques. Ce qui me sera rappelé, beaucoup plus tard. Dès mon retour en « métropole », je mets au propre mes notes en numérotant les « observations » de 1 à 46 (réminiscence de Devereux dans *De l'angoisse à la méthode ?* c'est seulement maintenant que je m'en aperçois !). Je les rassemble dans un petit volume propre et les envoie à A. Bensa, attendant anxieusement son verdict. Je lui rends visite ; il me fait quelques réflexions aimables, nous parlons de ceux qui sont déjà de sa famille et des événements ci-dessus. J'attire son attention sur l'existence, dans mon texte, de crochets *[...privé...]* qui interrompent la numérotation. Une note du Journal est explicite :

> Le signe [...privé...] signifie observation à caractère privé, donc non rapportée dans le texte, bien qu'ayant des relations certaines avec l'éducation, Journal T I : 1.

L'expression *bien qu'ayant des relations certaines avec l'éducation* me fait maintenant sourire. Cette question me travaillait. Je fais alors appel de la longue expérience de A. Bensa de vie dans des familles et lui demande où, pour lui, commençait le privé ? Réponse quasi immédiate : « Pour l'anthropologue il n'y a pas de privé ; les gens qui t'accueillent savent parfaitement quel est ton métier, pourquoi tu es là, ils ne te disent et montrent que ce qu'ils veulent bien te montrer, même dans l'imprévu, ils t'emmènent où ils ont décidé de t'emmener, donc tu peux tout noter, il faut que tu notes tout... » Effectivement :

> Visite d'Antoine Goromido. [...privé...] Nous le raccompagnons. Il m'invite à venir le voir à Nétchaot.
>
> Obs. 36
>
> Au retour, S m'amène à l'internat de Tiaoué. La sœur lui signale que des enfants ont été têtus. Coup de gueule de S, aveux, tape...
>
> À la sortie, S s'explique « je ne frappe que des enfants avec lesquels j'ai des relations coutumières. Le lendemain c'est oublié... »

À l'évidence, S a voulu me montrer quelque chose de la relation éducation/école/coutume. La visite à l'internat dont il est aussi directeur était improvisée, l'internat étant sur notre route. Par contre, la scène violente (euphémisée dans le Journal) des enfants qui se dénoncent devant leurs camarades et viennent, dans un silence terrifiant, recevoir quelques gifles bien appliquées, est construite en partie à mon intention : S aurait pu se contenter de dire à la sœur de régler le problème ou qu'il le réglerait lui-même le lendemain... On remonte dans la voiture. Bien évidemment je ne fais aucune réflexion ; au bout d'une centaine de mètres pas plus, S parle ; je pensais alors que c'était simplement pour se justifier. En fait, non. S m'a simplement montré (au sens de Wittgenstein) et décrit (account) un morceau, un bout[4], de ce que je devais savoir de la relation éducative entre un instituteur kanak et son clan. Lors du séjour suivant il rectifiera : « *L'échec c'est celui de l'instit. L'enfant c'est de l'or, c'est l'instit qui déconne.* » Journal T II : 24.

Revenons à la discussion avec A. Bensa : « Mais si les personnes ne me considèrent plus comme anthropologue mais comme ami, confident, frère ? » A. Bensa me répond qu'en fait « ça ne change pas le fait fondamental que tu es là pour les observer ». Cette autorisation, au sens fort du terme, a constitué pour moi une libération. Si je relis maintenant non pas le journal « officiel » mais le cahier sur lequel je reporte les fiches et les intègre dans le récit détaillé de la journée passée (heures et minutes y sont consignées) je vois écrite cette phrase à propos des mini-événements de la veillée qui suit l'annonce de la mort du maire : *Ça y est, je suis dans la coutume.* Autoproclamation : qu'est-ce qui me fait écrire que je suis « dans » la coutume ? L'impression que je deviens tout d'un coup *membre* (*to be member* pour les ethnométhodologues) alors que j'ai déjà assisté à nombre de coutumes, que j'en ai « fait » moi-même. Cette impression découle de la situation elle-même dont je n'ai pas gardé de trace écrite mais des souvenirs que je crois précis : nous sommes autour de la table ; S se demande s'il va aller veiller maintenant dans la maison du mort. Naïvement je croyais que cette question était *a priori* réglée par ce que tout le monde – S le premier – s'efforçait de me faire croire : un simple calcul algorithmique suffisait pour se comporter correctement en fonction de sa place. Pas du tout : S va chercher une couverture, sort, revient, Michel demande à aller avec lui, S dit non puis réfléchit, demande l'avis de C, disparaît un moment, revient et ainsi de suite, tant et si bien que je vais me coucher dans la pièce attenante sans connaître la fin, tout simplement parce que je tombe de sommeil.

Pour la première fois, je vivais les tergiversations qui précèdent toute décision ayant trait à la coutume (considérée non pas dans sa matérialité mais comme *forme de vie*). Premier bénéfice d'un début de familiarité qui m'évitera par la

---

4. Six ans plus tard au cours d'un entretien avec A. Goromido : « Le mot Caa Bwëé, qu'on a toujours entendu avec mon frère Alban c'est sur les coutumes, on dit *i cupëtéhi*. *Cupëtéhi* : c'est à toi à raccorder les, les bouts... on les, quand on. Mon père me disait que... Y va à Nétéa ou bien y va à Koniambo... Alors il suffit simplement de regarder ce qu'il a fait et, faire, pareil : pourquoi il va à Nétéa ? Eh bien parce que, là-bas, à Nétéa, il y a des gens qu'il doit aller [voir], on doit les fréquenter à Nétéa. Si y a deux "chez nous" ou trois, on sait que c'est six pour y aller. Quand c'côté-ci, faut aller à Koniambo [...] il faut surtout regarder comment, comment ils se déplacent, pourquoi ils se déplacent, ou bien essayer de comprendre son comportement, son déplacement. » Il disait « il faut regarder cela ». C'est à peu près ce qu'il a dit [...]
PC : Comment tu traduis littéralement ?
AG : Joindre les bouts (...7'') Une corde par exemple Caa Bwëé (Antoine me fait un signe avec les deux mains de joindre comme pour faire une épissure). Journal T VI : 42.

suite quelques fausses interprétations et me permettra d'économiser des hypothèses inutiles. J'entendrai plus tard S coutumier expert bien qu'il s'en défende, me dire dans un moment d'hésitation comparable : « La coutume, ça me fait chier ! » Cette réflexion devait-elle être prise comme une boutade à considérer comme « off » ? Je ne le crois plus.

Je commençais à comprendre que, lorsque j'étais « au milieu d'eux » ce n'est pas moi qui les surprenais comme qui entrerait subrepticement dans une salle de projection et visionnerait une séquence qui n'est pas destinée à une projection publique ; en fait, c'est « eux » qui me montrent, en ayant pris soin de me « placer », donc de me fixer un point de vue (au sens précis où l'on vous indique où il faut vous mettre et vous y tenir, ce qui est une habitude à laquelle il convient de se comporter en toute situation sociale chez les Kanak). Les expériences que j'ai eues très vite, de cérémonies d'obsèques, ont été à cet égard très instructives : l'important dans ces cérémonies n'étant pas tant d'y participer que d'occuper une place convenable à côté des personnes qui conviennent, se déplacer en attendant ceux qu'il convient d'attendre tout en s'espaçant raisonnablement d'autres groupes, de s'arrêter à la distance qui convient et de se retirer quand il convient en tout cas ni le premier ni le dernier. En poursuivant la relecture des notes non reprises je trouve ces réflexions de S toujours à propos de la mort du maire :

> S : Ça me fait chier qu'il ne verra pas son chemin pour rentrer chez lui (« pas » mis pour « plus » ?).

Et plus loin :

> À propos de la mort de Paul, S a 2 soucis :
> 1. Ce qu'il a fait sera mesuré au nombre de gens qui viennent aux obsèques.
> 2. Comment le remplacer ?

Quelle est en définitive la limite véritablement privée ? L'autorisation de Bensa pour émancipatrice qu'elle soit, n'est pas sans risques dans ce 24 h/24, différent d'un 24 h/24 dans lequel le lieu et les personnes qui vous hébergent sont distincts du lieu et des personnes que l'on « observe ». Quand il s'occupe d'éducation et qu'il vit dans une famille, l'anthropologue n'est pratiquement jamais en repos. Sitôt que je me sens « décontracté », en fin de soirée ou le week-end par exemple, et dans un état somme toute comparable avec celui que je peux ressentir le soir chez moi ou en vacances : parler à bâtons rompus, décider de ne rien faire, aller et venir sans but, traîner à table ; en mission, à *tout moment* un événement fortuit ou un propos anodin va entraîner chez moi un *réflexe observationnel*. Réflexe comparable à celui que j'ai lorsque, assis à l'arrière d'un bus après une journée de travail à l'université, je me contente de « rentrer-chez-moi » en parcourant les titres du *Monde*, et que je saisis très distinctement les propos de lycéens parlant de leur travail, des profs, de leurs camarades, de leurs amours ; à cette différence près que je ne sors pas de fiche et que, si je suis dans le même bus que les lycéens, je ne suis pas un familier.

Je puis maintenant fixer ainsi la barrière du privé : ce serait ce que l'on surprend ; auquel cas il faut se boucher au plus vite les oreilles et les yeux et fuir, cela m'est arrivé. Si l'on ne peut fuir, il convient pour le moins de manifester clairement sa présence[5]. La limite du *ne pas en tenir compte* étant asymptotique, elle demeure tout bonnement affaire d'éthique. Plus délicate est la situation de surprise dont on ne peut se retirer parce que l'on est pris à partie. On est alors amené à être acteur (et non pas seulement spectateur) d'une situation critique qui n'a pas été voulue par une des personnes. Cela m'est aussi arrivé. La question est alors celle du consentement supposé (à la différence de la déontologie du consentement raisonné en psychologie expérimentale) : la personne aurait-elle consenti, si elle avait pu la contrôler, à ce que cette situation me soit montrée comme typique de ce que l'on peut montrer à un anthropologue ? Si non, on est dans le strictement privé. Enfin, je considère que les liens qui se sont tissés par la suite hors mission avec les Méréatu, c'est-à-dire hors ma relation statutaire d'anthropologue de l'éducation, restent absolument dans l'ordre du privé.

## 2. Avoir un nom !

Nouvelle mission quelques mois plus tard. Fort des recommandations de A. Bensa, j'entreprends de tout transcrire y compris mes émotions ou « états internes ». Voici précédé d'un bout de contexte le récit de mon adoption (encore que l'usage de ce terme soit ici impropre pour la société kanak) :

> S me dit alors mon nom [suite *infra*, p. 30].

Passée l'émotion liée au sentiment d'avoir changé de statut, *d'être un peu comme* A. Bensa, dont je savais depuis longtemps qu'il avait un nom, je me demande si l'honneur qui m'est fait (encore un terme impropre !) ne va pas me créer des complications : si, par cette alliance, je suis *de la* famille (*alliance très près de la famille* dit S, en précisant immédiatement après *tu rentres dans la famille*) et si les Méréatu deviennent *de ma* famille, est-ce que ce que je gagne en intégration (le vilain mot appliqué à cette paisible scène) je ne le perds pas en

5. Dans *Baisers volés* de F. Truffaut, Delphine Seyrig donne une leçon de délicatesse à Jean-Pierre Léaud : quand par inadvertance on entrouvre la porte d'une salle de bain et que l'on surprend une femme nue dans la baignoire, la politesse veut que l'on dise « Pardon Madame ! » et la délicatesse « Pardon Monsieur ! ».

droit de regard d'expertise et obligation de discrétion. Je me souviens ne pas avoir été particulièrement discret durant Tiaoué I : les jours suivant l'accident de la grand-mère Adèle, je parlais aux voisins que je rencontrais sur le chemin de la maison pour marquer ma solidarité avec la communauté. Les voisins m'écoutaient d'un air ahuri ! Leur réponse était polie et faussement étonnée alors qu'ils étaient obligatoirement au courant : à ce moment-là, je n'étais pas habilité à parler n'importe où, à n'importe qui, de n'importe quoi. J'aurais dû tirer profit du fait que, si S avait bien appris la mort du maire un matin à l'école, cette mort ne lui avait été annoncée que le soir par qui de droit ; pour reprendre une distinction chère à G. Brousseau, le matin S *connaît* la mort du maire, le soir il la *sait* !

À partir de Tiaoué II, je découvrais la difficulté de parler à une personne d'un autre clan sans avoir été présenté, l'incongruité de présenter un Kanak à un autre Kanak, l'habitude de ne pas se précipiter lorsqu'on « reconnaît » quelqu'un mais simplement lever une fois les sourcils et les abaisser lorsqu'on a croisé le regard de la personne. Par contre, je fais partie maintenant d'une famille, j'appartiens au clan Bai (Bai, Dui et Ndu constituant les trois grands lignages de l'aire paicî) et suis membre de la tribu de Tiaoué.

Sur la table du petit déjeuner, 2 coutumes... [suite p. 34]

À ce titre, j'ai mes *entrées coutumières* dans les autres tribus de l'aire paicî :

J'interroge S à propos de la monnaie [suite p. 35].

La scène même d'intronisation n'a rien de spectaculaire. Je saurai pourtant son importance quelques années plus tard, lorsque je serai moi-même directement impliqué dans un processus d'attribution de nom, que je partagerai la tension émotive entre la décision, les hésitations dans le choix du nom et son annonce plusieurs fois différée pour des raisons dont certaines m'échappent et dont je crois saisir d'autres. Rien des cérémoniels d'adoubement ou d'initiation qui nous font rêver depuis nos bureaux en lisant les exploits des anthropologues exotiques. Pas de rituel : je ne me souviens plus si S était debout ou assis, rien ne me laissait prévoir cette parole, on ne m'a pas laissé le choix, je n'ai rien à faire de particulier tant que les vrais papas (père et oncles paternels) sont en vie ; cette paternité coutumière (*c'est pas ton gosse*) n'a que peu de choses à voir avec notre parrainage. Plutôt que de paternité c'est de fraternité par déclaration d'alliance qu'il s'agit. Cette scène familiale domestique est l'aboutissement d'un procès qui met en jeu toute la famille dans sa relation avec le clan. L'assimilation au sens piagetien du terme d'un étranger dans une communauté a fait l'objet d'une abondante littérature : on y a vu quelquefois un mécanisme de défense ; cela a peut-être été vrai lors des premières rencontres indigènes/voyageurs (Sahlins, 1989). À l'évidence, ce n'est plus le cas.

## 3. Blousé mais en progrès

Qu'est-ce que cela va changer du point de vue de la démarche de recherche elle-même ? On a tendance à examiner le point de vue du chercheur dans la familiarité entre le chercheur et son sujet/objet : risques et bénéfices ne sont soupesés que d'un côté. Et si risques et bénéfices étaient tout aussi importants pour le familier passeur ! Je pense avec d'autres (Bensa, 1996) que le familier tire autant de bénéfices que celui qu'il accueille. Les spécialistes de la culture mélanésienne disent en gros que la richesse et donc le pouvoir d'une personne, résident non pas dans la possession de bien matériels mais dans l'extension et la diversité des liens d'alliance (Bensa, Rivierre, 1982 ; Haudricourt, 1964). Certes les bénéfices de l'alliance avec un Européen ne sont pas superposables avec ceux tirés de l'alliance avec un clan éloigné. D'ailleurs, S ne me présente jamais comme *Caa Bwëé*, les gens concernés l'ont appris par un autre canal. Écartons au passage les arrière-pensées intéressées que, comme d'autres, j'ai rencontrées en d'autres lieux post-coloniaux : celle d'une familiarité à laquelle naïvement on croit et qui, vous attribuant un pouvoir que vous n'avez pas, se termine tristement par une demande de piston. Rien de cela dans notre relation. Je crois plutôt que, me donnant un nom, S se place dans une perspective de rivalité déférente avec son oncle maternel Antoine : l'alliance qu'il noue avec moi sera en quelque sorte le symétrique de celle, ancienne et prestigieuse, d'A. Bensa depuis longtemps frère d'Antoine Goromido. Un vieux coutumier de sa tribu me dira lors d'une cérémonie de mariage que « *c'est bien ces alliances* » Journal T IV : 32.

Mais le bénéfice ne s'arrête pas là. En fait, S a détourné ma demande de séjour dans les familles. Il m'avait donné comme critère de sélection le fait de parler *la langue* à la maison. Ce critère est en cohérence avec ce que S savait des intérêts habituels des anthropologues qui recueillent et transcrivent les langues locales en danger de mort. Il l'habillait à mon endroit d'un prétexte pédago-culturel plausible, reprenant une thèse savante défendue par nombre d'anthropologues de l'éducation, selon laquelle mieux un enfant maîtrise sa langue maternelle, plus aisément il assimilera la langue cible et *vice versa*. En fait, je ne mettrai pas longtemps à m'apercevoir que la sélection des cinq enfants que je dois aller observer relevait d'une tout autre logique, que je n'hésite plus à qualifier de coutumière : sur les cinq enfants sélectionnés, quatre étaient en lien familier étroit avec S ; l'ordre des visites était protocolaire. Je n'entrerai pas dans le détail généalogique des liens entre S et ces quatre enfants – je les connais et serais capable de les décrire comme un ethnographe moyen[6]. La 5e est une des deux filles du catéchiste, un Dui. J'apprendrai plus tard au cours d'une cérémonie la raison de ce choix.

S voulait-il me faire expertiser l'éducation des enfants de sa famille ? Je ne crois pas. Avait-il d'autres choix ? Il aurait pu user de son autorité de directeur de l'école, et m'envoyer dans d'autres familles d'autres tribus pour objectiver la recherche. Il ne l'a pas fait. Le but de S était je crois, à l'occasion de ma demande, de tester l'alliance nouvellement conclue en la faisant fonctionner. C'est Séraphin Méréatu du clan Bai de Tiaoué qui construit sa sélection arguant sans doute de sa position professionnelle d'expert en éducation pour justifier ces intrusions violentes bien que consenties dans l'intimité des familles et dont j'ai un peu honte aujourd'hui. Détail cocasse – déboires d'une recherche programmée en milieu naturel ! – : les familles d'accueil ont pris à la lettre ma demande de passer une soirée et une nuit auprès de l'enfant concerné. Considéré comme un hôte de marque, on m'a fait dormir à part avec l'enfant élu dans la case d'honneur où sont entreposées les réserves de coutumes. D'où : la maman qui me demande si elle peut venir coucher à côté de nous, les enfants qui pleurent au beau milieu de la nuit, ceux qui, terrorisés, pissent au lit, etc.

Paradoxalement, ces excursions hors la maison ont contribué à renforcer mon sentiment d'affiliation avec S et C : le simple fait de découcher une ou deux nuits entraîne, lors du retour, une agréable impression de *revenir-à-la-maison*. Cette dernière a des conséquences positives sur mes attitudes et mon regard : quand je suis dans une famille fût-elle proche, je soigne continuellement ma « présentation de soi » essaie de ne pas être trop culturellement maladroit, trop intrusif, ces efforts mêlés d'angoisse et de culpabilité (qu'est-ce que je viens faire là, de quel droit ?) me contraignent à m'observer en train d'observer, bref m'empêchent d'être tout simplement moi-même. Quand je reviens chez moi ou à l'école, mon lieu quotidien de travail, je me détends, et ça se voit :

> Jeudi 18. 9 h 17. Récréation. C me dit qu'ils tournent en rond sans moi. [suite p. 49]

Ce thème du ne plus avoir peur reviendra au cours du séjour suivant :

> J'ai de moins en moins « peur ». [suite p. 61]

La familiarité n'est pas un état mais un processus qui ne se manifeste que dans la situation : elle fait des progrès considérables dans Tiaoué III dont est extraite cette note. Cette mission occupe une place particulière dans mon itinéraire. Tout d'abord, pour la première fois je viens avec mon épouse qui, elle, va passer du

6. Pour dire les choses à l'européenne, quatre sur cinq sont des neveux proches de S.

familier (il va de soi) au coutumier (auquel déjà expert, je vais la confronter « *à la Kanak* », *i.e.* en la laissant apprendre toute seule). À propos d'une affaire de deuil, elle va recevoir une belle leçon de parenté et d'alliance : une vieille femme originaire de la tribu vient de mourir à l'hôpital de Nouméa : sa généalogie est tellement compliquée qu'on ne sait pas bien quel clan doit accueillir sa dépouille. En guise de support didactique à la leçon S se sert de la toile cirée de la cuisine, tramée comme un dos de carte à jouer. J'assiste alors (car je suis déjà considéré comme quelqu'un qui sait) à une authentique transposition du chap. VIII des *Structures élémentaires de la parenté* « L'alliance et la filiation[7] ». Ensuite, Tiaoué III est complètement raté du point de vue du programme scientifique. Au départ j'avais assigné deux objectifs à cette mission :

– un but conjoncturel : accompagner dans leur voyage chez leurs correspondants des Îles Bélep, les enfants de la maternelle que j'avais observés six mois plus tôt ; j'en attendais beaucoup pour savoir comment des enfants se comportent coutumièrement hors de leur tribu ; les petits avions qui font la navette sont pleins, je n'irai pas à Bélep. On me racontera ;
– un projet *a priori* indépendant des circonstances : étudier les trajectoires scolaires des enfants de tribu après le CM2 à partir de quelques observations et de récits non sollicités d'itinéraires scolaires. Je faisais l'hypothèse (à laquelle je crois encore mais que je n'ai pas les moyens de falsifier) selon laquelle les familles kanak adopteraient des conduites de zapping pour reprendre l'expression de Langouët et Leger. S me donnera des réponses très convenues et je n'aurai pas l'opportunité de consulter des sources officielles.

Contre mauvaise fortune bon cœur, ce séjour me permettra grâce à la présence de mon épouse, et à la participation par définition aléatoire, à des cérémonies de deuil et fin de deuil de parfaire mon apprentissage coutumier : tout ce qui entoure mort et deuil constitue pour l'anthropologue le meilleur concentré de la forme de vie kanak et ma place tantôt chez Bai, tantôt chez les Dui me fera bénéficier de commentaires et critiques de S et Antoine concernant le déroulement des cérémonies. L'absence des enfants de la maternelle me donnera l'occasion de faire une observation déterminante dans une classe de CM où je n'étais encore jamais allé du fait du contrat expérimental originaire (Clanché, 1999b).

7. « Les indigènes (au moins les plus intelligents) conçoivent leur système comme une mécanique bien ordonnée qu'ils peuvent représenter par des diagrammes... Sur la base de ces diagrammes ils traitent les problèmes de parenté d'une manière entièrement comparable à celle que l'on peut attendre d'un bon exposé fait dans une salle de cours », A. B. Deacon, « The regulation of marriage in Ambrym », *in* C. Lévi-Strauss, *Les structures élémentaires de la parenté*, 1927, p. 146-147.

b. *L'ethnologisation et ses bénéfices*

Un an plus tard, je bénéficie d'un congé sabbatique ce qui me permet de faire deux séjours dont le premier T IV est le plus long séjour « en tribu ». La durée permet un affinement du contrôle du switching vivre une situation/observer la situation. Mais, si je fais quelques progrès dans la compréhension active des formes de vie coutumières, mes hôtes en font aussi sur moi-même ! Pour la première fois, j'assiste à une cérémonie de mariage qui se déroule sur deux journées et dans laquelle je me trouve acteur (débutant certes à qui on confie un petit rôle sous la houlette d'un metteur en scène acteur chevronné, S, maître de cérémonie érudit qui aime à se faire prier). Je décris la première scène d'une manière plutôt lyrique :

> Maintenant il fait nuit noire, et tel le prélude de L'or du Rhin [suite p. 81].

Le lendemain advient un épisode qui tient dans mon histoire d'anthropologue apprenti une place aussi importante que celui du nom. Après une matinée de week-end ordinaire, on attend un signal pour partir chez le fiancé participer à la deuxième partie du rituel du mariage coutumier :

> S s'inquiète à propos de quand partir pour la coutume. « Normalement les Ndou ont dit 11 h hier », mais il faut attendre que les Bai viennent nous chercher. En attendant, à 11 h, on mange, les hommes et C à table, les filles mangeront après. *En riant, S me dit qu'il sait quand je vais prendre une fiche (il me mime) et noter*. Ce qui veut dire qu'il sait quel type de discours j'attends de lui. Cela veut dire aussi que, à l'instar de tous ceux qui sont avec un ethnologue, il ne montre de la culture kanak que ce qu'il veut bien montrer.

S mime un mouvement de paupière vers le haut et la droite, accompagné d'un léger soulèvement de sourcil. De ce clignement[8] je suis absolument inconscient. Ainsi donc je suis ethnologisé et en plus on me le dit ! S'il sait quand je vais noter, S sait donc le genre de propos qu'il faut tenir pour que j'écrive ! Deux années plus tard, dans Tiaoué VIII, je me rebellerai contre cette ethnologisation. Je cite de mémoire une scène :

> Nous sommes à table le soir, on parle de choses et d'autres, S commence un discours sur la santé dont je ne me souviens pas le topique sinon qu'il n'apportait rien de particulier à ce qu'on m'avait déjà dit. Voyant sans doute que je ne fais pas mon clignement il interrompt son discours et m'interpelle :

8. Cf. le clignement de l'œil dans « La description dense » de C. Geertz, 1998, p. 76-77.

S : Et là tu prends pas ta fiche ?

Moi : Tu me fais chier ! je fais ce que je veux, c'est pas à toi de me dire ce que je dois écrire !

S : Ah le mec !

La scène se termine dans un grand éclat de rire et scelle une complicité qui trouvera son aboutissement dans deux longs entretiens « officiels » avec S enregistrés au magnétophone et dont je suis maintenant certain qu'ils ne sont pas convenus.

## 4. Deux types de données ou des degrés d'intensité ?

Existerait-il alors deux types de propos, ceux que l'observé adresse intentionnellement au chercheur en tant que chercheur, et ceux, recueillis en contexte, dont le chercheur estime qu'ils sont plus proches d'une réalité relativement indépendante de la mise en scène cohérente que, comme tout un chacun, l'indigène tend à présenter de sa propre culture et qui ne sont en fait que les naturalisations de la culture ? Qu'est-ce qui permet cette distinction heuristique entre le discours convenu et la parole authentique (cette qualification ne me convient pas, mais je n'en trouve pas d'autre), sinon la familiarité ? Pourrais-je m'autoriser à dire à S « tu me fais chier ! » c'est-à-dire « Tu ne me la fais plus avec tes discours pour m'en mettre plein la vue avec ta culture, ce que tu appelles "la coutume" » si nous nous n'avions, S et moi, construit le lien de connivence rivale que l'on ne peut établir qu'avec un pair, en l'occurrence un frère ? La santé, le nursing, la relation entre la santé des enfants et leur comportement scolaire, le concept en acte (Vergnaud) d'*équilibre*, faisaient partie des thèmes spontanément abordés par C et S. Au début je sautais littéralement sur mes fiches et contrôlais ces paroles indigènes en recourant aux textes savants (Salomon).

En fait, avec l'expérience de la familiarité, cet écart se réduit comme en témoigne cette scène : C vient de mettre au monde une petite fille Miranda, retardataire (15 ans après la naissance de Michel, Bwëë, dont je suis le papa coutumier) ; quand j'arrive à la maison pour le séjour Tiaoué IV, C est seule – S comme d'habitude n'est pas là[9] – je fais la connaissance de Miranda qui a à peine un mois :

9. Je saurai plus tard avec certitude pourquoi : S, bien qu'il s'en défende, est tellement ému par la perspective de nos retrouvailles, qu'il ne supporte pas de m'attendre à la maison et trouve toujours un prétexte (chasse, coutume, courses) pour n'être pas là au moment de mon arrivée.

> Nous rentrons, C donne le sein à Miranda sur la glacière canapé, pendant que je prends ma première eau chaude assis sur le banc, du bon côté. [suite p. 75]

Mais cette fois, je ne me laisse plus impressionner par les discours savants. C'est Miranda qui m'en donne l'occasion. Pour soulager C à laquelle Miranda vit nuit et jour accrochée, je m'en occupe un peu. Quand la petite pleure, c'est-à-dire les trois quarts du temps, je la prends ostensiblement sous le bras droit, la tête tournée vers le bas et la secoue assez vigoureusement (comme faisait mon père avec mes propres enfants !) ; ce qui est contraire à la façon de calmer les bébés kanak. Un soir où il fait particulièrement chaud je vais promener Miranda. C l'a enveloppée dans une serviette de bain « *comme ça elle aura chaud et ça va l'endormir* » ! Sitôt hors la vue de C, je mets Miranda torse nu et la descends sous le bras à la maison « *de l'autre côté* » rendre visite aux tantes. L'anecdote fera le tour des femmes de la tribu : je suis qualifié de spécialiste calmeur/endormisseur. Aurais-je fait œuvre d'inculturation ? Que non : aucune femme de la tribu ne tient un bébé à l'envers ni ne le découvre quand il fait chaud. Toujours est-il que, à la tribu ou à l'école, je n'ai plus peur du tout et que je ne suis plus à m'interroger sur l'authenticité ou le degré de *kanakitude* de ce que je vois ou entends. Simplement là comme ailleurs je perçois des intensités différentes dans la quotidienneté. À quoi mesurer ces intensités ? À la présence, la force ou l'absence d'*account* venant des acteurs eux-mêmes.

Si progrès il y a grâce à la familiarité, ce n'est pas dans une acuité de la séparation entre données de discours et données de parole : contrairement à ce qu'on a pu penser à un moment, la culture officielle et savante n'est pas une boîte à outils dans laquelle l'indigène puiserait pour résoudre telle ou telle situation[10]. Il y a bien une nécessaire période de désenchantement voire déniaisement de l'apprenti anthropologue durant laquelle lorsqu'il confronte les discours officiels et ses propres observations il ne sait plus trop que croire. Cette phase de désenchantement classique conduit en fait, pour peu que l'on insiste, à émettre des hypothèses plus affinées.

## 5. De Séraphin frère et directeur à Séraphin ami et instituteur : subjectivité, affection, philia

J'ai peu parlé de ce qui me préoccupait fondamentalement au départ, à savoir les relations entre l'instruction à l'école et ce qui se passe à la maison et dans la

10. Sur cette question théorique qui mobilise nombre d'anthropologues d'aujourd'hui, qu'ils soient des exotiques ou des anthropologues de la vie quotidienne, je ne puis que renvoyer à l'excellent texte de A. Bensa, « De la micro-histoire vers une anthropologie critique ».

tribu. Au fil des missions et du fait d'un autre apprentissage en didactique avec comme référent la *Théorie des situations didactiques* de G. Brousseau, la thématique initiale s'est resserrée et affinée pour devenir celle des relations qu'entretiennent contrat didactique et contrat coutumier (Clanché, 1998). Cette thématique s'affirme déjà nettement dans Tiaoué IV, se développe dans T VI, T VII. Pourtant ce n'est que dans Tiaoué VIII que je l'aborde avec S, c'est aussi au cours de ce dernier séjour que je passe le plus longtemps dans sa classe, curieux non ? Non.

À la période de mes premiers séjours S est directeur de l'école : il me montre des coups pédagogiques-politiques comme le marché entre enfants et avec les parents « *pour préparer l'indépendance* ». S'il n'est pas avare de situations d'apprentissage coutumier, il aborde peu (et moi avec) les questions culture/école. Dès Tiaoué I, il me confie à son oncle utérin Antoine comme informateur savant. Antoine est doublement légitimé : i.) Scientifiquement, Antoine est depuis une trentaine d'années un interlocuteur privilégié pour les anthropologues et linguistes spécialistes de l'aire paicî-cèmuhî, sollicité depuis quelques années pour commenter les cérémonies coutumières sur RFO ; ii.) Coutumièrement, Antoine est devenu pour moi un oncle du jour de ma donation de nom, avec qui j'entretiens des relations d'affection respectueuse. C'est à lui que je viens poser toutes mes questions de terminologie, c'est à lui que je propose mes pré-interprétations de scènes d'école, c'est lui qui me raconte l'école « *d'avant l'indépendance* » comme il le dit dans un lapsus qui le fait sourire. C'est à lui en premier à qui j'ai proposé le rapprochement contrat didactique et contrat coutumier. Pour S, Antoine est seul habilité à m'informer officiellement : dès que, dans nos conversations advient un épisode qui pourrait s'apparenter à un début d'interprétation tant soit peu englobante, S me renvoie à Antoine ; réciproquement Antoine me demande ce que « pense ton frère » de ces interprétations. S, lui, se contente de confirmer ou se défile... au nom de notre familiarité.

Avec un informateur comme Antoine, même lorsqu'il devient familier, s'installe une sorte de contrat expérimental : quand je suis chez lui, Antoine Goromido distingue nettement les moments de conversation informelle des moments de « travail » pour lesquels nous nous installons dans une pièce qu'il appelle son « bureau ».

De I à IV, ma relation à S et la famille Méréatu est une relation d'intégration douce. Il est peu question d'apprentissage. Je parle beaucoup plus d'éducation avec C qu'avec S. Une fois mon nom donné S, comme un grand frère, m'initie à la vie kanak quotidienne et coutumière bien qu'il soit mon cadet d'une dizaine d'années. Il me fait participer aux cérémonies de mariage que j'ai évoquées plus haut ; après plusieurs annonces différées pour raisons diverses, il me conduit dans son champ planter un igname, etc. Je deviens aussi pour lui un auxiliaire : il me refile une classe pour remplacer un instituteur défaillant, m'attribuant *a priori* une compétence professionnelle que je n'avais pas.

Je ne discuterai pas de la question de la place de la subjectivité dans la relation. Revenant sur ses premières recherches en Algérie, Pierre Bourdieu parle bien « d'objectivation participante », dans un texte comme toujours suggestif et d'un grand intérêt épistémologique, mais dont l'aspect plus programmatique que pragmatique laisse le lecteur engagé sur sa faim. De la subjectivité, deux auteurs dont on ne peut soupçonner la connivence, ont montré l'inéluctabilité en même temps que la nécessité (Lévi-Strauss) de son paroxysme (Leiris). Le bénéfice de la familiarité n'a rien à voir avec la confidence : ce sont les étrangers qui vous font des confidences, dans les trains, les attentes prolongées, les congrès.

Pour moi, la question véritable est celle de l'affection, une affection jamais débordante, encore moins étouffante à tel point que pour moi et d'autres avec qui je m'en suis entretenu, elle reste difficile à évaluer avec nos critères occidentaux latins. Celle de C se manifeste une fois pour toutes au début du séjour comme l'armature à la clé au début d'une partition. Lorsque j'arrive, C m'inonde de larmes en me disant qu'elle craignait que je ne revienne pas. Quant à S, il la manifeste au moment de départ en se cachant le visage pour masquer ses pleurs. Donc, pour cette famille qui m'a choisi pour être un des siens et participer à tous les événements de la vie domestique et publique qui adviennent durant mes visites, je suis plein d'affection et d'indulgence. Je partage soucis et espoirs et surtout je me trouve avec elle dans la position d'appartenir à un « nous[11] » qui, comme partout, se distingue voire s'oppose à des « eux », « les gens ». Les conversations – classiques dans toutes les familles – qui consistent à comparer les opinions et manières de faire *normales* de *nous* aux opinions et manières de faire *bizarres* des *autres*, *les gens*, m'ont conduit progressivement à considérer ce que je vis chez les Méréatu non pas comme un échantillon ou comme un idéal-type de la vie kanak, mais bien comme un point de vue que les Méréatu portent sur leur façon de vivre et celle des autres, à l'intérieur d'une même communauté. Ceci est très intéressant car cela m'autorise à poser des questions en termes de « point de vue » sachant que tout point de vue est, quand il se manifeste, dépendant des intérêts du moment. Je rejoins ici ce que dit Naepels dans la phrase citée en exergue : connaître les intérêts de personnes et les partager, permet en les considérant alors comme des arrière-plans d'éviter toute forme d'enclicage.

Si j'essaie d'analyser la transformation de ma relation de familiarité avec S et ses conséquences sur la recherche, je dirai que la relation de fraternité construite de T I à T IV, a mûri en relation d'amitié de T V à T VIII. Deux événements externes à notre relation ont, sans conteste, joué un rôle déterminant dans cette transformation :

11. La langue paicî dispose de douze termes pour traduire le pronom personnel « nous » (J.-C. Rivierre : 355).

- le fait que, à partir de T V, S cesse d'être directeur de l'école pour devenir instituteur chargé de classe. Redevenu instituteur de base, S se retrouve dans une position artisanale avec l'éducation : il ne me parle plus de l'éducation en général mais m'associe à l'éducation instruction comme métier dont je vais partager avec lui quotidiennement les contraintes T VIII ;
- le décès d'Antoine Goromido survenu entre T VII et T VIII. Son oncle utérin Antoine disparu, il ne pourra plus coutumièrement me renvoyer à son autorité ; sa parole s'en trouvera *de jure* autorisée et autorisante[12].

C'est le concept aristotélicien d'amitié, la φιλια, redécouvert au détour de la lecture de l'ouvrage de L. Boltanski *L'amour et la justice comme compétences*, qui m'apparaît le plus propre à décrire la relation que je pense entretenir maintenant avec S. La véritable amitié pour laquelle Aristote manifeste une sympathie affirmée occupe dans l'*Éthique de Nicomaque* une place particulière entre plaisir et vertu. « L'amitié est une sorte d'association. Les dispositions qu'on entretient à l'égard de soi-même, on les montre à l'égard d'un ami, 9,12,1 » (*Éthique*, IX,12,1). Aristote distingue bien trois sortes d'amitié fondées sur le plaisir, l'utilité et le bien. Mais, de fait, la véritable amitié dont le but est le bien commun des amis « vouloir le bien de ses amis pour leur propre personne, c'est atteindre au sommet de l'amitié » (VIII,3,6) réside un mélange harmonieux de ces trois sentiments. « Et le plaisir, pour ceux qui l'aiment n'est-il pas un bien[13] ? » (VIII,4,4). Cependant, le plus important réside certainement dans la réciprocité égalitaire des relations : « L'égalité et la ressemblance déterminent l'amitié » (VIII,8,5). Comme le remarque Boltanski : « La description de la philia chez Aristote suppose toujours, en amont, un principe d'équivalence, d'abord pour que les amis puissent évaluer leurs mérites réciproques, ensuite pour leur permettre de contrôler la réciprocité de leur commerce et maintenir entre eux l'égalité des échanges » (Boltanski : 162).

Nos relations S et moi ont évolué de l'utilité/plaisir (T I, T II) à la reconnaissance de la ressemblance dans la construction d'une connivence (T III, T IV), pour parvenir enfin à l'égalité (T VI, T VIII). Au début, S me considérait comme un intellectuel et un spécialiste de la pédagogie que j'intimidais et je le considérais comme détenteur de savoirs pratiques, de convictions culturelles qui me séduisaient mais dont la non-mise en œuvre dans la sphère de l'éducation formelle me décevait. Notre relation était affectueuse puis complice, mais dissymétrique.

---

12. On peut voir S parler de son oncle Antoine Goromido dans l'excellent moyen métrage réalisé en 2004 par J.L. Comoli et A. Bensa *Les esprits de Koniambo*, diffusé sur la chaîne Arte.
13. Si, dans la vie courante on peut dire que l'ordre serait : plaisir → utilité → bien, dans la relation chercheur/familier ami l'ordre serait plutôt : utilité → plaisir → bien.

À partir de T V et T VI, nos relations se déhiérarchisent : nous pouvons parler comme des égaux, également préoccupés de pédagogie. On peut discuter avec son frère/ami, pas avec un sujet/objet d'observation.

> Jeudi 18 mai 6 h. Donc nuit. S rentre dans le bureau où je suis en train de recopier mes notes. Il s'assoit dans un fauteuil et spontanément, je crois que c'est une des premières fois, se met à me parler de problèmes didactiques [suite p. 131].

Quelques jours plus tard, pour la première fois je vois S être enfin lui-même en faisant classe, pleinement instituteur, pleinement kanak :

> Suit un très beau récit de chasse dialogué, très Freinet (S s'en réclame) [suite p. 135].

Au début de mon dernier séjour (T VIII), quand S m'a demandé ce je venais voir cette fois, je lui ai dit : « Toi, dans ta classe » (un CP) et j'ai passé une semaine à faire la classe avec lui. Un soir il m'a montré sur son ordinateur la trame des discours qu'il faisait à l'occasion des deuils : nous avons alors eu deux longs entretiens officiels (comme ceux que j'avais avec son oncle), enregistrés autour du thème contrat didactique/contrat coutumier, il m'a dit ce qu'il ne comprenait pas de la didactique et moi, de la coutume ! Je n'ai encore rien écrit de ce séjour...

## 6. Conclusion. Familiarité et observation : le paradoxe de Bazin

Je reviendrai, pour terminer, à des considérations plus théoriques avec ce que j'appelle le *Paradoxe de Bazin* pour rendre hommage à la mémoire de Jean Bazin anthropologue récemment et trop prématurément disparu, et dont l'œuvre aussi pertinente que discrète n'a pas l'audience qu'elle mérite.

Bazin synthétise la question que je me pose dans le présent texte en la prenant en quelque sorte à rebours, *i.e.* en partant de la situation radicalement familière :

1. « Dans la mesure où un monde m'est familier, je sais de quoi il retourne, je n'ai pas à m'en enquérir. Là où je comprends, je n'interprète pas. Si je suis "chez moi", je n'ai rien à connaître, je m'y reconnais » (Bazin : 401). À partir de là, il définit ce que j'ai appelé plus haut le switching vivre une situation/ observer une situation.
2. « Observer ce que font ces humains, *i.e.* constituer en objet de savoir leur comportement actuel, suppose un écart, même minime, en vertu duquel ce qu'ils font ne m'est pas ou cesse de m'être familier. C'est le point de départ du processus d'investigation. Mieux vaut dire que les observer *est* cet écart

même. » Bazin dénonce ensuite l'illusion (un peu Levi Straussienne) selon laquelle les observés posséderaient le savoir savant que le chercheur s'efforce d'acquérir en s'immergeant dans leur pratique :

3. Si je deviens sans le savoir un de ceux que j'observe, non seulement je n'ai pas à apprendre ce qu'ils font, mais surtout cela « n'implique pas que eux le savent déjà, c'est-à-dire qu'ils aient de leur pratique, une connaissance savante analogue à celle que je prétends acquérir » (Bazin : 402).

Comment sortir de ce paradoxe ? Bazin propose une solution en distinguant le point de vue anthropologique du point de vue ethnographique :

> « Ou bien je suppose – hypothèse *ethnologique* – qu'il y a un "point de vue de l'indigène" auquel, par une mystagogie préalable sous la houlette de quelques "initiés" réputés je dois accéder pour obtenir enfin le sens de ce qu'ils font. Ou bien je suppose – hypothèse *anthropologique* – que le comportement de ces humains n'est pas autre, c'est-à-dire autre que le mien, mais seulement différent. [...] Que finalement, au bout du compte, je sache au moins partiellement dire ce qu'ils font, c'est la preuve que, si différent que soit leur comportement, il est pensable comme le mien : avec un peu d'application et beaucoup de maladresse, comme un joueur débutant dépourvu de savoir-faire, je pourrais tenter ma chance dans leurs affaires... » (Bazin : 409).

Que n'ai-je lu ce texte avant de partir sur le terrain et rencontré S ? Probablement je n'en aurais alors tiré aucun profit. Quant à une éventuelle généralisation ou transposition à des situations de recherche moins exotiques, je laisse au lecteur qui m'a fait l'indulgence de me suivre jusqu'au bout le soin de décider sa pertinence et laisserai à J. Bazin le mot de la fin :

> « Le savoir anthropologique a pour effet de réduire l'altérité, pas de la promouvoir » (Bazin : 409).

## Bibliographie de l'annexe II

ARISTOTE, 1961, *Éthique de Nicomaque*, trad. J. Voilquin, Paris, Garnier, Frères.

BARLEY N., 1997, *L'anthropologie n'est pas un sport dangereux*, Paris, Payot.

BAZIN J., 1996, « Interpréter ou décrire, Notes critiques sur la connaissance anthropologique », *in* Revel J. et Wachtel N. (dir.), *Une école pour les sciences sociales*, Paris, Cerf, p. 401-419.

BENSA A., 1995, *Chroniques kanak*, Paris, Ethnies documents.

—— 1998, *Nouvelle-Calédonie, vers l'émancipation*, Paris, Découvertes Gallimard.

—— 1996, « De la micro-histoire vers une anthropologie critique », *in* Revel J. (dir.), *Jeux d'échelles, La micro-analyse à l'expérience*, Paris, Hautes études, Gallimard, Le Seuil, p. 37-70.

BENSA A., RIVIERRE J.-C., 1982, *Les Chemins de l'Alliance, L'organisation sociale et ses représentations en Nouvelle-Calédonie*, Paris, SELAF.

BOLTANSKI L., 1990, *L'amour et la justice comme compétences, Trois essais de sociologie de l'action*, Paris, Métaillé.

BOURDIEU P., 2003, « L'objection participante », *Actes de la recherche en sciences sociales*, n° 150, p. 43-57.

BROUSSEAU G., 1998, *Théorie des situations didactiques*, Grenoble, La pensée sauvage.

CELLE J., CLANCHÉ P., 1989, *Observations d'enfants mélanésiens de 4 à 8 ans en situation d'interaction familiale et scolaire*, Nouméa, CTRDP.

—— 1991, *Évaluation interne de l'expérimentation sur la gestion du temps scolaire*, Nouméa, ITFM.

CLANCHÉ P., 1989, « Gestion de la temporalité en milieu familial et en milieu scolaire chez l'enfant mélanésien », *in* C. Mesmin et D. Rius (éd.), *Les difficultés d'apprentissage chez l'enfant d'âge scolaire*, T. 2, Dourdan, Association française des psychologues scolaires, p. 209-222.

—— 1998, « The Didactic and *Coutumier* Contracts; a contribution to the issue of cultural backgrounds in formal education in New Caledonia », *in* R.A. Peddie (ed.), *Looking at the past, looking to the future: educational change in comparative perspective*, Auckland, p. 40-50.

—— 1999a, « New Caledonia : *Coutume* and culture in Education », *International revue of Education*, Vol. 45, Nos. 3-4, p. 359-365.

—— 1999b, « Un aspect du métier d'élève chez le jeune enfant kanak : écouter, comprendre, faire, écrire », *Revue française de pédagogie*, n° 127, avril-mai-juin, p. 99-106.

CLANCHÉ P., SARRAZY B., 2002, « Approche anthropodidactique de l'enseignement d'une structure additive dans un cours préparatoire kanak », *Recherches en didactique des mathématiques*, vol. 22, n° 1, p. 7-30.

—— 2004, « Occurrence of typical cultural behaviours in an arithmetic lesson : how to cope ? », *ICME 10 Conference*, Copenhagen, http://www.icme-organisers.dk/dg15/

DESCOLA P., 1993, *Les lances du crépuscule, Relations Jivaro. Haute-Amazonie*, Paris, Terre humaine / Plon.

DEVEREUX G., 1980, *De l'angoisse à la méthode dans les sciences du comportement*, Paris, Flammarion.

GEERTZ C., 1983, *Bali, Interprétation d'une culture*, Paris, Gallimard.

—— 2003, « La description dense. Vers une théorie interprétative de la culture », *Enquête*, 6, 1998, p. 75-75 repris *in* D. Cefaï, *L'enquête de terrain, textes réunis, présentés et commentés*, Paris, La Découverte MAUSS, p. 208-233.

HAUDRICOURT A.G., 1964, « Nature et culture dans la civilisation de l'igname : l'origine des clones et des clans », *L'Homme*, IV (1), janv.-avril, p. 93-104.

KOLHER J.-M., WACQUANT L., 1987, *L'école inégale, éléments pour une sociologie de l'école en Nouvelle-Calédonie*, Nouméa, Institut culturel mélanésien.

LANGOUËT G., LÉGER A., 1991, *Public ou privé ? Trajectoires et réussites scolaires*, La Garenne-Colombe, Publidix.

LEENHARDT M., 1947, *Do Kamo, la personne et le mythe dans le monde mélanésien*, Paris, Gallimard.

—— 1937, *Gens de la grande terre, Nouvelle Calédonie*, Paris, Gallimard.

LÉVI-STRAUSS C., 1967, *Les structures élémentaires de la parenté*, Paris, Mouton, nouvelle éd.

—— 1955, *Tristes tropiques*, Paris, Plon.

MALINOWSKI B., 1985, *Journal d'ethnographe*, Paris, Seuil.

MAUSS M., 1967, *Manuel d'ethnographie*, Paris, Payot.

NAEPELS M., 1998, *Histoire de terres kanak, conflits fonciers et rapports sociaux dans la région de Houaïlou (Nouvelle-Calédonie)*, Paris, Belin.

PINAUD-SALIN M., 2000, *Les Kanak et l'école, Socio-histoire de la scolarisation des Mélanésiens de Nouvelle-Calédonie (1853-1998)*, thèse de doctorat sous la direction de C. Baudelot, Paris, EHESS.

REY A. (dir.), 1992, *Le Robert historique de la langue française*, Paris, Dictionnaires Le Robert.

RIVIERRE J.-C., 1983, *Dictionnaire paicî-français (Nouvelle-Calédonie)*, Paris, SELAF.

SAHLINS M., 1976, *Âge de pierre, âge d'abondance, L'économie des sociétés primitives*, Paris, Gallimard.

—— 1989, *Des îles dans l'histoire*, Paris, Gallimard, Le Seuil.

SALOMON C., 2000, *Savoirs et pouvoirs thérapeutiques kanak*, Paris, PUF.

VERGAUD G., 1991, « La théorie des champs conceptuels », *Recherches en didactique des mathématiques*, 10, p. 133-170.

WACHTEL N., 1971, *La vision des vaincus, Les Indiens du Pérou devant la Conquête espagnole 1530-1570*, Paris, Gallimard.

# Table des matières

TROISIÈME PARTIE

**2002-2007, LES ANNÉES ANTHROPOLOGIE**



Composition, mise en page :
Écriture Paco Service
27, rue des Estuaires - 35140 Saint-Hilaire-des-Landes

www.ingramcontent.com/pod-product-compliance
Lightning Source LLC
LaVergne TN
LVHW061931220826
846092LV00004B/1006

*9782811116590*